信託課税研究の道標

Milestones
in Trust Taxation Research

中里　実・渕　圭吾・吉村政穂 = 編著

増井良啓・浅妻章如・藤谷武史・神山弘行 = 著

有斐閣

はしがき

　我々は，2009 年より公益財団法人トラスト未来フォーラム（旧公益財団法人トラスト 60）のご援助をいただき，中里実教授を中心に「金融取引と課税」研究会を組織して，信託課税の研究を継続的に行ってきた。その研究会の成果については，これまで定期的に公表してきている（「金融取引と課税（1）〜(5)」)。

　本書は，このような研究会の成果から主要なものを抜粋し，加筆・補論を追加した上で，論文集としてまとめたものである。「信託法理の生成」，「課税上の利益帰属」，「時間を超える利益移転」および「国境を越える信託」という 4 章により構成され，信託法理の生成を振り返るとともに，信託の有する財産権の転換機能（柔軟な受益権設定，時間を超える利益調整）に伴って生じる課税上の諸問題および租税法理論の新たな可能性を検討する論文 16 篇を収録している。

　振り返ると，2007 年には 84 年ぶりに改正された新信託法が施行され，それに対応した税制改正も実施された。しかしながら，信託の利用に対して期待が高まる一方で，解決されるべき課税上の問題がなお多く残っているという声もしばしば耳にするところである。

　そうした問題の根底には，信託法発展の歴史が横たわっているようにも思われる。信託法理は，当事者が求める経済的目的と利用する法形式の矛盾を成り立たせるために誕生し，かつその矛盾を原動力として発展してきた。そうだとすれば，当事者間の法的関係を出発点とし，法的安定性を重視する方向へと発展してきた租税法との間に軋轢を生じるのは必然であろう。

　誰のものでもない独立財産（nobody's property）を作り出す信託法理は，多くの税制上の課題を解決して初めて十分に機能するものであると同時に，その柔軟さに応えることは租税法理論の発展に豊かな実りをもたらすものと思われる。軋轢を乗り越え，租税法が真の意味で信託を受け入れたといえるには，比較法的な考察のみならず，租税法理論の根幹に立ち返るような研究が不可欠なのである。

そのため，研究会では，必ずしも信託課税特有の論点にとどまらず，広く金融取引一般に関係する事柄が議論の素材として取り上げられた。その一端は，本書に収録された論文の多様さから窺い知れるだろう。各執筆者が提供する多彩な視点は，現代の信託課税の基層を読み解く上で，また最新の問題について検討を進めるにあたって，より深い理解へ到る『道標』となることを願っている。

そして，このような挑戦的な取組は，安定的な研究の場があって初めて可能であった。得難い機会を提供してくださったトラスト未来フォーラムには改めて御礼申し上げたい。同財団が「信託の未来への発展に向けて幅広い関係者が集う場（フォーラム）」となることを期した通り，本書が信託の未来への発展に貢献する一助になれば望外の喜びである。

最後に，本書の出版を引き受けていただいた有斐閣には心より感謝の意を表したい。また，編集を担当してくださった同法律編集局書籍編集部の佐藤文子氏，島袋愛未氏にも厚くお礼を申し上げる。

　2019 年 10 月

著 者 一 同

目　　次

第1章　信託法理の生成 —————————————————1

信託法理の生成 ……………………………………中里　実 3

はじめに　3

Ⅰ　私法における使用・果実収受権と，所有権の分離　4

1　ローマ法における *usus fructus*（4）　2　フランス法における usufruit（5）　3　ドイツ法における Nießbrauch（6）　4　英米法における usufruct（6）　5　日本法における用益物権（6）　6　残存権と使用・果実収受権の分離についての理論的検討の必要性（8）

Ⅱ　英米信託法理の歴史　10

1　fee simple（10）　2　use（10）　3　*fidei commissum* その他（11）　4　Ames の議論（11）　5　Avisheh Avini, The Origins of the Modern English Trust Revisited における議論（13）

Ⅲ　英米法の信託法理と大陸法の概念の歴史的関係　13

まとめ——信託法理と課税の関係　17

法人格を有する信託としての財団法人 ……………………中里　実 21

はじめに　21

Ⅰ　ローマ法における法人——社団と財団　21

1　ローマ法の法人（21）　2　教会法における法人（27）　3　ローマ法における組合と社団の差（28）　4　現代における LPS の扱い（30）

Ⅱ　中世以来の財団の歴史——法人格を有する信託としての財団　32

1　ローマ法における財団（32）　2　中世における財団の歴史（33）　3　財団と信託（34）　4　ドイツの財団法人とアメリカの慈善会社（37）

まとめ——財団法人における法人格の意味　39

第2章　課税上の利益帰属 ─────────────────41

所得の「帰属」・再考（序説）──東京高判平成23年9月21日訟月
58巻6号2513頁を手がかりとして………………………………藤谷武史　43

Ⅰ　はじめに──本稿の問題意識と目的　43

Ⅱ　素材判決（東京高判平成23年9月21日訟月58巻6号2513頁）の紹
　　介　45

　　1　事実関係と争点（45）　　2　判決の論理（47）　　3　素朴な疑問？（48）

Ⅲ　素材判決の批判的検討　50

　　1　「遺産共有」の法律関係？（50）　　2　譲渡所得の本質と「収入金額」（54）

　　3　中間的なまとめ（61）　　4　補論──所得税と相続税の関係（61）

Ⅳ　所得の「帰属」・再考（序説）　63

　　1　判決が困難に直面した理由──素朴な「私法的帰属説」の陥穽（63）　　2　「帰
　　属」に関する新たな（？）理解──人的帰属と年度帰属の関係（65）　　3　素材判
　　決が提示する「所得の帰属」問題の一般性──むすびにかえて（66）

Reich論文の"Super-Matching"Ruleの紹介及び信託等を通じた
マッチングの意義と限界………………………………………………浅妻章如　67

Ⅰ　序　67

Ⅱ　紹介：The Case for "Super-Matching" Rule　68

　　1　Ⅱ Overview of Matching and Mismatches〔マッチングとミスマッチの概観〕
　　（69）　　2　Ⅲ The Matching Concept and Mismatches in Various Areas〔マッチ
　　ング概念と様々な領域におけるミスマッチ〕（70）　　3　Ⅵ A Proposed Super-
　　Matching Rule〔スーパーマッチングルール提案〕（76）

Ⅲ　考　察　78

　　1　Reich論文の意義（78）　　2　スーパーマッチングルールの解釈原理としての運
　　用の困難？（79）　　3　裁判所は暗黙のうちにスーパーマッチングルールを考慮し
　　ている？（80）　　4　第二の意味のマッチングを困難にする根本原因：信託受益権
　　のキャピタルゲイン課税等を例として（82）　　5　補論1：ソースはマッチングに
　　馴染むか（87）　　6　補論2：所得課税 vs. 消費課税の論争の将来見通し（89）

無償取引と取引の単位——課税の前提に関する研究ノート⋯⋯⋯**中里　実** 93

　問題の所在　93

　Ⅰ　贈与の社会的意義　95

　Ⅱ　複数の取引・行為相互間の関連性　96

　　1　取引や行為の間の関連性について区分すべき二つの問題 (96)　2　取引や行為相互間の関連性が問題となる場合 (97)　3　無因性と，対価と，契約の単位 (99)

　Ⅲ　有因性と無因性——付随的議論　100

　　1　贈与と約因と *causa*——私法における贈与の特殊性からの問題提起 (100)

　　2　*causa* と無因性の関係 (101)

　Ⅳ　取引の単位と無償性——無償性の私法的性格と，暗黙の対価の私法上の性格　102

　　1　無償性と対価 (102)　2　無償であることの意味 (103)

　Ⅴ　贈与以外の理由による利益移転　107

無償取引と対価⋯⋯⋯⋯⋯⋯⋯⋯⋯⋯⋯⋯⋯⋯⋯⋯⋯⋯**中里　実** 108

　はじめに　108

　Ⅰ　無償取引に関する租税法における通常の議論　108

　Ⅱ　民法における無償取引　109

　Ⅲ　租税法における無償取引の意義　114

　　1　取引であること (114)　2　無償であること (117)

　Ⅳ　無償移転の課税問題　122

　　1　ストックとフロー (122)　2　相続税・贈与税と所得税 (124)

　Ⅴ　相続と相続税についての再考　126

　　1　相続はなぜ認められているのか——相続の基礎 (126)　2　相続，家族間贈与の特殊性 (131)　3　離婚の際の給付 (132)　4　人的資産の非課税 (133)

第3章　時間を超える利益移転 ——————————————135

年齢・主体・課税に関する研究ノート——教育資金贈与信託を出発点に⋯⋯⋯⋯⋯⋯⋯⋯⋯⋯⋯⋯⋯⋯⋯⋯⋯⋯**神山弘行** 137

　Ⅰ　はじめに　137

1 本稿の問題意識（137）　2 分析軸の整理（138）　3 本稿の構成（140）

II 所得平準化の問題——再訪　140

III 年齢に応じた課税？　144

1 所得税法の関数化と変数（144）　2 現行所得税法における年齢変数（144）

3 最適課税論における Age Dependent Taxation の議論（147）　4 年齢と信託課税（149）

IV 結びに代えて　150

民事信託と相続税・贈与税に関する研究ノート……………渕　圭吾　151

I はじめに——本稿の問題意識　151

1 民事信託と税制（151）　2 これまでの考察との関係（152）

II 経済的価値移転のためのさまざまな方法と相続税・贈与税　153

1 内国歳入法典と相続・贈与（153）　2 クーパーによる遺産税・贈与税回避手法の分類（155）　3 「遺留分」としての相続税？（158）

III 日本法に関する若干の考察　159

1 家族内部における経済的価値移転と贈与税（159）　2 民事信託と他の法形式の比較——総論（162）　3 相続法の規律と生命保険契約（163）　4 相続税法の規律と生命保険契約（166）　5 相続法の規律と死亡退職金（168）　6 相続税法の規律と死亡退職金（169）

IV むすびにかえて　170

受益者連続型信託に対する資産移転税の課税方式に関する一考察………………………………………………………藤谷武史　171

I 本稿の課題と方法　171

1 本稿の対象——平成 19 年度税制改正による受益者連続型信託の課税の特例（171）　2 問題の所在——他益信託課税理論の再検討の余地（172）　3 本稿のアプローチ（175）

II 受益者連続型信託に対する現行の資産移転課税方式　176

1 受益者連続型信託に対する現在の課税ルール（176）　2 現行の課税ルールに対する批判と応答（179）

III 受益者連続型信託課税の類型論　183

1 各制度の概観（183）　2 類型論による比較の試み（200）

Ⅳ　受益者連続型信託課税の代替的な課税方式の検討　203

　　1　通常の相続に対する課税とのバランス？（203）　　2　受益権の評価と課税のタイミング（204）　　3　条件成就時の課税と税額調整の要否（205）　　4　収益課税と資産移転課税の平仄（208）　　5　要　約（210）

　Ⅴ　結　　語　211

「みなし相続財産」と信託…………………………………渕　　圭吾　213

　Ⅰ　はじめに　213

　Ⅱ　互酬的信託は自益信託か？　216

　Ⅲ　信託設定によって移転する財産の範囲はどこまでか？　219

　Ⅳ　受益者指名権または収益に関する権利を留保していると言えるか？　220

　Ⅴ　若干の考察　222

所得税と相続税の調整——アメリカ生命保険源泉徴収税の外国税額
控除と債務控除（BFH ⅡR 51/14）………………………………浅妻章如　224

　Ⅰ　序　224

　Ⅱ　事案紹介（ⅡR 51/14 を中心に）　226

　　1　事実の概要（227）　　2　争　点（227）　　3　原審の判断　請求棄却（228）　　4　連邦租税裁判所の判断　請求一部認容（228）　　5　別件：カナダとドイツ・BFH ⅡR 13/92（231）　　6　別件：フランスとドイツ・Bechtel（C-20/16）（232）　　7　別件：中国とニュージーランド・[2017] NZHC 969（232）　　8　課題の整理（233）

　Ⅲ　国際的な文脈における所得税・相続税の調整　233

　　1　カナダのキャピタルゲイン税への対応（233）　　2　最判平成 22 年 7 月 6 日は税額控除よりも強烈である（234）　　3　最判平成 22 年 7 月 6 日の着眼点：誰の所得か（235）　　4　アメリカ源泉徴収所得税に関する FG と BFH，そして最判平成 22 年 7 月 6 日の論理（236）　　5　税目・課税対象の異同（238）　　6　再びカナダのキャピタルゲイン税やアメリカ源泉徴収税に戻って（240）

　Ⅳ　国際的な制約を無視した文脈での所得税・相続税の調整　240

　Ⅴ　生命保険等の優遇と人際的（interpersonal）公平基準　243

　Ⅵ　まとめ　249

世代間資産移転のための「公的基金」と信託的ガバナンスに関する研究ノート──地方財政法と杉並区減税自治体構想を題材に
……………………………………………………………神山弘行　250

Ⅰ　はじめに　250

Ⅱ　杉並区減税自治体構想と「基金」の活用　252

　1　地方自治法における財産管理の概要（253）　2　杉並区減税自治体構想の概要（256）　3　減税基金に関する法的問題（258）

Ⅲ　公的基金のガバナンス　263

　1　公益信託・公共信託の統制メカニズム──信託管理人（263）　2　公的基金の管理・運用の課題（265）

Ⅳ　予算単年度主義と財政規律の関係　270

Ⅴ　結びに代えて　273

第4章　国境を越える信託 ────────────────────275

英国における法人該当性判断をめぐる動揺──Anson 事件最高裁判決……………………………………………………………吉村政穂　277

Ⅰ　はじめに　277

Ⅱ　Anson 事件　278

　1　事案の概要（278）　2　下級審の判断（279）　3　最高裁判決（281）　4　評　価（282）

Ⅲ　結　語　283

4 号所得の空洞化……………………………………………………増井良啓　290

はじめに　290

Ⅰ　4 号所得に対する源泉地国課税　291

Ⅱ　4 号所得に対する源泉地国課税の空洞化　292

　1　非課税措置の増殖（292）　2　民間国外債の利子を非課税にする（293）　3　東京オフショア市場の開設に対応する（295）　4　振替国債・振替地方債・振替社債の利子を非課税とする（296）

Ⅲ　今後の展望　299

　1　現行法（原論文執筆当時）の姿（299）　2　非課税措置の恒久化（299）

3 源泉徴収義務者の義務と責任（301）　　4 4号所得以外のポートフォリオ投資
のリターン（301）

支店外国税額控除の設計……………………………増井良啓　303

Ⅰ　はじめに　303

Ⅱ　現行法人税法上の課税ルール　305

1 課税ルールの例示（305）　　2 論点の析出（305）

Ⅲ　米独の議論　307

1 米国の1966年改正（307）　　2 ドイツの1980年改正（309）　　3 アメリカ法
律協会の報告書（310）

Ⅳ　基本的な考え方　315

UCITS Ⅳに対応した英国税制の動向……………………吉村政穂　319

Ⅰ　はじめに　319

Ⅱ　英国における Tax Transparent Funds の導入　323

1 従来の認可投資ファンド（Authorised Investment Funds, AIFs）課税の枠組み（323）

2 新たなスキーム創設の背景（327）　　3 Tax Transparent Funds の検討（329）

Ⅲ　結　　び　331

本書のコピー，スキャン，デジタル化等の無断複製は著作権法上での例外を
除き禁じられています。本書を代行業者等の第三者に依頼してスキャンや
デジタル化することは，たとえ個人や家庭内での利用でも著作権法違反です。

執筆者一覧

（＊は編者）

＊中 里　　実（なかざと　みのる）　　東京大学教授

＊渕　　圭 吾（ふち　けいご）　　神戸大学教授

＊吉 村　政 穂（よしむら　まさお）　　一橋大学教授

　増 井　良 啓（ますい　よしひろ）　　東京大学教授

　浅 妻　章 如（あさつま　あきゆき）　　立教大学教授

　藤 谷　武 史（ふじたに　たけし）　　東京大学教授

　神 山　弘 行（こうやま　ひろゆき）　　一橋大学准教授

第1章　信託法理の生成

信託法理の生成

中 里 　 実

は じ め に

　信託における受託者と受益者の分離とは，視点を変えてこれを信託財産の方から見れば，受託者へのストックとしての財産の帰属と，そこから生ずるフローとしての利益の受益者への帰属が分離されるということに他ならない場合が少なくない。その場合，ストックとしての財産が受託者に帰属し，別途，当該財産から生ずる将来フロー（利益）のかたまり（これも，見方によってはストックである）が受益者に帰属させられ，受託者には残存の価値しか残らないということになる。ここで当然に，ストックとしての財産が受託者にいったん帰属した後に，そこから，当該財産から生ずる将来フロー（利益）のかたまり（これも，見方によってはストックである）が抜き出されて受益者に帰属させられ，受託者には残存の価値しか残らないこととなるのか，それとも，そもそも，財産そのもの（ストックと将来フロー）が信託設定の段階から受託者と受益者に分離されたかたちで帰属すると考えられるかという点が問題となろう。

　また，財団等を利用した場合と同様に，信託の利用を通じて，ストックの問題として「誰のものでもない財産」（すなわち，形式的にのみ，受託者や財団法人に帰属する財産）が作り出されるように見える場合があるが，これは結局，信託法理や財団法理により，財産の帰属と当該財産からの受益の分離（という点で財産権の内容を柔軟に取り扱うこと）が可能になっている点から生じてきたといえるのではないか。[1]

　そうであるならば，信託法理の生成について考える際には，信託の対象となる（信託により移転される）財産権の内容に立ち入る必要があるのではなかろう

---

1)　なお，財団や受託者に形式的に財産が帰属しても，そこから受益する者が不明な場合は少なくないが，これとて，だれかが何らかのかたちで受益をしていると考えることは可能であろう。

か。特に，信託においては，財産権の「一部」のみ（すなわち，収益受益権のみ）が受益者に移転され，その他が受託者の手に残ることを想定せざるをえず，そのためにはとりもなおさず，財産を利用する権利と残存権のように，財産権を分解して考えることが必要になる。本稿においては，このような観点から，多少の歴史的検討をふまえながら，信託法理の生成について考えてみたい。

I　私法における使用・果実収受権と，所有権の分離

まず，一度受託者に帰属した財産から，後に，そこから受益者に帰属する部分が抜き出されたのか，それとも，財産そのものが信託設定の段階から受託者と受益者に分離されたかたちで帰属すると考えられるのかという点を考えるための第一段階として，私法において所有権の分割がどの程度認められているかという点について見ておこう。所有権の分割という点が，信託法理とどこまで直接的な関係があるかは必ずしも明確ではないが，信託法理は，資産（ストック）の帰属と所得（フロー）の帰属を異なるものとすることを可能にするのではないかと考えられるから，この点について見ておくことは無駄ではなかろう。

私法上，所有権の一部を分離させたものとして，欧米の使用・果実収受権をあげることができよう。これは，本来ローマ法由来のものであるが，以下に掲げるように，現在においても各国に同様の概念が存在する。

1　ローマ法における *usus fructus*

ローマ法における使用・果実収受権（*usus fructus*，あるいは，*ususfructus*）は，物の性質を変更することなく，他者の物を使用し，そこから果実を収受する権利である。ただし，その物を処分（ないし破壊）する権利（*abusus*）は含まれていない。なお，以下においては，この使用・果実収受権を，「利用権」と呼んでおくこととする。

---

2) すなわち，財産のすべてが一度，受託者に帰属して，そこから収益が受益者に行くと見ることも可能であろうが，財産そのものがはじめから受託者と受益者に分離されて帰属すると見ることも可能なのではなかろうか。

3) あるいは，元本受益権と収益受益権の関係をめぐる問題も関連したものである。

4) それは，*ius in re aliena* である。また，*Ususfructus est ius alienis rebus utendi ac fruendi salva rerum substantia* (Digestus 7, 1, 1-Paulus, libri Vitellio). なお，Kopel Kagan, *The Nature of Ususfructus*, 9 The Cambridge Law Journal 159-170 (1946) 参照。

2 フランス法における usufruit[5]

フランス民法の物権法においては，ある物について，使用（*usus*）の権利，果実収受（*fructus*）の権利，処分（*abusus*）の権利の三つを分けている（いずれもラテン語）。したがって，同じ物について種類の異なる物権が複数の者に帰属する場合（démembrement）が生ずる。特に重要なのは，使用権と果実収受権をあわせた，利用権（usufruit）の概念である。

フランス民法 578 条は，「利用権（usufruit）とは，他の者が所有権を有する物について，その所有者本人であるかのように，しかし，その本質を維持する義務を負いながら利用する権利である（L'usufruit est le droit de jouir des choses dont un autre a la propriété, comme le propriétaire lui-même, mais à la charge d'en conserver la substance.)」と定めている。

たとえば，不動産を例にとって述べると，フランス民法上，不動産の権利は，以下のように三つに分かれる。

A 残存権（nue-propriété）

これは残余の権利であり，不動産を利用することはできない。残存権者 nue-propriétier は不動産を売却できるが，利用権者 usufruitier は当該不動産に居住したり賃貸したりする権利を有する。

B 利用権（usufruit）

これは，不動産を使用し，あるいはそこから果実を得る権利であるが，それを破壊したり売却することはできない。この権利は，一定の期間（ないし一生涯の間）存続する。なお，生涯利用権の売買は achat et vente en viager と呼ばれる。

C 所有権（plein propriété）

これは，完全なる所有権で，残存権 nue-propriété と利用権 usufruit をあわせたものである。所有者は，たとえば，子や孫に残余権の全部又は一部を移転し，当該不動産に居住し続けたり，賃料を得続けることができる。

このように，フランスにおいては，所有権を利用権と残存権に分けることが民法上正面から認められており，この点こそが，日本と異なり，フランスにおける不動産の取引を柔軟なものとしているのではないかと思われる。

---

5) Frédéric Douet, Précis de droit fiscal de la famille, 8e ed., pp. 379-403, 2009.

6   第1章　信託法理の生成

3　ドイツ法における Nießbrauch

ドイツ法の Nießbrauch も，他者の物や権利（主に住宅）を利用する権利であるが，譲渡できない（BGB1030 条，1089 条）[6]。

4　英米法における usufruct[7]

これも，フランスやドイツと同じもので，それらの国におけると同様，夫が死亡して子供に住宅を残した場合，妻が（無償で）生涯居住する権利として利用されることが多い。この権利を有する者を，usufructuary という。

5　日本法における用益物権

以上の諸外国の権利はすべて，用益物権とは異なり，所有権そのものの一部（である利用権＝使用・果実収受権）が残存権と分離したかたちで相続等に際して無償で取得される等するものであって，日本においては見られないものであると思われる。

これらに対して，日本の用益物権は，かなり控えめな（限定的な）権利であるように見える（もっとも，現実には，借地権という強力な権利が存在する点は重要である）。すなわち，民法上，用益物権とは，「他人の土地を一定の目的のために使用収益する制限物権」であり，「これに属するものとしては，民法上は地上権・永小作権・地役権・共有の性質をもたない入会（いりあい）権があり，特別法上では，鉱業権・漁業権などがある」とされている[8]。

ところで，現行民法の所有権の内容に関する定め（206条）は，「所有者は，法令の制限内において，自由にその所有物の使用，収益及び処分をする権利を有する。」として，所有権の内容を，使用権，果実収受権，処分権に分けている[9]。このうち，処分権（abusus）は，所有権の属性の一つであり，物を処分す

---

6)　Vgl. Hans Josef Wieling, Sachenrecht, S. 209ff., 2007. また，Heinrich Bürkel, Beiträge zur Lehre vom Nießbrauch, 1864 参照。

7)　類似のものとして，地上権 easement 等もある。

8)　高橋和之ほか編集代表『法律学小辞典第5版』（有斐閣，2016 年）1302 頁。

9)　この点について，梅謙次郎『訂正増補民法要義，巻の2 物権編〔第31 版〕』（有斐閣，1911 年）89-92 頁（http://ke-suke-shimizu.la.coocan.jp/MY2.htm）は，以下のように述べている。やや煩瑣になるが，前提を以下に引用しておくこととする。

「第206 条　所有者は法令の制限内に於て自由に其所有物の使用，収益及び処分を為す権利を有す（財30 ないし33）

本条は所有権の定義を下したるものなり。しかしてこの定義は従来最も多く行わるるところのものにして旧民法の定義と殆ど異なることなし。但し一層精確なる定義を下さんと欲せば所有権と

は法律又は他人の権利に抵触せざる範囲内に於いて最も自由に物を処置する権利を言うと為すべきか。

本条の定義によれば所有権なるものは3つの構成分より成れり。1に曰く使用権（jus utendi）すなわち物を毀損せずしてこれを自己の用に供するを言う。2に曰く収益権（jus ftuendi）すなわち物の果実を取るを言う。例えば田畑より米穀を取り又はこれを他人に貸して借賃を取るの類これなり。3に曰く処分権（jus abutendi）すなわち物を毀損しその他その性質を変更するを言う。例えば家屋を崩壊し又は田畑を変じて池と為すの類これなり。しかして所有者は往々その使用権及び収益権を他人に与うることあり。この場合に於いては所有者は処分権のみを存有する者と言うべし。故に所有権の特質はむしろ処分権にありと言うも可なり。但し厳正にこれを言えば所有権に完全なるものあり不完全なるものあり。その完全なるものは使用収益，処分の3つを併せたるものにしてその不完全なるものは使用，収益の全部又は一部を除きたるものなり。しかしてその使用，収益はあるいは地上権者に属しあるいは永小作人に属しあるいは地役権者に属す。名づけてこれを支分権（démembrements de la propriété）と言う（留置権，先取特権，質権及び抵当権は支分権にあらず。不動産質は物の使用，収益を為す権利を質権者に与うるが故に（356）支分権と称するも可なるが如しといえどもその主たる効力より言えばこれを支分権と称することを得ず。これらの権利はむしろ所有権の上に存するものと視るべきことは後に論ずべきところなり）。これを要するに物権の最も完全なるもの及び他の物権を除きたる残余の全権利これを所有権と言う。

世人往々処分なる文字の意義を誤解し権利を譲渡しもしくはこれを放棄するを以つて処分なりとせり。一般にこれを言うときは敢えて当たらずと言うことを得ず。然りといえども所有権の構成分なる処分権はこの意義を有するものにあらず。そもそも処分とは意の如く置するを言う。故に「物を処分す」と言えば物を意の如く処理するの謂にしてすなわちこれを毀損し又はその性質を変更する等これなり。「権利を処分す」と言えば権利を意の如く置するの謂にしてすなわちその全部又は一部を譲渡しもしくはこれを放棄する等これなり。今所有権は物権にして物すなわち有体物の上に存する権利なる以上は「所有者が物の処分を為す権利を有す」と言えば物を意の如く置するの謂なることけだし疑を容れず。然らずんば財産権は大抵皆処分権を以つてその構成分と為すものと言わずんばあるべからず。けだしこれを譲渡しもしくは放棄することを得ればなり。故に本条に処分と言うは権利を譲渡しもしくはこれを放棄の意味を有せざること知るべし。

以上論ずるところによれば所有権は物権の最も完全なるものなること明らかなりといえどもこれ敢えて無制限なるの謂にあらず。けだし権利は総て法律の規定によりてその範囲の定まるものにして何程強力なる権利といえども敢えて法律以外にこれを行うことを得ず。故に所有権といえどもまた法律の制限を受くるはもとより当然なるところなり。例えば土地収用法（33年3月6日法29号，なを財31ないし33，憲27，2項参照），徴発令（15年8月12日告43号），行政執行法（33年6月1日法84号4，同日勅253号行政執行法施行令2，3，37年9月20日内務省14号）等の如きこれなり。なを所有権はあたかも物権の最も完全なるものにしてかつ最も普通なるものなるが故に警察その他行政上これに多少の制限を付するの必要多きこともとより論を待たず。前期〔ママ〕の法令中行政執行法の如きは最も概括的の規定を存するが故に殆ど一切の場合を包容せるものと言うも可なりといえどもあるいは未だ足らざるものなきをやすんぜず。故に本条に於いては所有権の制限は必ずしも法律を以つてこれを定むることを要せず。場合によりては命令を以つてもまたこれを制限することあるべきことを認めたり（民法制定の当時は未だ行政執行法の制定あらざりしが故に一層この必要ありしなり）。しかしてこの命令は憲法第9条にいわゆる「公共の安寧秩序を保持し及び臣民の幸福を増進する為に必要なる命令」なるも可なり。けだし本条の規定あるが為この命令は法律を変更するものと視るべからざればなり。また慣習法も本条にいわゆる法令中に包含せるものにして例えば地方により竹木を植うるに境界線より若干の距離を存すべきものとし物干しを設くるに多少の条件を要するものとする等の類これなり。」

る権利（物権）であり，所有権の支分権の一つであるが，諸外国における使用・果実収受権と対比されるところの残存権との差異は必ずしも明確ではない（この点については，下の6で検討することとしたい）。

しかし，日本の民法においては，所有権の支分権としての使用・果実収受権を，上でみた外国のように，処分権と切り離すことが一般的に認められているわけではないという点に留意しなければならない。制限物権は，外国の使用・果実収受権（残存権者には，将来返還を受ける権利しか残らない）とは基本的に異なる。

すなわち，日本の民法においては，地上権や永小作権等のいくつかの用益物権は認められているものの，諸外国と比べると所有権の一体性の観念が強く，諸外国におけるような独立した使用・果実収受権という一般的な権利が認められてはおらず（使用・果実収受権と残存権の分離が認められておらず），財産権の内容について柔軟性を欠くのではないかと思われる点があるように感じられるのである。特に，所有権を，使用・果実収受権と残存権とに分離することができない点が重要であるように思われる（一物一権の考え方）。たとえば，フランスにおけるように，相続に際して，（平成30年民法改正の施行に至るまで）父親から住宅を相続した子が残存権を取得する一方で，当該父親の妻（後妻）が使用・果実収受権を生存中のみ有するというような形態が認められてこなかった。平成30年民法改正で導入され，令和2年4月1日から施行予定の民法1028条の配偶者居住権も，賃借権類似の法定債権にすぎない。このように所有権の一体性を前提としている点こそが，受益者連続信託において相続税・贈与税が繰り返し課税されてしまうことの原因となっているのではなかろうか。[10]

6　残存権と使用・果実収受権の分離についての理論的検討の必要性

ここで，外国におけるように，所有権を，残存権と使用・果実収受権に分離するということの意味について考えるとともに，あわせて残存権と（日本の民法における所有権の支分権の一つである）処分権の差異についてもみておくことにしよう。

以下の議論の前提となるのは，ファイナンス理論的に考えれば，元本（元

---

10)　また，外国において，財産権の構成の柔軟性を求めて信託法理が発展した点を考えると，日本の信託法とは状況がかなり異なるのではないかと思われる。したがって，外国法に基づいて設定された信託について，課税上，どのように考えるかという点が問題となりえよう。

物）の価値とは，将来果実の割引現在価値（の合計額）であるという点である。残存権の価値は，所有権の価値から現在設定されている使用・果実収受権の現在価値を除いたものであり，また，処分権も同様であるから，両者（残存権と処分権）は基本的に同じものであり，処分権の価値は，残存権の価値であると考えることができるものと思われる。これを別のいい方をすれば，所有権の価値は，使用・果実収受権の価値と，元物に関する残存権・処分権の価値とに分解することができるということになろう。所有権を残存権と使用・果実収受権に分離するということをファイナンス的に見た場合，所有権の本質は，使用・果実収受権というフローを受益する権利にあるものと思われる。残存権は，所有権から，そのようなフローの割引現在価値としての元本（元物）を取り除いた後の形骸的な権利であるにすぎないといえよう。

　したがって，使用・果実収受権が無期限に他に与えられれば，残存権には価値がないということになる。今，単に理念上の話であるが，使用・果実収受権の存続期間が永遠であるとすれば，

使用・果実収受権の割引現在価値　＝　所有権の価値

ということになる。したがって，このように使用・果実収受権の存続期間が永遠であれば，実質的に残存権には何らの価値もないということになろう。その場合，残存権者が所有権の支分権としての処分権を保有しているとしても，価値を生まないものを処分しても価値がないから，それにはほとんど意味はないであろう。

　これに対して，使用・果実収受権の存続期間が有限である場合には，現在時点 A における残存権の価値は，A 時点における所有権の価値から，当該（残存期間が有限である）使用・果実収受権（のもたらすフロー）の A 時点における割引現在価値を差し引いたものであるということになるであろう。また，この残存権の価値は，結局，当該使用・果実収受権の存続期間経過後（B 時点）の所有権の価値の A 時点における割引現在価値）ということになる。この関係を式で表すと，以下のようになろう。

　　A 時点の所有権の価値

　　　＝　A 時点の残存権の価値　＋　A 時点の使用・果実収受権の現在価値

　　A 時点の残存権の価値

　　　＝　B 時点の所有権の価値の，A 時点における割引現在価値

10　第1章　信託法理の生成

ところで，B時点における所有権の価値は，当然のことではあるが，B時点よりもさらに先の使用・果実収受権（のもたらすフローすべて）のB時点における割引現在価値である。

　　B時点の所有権の価値

　　＝　B時点以降の使用・果実収受権の，B時点における現在価値

II　英米信託法理の歴史

　次に，所有権の分離という観点から信託法と大陸法の関係について考えるための前提として，信託の母国であるイングランドにおける信託法理の歴史について，ごく簡単に見ておこう。

1　fee simple

　英米法における通常のかたちの土地の「所有権」は，fee simple と呼ばれる。ただし，この権利を保有している者は，例外として，課税（taxation），収用（eminent domain），警察権（police power），及び，相続人不在の場合の国庫帰属（escheat）という制限に服する。これが，以下の議論の基本となる。

2　use

　信託の起源には，諸説があるが，その議論の中で最も重要な位置を占めるのが，この use の概念である。封建制度の下における土地所有権が様々な制限の下にあったという現実を乗り越えるために，use という概念[11]が生み出されてきて，それが信託の元であるといわれている。[12]具体的には，イングランドにおいては，1535年の the Statute of Uses の公布前に，二つの種類の信託が利用されていた。すなわち，special（active）trusts と general（passive or simple）trusts である。前者が暫定的な目的の財産管理のために用いられるのに対して，後者がいわゆる use であり，財産の法的権原（enfeoffment）を，*cestui que use*[13]

---

11)　Cf. J. M. W. Bean, The Decline of English Feudalism, 1215-1540, 1968; J. L. Barton, The Medieval Use, 81 Law Quarterly Review 562-577 (1965); J. Biancalana, Medieval Uses, in R. Helmholz and R. Zimmermann (eds.), Itinera Fiduciae: Trust and Treuhand in a Historical Perspective (1998), pp. 111-152.

12)　たとえば，Ron Harris, Industrializing English Law: Entrepreneurship and Business Organization, 1720-1844, 2000, at 331 は，"The Origins of the Trust" について，"The trust grew out of the "use" which originated in the realities and constraints of the feudal system." と述べている。

と呼ばれる受益を受ける者（受益者）のために，feoffee to uses と呼ばれる受託を受ける者（受託者）に対して移転するという構造のものであった[14]。

財産の保有を認められていないフランシスコ会の僧侶も，他者の保有する財産を利用することは認められていたので，この use を用いて財産管理を行ったというのが信託の起源であるとする考え方がある[15]。また，十字軍に出かける者が，その留守中，財産を他の物に移転するために，use を用いたのが信託の起源であるとする考え方もある[16]。

3 *fidei commissum* その他

そして，上の英米法の use の概念とローマ法の *ususfructus* の概念が近いことから，論者の中には，use や信託は，ローマ法の *ususfructus* から発展したと考える者も存在する[17]一方で，ローマ法の *fidei commissum* に由来すると考える者も存在する[18]。また，信託の起源を教会法の中に見出す者もいる[19]。イスラム法の *waqf* を重視する者もいる[20]。ドイツの信託法理である Salman や Treuhand を重視する者もいる[21]。しかし，信託の起源が仮に大陸法制度にあったとしても，現在の大陸法制度に信託に直接対応するものがないという点が重要であろう[22]。これらの点については，以下のⅢにおいて詳しく論ずる。

4 Ames の議論[23]

信託の起源について論ずる際に，理論上，重要なのは，ハーバード・ロースクールの James Ames の議論である。この中で，Ames は，Holmes の "Early English Equity" を引用して，衡平裁判所の最大の貢献は手続面にあり，その例として，feoffments to uses があり，そこから use の概念の起源を説明でき

---

13) *cestui que* は，「せすてぃけい」，ないし，「せてぃけい」と発音される。*cestui que use* とは，"*cestui a que use le feoffment fuit fait*（the one for whose benefit the feoffment was made）" という意味である（Jesse Dukeminier, James E. Krier & Gregory S. Alexander, Property, 9th ed., 2017, at X X）。

14) Avisheh Avini, Comment: The Origins of the Modern English Trust Revisited, 70 Tulane Law Review 1139, at 1143（1996）.

15) Stephen W. Devine, The Franciscan Friars, the Feoffment to Uses, and Canonical Theories of Property Enjoyment before 1535, 10 Journal of Legal History 1, at 2（1989）.

16) *supra* note 15, at 2.

17) すなわち，Shael Herman, Medieval Usury and the Commercialization of Feudal Bonds, 1993, at 133 は，"The ideas of usus and Roman usufruct were close enough to lead some Romanists to suppose that usus and trust derived from Roman law." と述べている。

12   第1章　信託法理の生成

るとする考え方を紹介している。すなわち，この考え方によれば，feoffee to uses は，ドイツ法の Salman あるいは Treuhand（をローマ法で修正したもの）に対応するものであり，ただ，イングランド法においては，feoffee の義務が[24]（単に倫理的なものではなく）法的義務となった点が特徴的であるとする。

---

18) Cf. David Johnston, The Roman Law of Trusts, 1988, at 285-86; Francis Bacon, Reading Upon the Statute of Uses, in James Spedding et al. (eds), 14 The Works of Francis Bacon, 1917, at 301. また，Francis Bacon & William Henry Rowe, The Reading upon the Statute of Uses of Francis Bacon, 1806 において，Rowe は，以下のように述べている。

"Lord Chief Baron Gilbert was of opinion, that the origin of uses was from a title in the civil law, which allows of an usufructuary possession distinct from the substance of the thing itself. See Gilbert, s law of uses, page 3. Lord Bacon however, observes, that the use is nothing like in matter to the usus fructus of the civil law, but it beareth the greatest resemblance to the fidei commissio of that law. ——If the editor might without the imputation of arrogance exhibit to the rason his sentiments upon the subject, he would say, that to his mind the use appears to partake the nature of as well the usus fructus as the fidei commissio——that both are necessary to make up the idea of an use." (pp. 92-93)

"Neither did the usus fructus resemble the use in all respects, because the trust or confidence was wanting: foras the usus fructus of the civil law conferred on the usufructuary an absolute legal right to the profits there was no need of placing a confidence in other persons." (p. 94)

また，中里実「fideicommissum と信託法理の生成」能見善久ほか編『信託法制の新時代』（弘文堂，2017 年）351-362 頁，参照。

19) Shael Herman, Ultilitas Ecclesiae: The Canonical Conception of the Trust, 70 Tulane Law Review 2239 (1996).

20) V. W. Thomas, Note on the Origin of Uses and Trusts, 3 S. W. Law Journal 162, at 163 (1949); Monica M. Gaudiosi, The Influence of the Islamic Law of Waqf on the Development of the Trust in England, 136 University of Pennsylvania Law Review 1231 (1988); Avini, *supra* note 14.

21) Cf. Oliver Wendell Holmes, Early English Equity, 1 Law Quarterly Review 162 (1885); Brendan F. Brown, Ecclesiastical Origin of the Use, 10 Notre Dame Law Review 353 (1935); Bean, *supra* note 11, at 129.

22) Donovan W. M. Waters, The Institution of the Trust in Civil and Common Law, 1995. それ故に，いくつかの大陸法国においては，英米法の信託に対応する制度を制定法により作成した。Quebec: S. Q. 1991, c. 64, which came into force on January 1, 1994 (Cecret 712-03 (Gaz. 2/6/93, p. 2805)), Articles 1260 to 1297. South Africa: H. R. Hahlo, The Trust in South African Law, 2 Inter-American Law Review 229 (1960). Ceyon (now Sri Lanka): L. J. M. Cooray, The Reception of the English Trust in the Roman-Dutch Jurisprudence of Ceylon, 86 South African Law Journal 75 (1969). また，Cf. B. Beinart, Trusts in Roman and Roman-Dutch Law, in W. A. Wilson, Trusts and Trust-Like Devices, 1981, 167.

23) James Barr Ames, The Origin of Uses and Trusts, 21 Harvard Law Review 261 (1908).

24) Ames は，"It may be conceded that the feoffee to uses, down to the beginning of the fifteenth century, was the German Salman or Treuhand under anothe name." と述べている。

5 Avisheh Avini, The Origins of the Modern English Trust Revisited にお[25] ける議論

この議論によれば，1535 年の the Statute of Uses 成立以前のイングランド の信託の起源については，法制史家の間で意見が分かれており，the Roman Fideicommissum 説や，the Germanic Salmannus 説や，両者の混合説や，the Islamic Waqf 説[26]などがあるが，これらの外国の制度もイングランドの信託も，すべて，財産権の分割に関する実定法の欠陥から発生した点では同じであると[27]述べる。この点については，以下のⅢで少し詳しく見ていく。

Ⅲ　英米法の信託法理と大陸法の概念の歴史的関係

さて，次に，信託の起源との関連において，英米法の信託法理と様々な大陸法上の概念との関係について，きわめて詳しく論じているのが，C. H. van Rhee, 'Trusts, Trust-like Concepts and Ius Commune' という論文における議[28]論である。これは，直接的には，信託及び信託類似の法概念に関する Richard Helmholz and Reinhard Zimmermann eds., Itinera Fiduciae: Trust and Treu-hand in Historical Perspective（Berlin-Duncker & Humblot, 1998）という書[29]物についてのコメントとして執筆された論文であるが，きわめてわかりやすい議論を展開している。そこで，以下に，その内容について，少し詳しく紹介しておくこととする。

彼は，まず，"Trust: a Typical Anglo-American Concept?" のところで，信託が英米法独自の概念であるか否かという問題に答えることは，すなわち，信託の起源を明らかにすることであるとした上で，正確な起源は必ずしも明らかではないものの信託は英米法の概念のみから発展したわけではなく，ローマ法，ゲルマン法，教会法等の影響を受けている可能性があるとして，そのそれ

---

25)　*supra* note 14.

26)　この論文は，"The Islamic theory on the origin of the English trust proposes that the concept behind the waqf was imported to England by Franciscan Triars returning from the Crusades in the thirteenth century." と述べている。

27)　この論文は，"all emerged as a result of positive-law deficiencies and restrictions concerning the ownership and devolution of property." と述べている。

28)　3 European Review of Private Law 453（2000）. Also published in J. M. Milo & J. M. Smits (eds.), Trusts in Mixed Legal Systems（Ars Aequi Cahiers, 12）, 2001, at 83-91.

29)　この書物は，特に，英米法の信託と大陸法の普通法（ius commune）の関連に焦点をあて，この問題は困難なものであると述べている。

14 第1章 信託法理の生成

それについて論じていく。

　第一に，彼は，ローマ法と信託の関係について論ずる。まず，彼は，Ames のように，ローマ法が英米法の発展に及ぼした影響を否定する考え方（ドイツ法の影響を重視する考え方）から離れて，最近，それ（ローマ法の影響）を肯定する新しい考え方が現れてきていることを指摘する。すなわち，そのような考え方によれば，ローマ法の英米法への影響は，歴史的には，13 世紀における Henry de Bracton の *De legibus et consuetudinibus Angliae* や，18 世紀における Blackstone の Commentaries on the Laws of England において，英米法の体系化に際してローマ法の概念が利用され，ローマ法の概念を借用するかたちで英米法の記述がなされたところにうかがわれるというのである。その結果，イングランド法の信託の前身である use がローマ法の *usus* と関連があるように扱われることがあるという。しかし，著者によれば，14 世紀，特に 15 世紀に頻繁に利用されるようになったイングランド法の use と異なり，ローマ法の *usus* においては，この権利を有する者は，当初（十二表法の時代）は使用権しか有しておらず（果実収受権は認められず），ローマ法大全において自らのための果実収受権も認められるようになったにすぎないという。その上で，著者は，最近の研究では，*usus* の権利を有する者と，feoffee to uses（すなわち，受託者）の法的地位には類似性もあるが，両者が共通の起源を有するとはいえないとされており，これが正しいか否かは，教会法の影響をもみないと判断できないと述べる。これは，教会が実質的に財産を保有できるようにするために，ローマ法の *usus* の影響の下に use の概念が用いられるようになったとも考えられるからである。

　また，著者は，*usus* の他にも，ローマ法の *fiducia, ususfructus, fideicommissum, depositum* 等が信託との関連で引き合いに出されることがあるとして，これらについても論じている。*fiducia* は，権原とそこから生ずる利益との分離が行われる点で信託に類似しており，*fiducia cum amico* においても，*fiducia cum creditore* においても，委託を受けた者・債権者は権原は有しているが，委託をなした者・債務者は物の返還を要求できる。その結果，たとえば，十字軍の時代のイングランドにおいて，*fiducia cum amico* が use のように用いられ，十字軍に出かける者はその財産を友人等に留守中委ねたのである。しかしながら，彼は，ローマ法の *fiducia* がイングランドの信託法に影響を与えたと

いうことは考えにくいという。なぜなら，*fiducia* について詳しい記述のある Gaius の法学提要が再発見されたのは 19 世紀初頭であり，それまで，*fiducia* の概念の細部は不明だったからである（これに対して，ローマ法大全における *fiducia* の叙述は不十分であった）。

これに対して，*fideicommissum, ususfructus, depositum* の影響の方がありそうだと著者はいう。*fideicommissum* は，人の死に際しての財産移転に関して用いられるもので，財産を残す者（信託でいえば，委託者）が，遺産を受領する者（信託で言えば受益者）に対して直接的に財産を移転せず，第三者（信託でいえば，受託者）を指名してその者に財産を委ね，その者から遺産を受領させたい者に対して財産を移転させるというものである。著者の書評の対象となっている Helmholz/Zimmermann 編集の本の中で，Michael Macnair は，イングランドの信託を説明する際に，このローマ法の概念を用いている例（Francis Bacon の Maxims of Law（1630）等）をいくつかあげている。また，*ususfructus* における残存権は名義だけの所有なので，残存権者は受託者に類似しており，使用・果実収受権者は受益者に類似しているという。なお，*depositum* については，ここでは省略する。

いずれにせよ，信託法理がローマ法に負うところがあったという点については 19 世紀末まで疑問視されていなかったと，彼はいう。このことの背景には，ローマ法の考え方のイングランドにおける受容に貢献してきた Court of Chancery が信託の発展に深くかかわってきたという点があるものと思われると彼は述べる。しかし，そのような考え方は 20 世紀になってドイツ法の影響を重視する論者（Ames 達）によって一旦否定されたのである。これに対して，Helmholz/Zimmermann 編集の本は，ローマ法ないし大陸普通法 *ius commune* が信託法理の発展に与えた影響について否定的な 20 世紀の古い見解について批判的である。特に，信託におけるコモンロー上の所有者と衡平法上の所有者の併存が，所有権の単一性を重視する大陸法の考え方と反する点が古い見解においては重視されてきた。しかし，二重の所有構造は *ius commune* において存在しなかったわけではない。大陸法においては，二重の所有構造は封建法と密接に結びついており，領主は *dominium directum* を有し，家臣は *dominium utile* を有するとされていたからである。

第二に，彼は，教会法と信託との関係について論じている。西ヨーロッパに

16   第1章　信託法理の生成

おいて共通に用いられており守備範囲の広かった教会法がイングランドの信託
法に及ぼした影響を重視する見解は，長い間存在する。実質上，富を支配しつ
つ，それを所有していないという外観を作り出せる制度は教会にとって重要で
あったからである。教会の富は教会の所有するものではなく，神の所有物で，
教会はそれを管理しているだけであるという考え方がその背後に存在した。す
なわち，これは *usus* であり，神が委託者，教会が受託者（*usus* を保有する *usu-arius* である）で，信者が受益者であるという発想である。

　第三に，彼はゲルマン法と信託との関係について論じている。19世紀末ま
で，use の起源は，*fideicommissum* にあるとされていたが，同時期に，主と
してアメリカにおいて，ゲルマン法の Salman や Treuhand が重視されるよう
になり，信託のローマ法起源が疑問視され始めた。たとえば，Holmes は，イ
ングランドの信託は，ドイツ法の Salman や Treuhand と同様に，ゲルマン法
起源であると考えていたが，これはありうることであると彼はいう。Salman
や Treuhand と，use とはきわめて類似している（Salman においては，Salman-
nus と呼ばれる者が他の者のために財産を管理する義務を負い，この者と受益者の間の
関係は，忠実義務的なものである）。また，Treuhand は，信託と同じような目的
で利用されている。しかし，Treuhand が信託と関連していることを証明する
ことは不可能であることが示されているし，Salman も use や信託と関連して
いないとする現代の論者も存在する。確かに，Salman や Treuhand と信託と
は類似しているが，両者が共通の起源を有するか否かは別問題である。もっと
も，Treuhand や Salman 自体についてもゲルマン法起源かローマ法起源か，
未だ不明であるという点は残ると彼は述べている。

　これらの様々な検討の後に，著者は，結局いえることは，信託の起源は完全
には明らかにできないという点であるとしている[30]。これは，常識的な考え方で
あると思われる。

---

30)　なお，著者の引用する，M. Reimann (ed.), The Reception of Continental Ideas in the Com-
mon Law World (1820-1920) (Comparative Studies in Continental and Anglo-American Legal
History, Vol. 13), 1993; M. Reimann, Historische Schule und Common Law: Die deutsche
Rechtswissenschaft des 19. Jahrhunderts im amerikanischen Rechtsdenken (Comparative stud-
ies in Continental and Anglo-American legal history, Vol. 14), 1993 参照。

まとめ——信託法理と課税の関係

　最後に，歴史的に形成されてきた信託法理を前提として課税を考える場合の問題点について，多少，理論的に検討しておくこととしたい。

　信託法理と課税との関係に関して考えなければならない基本的な問題として，第一にあげるべきは，租税法の観点から信託法理を眺める際に特に興味を引くのは，だれに帰属するか必ずしも明らかではない財産や利益を課税上どのように扱うかという点である。日本の信託税制においては，その点に関して，信託における法関係を私法を前提として個別的に考慮するという方式を採用せずに，租税法律の条文により一義的にだれの所得とするか，だれの資産とするかを形式的に決めるという方式を採用している。そもそも，信託においては，財産の形式的な所有者と，そこから受益を受ける者とが必然的に分かれるのであるから，結局のところ，私法にしたがって個別具体的に判断するという方法を採用するのでないとすれば，確かに，そのように租税法律において形式的に決める以外に方法はないのかもしれない。しかし，仮にそのような条文が存在せずに私法にしたがって判断せざるを得ないとした場合にはどのように考えるべきであるかという点が，少なくとも，理論上は問題となりうる。また，租税法律の条文をどのように制定すべきかという点を考える際にも，この点は重要な意味を持つ。

　たとえば，信託と同じように，だれに帰属するか明確にはわからない財産や利益が作り出される法制度として，財団法人の制度がある。もちろん，財団法人には権利能力が与えられているのであるから，表面的かつ形式的には財団法人が財産を保有し，所得を得るとされているが，しかし，財団法人は社団法人とは異なり，人の組織体ではなく，財産のかたまりにすぎない。すなわち，権利能力の有無という点を度外視すれば，財団法人は，信託と類似の機能を果たし，寄付行為で財産を提供した者が委託者，理事が受託者，そして外部に何らかのかたちで受益者が存在するというかたちで理解することが可能であろう。換言すれば，財団法人は，法人課税信託に類似したものといえるのではなかろうか。

　しかし，法人課税信託以外の信託は，財団法人と異なり，場合に応じて，委

18　第 1 章　信託法理の生成

託者，受託者，受益者のいずれかに対して課税が行われるように租税法律が定めている。これに対して，財団法人においては，財団法人という財産のかたまり以外のだれが実質的に租税負担を負うかは不明のままである（同様のことは，法人課税信託にもあてはまる）。したがって，信託について法人課税信託の制度を拡大したとしても，そのことは必ずしも問題の本質的な解決をもたらすわけではないという点については，注意が必要である。

　また，第二に，上の第一の点は，ストックとフローの分離という問題と密接に関連している。すなわち，信託という法制度を用いれば，資産（ストック）の所有者（受託者）と，当該資産のもたらす所得（フロー）を得る者（受益者）とを分離することが可能となる（ただし，ストックとフローの分離といっても，受益者に将来フローのかたまり——これも見方によってはストックである——が帰属するのに対して，受託者には，所有権から当該将来フローのかたまりを差し引いた残存権が帰属するにすぎないという点に留意）。

　この点は，*ususfructus* が広く利用されている欧米においては，信託を用いなくとも，同様のことが可能であるが，そのような制度が必ずしも利用されていない日本においては，実質的に見て，信託がそのようなことを可能にする主要な方法であるといえよう。もちろん，日本においても，デリバティブ等のいわゆるオフバランス取引において，元物（に関する所有権）と果実（を収受する権利）の区分は実質的に意味を失う点を無視するわけにはいかない。ただし，デリバティブにおいてはストックの概念がそもそも存在せずに，すべてがキャッシュフロー概念に基づいて構成されるのに対して，信託においては，いわば，ストックとフローの帰属が異なるだけであるという差異はある。

　デリバティブのようなオフバランス取引の場合は，基本的に資産が存在せず，契約によりフロー（課税に関して言えば収益・費用）のみが表面に出てくる（元本は，想定元本という単なる理念上のものとなる）という構造になっている。デリバティブ取引が各種の課税上の困難を引き起こしてきたことはよく知られていることであるが，信託も，ストックとフローの帰属の分離を可能にするという意味において，課税上の困難を引き起こすものと考えられているのではなかろうか。[31]

31）　もっとも，デリバティブは，そもそも資産（ストック）が存在しない取引であり，信託におけるように，一種の残存権と使用・果実収受権の分離のような状態が存在する場合とは異なる点に留意。

ストックとフローの帰属を異ならせることが可能になれば，様々な財産管理（プランニング）が可能になるのであり，事実，欧米においては，信託や *usus-fructus* を用いた多様なプランニングが行われている。信託の課税に関して考える際には，特に，私法におけるストックとフローの関係について考えることが基本となるものと思われる[32]。なお，このストックとフローの関係については，贈与税の問題との関連において，別途論ずることができればと考えている。

さらに，第三に，上の第一の点に関して述べたところであるが，日本においては，信託に関して，租税法の条文ですべてを定めようとする傾向が強く，私法により規律される取引を前提とする課税という通常の方式から少し乖離しているのではないかと思われる点がある（すなわち，信託税制が，私法を無視した課税を可能にするという意味で，一種の租税回避否認規定として機能している場合が少なくない）。特に，日本の信託課税に関する法制度においては，信託が歴史的に発展してきた存在であるという点を度外視して，租税法の観点を前面に出したかたちで信託税制が語られる傾向がある。もちろん，私法とは必ずしも関係なく納税義務者を決める立法を租税法上設けること自体は許されることであるが，問題は，そのような立法により信託の利用がどれだけ阻まれる結果となっているかという点にあるのではなかろうか。欧米において，信託や信託類似の法理が活発に利用され，財産の管理が柔軟に行われている点に鑑みると，租税制度が信託や信託法理の利用を阻むことは必ずしも望ましいことではないのかもしれない。

結局，信託法理との関係で，租税法は，私法に関して，たとえば，以下のような態度で臨んでいるということができよう。
  ・所有権／物権の一体性の重視
  ・契約や信託を重視せず，物権法を基本として考える傾向
  ・法人と個人の厳格な区別
  ・信託の歴史や英米法の無視
しかし，このようなリジッドな方向ではなく，諸外国の私法上の状況（そこ

---

[32]　そもそも，中世におけるストックを重視する家産国家から，フローを重視する近代的な租税国家へと変化が生じたのであるが，その租税が未だにストックを課税対象とする状態から抜け出られないでいるということができよう。

における，信託や信託類似法理の利用の実態）も十分にふまえながら，財産権構成の柔軟性に対応した租税立法を行うことが必要なのではなかろうか。特に，残存権と使用・果実収受権の分離を一定程度認める方向はとれないのであろうか。家族の財産管理や，公益に関連する財産管理において信託の利用価値は高い。それについて，営利事業を中心に組み立てられた課税理論の延長ですべてを律しようとすれば，当然に不都合が生ずるであろう。現代の信託税制をめぐる議論において真に問われているのは，まさにその点なのである。

（金融取引と課税（2），2012 年）

法人格を有する信託としての財団法人

中里　実

は じ め に

　信託は，その受託者を財団法人の理事と考えれば，財団法人と類似の機能を果たしている。両者の差異は，もっぱら権利能力の有無にある（なお，理事と受託者に権利能力があるのは当然のことである）といってもよかろう。このように，財団法人を，権利能力を有する信託としてとらえる考え方を前提に，本稿においては，信託と財団法人の類似性・異質性という観点から，権利能力や法人格の意味について理論的に考えてみることとする。そのために，財団法人について，ローマ時代から，歴史的に検討を加えることとしたい。なお，これはすべて，租税法における信託や財団に関する課税のあり方を考えるための準備作業にすぎず，とてものこと，私法の研究というようなものではない点を最初にお断りしておきたい。

I　ローマ法における法人──社団と財団

1　ローマ法の法人

　多くのローマ法の論者が指摘するように，ローマ法は，（権利・義務の主体となる）自然人以外の権利・義務の主体の存在を認めていたが，それらの近代からのローマ法研究者はそれを「法人」と呼んでいる。そのような自然人以外の権利義務の主体についての分類は著者により多少異なるので，そのうちのいくつかを，以下に紹介してみたい。

　まず，たまたま目にしたローマ法全体に関する概説書における自然人以外の権利能力を認められた主体に関する記述のいくつかを整理しておくこととする。なお，以下においては，同じ概念について異なるラテン語が用いられているこ

とがあるが，これは，それぞれの書物による用語や綴りの差異をそのまま反映した結果である点に留意されたい（例えば，財団に当たる語として，①では *pia corpora* が，②では *piae causae* が用いられている）。

① Frederick J. Tomkins and Henry D. Jencken, A Compendium of the Modern Roman Law, Founded upon the Treatises of Puchta, von Vangerow, Arndts, Franz Moehler, and the Corpus Juris Civiles, p. 54, 1870.

この，ローマ法に関する古い書物は，自然人以外に権利能力を認められたものを，以下のように整理している[1]。

　○自然人の集合体 *universitas personarum*（英 corporation）

　　　　共和国 *reipublicae*

　　　　国庫 *fiscus*（帝政期），*aerarium*（共和政期）

　　　　地方団体 *civitates, municipia*

　　　　教会等

　　　　その他

　○財団 *universitas bonorum*（英 foundation）

　　　　慈善・宗教目的の財団 *pia corpora*

　　　　相続財団 *hereditas jacens*[2]

なお，他の書物では，財団の一種として分類される国庫が，ここでは共和国と並んで社団の方に分類されている。

② J. E. Goudsmit (translated from Dutch by R. de Tracy Gould), The Pandects; A Treatise on the Roman Law, and Upon Its Connection with Modern Legislation, 1873.

この書物は，ローマ法においては，以下のような法人が認められていると述べている。

　○*universitates* という名の人の集合体（Associations of persons, under the names of universitates）

　　　・地方団体（*civitas, municipium, colonia, respublica, civitatis, commune, com-*

---

1)　また，cf. Edward Poste, *Gaii Institutionum Iuris Civiles Commentarii Quattuor* or Elements of Roman Law by Gaius, 3rd ed., revised and enlarged, 1890, at142-145.

2)　Vgl. Woldemar Marcusen, Die Lehre Von Der Hereditas Jacens in Ihrem Zusammenhange Mit Der Alten Usucapio Pro Herede, 2010.

munitas, curiae, decuriones, vici, fora, conciliabula, castella)

- ・僧侶の集団等の宗教的集団 *collegia templi*
- ・公務員の団体 *scribae, librarii, fiscales, censuales, decuriati, decuriales*
- ・職人等の団体
- ・友好目的の団体 *sodalitates, sodalitia, collegia sodalitia*
- ・利益目的の団体 *societates vectigalium publicorum, aurifodinarum, argentifo-dinarum, salinarum*

○財団等（Foundations, or endowments）*piae causae*

○国庫（The public Treasury）*fiscus*

○相続財団（Vacant inheritances）*hereditas jacens*

③ Ferdinand Mackeldey（translated from German by Moses A. Dropsie），Handbook of the Roman Law, pp. 138-140, 1883.

　この書物は，上の②の列挙するものに，国家を付け加えている結果，①と類似の分類となっている。

　他方，ローマ法における，自然人以外の権利能力に対象を絞った様々な専門的研究が存在するが，それらの中で代表的なものは，以下のようなものであろう。

④ まず，William Henry Rattigan, De Jure Personarum: or, a Treatise on the Roman Law of Persons, pp. 197-217, 1873 においては，自然人以外の権利能力を有する存在として，以下のようなものがあげられている。

○社団（英 corporation）*universitas, corpus, collegium, ordo*

　これは，*societas*（英 partnership）と対置されている[3]。このような対置は，政治学においてよく用いられる[4]。また，社団に該当するものとして，以下のようなものがあげられている。

　　国 *republica*（*populus Romanus*）

　　地方団体 *municipia, fora, conciliabula, castella, vici*

○国庫 *fiscus, aerarium*（treasury）

---

3) Vgl. Ralf Mehr, "Societas" und "universitas", Römischrechtliche Institute im Unternehmensgesellschaftsrecht vor 1800, 2008.

24　第1章　信託法理の生成

○宗教的・慈善的団体 *piae causae* [5]

⑤　ローマ法における法人格の問題については，Patrick William Duff, Personality in Roman Private Law, 1938 も重要である。この書物は，以下のような九つの章からなっている。

第1章　*Persona*（人），*Caput*（長），*Corpus*（集団），*Universitas*（団体）

第2章　*Populus*（国家）and *Fiscus*（国庫）

第3章　Towns

第4章　*Collegia*（団体）：the *Ius Coeundi*（団体を作る権利）[6]

第5章　*Collegia*（団体）and *Corporate Capacity*

第6章　*Societates Publicanorum*（事業団体）[7]

第7章　*Hereditas Iacens*（相続財団）

第8章　Charities [8]

第9章　Roman Law and Legal Personality

---

4)　すなわち，Michael Oakeshott は，"The Character of a Modern European State" と題する論文（in On Human Conduct, 1975, at 185-326）において，国家を scietas ととらえるか，universitas ととらえるかという緊張関係において現代の国家を論じている。

　　この点について，Martin Loughlin は，その著書，Foundations of Public law, 2010 の第6章 "Political Jurisprudence" において，以下のように述べる（p. 160）。

　　"These ideas, derived from two different modes of human association expressed in Roman law, are those of the state as societas (partnership) and universitas (corporation).

　　Oakeshott's argument is not that each of these ideas can be read as alternative accounts of the nature of the state: although they are irreducible and cannot be combined, they may be understood as the 'specification of the self-division of this ambiguous character.' The state can be grasped as 'an unresolved tension between the two irreconcilable dispositions represented by the words societas and universitas.'"

5)　Cf. Raymond Saleilles, Les "*Piae Causae*" dans le Droit de Justinien, Extrait des Mélanges Gérardin 1907.

6)　*Collegia* とは，ギルドやクラブのような団体であり，*Ius Coeundi* とは，それを形成する権利，すなわち，"the right of assembly granted to associations (collegia)" である（Patrick William Duff, Personality in Roman Private Law, 1938, at 94）。

7)　同様に，*societates pubulicanorum* と呼ばれる事業団体も存在した（Duff, I 1 ⑤, at 159）。societates publicanorum (sociétés vectigaliennes) とは，一種の株式会社のようなものであり，その呼び名とは異なり，societas ではなく，universitas (corporation) であった（Henry Hansmann, Reinier Kraakman & Richard Squire, Law and the Rise of the Firm, 119 Harvard Law Review 1333, at 1361 (2006)）。Reinhard Zimmermann, The Law of Obligations: Roman Foundations of the Civilian Tradition, 1996, at 468 は，"there was the interesting phenomenon of the *societates publicanorum* (or *vectigalium*), financial companies in which the farmers of public revenue organized themselves. **Despite their name, they were corporate entities.**"（太字強調・中里）と述べている。

この他にも，以下の二つの書物は，法人格について論ずる際に基本となるものである。[9]

⑥　Ludwig Schnorr von Carolsfeld, Geschichte der juristischen Person: *Universitas, Corpus, Collegium* im klassischen römischen Recht, Bd. 1, 1933.

⑦　Raymond Saleilles, De la Personnalité Juridique, Histoire et Théories, 2e éd., 1922.[10]

しかし，ローマ法における権利能力や法人格について論ずる際に，最も基本となるのは，やはり，次の書物であろう。

⑧　Friedrich Carl von Savigny, System des heutigen Römischen Rechts, zweiter Band, S. 242-S. 274, 1840.

ここにおいて，サヴィニーは，まず，「権利能力は，上述のように，個々の自然人という概念と合致する。そこで，我々は，それを，純粋な擬制を用いて認められた人工的な主体へと拡張する必要がある。我々は，そのような主体を法人と呼ぶが，これは，すなわち，純粋に法的な目的のために人とみなされた者のことである。(Die Rechtsfähigkeit wurde oben dargestellt als zusammenfallend

---

8)　同書 195 頁は，"The essence of a Stiftung is that property is devoted to a Purpose imposed from outside by a Founder or by the State … In ordinary speech the term Anstalt is commonly applied to an institution or charity which is housed in a building, like the foundations dealt with is this chapter, while a fund for providing scholarships or promoting research in called a Stiftung" と述べ，物的施設の存在の有無に着目して，Anstalt（物的施設を有するもの）と Stiftung（資金面に着目したもの）を分けている。

9)　他にも，Julius Binder, Das Problem der juristischen Persönlichkeit, 1907; Noel A.-A. Maisonabe, Des Personnes Juridiques en Droit Romain, 1865; Albert Bolze, Der begriff der juristischen person, 1879, 等が存在する。さらに，新しいものとしては，Anissa Hachemi et Thomas Frachery, Genese juridique et philosophique de la notion de personnalite morale, http://dpa.u-paris2. fr/IMG/pdf/Genese_juridique_et_philosophique_de_la_notion_de_personnalite_morale.pdf がコンパクトである。

10)　Raymond Saleilles, Les personnes juridiques dans le Code civil allemand, 1902, 及び，Raymond Saleilles, Les "Piae Causae" dans le Droit de Justinien, 1907. も重要である。また，Saleilles の法人格論に関しては，Anna Mancini, La personnalité juridique dans l'oeuvre de Raymond Saleilles, 2007, 参照。比較的新しい研究としては，Dieter Creutzfeldt, Entwicklung und Kritik der Lehren vom Rechtssubjekt zugleich ein Beitrag zur Rechtsstellung der GbR, 1992 等がある。

26 第1章 信託法理の生成

mit dem Begriff des einzelnen Menschen. Wir betrachten sie jetzt als ausgedehnt auf künstliche, durch bloße Fiction angenommene Subjecte. Ein solches Subject nennen wir eine juristische Person, d. h. eine Person, welche blos zu juristischen Zwecken angenommen wird.)」と述べて，同書の85節「法人，その概念」の叙述を開始している。これが，有名な法人擬制説の主張である。

　次に，サヴィニーは，同書の86節「法人，その種類」において，法人を，個人の集合体（Corporationen，地方団体，職能団体，その他），すなわち社団と，そうでないもの（Stifungen，宗教，教育，慈善等を目的とする），すなわち財団に二分している。

　さらに，同書の87節「法人，その歴史」，88節「法人，続その歴史」，101節「国庫」，102節「法人，相続」においては，以下のように，様々な種類の法人が列挙されている。

　　1　国や様々な地方団体
　　　　civitas
　　　　municipes
　　　　respublica
　　　　respublica civitatis/municipii
　　　　commune, communitas
　　　　curiae/decuriones
　　　　vici
　　　　fora, conciliabula, castella
　　2　人為的に形成された組織（willkührliche Vereinigungen）
　　　　宗教的な組織
　　　　公的な組織 *librarii, fiscales, censuales*
　　　　職能的な組織
　　　　社会的な組織 *sodalitates sodalitia, collegia sodalilia*
　　3　宗教的な団体（財団）
　　4　国庫
　　5　相続財団　*hereditas iacens*

　さて，以上の様々な議論をごくおおまかに要約して，ローマ法における法人を大きく分類すると，結局，①における分類に帰るのであるが，ほぼ，以下のようになるのではないかと思われる。

○自然人の集合体 *universitas personarum*, 社団（英 corporation）

　　reipublicae 国家

　　civitates, municipia 地方団体

○財産 *universitas bonorum*, 財団（英 foundation）

　　piae causae 財団

　　hereditas iacens 相続財団

○国庫 *fiscus*

　すなわち，ローマ法の法人は，社団（英 corporation）と財団（英 foundation）に大別される（この他に，国庫を掲げることもある）のである。なお，ここからわかるように，英語の corporation は，本来，「会社」ではなく，「社団」ないし「法人」（財団を無視した場合）と訳すべき存在であるという点に留意しなければならない。

　そして，以上の叙述から明らかなように，ローマ法においては，権利能力を与えられた社団（*universitas personarum*, 英 corporation）・財団（*universitas bonorum*, 英 foundation）が法人（universitas, 英 corporation）と呼ばれるのであり，今，財団を度外視すると，**権利能力を与えられた社団のみが法人**（corporation）**と呼ばれる**ということになる。このような考え方は，日本民法にも受け継がれている。

2　教会法における法人

　次に，参考のために，ローマカトリック教会の Code of Canon Law における法人（juridic persons）の定めを見ておこう。それは，法人について，以下のように定めている。なお，ここでは，法人を，aggregates of persons（*universitates personarum*），すなわち社団と，aggregates of things（*universitates rerum*），すなわち財団，に分けている点に留意されたい。

　　"Can. 113 § 1. The Catholic Church and the Apostolic See have the character of a moral person by divine ordinance itself.

　　§ 2. In the Church, besides physical persons, there are also juridic persons, that is, subjects in canon law of obligations and rights which correspond to their nature.

　　Can. 114 § 1. Juridic persons are constituted either by the prescript of law or

by special grant of competent authority given through a decree. They are aggre-
gates of persons (*universitates personarum*) or of things (*universitates rerum*) or-
dered for a purpose which is in keeping with the mission of the Church and
which transcends the purpose of the individuals."

この現代教会法について，古代ローマ法との比較において研究した論文であ
る，Bernard F. Deutsch, Ancient Roman Law and Modern Canon Law, 28
Jurist 449, pp. 461-462, 1968 は，この論文が執筆された当時の教会法にしたが
って，法人を，collegiate（人の団体，*universitates personarum*）と，noncolle-
giate（人の団体でないもの，*universitates bonorum*）とに分けている[11]。

3　ローマ法における組合と社団の差

他方，組合（*societas*）については，法人（社団や財団）とは基本的に別のもの
とされている点に留意しなければならない。

例えば，Willam Henry Rattigan, De Jure Personarum; or, a Treatise on
the Roman Law of Persons, pp. 197-217, 1873 においては，自然人以外の権利
能力を有する存在としての社団（*universitas*，英 corporation）が，*societas*（英
partnership）と対置されている[12]。このような対置は，政治学における国家のあ
り方に関する分析においてよく用いられる[13]。

法人と組合の対比について，まず，留意すべきは，英米法の partnership が，
ローマ法の *societas* に起源を有するという点である[14]。

そして，上の 1 において述べたように，ローマ法において自然人と同様に権
利能力を認められていた *universitas*（社団）を，13 世紀のイタリアの法律家

---

11)　すなわち，そこにおいては，以下のような，Digesta の文章（D. 3, 4, 1.）が引用されている。
　　「人が，職能団体，事業団体，その他のいかなるかたちであれ法人を設立することを認められて
　　いる場合には，彼らは，地方団体同様に，共通の財産，共通の資金，そして，地方団体における
　　ように共通の利益のためになされねばならないところのことがしかるべくなされるような代理人
　　ないし代表，を保有する権利を有する（"*Quibus autem permissum est corpus habere collegii soci-*
　　etatis sive cuiusque alterius eorum nomine, proprium est ad exemplum rei publicae habere res
　　communes, arcam communem et actorem sive syndicum, per quem tamquam in re publica, quod
　　communiter agi fierique oporteat, agatur fiat."）。」

12)　Vgl. Mehr, *supra* note 3.

13)　前掲注 4）参照。

14)　Mary Szto, Limited Liability Company Morality: Fiduciary Duties in Historical Context, 23
　　QLR 61, 102, (2004).

Sinibaldus Fliscus（後の，ローマ教皇 Innocent 4 世）が，separate legal entity
と観念することにより，*societas*（partnership，組合）と *universitas*（corpora-
tion，社団）の区分を行い，法人格という概念を作りだした，と主張したのは，
Otto von Gierke である[15]。

　いずれにせよ，ローマ法の書物は，構成員から独立した存在としての *uni-*
versitas（英 corporation，社団）を，契約に基づく単なる構成員の集合体にすぎ
ない *societas*（英 partnership，組合）と対置している[16]。すなわち，*societas*（part-
nership）は，共通の目的を有する個人の集合体であるという点においては，確
かに *universitas*（corporation）と似てはいるが，しかし，両者は根本的に異な
る存在である。何よりも，*universitas*（corporation）には，独立の人格が与え
られているのに対して，*societas*（partnership）においては，構成員はそれ自身
の人格を保持し続けているのである。

　換言すると，*universitas* と *societas* は，共通の目的のための個人の集合体で
あるが，そこにおける個人間の関係は両者において根本的に異なる。すなわち，
universitas は，「複数の人間が結びついて一つの集合体を形成したもの」であ
ると定義できる。この定義からもわかるように，そこにおいては，特定の個人
構成員からなる組合（a partnership of particular individuals）とは異なり，構成
員とは別のなにかが生み出されているのである。そして，このような単一の集
合体を，ローマ法においては，*universitas* とか *corpus* と称する。それ故に，
universitas の構成員は，*universitas* の財産に対して直接の所有権を有しては
いない[17]。

　他方，*universitas* とは対照的に，*societas* は，共通の目的のために集まった
共同体（copartnership）と定義される。すなわち，それは，共通の目的のため
の金銭や財産や労力をプールする（a pooling of resources）ためのものなのであ
り，人が集まって形成された一つの集合体というよりも，資産を集めることの
方に力点がおかれる（The emphasis is not on a body of people coming together but

---

15) Maximilian Koessler, The Person in Imagination or Persona Ficta of the Corporation, 9 Loui-
siana Law Review 435, 438（1949）.

16) William Henry Rattigan, *De Jure Personarum*; or, a Treatise on the Roman Law of persons,
1873, at 205-206; Martin Loughlin, Foundations of Public law, 2010, Chapter 6 "Political Jurispru-
dence".

17) この段落は，Brian M. McCall, The Corporation as Imperfect Society, 36 Delaware Journal of
Corporate Law 509, at 529（2011）による。

a pooling of assets.)。その結果，その構成員の財産は，*societas* の債務の引き当てとされる（Significantly, the partnership provided virtually no asset shielding as each partner was liable *pro rata* for the liabilities of the partnership, and the law made no distinction between the obligations and assets of the partnership and that of the partners.)[18]。

4　現代における LPS の扱い

上で述べたように，権利能力を与えられた社団・財団のみが，*universitas*（法人，すなわち，英語の，corporation 及び foundation）と呼ばれてきたという点に鑑み，我々は，権利能力と法人格を一応分けて考えなければならない。

日本の民法においても，法人とは，権利能力の与えられた社団・財団である。**すなわち，法人と言えるためには，その組織が社団ないし財団であり，かつ，それが権利能力を有していることが必要なのである。**

もちろん，議会は，制定法律により，社団・財団ではないものを権利義務の帰属主体とすることもできるが，それを法人とは呼ばないのである。したがって，制定法律において（一定の範囲で）権利義務の帰属主体とされた組合は，あくまでも，（一定の範囲で）権利義務の帰属主体とされる組合という存在にとどまるのである。また，そこで，権利義務の帰属主体とされているということの意味は，法人同様の権利能力を全面的に付与されているということでは必ずしもなく，むしろ，権利能力の一部を与えられているにすぎない場合が多いという点に留意する必要がある。

これに対して，労働組合法 11 条において，法内組合は登記をして法人となることができると定めている場合のように，社団・財団でないものを権利義務の帰属主体とするために，法律が，当該社団・財団でないものを法人とするないし法人とみなすと定めている場合には，それが法人として扱われることは当然である。

しかしながら，たとえば，デラウェア州の LPS 法は，LPS（limited partnerships）を法人とするないし法人とみなしてはいない。このように，LPS 法は，LPS に対して（一定の範囲で）権利義務の帰属主体としての属性を与えているが，LPS を法人（corporation）として規定しているわけでは決してなく，した

---

18)　この段落は，McCall, *supra* note 17, at 531 による。

がって，LPS はデラウェア州法上，法人ではないと考えられる。

　すなわち，LPS は，権利義務の一部を有すると制定法律によりされてはいるものの，法人とはされていないために，依然として，権利能力を有する *societas*（partnership）であって，*universitas*（corporation）でないのである。

　以上のように，デラウェア州法上，LPS は法人（corporation）とはされていないのであるから，それは，民法 35 条の「法人」にも該当せず，法人税法上の「法人」とはいえないことも当然のことであると私は考える。これに対して，本稿発表後のことであるが，最高裁平成 27 年 7 月 17 日判決・民集 69 巻 5 号 1253 頁は，デラウェア州 LPS を，日本の法人税法上の「法人」に該当すると判示した。しかし，そのことにより，この判決以前は，日本の年金基金が株式投資を行っていた投資対象米国法人がデラウェア州 LPS を通じて受益者である日本の年金基金に対して（LPS を通じて）支払う配当について，日本の年金基金は，日米租税条約に定められた米国源泉税免除（日米租税条約 10 条 3 項 (b)）の特典を享受していたのであるが，その点について疑義が生ずるという深刻な事態が引き起こされた。この（裁判所の責任に基づいて引き起こされたとはいえない）実務的混乱については，中里実「一般的租税回避否認規定とナチスドイツ」中里実ほか編著『BEPS とグローバル経済活動』（有斐閣，2017 年）1 頁，18-20 頁を参照されたい。

　LPS に対して制定法律により一定の範囲で権利義務の帰属主体としての属性が与えられているから，それは法人に該当するというような考え方は，理論的に成立しえないのではなかろうか。組織に権利義務の帰属主体としての属性が与えられていることから，直ちに，法人であることが導かれるわけではないからである。たとえ法律において権利義務の帰属主体とされていたとしても，それが社団でも財団でもなければ，そのようなものは基本的には法人ではない。それは，権利能力を与えられた何らかの組織でしかない。

　なお，租税法律も，私法上，社団・財団でないものを，租税法上，法人として納税義務者にすることを行ってはいない。権利能力なき社団は，「社団」であるが故に，法人課税を受けるのであり，法人課税信託は社団でも財団でもないが故に，それ自体が納税義務者となることはないのである。これは，特に留意しなければならない点である。

II 中世以来の財団の歴史——法人格を有する
信託としての財団

さて，次に，上のIにおける法人一般に関する議論を前提に，本稿の直接の対象である財団について考えてみよう。

1 ローマ法における財団[19)]

一般に，ローマ法の書物においては，宗教的，慈善的性格の営造物に対して，国家により法人格が与えられていたと説明されている。これがpiae causae（財団）と呼ばれているものであり，例えば，修道院，病院，救貧院等がそれに該当する[20)]。この種の慈善目的の財団（a foundation ad pias causas）は，遺言または贈与により設立される[21)]。

もっとも，財団の性格に関する正確な説明は困難であり，あいまいさがつきまとうという点に留意しなければならない。例えば，この点について，現在においても読まれているW. W. Buckland, A Textbook of Roman Law from Augustus to Justinian, pp. 179-181, 1921の叙述を追ってみよう。同書によれば，初期において，神々が自然人の相続人となることが認められていたが，その場合，財産の所有者が果たしてだれになるのか不明確であった。その後，キリスト教が公認された後においては，教会が所有者と考えられたが，やがて，一定の目的のために用いられる独立した財産という観念が生まれ，教会に寄付された資産が病院や老人ホームや救貧院や孤児院のみのために用いられるだけではなく，その後，教会と関係なく慈善団体が設立されるようになった。そこで，これらを教会の一部局ではなく別個の法人ととらえることが可能になるが，その場合においても，財団それ自体が法人なのか，それを間接的に便益を受ける

---

19) その成立について詳しくは，Friedrich Karl von Savigny, System des heutigen Römischen Rechts, zweiter Band, §88, 3, 1840, 参照。また，この問題について詳しくは，Raymond Saleilles, Les "Piae Causae" dans le Droit de Justinien, Extrait des Mélanges Gérardin 1907, 参照。さらに，Raymond Saleilles, De la Personnalité Juridique, Histoire et Théories, 2ᵉ éd., pp. 135-160, 1922 の中の，"la fondation en droit romain" と題した章を参照。

20) William Henry Rattigan, De Jure Personarum; or, a Treatise on the Roman Law of Persons, pp. 214-217, 1873.

21) J. E. Goudsmit (translated from Dutch by R. de Tracy Gould), The Pandects; A Treatise on the Roman Law, p. 86, 1873.

不特定の人間のあいまいな集合体と考えるのか，必ずしも明確ではないという[22]議論がなされている。

このように考えると，ただ，後の法律家が，事後的に，ローマにおいては，財団という法人が認められていたと説明しているにすぎない場合が多いといえるのではなかろうか。もっとも，ここでは，これ以上，ローマ法における財団について深入りすることはできない[23]。

2 中世における財団の歴史[24]

次に，ヨーロッパ中世における財団について，Brissaud の手になるフランス法の歴史に関する古いが定評のある書物に基づいて，少し述べておこう[25]。中世フランスにおいて，財団（fondations, *piae causae*）は，慈善ないし公共目的で用いられた財産の集合体（*universitas rerum*）であった。ローマにおけると同様に，それは，遺言または贈与により設けられた。遺言による場合，遺言をなす者が教会や修道院のような仲介者（intermédiaire）に財産を寄付する場合のごとく，既存の法人に財産を一定の目的で利用する義務を負わせるかたちがとられた。また，贈与による場合，寄付者の意思で新たな組織が設立された。いずれの場合も，寄付者に代わりその意思を実現する者が，財団の運営を行った。財団の財産はだれにも帰属しないが，必ずしも，それが独立の法人として明確に認識されていたわけではない。ただ，ここにおいても，後の法律家が，事後的に，（新たな組織が設立される場合について）財団という法人が認められていたと観念する場合が多い（だけのことである）ということができよう。そもそも，財団それ自体に法人格が与えられているか否かが重要であったわけではない必ずし

---

22) Raymond Saleilles, Les "*Piae Causae*" dans le Droit de Justinien, Extrait des Mélanges Gérardin, p. 538 et s., 1907.

23) Eberhard F. Bruck, The Growth of Foundations in Roman Law and Civilization, 6 Seminar Jurist 1, 1948 ; John Philip Thomas, Private Religious Foundations in the Byzantine Empire, 1987, 参照。

24) 中世における法人の概念について，Raymond Saleilles, De la Personnalité Juridique, Histoire et Théories, 2ᵉ éd., pp. 161-183, 1922, 参照。また，Harald Siems, Von den *Piae causae* zu den Xenodocien, in Richard Helmholz and Reinhard Zimmermann eds., *Itinera Fiduciae*, Trust and Treuhand in Historical Perspective 57-83 (1998). さらに，Dinges Martin, Attitudes à l'égard de la pauvreté aux XVIᵉ et XVIIe siècles à Bordeaux, Histoire, économie et société, 10ᵉ année, n° 3 (Prières et charité sous l'Ancien Régime), pp. 359-374, 1991, 参照。

25) J. Brissaud, Cours d'Histoire Générale du Droit Français Public et Privé, tome second, Droit Privé, pp. 1781-1785, 1904. この本は，法人（personnes morales）を，政治団体（corps politiques），社団（corporatins），財団（fondations）の三つに分けて論じている。

もなく，既存の法人が財産を一定の目的で利用する義務を負う場合であっても財団は観念されるのであるから，他のだれのものでもない財産が存在し，それがだれかにより一定の目的で運営されているという点こそが財団の本質といえよう。

3　財団と信託

このように考えていくと，結局，財団は，寄付者の寄付した財産がその意思に応じたかたちで他の者（理事）により公益等のために管理されているという意味で，信託類似の存在であったということができよう。そして，この点について詳細な研究を行ったのが，ライデン大学の Robert Feenstra である[26]。彼の研究によれば，財団の概念は，必ずしも直接的にローマ法に遡るものではないという。以下，その述べるところをごく簡単に要約してみたい。

現代においては，大陸法の財団（foundation, fondation, Stiftung）には，法人格を有する真正の財団（a real or proper foundation）と，教会等の組織の中で一定の目的のために財産が取り分けられているにすぎないところの不真正の財団（an improper or dependent foundation, unselbständige Stifungen）がある。前者は，財産の集合体に法人格が付与されたものである。これに対して，後者は，英米法の信託に類似しており，財産の所有権は形式的にその管理者に与えられているが，それは，他の者のために財産を管理する単なる fiduciary owner であるにすぎない。ただし，英米法の信託においては，legal owner としての受託者と，equitable owner としての受益者という二重の所有（dual ownership）構造が存在する点で，不真正の財団とは異なる。しかし，英米法の信託においても，大陸法の不真正の財団においても，受託者ないし管理人の財産に対する権利は形式的なものであるという点は共通である。したがって，この大陸法の不真正の財団を，信託類似の手段（a trust-like device）ということができる[27]。

---

26)　すなわち，以下においては，Robert Feenstra, Foundations in Continental Law since the 12th Century: The Legal Person Concept and Trust-like Devices, in Richard Helmholz and Reinhard Zimmermann eds., *Itinera Fiduciae*, Trust and Treuhand in Historical Perspective 305-326 (1998) の叙述を参照する。これは，Robert Feenstra, L'Histoire des Fondations: A Propos de Quelques Etudes Recents, 24 Tijdschrift voor Rechtsgeschiedenis 381 1956, 及び，Robert Feenstra, The Development of the Concept Foundation in Continental Law: The Text of a Lecture Delivered at the University of Edinburgh on May 30th, 1961, 1971 Acta Juridica 123 (1971) をまとめて，さらに詳細にしたものである。

27)　Feenstra, Foundations, *supra* note 26, at 305-307.

ところで，ローマにおいては，キリスト教公認以降，教会の法的地位に変化が生じた。すなわち，それ以前の違法な団体（*collegia illicita*）として教会が保有する財産は，313 年のミラノ勅令（*Edictum Mediolanense*）により，*corpus Chirstianorum* という漠然とした存在に帰属するとされ，実際には，聖職者が fiduciary owner のようにそれを管理した。すなわち，財産が，教会 *ecclesia* ないし僧院 *monasterium* に帰属するととらえられるようになったのである。ローマ人は，法人という抽象的な概念について論じなかったものの，ここに，社団以外の法人としての財団の観念の萌芽が見られる[29]。

他方，慈善目的の財団としては，まず，異郷人のための家（*xenodochium*），救貧院（*ptochotrophium*），病院（*nasocomium*），孤児院（*orphanotrophium*）等の，*venerabiles domus* と総称される物的施設が存在した。そして，その後，ビザンチン期には，これらの物的な存在である「家（*domus*）」の他に，物的な存在とは必ずしも関係のない慈善目的の存在である財団も作られるようになった。これを，後世のローマ法学者は，ローマ法大全の用語を用いて，*piae causae* と呼んでいるが，そこには，目に見える物的な存在である「家」は存在せず，ローマ法大全においてもそれが法人として位置づけられていたわけではない。すなわち，そこには，信託類似の手段（a trust-like device）が存在したと考えられよう[30]。

その後，中世において，財団の法人格を認める方向の議論がなされるようになった。まず，ラヴェンナの大司教であった Moses（12 世紀の人）が，すべての僧侶が僧院から離脱した場合に当該僧院は無主物（*res nullius*）となるかという問題について，そうはならず，それは僧院の壁により保有されている（possessed by the walls of the monastery）と述べ，法人概念の発展に貢献した。次に，13 世紀の人である Sinibaldus Fliscus（後のローマ教皇 Innocent 4 世）が法人格という（ローマ人の知らない）抽象的な概念を作りだしたと，Otto von Gierke

---

28 "*Ecclesia*: The church both as a building and as the religious Christian community. The recognition of the Christian Church by Constantine was followed by a gradual recognition of Church property. Churches could be instituted as heirs and receive gifts under a will. Justinian admitted also monasteries and foundations for charitable purposes (*piae causae*) to property. … Testamentary gifts made to Christ, to an archangel or a martyr were considered to be in favor of the local church, or that dedicated to that archangel or martyr respectively." (Adolf Berger, Encyclopedic Dictionary of Roman Law, p. 447, 1953)

29) Feenstra, Foundations, *supra* note 26, at 309. 財団に関する Digesta の記述は少ない（Feenstra, Foundations, *supra* note 26, at 308.）。

30) Feenstra, Foundations, *supra* note 26, at 309-310.

が主張している。そして，その後，13 世紀に，Jacques de Révigny と Pierre de Belleperche という二人のフランス人が明確に法人概念を用いたことが知られている。しかしながら，当時においては，未だ，現代のドイツ法や日本法におけるように，社団と財団の区別が明確になされていたわけではなかった。[31] 他方，信託類似の手段（a trust-like device）は，中世において，主として慣習法において発展した。[32]

　次に，啓蒙主義の時代においては，公益目的の行為は国によりなされるべきで，財団のような私的存在により担われるべきではないという感覚が強く存在した。その結果，プロシアの，1794 年の Allgemeines Landrecht においては，慈善目的の財団について国の強い監視の下に置かれた。同法においては，moralische Person とされる財団の他に，社団に従属する不真正の財団（特定目的のために社団に委ねられた財産），及び，契約ないし遺言で設立できる Familienstiftung（moralische Person とはされていなかった）が認められていた。他方，オーストリアの，1811 年の Allgemeines Bürgerliches Gesetzbuch には，財団に関する明確な定めは存在しなかった。財団と，法人（legal person, juristische Person）の概念を明確に結びつけたのは，19 世紀ドイツの Alfred Heise である。彼により初めて，一定の公益目的のために管理される財産の塊（gemeinnützige Stifungen）が法人とされ，*universitates*（universitas の複数形）や *fiscus* と同列に並べられた。サヴィニーも，この考え方を採用した。そして，このような考え方の延長線上に，ドイツの Bürgerliches Gesetzbuch や日本民法典における財団法人の概念が存在するのである。[33]

　以上，ながながと，Feenstra の論文の内容を紹介したが，ローマ法の財団の概念が，現代日本の財団法人の概念に変わるまでには，相当の紆余曲折があったということが見てとれよう。[34] 法人には，社団法人と財団法人があると単純に考えることができるほどには，歴史は単純ではないのである。

---

31)　Feenstra, Foundations, *supra* note 26, at 310-318.
32)　Feenstra, Foundations, *supra* note 26, at 318-319.
33)　Feenstra, Foundations, *supra* note 26, at 322-325.
34)　なお，cf. Henry B. Hansmann, The Role of Nonprofit Enterprise, 89 Yale Law Journal 835 (1980)；George G. Triantis, Organizations as Internal Capital Markets: The Legal Boundaries of Firms, Collateral, and Trusts in Commercial and Charitable Enterprises, 117 Harvard Law Review 1102 (2004).

4 ドイツの財団法人とアメリカの慈善会社

　法人概念の確立，あるいは，財団法人概念の成立に関して，サヴィニーの果たした役割はきわめて大きい。この点について，アメリカとの比較において詳細な分析を加えたのが，Richter の論文である[35]。彼の研究は，ドイツとアメリカの法制度がもともと同じローマ法と教会法の影響の下にあったにもかかわらず，ドイツでは社団と区別された法人格を有する財団の概念が成立し，また，アメリカでは charitable corporation の概念が広く用いられてきた歴史的理由を検討したものであるが，以下，その概要を要約しておきたい。

　ドイツにおいて，サヴィニーが，Das System des heutigen Römischen Rechts, 8 Bände, 1840 bis 1849 の準備をしていた 1830 年代においては，財団の法的地位は未だ必ずしも明確ではなかった。それにもかかわらず，彼は，Heise にならって財団を社団と異なる法制度として位置づけ[36]，しかも，それは法人格を有すると主張した[37]。ここに，権利能力を有する法人を社団法人と財団法人とに二分する現在につながる考え方が明瞭なかたちで成立した。このように，サヴィニーが法人格を有する財団法人という概念を承認したことにより，財団に関する法制度はきわめて明確なものとなり，以後，この概念はドイツ法を席巻することになり[38]，日本にも強い影響を及ぼす。

　それ以前に，自然法論者は，個人と法人を単一の *persona moralis* という概念の下でとらえていたが，サヴィニーは，個人と法人を明確に区別し[39]，法人の設立には国家の同意を要するとして，法的安定性を重視したのである[40]。ローマ人は法人という抽象的な概念を知らなかったが，サヴィニーは，財団を明確な法制度（Rechtsinstitut）として位置づけたのである[41]。このようにサヴィニーが，社団と財団を区別したのは，後者には構成員が存在しないという形式的な理由による。それ故に，彼は，社団と財団を区別しにくい場合があることを認めて

---

35)　Andreas Richter, German and American Law of Charity in the Early 19th century, in Richard Helmholz and Reinhard Zimmermann eds., *Itinera Fiduciae*, Trust and Treuhand in Historical Perspective, 1998, at 427-67.

36)　Arnold Heise, Grudriss eines Systems des Gemeinen Civilrechts zur Behuf von Pandecten-Vorlesungen, 2. Aufl., S. 21, S. 23, 1816.

37)　Das System des heutigen Römischen Rechts, Bd. 2, S. 272, Fn c), 1840. そこにおいては，財団（*pia corpora*）と，国庫（*fiscus*）と，相続財団（*hereditas iacens*）が同種類のものとされた。

38)　Richter, *supra* note 35, at pp. 429-433.

39)　Richter, *supra* note 35, at pp. 433-435.

40)　Richter, *supra* note 35, at pp. 435-438.

41)　Richter, *supra* note 35, at p. 438.

いたが，後の概念法学における形式的な法理論により，社団と財団の区別はほとんど公理のごときものとなった。[42]

　サヴィニーは，中世の伝統をいわば無視してそれ以前のローマ法を強調することにより（実際には，教会法を借用することにより），法人格付与における国家の介入を重視した。[43]その背後には，公益的な事業は国家が担うべきであるという啓蒙主義的な発想が存在した。したがって，サヴィニーにとって，法人設立における国家による法人格の承認がきわめて重要な位置を占めるものであった。[44]

　これに対して，英米法は，ドイツ法とは，別のかたちで進化を遂げた。一方で，イギリスにおいては，法人設立という特権的な行為を経なくとも，信託を用いて慈善活動を行うことが可能であった。むしろ，厳格で変更しにくい法人についての royal charter は不便なものとされ，信託の利用により慈善活動の現実に対応してきた。他方で，アメリカにおいては，慈善活動に関して，信託よりもむしろ corporation の形態が好まれた。Terrett v. Taylor, 13 U. S. (9 Cranch) 49 (1815) は，宗教団体は法人化される権利（a right to be incorporated）を有すると述べている。このようにして設立された慈善法人（charitable corporation）は，一種の，「法人格を有する信託（incorporated trust）」であると観念され，慈善信託に関する衡平法と，法人（corporation）に関するコモンローの統合がなされ，現実に即した柔軟な制度が構築されてきたのである。[45]

　サヴィニーの財団概念は，私法的なものというよりも，法人の設立・運営に関する国家介入を重視する行政法的なものであったのに対して，アメリカでは，本来，その設立が国家により認められるはずの法人（corporation）までもが，私法的な性格を強めていった。ドイツでは行政権が，アメリカでは裁判所が主導権を握った。ドイツの社団と財団の区分が形式的なものであるのに対して，アメリカにおいては，慈善信託に関する法と法人に関する法の実質的統合により，より柔軟な制度がもたらされた。[46]

---

42)　Richter, *supra* note 35, at pp. 439-440.

43)　Richter, *supra* note 35, at p. 442.

44)　Richter, *supra* note 35, at pp. 443-445.

45)　Richter, *supra* note 35, at pp. 451-452.

46)　Richter, *supra* note 35, at pp. 463-467.

まとめ——財団法人における法人格の意味

　英米法においては，基本的に corporation にのみ法人格が与えられてきた。信託それ自体には法人格はない。これに対して，大陸法においては，法人格（らしきもの）はローマ法の時代から財団にも与えられてきた。そして，実は，ここに，財団の理論と信託法理論との関係を見て取ることができる。すなわち，財団と信託の果たしている機能に着目すると，財団法人は，いわば，「法人格を有する信託」として理解することができるのである（信託においては受託者が受益者のために財産を管理するが，財団法人においては理事が公益のために財産を管理する）。

　このように，財団法人を法人格のある信託と考えることができるとすれば，[47] 財団法人の本質は法人格にあるのではなく，寄付者の財産が（信託におけると同様に）その意思に応じたかたちで他の者により管理されているという点にこそあるはずである。ドイツ民法や日本民法のように，「財団法人」という存在を明確に認めるか否かが重要なのではない。法人格は，寄付者の意思に応じて財産を管理していくための手段でしかない。財団法人は民法に，そして，信託は信託法に規定されているからといって，両者をまったく別のものであるかのように考える必要性はない。むしろ，財団法人を社団法人と並列的に議論する必要はないのではなかろうか。その意味で，**財団法人は，信託との対比において論ずべき性格の存在である**といえよう。

　以上，これまでの，「無償取引と対価」の研究（トラスト 60 研究叢書『金融取引と課税 (1)』〔2011 年〕23-51 頁，〔本書第 2 章〕），及び，「信託法理の生成」に関する研究（トラスト 60 研究叢書『金融取引と課税 (2)』〔2012 年〕1-20 頁【本書第 1 章】）についで，本稿では，財団法人について論じた。さらに，現代における財団法人の果たす役割に関する検討や学校法人等に関する検討と，財団の一種としての国庫についての検討が残されている。したがって，次は，法人格・権利能力という観点から，国や国庫についても考えてみたい。これらの検討が一通りすめば，そのような存在の租税法に及ぼす影響に関する議論につなげることができるものと考えている。

（金融取引と課税 (3)，2014 年）

---

47)　なお，石本雅男『法人格の理論と歴史』（日本評論社，1949 年）参照。

第 2 章　課税上の利益帰属

所得の「帰属」・再考（序説）——東京高判平成23年9月21日
訟月58巻6号2513頁を手がかりとして

藤 谷 武 史

I　はじめに——本稿の問題意識と目的

「課税物件と納税義務者の結びつき」を意味する「帰属」の概念は，租税法，特に所得課税の法において，重要な地位を占めている[1]。例えば，所得の帰属判定の誤りを「課税要件の根幹」[2]に関わる瑕疵として課税処分の当然無効の原因とする判例がある。他方で，所得の帰属を巡る数多くの法的紛争の存在は，この問題が一筋縄ではいかないことを示している[3]。当然，学説も「帰属」概念に関する検討を積み重ねてきた[4]。本稿も，課税物件の中でもとりわけ「所得」の帰属に絞って，先行業績の蓄積の上に新たな考察を付け加えようとするものである[5]。

　なお，租税法において単に「帰属」という場合，「人的帰属」を意味するのが一般的であると思われるが，これが課税のタイミング，すなわち「年度帰

---

1)　金子宏『租税法〔第23版〕』（弘文堂，2019年）179～180頁は，帰属を「課税物件と納税義務者の結びつき」と定義した上で，「特に問題が多く生ずるのは，所得税や収益税についてである」と指摘する。

2)　最判昭和48年4月26日民集27巻3号629頁（所得の帰属の判定を誤った課税処分の無効）

3)　例えば参照，東京高判平成3年6月6日訟月38巻5号878頁（歯科医師親子），最判昭和62年5月8日訟月34巻1号149頁（株取引委任）。

4)　本稿の元となった原稿の執筆時（2014年1月頃）における先行業績の俯瞰を与えるものとして，谷口勢津夫「所得の帰属」金子宏編『租税法の基本問題』（有斐閣，2007年）179頁が有益である。所得の帰属の問題を巡っては，その後も陸続と研究業績が現れている。最近のものとして，田中晶国『所得の帰属法理の分析と展開』（成文堂，2019年）を挙げておく。

5)　本稿は初出時から5年が経過しており，前注で述べたように，その間にも所得の帰属を巡る研究業績は数多く登場しているが，本稿の取り上げた側面（なお，藤谷武史「所得課税における法的帰属と経済的帰属の関係・再考」金子宏ほか編『租税法と市場』（有斐閣，2014年）184頁は，これをより一般的な形で展開している）については，その後も注目されていないようであるため，改めて本書に収録する意味があると考えた次第である。

属」の問題と表裏の関係にあることは，予め留意されるべきであろう。少なくとも，近時の学説は，両者の密接な関連を意識した議論をしているように思われる。特に，本来的に経済的な概念である「所得」を，納税義務者への「帰属」に関しては「法的に」構成しようとする——そこに「建て付けの悪さ」が半ば不可避的に生じることになるのであるが——からには，ただ一つの真実の私法上の法律関係に基礎を置いた課税関係が観念されるべきであり，人的帰属と年度帰属は共にその法律関係に従って決定されるはずである，との発想は自然に思われる。本稿の考察においても，人的帰属に関する問題を扱っていたはずが，年度帰属の問題と思わぬ形で結びつく，ということが示されるであろう。

　さて，本稿では，特に「資産から生ずる所得の帰属」の問題に絞って検討を加える。この問題に関しては，現在では，「当該所得の基因となる資産の私法上の真実の所有者（資産の私法上の帰属）に，所得の帰属も従う」という理解が通説的地位を占める（以下，こうした通説的理解を便宜上「私法的帰属説」と呼ぶ）。これに対して，本稿は，この私法的帰属説は基本的には正当である（し，判例を最も良く説明できる）と考えるが，他方で，本稿にいう意味での「私法的帰属説」を素朴に適用すると不都合な事態が生じることがあり，「私法的帰属

---

6)　参照，谷口・前掲注4) 論文（特に183頁）, 渕圭吾「所得課税における年度帰属の問題」金子宏編『租税法の基本問題』200頁。さらに，「実現」の機能に関して，①課税のタイミングを決定する機能，②所得の範囲（所得概念の外延）を決定する機能，③課税の対象者（所得の人的帰属）を決定する機能，が複合的に存在することを指摘する渡辺徹也「実現主義再考——その意義および今日的な役割を中心に——」税研147号（2009年）63頁も，タイミングの問題と人的帰属の問題が不可分であることを示唆するものと読める。

7)　その意義について，渕圭吾『所得課税の国際的側面』（有斐閣，2016年）（「租税法と私法の関係」）309頁以下を参照。もっとも，同じ「所得の帰属」の語が用いられる場合でも，いわゆるエンティティと構成員の関係が問題になっている場合には，注意が必要である。このような場面を念頭に，岡村忠生「多様な信託利用のための税制の提言」信託研究奨励金論集31号（2010年）78頁は，「このような意味での帰属は，事実ではなく，法的な擬制」（83頁）と述べるのであるが，これは正鵠を射ていると思われる。他方で，同論文82頁は，包括的な所得を念頭に「所得とは人があってはじめて観念できるものであるから，人を離れて人よりも先に，所得という課税物件を認識することはできないはず」だから「帰属とは，ある納税者に所得が発生した，という事実そのもの」であると論じる。しかし，前述のエンティティと構成員の関係における帰属の問題とは異なり，これはあくまでも純粋な包括的所得概念を前提にした場合に限って成り立つ言明であり，その射程は限定されると見るべきであろう。

8)　「建て付け」の比喩の示唆するところについては，増井良啓「債務免除益をめぐる所得税法上のいくつかの解釈問題（上）」ジュリスト1315号（2006年）192頁, 193頁以下を参照。

9)　この立場を明確に示すものとして参照，佐藤英明『スタンダード所得税法〔第2版補正版〕』（弘文堂，2018年）296頁。他方，ニュアンスを残した説明を施すものとして参照，岡村忠生ほか『租税法』（有斐閣，2017年）135頁〔岡村忠生執筆；「帰属の原則における資産保有者を，税法上で認定している」〕。

説」が真に何を意味するか，もう一段深く掘り下げる必要がある，ということを論じようとするものである。いわば，「私法的帰属説」をその一部分ないし特殊例として包含しつつ，さらに一般的な射程を持つ理論（いわば，真の「私法的帰属説」）を模索する必要がある，というのが，最も抽象的なレベルでの本稿の主張である。[10]

　本稿が考察の手がかりとするのは，譲渡所得の帰属が問題となったある紛争事案（東京高判平成 23 年 9 月 21 日訟月 58 巻 6 号 2513 頁）である。「資産から生ずる所得の帰属」を判定するために当該資産の私法上の真実の所有者を探求する，という思考方法がもたらす帰結を問い直すことから，素朴な「私法的帰属説」の綻びを明らかにしよう，というのが，本稿の目論見である。そこで，以下，まずはこの事件の概要を紹介し（Ⅱ），判決の論理構成に対する疑問点を指摘し検討を加えた上で（Ⅲ），この素材判例の検討から得られる「所得の帰属」の問題一般への示唆について，本稿の暫定的な見通しを示す（Ⅳ）。

Ⅱ　素材判決（東京高判平成 23 年 9 月 21 日訟月 58 巻 6 号 2513 頁）の紹介

1　事実関係と争点

　本稿が考察の素材とする東京高判平成 23 年 9 月 21 日訟月 58 巻 6 号 2513 頁の事実関係はそれなりに込み入っているが，骨子は以下の通りである（詳細な事実関係と時系列については次頁の【別表】を参照）。

　原告 X は，遺産分割協議の対象となっていた相続財産（本件土地）の法定相続人 A の地位を A 死亡に伴い承継した者である。遺産分割協議・調停が不調に終わったため，手続は審判に移行し，家庭裁判所が中間処分として遺産管理者（なおこの者は相続分を譲渡して審判事件から離脱した法定相続人の成年後見人であった）に命じて，本件土地を競売により譲渡・換価させることとした。その準備として，本件土地につき，法定相続分に応じて A を含む 7 名の共同相続登記がなされた。その後，競売手続が完了し，土地の譲渡代金は上記遺産管理者の預金口座において管理された（従って，遺産分割の完了まで代金は A ら法定相続人がアクセスできない状態に置かれていた）。その後，遺産分割審判において，A

---

10)　従来の意味での私法的帰属説でも十分説明できる場面については，あえてそれを放棄する必要はない。ちょうど，ニュートン力学に対するアインシュタインの一般相対性理論の関係，であるといえばよいか。

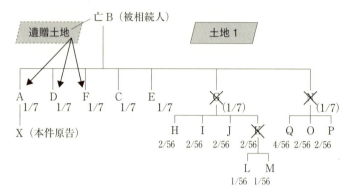

昭和45年	B→A・D・Fに「遺贈土地」の遺贈
昭和53年	B死亡・相続開始
	(この間，遺産分割協議不調→Hが遺産分割調停を申立)
平成16年9月	調停不成立・審判に移行
10月	C・D・X（Aの代理人），自己の相続分を譲渡したい旨を述べた[11]
11月	家庭裁判所，(旧)家事審判法15条の4に基づく中間処分として，[12]①Hに本件土地1の競売を命じ，②この直後に相続分を譲渡して審判事件から脱退したCの法定代理人成年後見人Rを遺産管理者として選任。
平成17年6月	Hが本件土地の換価競売申立
8月	本件土地1につき相続を原因とする所有権移転登記
	(Aらにつき1/7の共有持分→共同相続登記)
<u>平成18年2月</u>	<u>本件土地1の売却完了</u>→代金9450万円余はR名義の預金口座に保管
9月	本件土地1・土地2（Fが代償分割による単独取得）・遺贈土地の鑑定を経て，Aらの特別受益を認定しAらの具体的相続分をゼロとする内容を含む審判を行った。
	∵ 遺贈土地によるAらの特別受益の額は各4800万円＞2926万円（みなし相続財産を加えて法定相続分を乗じた額）
平成20年2月	本件土地1の売却につき，平成18年分のAの所得税に係る課税処分（A死亡に伴い，Xが本件取消訴訟提起）

---

11) 本件土地の売却前にCは家庭裁判所に対して相続分譲渡証書と審判事件脱退届を提出していたのに対し，Aは相続分譲渡届出書を提出していなかった。参照，名島亨卓「遺産分割調停・審判の進め方」月刊司法書士478号（2011年）3頁（「相続分の譲渡は，被相続人の死亡により相続人が承継した権利義務を包括して移転する契約である〔田中壯太ほか『遺産分割事件の処理をめぐる諸問題』（法曹会，1994年）166頁〕。その主体，方式に制限はないが，譲渡人の真意の確認のため，実印を押印した譲渡証書及び当該事件から脱退する旨の脱退届に印鑑証明書を添付させて，家庭裁判所に提出させ，手続から脱退させる。」）。

が他の法定相続人 2 名とともに本件相続開始前に被相続人から相続財産とは別の土地の遺贈を受けていたこと，当該遺贈土地の価値のうち A に帰属する部分が本件土地の価値のうち A の法定相続分を上回ること，が認定され，この特別受益を理由として A の具体的相続分はゼロとされた。

そこで，A としては本件土地の譲渡につき自己に帰属する所得はゼロと考えて確定申告を行わなかったところ，課税庁が本件土地の譲渡に係る所得は譲渡時に本件土地に法定相続分に基づく共有持分を有していた A にも法定相続分に応じて帰属することを理由として課税処分を行ったため，課税処分の後に死亡した A の地位を承継した X が提起したのが本件訴訟である。

本件の中心的な争点は，未分割遺産の換価によって，売却時に法定相続分を有していた相続人には，その後の遺産分割審判の結果，当該相続人の具体的相続分はゼロとされ現実に代金を得ることができなかったにもかかわらず，譲渡所得が帰属するか，ということである。とりわけ控訴審で X は本件課税処分が実質所得者課税の原則に反する旨主張しており，所得の帰属が明確に争点化されている。

2　判決の論理

第一審の東京地裁判決（千葉地判平成 23 年 2 月 18 日）および本件東京高裁判決は，いずれも課税処分を適法と判断した（判決は確定）。その論理構成は，大きく以下の四つに要約できる。「所得の帰属」判定の方法を問題とする本稿との関係では，第一・第二の論拠が特に重要である。また，第四点は，一見すると前二者から必然的に導かれるようにも思われるが，後述するように人的帰属と年度帰属の交錯に関する重要な含意を有する。

第一に，遺産分割前の法的相続人は，相続財産を構成する個々の財産につき法定相続分に基づく共有持分権を有しているから，本件土地の競売による譲渡に伴い A はこの共有持分権を譲渡したものと理解され，従って本件土地の増加益が A に発生［ママ］したものと理解される。遺産分割手続の完了により具体的相続分がゼロとなったこと，遺産分割協議の効果は相続開始時に遡って生

---

12)　家事事件手続法の施行（平成 25 年 1 月 1 日）に伴って廃止された（旧）家事審判法の第 15 条の 4 は「家庭裁判所は，遺産の分割の審判をするため必要があると認めるときは，相続人に対して，遺産の全部又は一部について競売し，その他最高裁判所の定めるところにより換価することを命ずることができる。」と規定していた。

じる（民法 909 条）ことは，いずれも，本件土地につき共有の状態がありそれが売却されたという事実を覆すものではない。

第二に，譲渡所得課税の本質は，所有期間中の増加益の清算課税である（最判昭和 47 年 12 月 26 日民集 26 巻 10 号 2083 頁）[13]から，遺産分割審判の結果として具体的相続分がゼロとされた A が現実に代金を享受できなかったことが譲渡所得の A への帰属を妨げるものではないし，遺産管理者は相続人の代理人であるから，売却代金を遺産管理者が取得・管理した時点で A を含む法定相続人が本件売却に係る収益を支配していたと解される。

第三に，本件譲渡に係る所得税等の経費は，相続開始後に生じた債務として相続財産からは区別されるので，相続財産自体から支出・精算されることはない[14]。

第四に，以上から本件土地の競売時に譲渡所得が A に帰属したことが言える以上は，A の具体的相続分がゼロとされ本件土地の代金を手にすることができないことが確定した後も，遡及的な救済措置がなされるべきであるとは言えない。

3　素朴な疑問？

以上の判決の論理とその帰結（＝ A は譲渡所得の代金を少なくとも現実には収受していないが，譲渡所得課税を受ける）について，どのような反応が可能であろうか。

おそらく，租税法の考え方に馴染んでいない人ほど，形式論理によって「所得なきところに所得課税を行う」ものとして，本判決の論理に疑問を覚えるのではないかと思われる。他方で，租税法の専門家の大半は，この判決の論理を当然のことと受け止めるのではないかと思われる[15]。しかし，こと本件に関しては，この専門家の「常識」を疑ってみる余地はあるのではないか，というのが，

---

13)　同判決は「譲渡所得に対する課税は，資産の値上りによりその資産の所有者に帰属する増加益を所得として，その資産が所有者の支配を離れて他に移転するのを機会に，これを清算して課税する趣旨」と述べる（割賦払による譲渡につき，未収分も含めた全額について譲渡所得を認識した）。

14)　また，別の箇所では，「原告は，譲渡所得の課税については法定相続分により課税し，相続税については実際の取得割合により課税するというのは，整合性がとれないと主張するが，譲渡所得にかかる所得税の課税の趣旨や課税対象は前記のとおりであるのに対し，相続税は人の死亡によって財産が移転する機会に，相続人が取得した財産に対し課税するものであって，課税の対象が異なるのであるから，両者の課税方法が異なるからといって不合理であるとはいえず，原告の主張は採用できない」と述べており，所得税の問題を相続税の問題と切り離す思考法が窺われる。

本稿の立場である。

かかる素朴な疑問の源泉は，もちろん，本件土地譲渡から A が現実に収益を得ていない，という点に求められる。これに対する租税法理論の標準的な応答は，「譲渡所得の本質は譲渡対価ではなく資産の保有期間中の増加益である」というものであろう。例えば，財産分与において含み益のある財産を分与した（財産を失った）者に譲渡所得が生じることは[16]，これを誤解して行った財産分与につき民法上の錯誤無効が認められる程度には一般人の直観には反するにもかかわらず[17]，租税法の専門家の間では当然のことと受け止められている[18]。もちろん本稿も，財産分与の事案についてまで「譲渡所得が分与者に帰属させられるのはおかしい」などと主張するものではない。となれば，この財産分与事案と本件との相違を本稿は説明しなければならない。

その詳細は次節の検討に譲るが，本稿の批判の主眼は，この「譲渡所得の清算課税説」そのものではなく，その前提となっている「資産の増加益はその資産の所有者に帰属する」という発想の射程（本件にそれを無批判に当て嵌めること）に向けられている。すなわち，本件の事案は，個人（納税義務者となりうる者）と資産（所得の基因）の間の「1 対 1 の対応関係」が崩れている場面であるにもかかわらず，（例えば「遺産管理者＝相続人の代理人」の論理を動員するなどして）無理にこの対応関係を擬制することによって（素朴な）「私法的帰属説」の射程内に持ち込もうとしたのが本判決の論理構成であり，その結果として歪みが生じている，と理解することができるのではないか，というのが，本稿の主張である。

---

15) 実際，筆者はいくつかの異なる研究会の場で本稿のベースとなった報告を行う機会を得たが，いずれの場においても，出席者である租税法の専門家の大半からは，この判決には違和感を覚えない，とのコメントを受けた。もっとも，本件評釈である首藤重幸・平成 24 年度重要判例解説（2013 年）200 頁も，本判決に対する疑問を表明しているところからすると，租税法の専門家の間で完全にコンセンサスがあるというわけでもなさそうである。

16) 最判昭和 50 年 5 月 27 日民集 29 巻 5 号 641 頁。

17) 最判平成元年 9 月 14 日判時 1336 号 93 頁。

18) もちろん，本判決の論理構成については学説から疑問が呈されている（例えば参照，金子宏「所得税とキャピタルゲイン」『課税単位及び譲渡所得の研究』〔有斐閣，1996 年〕）が，「財産を失った者に譲渡所得が生じるのはおかしい」という論理を採るものは管見の限りでは存在しない。

50　第2章　課税上の利益帰属

Ⅲ　素材判決の批判的検討

1　「遺産共有」の法律関係？

　既に述べたように，上記素材判決の中核をなす論理は，土地売却時に法定相続人Ａが「法定相続分の割合に応じて共有持分を有する所有者であったことは明らか」である，という点である。しかし，「相続人の地位としての法定相続分」と「遺産を構成する具体的な財産（本件土地）に対する共有持分」は，民法上，常に同視しうるものであろうか。疑問点として，以下の3点を指摘できるように思われる。

　(1)　「相続財産＝共有」説の射程

　民法学説上，相続財産に係る共同相続人の地位に関しては，「遺産共有の法的性質」として共有説と合有説の対立があり，判例は一貫して前者を採ると理解されている[19]。確かに，法定相続人のうちの1人が遺産分割前に個別の相続財産上の自己の共有持分に属する部分を譲渡した場合にその譲渡の有効性を認める一連の判例[20]からは，「ある相続において法定相続分を有すること」を以て「個別の相続財産に対する共有持分を有すること」と同視できるようにも思われる。

　しかし，法定相続分に基づく持分譲渡であっても，遺言による相続分指定がなされている場合には，それを下回る部分について譲渡が無効とされるとする最高裁の判例[21]があることを考慮すれば，法定相続分から常に相続財産上の共有

---

19)　『新版注釈民法（27）相続（2）〈補訂版〉』（有斐閣，2013年）104頁［宮井忠夫・佐藤義彦］。リーディングケースである最判昭和30年5月31日民集9巻6号793頁は「相続財産の共有……は……民法249条以下に規定する「共有」とその性質を異にするものではない」と判示する。同旨，最判平成16年4月20日判時1859号61頁。学説上は，「具体的問題の検討を抜きにした，共有説・合有説の抽象的な議論は無意味」との考え方が有力であるようである。前掲『注民』103頁。

20)　自己の持分権の処分が有効であることを前提とする最判昭和38年2月22日民集17巻1号235頁［自己の相続分を超える部分につき当該相続人は無権利であるから，その者から譲渡を受け登記を経た第三者は，本来の相続人に対抗できない］，相続財産の持分譲渡後に当該部分につき具体的相続分を取得した者は第三者たる譲受人と対抗関係に立つとする最判昭和46年1月26日民集25巻1号90頁（なお，909条の遡及効も及ばないとする。いわゆる「移転主義的構成」），さらにこの第三者は共有物分割請求も可能であるとする最判昭和50年11月7日民集29巻10号1525頁，など。

21)　最判平成5年7月19日判時1525号61頁［遺言により法定相続分を下回る相続分を指定された共同相続人の一人が，遺産を構成する特定不動産に法定相続分に応じた共同相続登記がされたことを利用し，右登記に係る自己の共有持分権を第三者に譲渡し，第三者がこの持分の移転登記を受けたとしても，この第三者は共同相続人の指定相続分に応じた持分を取得するにとどまる］。

持分が導かれるとまでは言えない。同判決については，共有説に立つ学説からの批判もあるが[22]，そもそも民法上，判例と学説が対立していること自体，課税関係を「私法上の真実の法律関係」に準拠させようとする租税法にとっては，困惑すべき事態と言えるのではないか[23]。

これに対しては，被相続人の遺言による相続分指定の場面と，法定相続分を出発点として行われる遺産分割の場面とは利益状況が異なる（つまり，本件の事案についてはあくまでも共有説的処理が支配する），との反論が予想される。しかしながら，少なくともその限りで，「相続財産の売却時に法定相続分を有していたことが当該財産に対する共有持分の存在を意味するから，譲渡所得の帰属もその共有持分に従って終局的に決定され，結果的に代金の享受がなされないとしても遡及的調整は不要である」という単線的な議論は修正を迫られることになる（例えば遺言が後から発見される場合）[24]。

（2）法定相続分が共有持分に転換する局面？

民法において遺産共有の法的性質が問題となるのは，法定相続人の一人が（いわば抜け駆け的に）相続財産の持分を現実に譲渡した結果，譲受人たる第三者と他の法定相続人の間に当該財産の帰属を巡る紛争が生じる場面であるが，租税法の適用が問題となる場面の多くは，そのような抜け駆け的譲渡が行われていない場面である。言い換えれば，民法上，法的相続分が（遺産分割前に）具体的な相続財産の共有持分としての地位をもたらすのは，法定相続人が自ら

---

22) 例えば内田『民法Ⅳ〔補訂版〕』（東京大学出版会，2004年）402頁は，上記平成5年最判のような事案についても，対抗関係に立つと捉えるべきとする。

23) この問題にも関連して，より一般的な文脈についてであるが，「大量・反復的な（納税者の）取引への適用に当たって画一的な処理が要求される租税法と異なり，私法は裁判所での個別・具体的処理によって最終的な妥当性が担保されている。そのため，私法上，画一的な基準が定立されることをどの程度期待できるかについては少々疑問が残る」との指摘（吉村政穂「出資者課税——法人税という課税方式（1）」法学協会雑誌120巻1号〔2003年〕18頁）は傾聴に値する。本稿もまた，「私法関係が定まれば租税法律関係も一義的に定まる」という前提に立って，強引に私法関係を（民法における個別具体的な事案の性質を無視して）確定しようとする立論に懐疑的な立場からの批判として，上記の吉村教授の指摘と軌を一にするものである。

24) また，共有説の下で，第三者との関係で持分譲渡自体は有効とされても，具体的相続分がなければ，結局その相続人は他の共同相続人との関係で代金を保持し得ないのではないかと思われる。となればこれは，「他人の物を勝手に／自己の物と誤信して譲渡した者」の課税関係と近似するのではないか，そうだとすれば，譲渡時に一旦は課税されるものの，その後遡及的調整の対象となると考えられる（→Ⅳ）ように思われる。この点で，不法利得を所得概念に含めることの正当化根拠の一つとして，「没収や返還によって失われた場合に，さかのぼって税額を計算し直す」ことが挙げられている（金子宏「租税法における所得概念の構成」『所得概念の研究』（有斐閣，1995年）94頁）ことが想起されよう。

進んで相続財産に「手を伸ばした」時，と言うこともできるのではないか。この点，本件事案では，相続財産は全体として譲渡されたのであり，それを直ちに「個々の法定相続人が揃って各自の共有持分を譲渡したこと」と同視してよいかは，こと本件の処理に関しては，もう少し丁寧な論証を要する問題であったように思われる。

　なお，この問題に関連して興味深く指摘されるのが，民法が相続分の譲渡を可能としている（民法905条）ことである。相続分の譲渡は，相続人としての地位の譲渡と理解され，個々の相続財産の共有持分の譲渡とは区別される[25]。相続分は，将来の不確実な（contingent）分配を期待しうる地位として，所得税法上の「資産」を構成するはずであるから[26]，その譲渡は当然に譲渡所得を生じさせると思われる。しかし，その場合の租税法上の扱いは，相続財産の共有持分の譲渡とは異なるはずである[27]。

　(3)　個別財産の遺産からの離脱と法定相続人への対価の帰属

　また，相続人の代理人たる遺産管理者によって相続財産の競売が行われ，同人が競売代金を管理していたという本件事案の事実関係も，本稿の疑問を補強する方向に働くように思われる。というのも，金銭債権は可分債権として遺産分割協議を待つまでもなく法定相続人に（まさに法定相続分に応じて）帰属してしまうのが判例の立場であるところ[28]，本件事案において家庭裁判所が本件土地の売却代金を遺産管理者の支配下に置かせたのは，これを遺産分割の対象とし，

---

25)　前掲注19)『注民』279頁［有地亨・二宮周平］。ただし，具体的相続分を意味するとする学説もある（同333頁［伊藤昌司］）。

26)　金子『租税法』261頁は，資産を「譲渡性のある財産権をすべて含む観念で，動産・不動産はもとより，借地権，無体財産権，許認可によって得た権利や地位などが広くそれに含まれる……一種の固有概念であると解すべき」とする。

27)　本件事案において，事後的にはこの相続分の価値はゼロであった。しかし，本件判決が言うように「鑑定の結果次第では，Aにも具体的相続分が発生し，現実的な代金の分配を受ける可能性があったということができる」のであれば，事前の観点からはこの地位には何らかの価値（ただし，ゼロに近い？）があるということになる。未だ具体的相続分が確定しない（が，ほぼゼロであることが見込まれている）段階でこの相続分を譲渡した場合，当該相続人は相続分の取得費＝相続財産の持分の取得費（60条1項1号により被相続人から按分的に引継ぎ？）として，譲渡損失を計上できるのだろうか。そもそも，相続分の取得費を観念することはできるのか。

28)　ただし，金銭債権は遺産分割の対象とならず直ちに分割されてしまうのが判例の原則的立場であるものの（なお，最大決平成28年12月19日民集70巻8号2121頁に注意。もっとも，本稿の扱う問題には直接関係しない），とりわけ本件のような場合の金銭のかたまりそれ自体については，判例も遺産分割の対象にとどまることを認めている（最判平成4年4月10日判時1421号77頁［相続人は，遺産の分割までの間は，相続開始時に存した金銭を相続財産として保管している他の相続人に対して，自己の相続分に相当する金銭の支払を求めることはできない]）。

法定相続分とは異なる分配の可能性を留保するための手段に他ならない。とすれば，本件の遺産管理者を「法定相続人の代理人」と捉えたのは不適切であり，むしろ信託受託者の地位に類似するものと捉えるべきではなかったか，という疑問も提起できる。[29]

これに関連して参考になると思われるのが，別の民事判例（最判平成 17 年 9 月 8 日民集 59 巻 7 号 1931 頁）である。この判決は，遺産分割手続中に共同相続に係る不動産から生ずる金銭債権たる賃料債権は，各共同相続人がその相続分に応じて分割単独債権として確定的に取得し，その帰属は，後にされた遺産分割の影響を受けない，と判示するものであったが，確かにこのような事案であれば，民法上も，賃料（法定果実）は元本たる相続財産から完全に分離し，遺産分割の対象からも離脱して収益発生時の法定相続人に（相続分に応じて）終局的に帰属すると言えよう。では逆に，元本の価値が増大したものの果実として具体化しなかったとすれば，民法上は，その部分も分離せずに遺産分割の対象に留まるはずである（し，その「増加益」も，実現主義の下では課税されないであろう）。素材判決の事案のように，「増加益」が譲渡によって実現した場合にのみ（しかも，その代金は遺産管理者の管理下に留まるにもかかわらず）法定相続分に従って所得が終局的に帰属するという議論を，遺産が民法上は「共有」であるから，という理由のみを論拠として維持することは，困難なのではないか。

このような疑問に対しては，「譲渡所得の実現・帰属は元本自体（あるいはその変形物として分別管理された代金）の帰趨とは別の問題である」という反論が予想される。これは「譲渡所得の清算課税説」に立脚する議論であるが，（同説が通常想定する，所有期間中に人と資産の間に 1 対 1 対応が成立している所有権者の場面とは異なるという意味で）それを拡張するものと思われる。かかる反論の成否については，次項 2 で論じることとする。

---

29) 信託の場合，信託収益はいずれにせよ受益者にパススルーされるので結論は変わらない，との反論が想定されるが，そうとは限らない。例えば，大学生の双子 P・Q を受益者として，毎年の信託財産からの収益を，その年度（翌年 3 月に明らかになる）の学業成績の良かった方に全額分配する，という信託が設定されている場合を考える。この場合，試験前の（事前の）P・Q の「期待持分」は仮に 1/2 であるとしても，信託収益への所得課税は，現実の分配を受けた（成績の良かった）一人のみに行われるのが妥当とするべきではないか（あるいは裁量信託として受託者（信託財産）に課税するという方法も考え得る）。もちろん，素材判決の事案とこの設例との間には，①遺産管理者（本件土地の競売手続の遂行と譲渡代金の管理を行うにすぎない）と受託者（信託財産の所有権者でもある）の法的地位の相違，②信託財産からの収益に係る所得課税と，財産自体の譲渡に係る所得課税の相違（次項 2 で検討する，清算課税説の問題に関わる），という違いがあることは無視し得ない。

54　第2章　課税上の利益帰属

　以上（1）〜（3）で指摘した問題点は，私法の思考方法と租税法のそれの間のズレに由来すると考えられる。すなわち，私法においては，財産の人的な帰属を確定する必要性は，紛争類型ごとに異なり，事案と利益状況に即した解決が目指される（そのため，例えば，「所有権の移転時期はいつか」という問いは，「いかなる紛争類型において，いかなる権利義務に関して，それが問題となっているのか」という問題と切り離せない）のに対して，租税法では，「私法上の帰属」が個別の事案を離れて抽象的・一義的に確定できるものと措定した上で，これに課税の基準を求める傾向がある。もちろん，ほとんどの場面では，私法上の帰属関係は合理的な疑いを容れる余地なく一義的に決まるので，人的帰属の判定基準としての「私法的帰属説」は実際上も有用な基準として機能する。しかし，「遺産共有」のように，そもそもの私法上の帰属に不透明性が残る（紛争類型ごとに論じる必要がある）場面についてまで，かかる考え方を演繹的に適用しようとすると，私法が想定しない形での「私法上の帰属」を観念することにもなりかねない。本件事案はまさにそのような場面ではないか，というのが，素材判決の論理構成に対する本稿の批判の第一点である。

2　譲渡所得の本質と「収入金額」

　遺産共有の法的性質について「相続分はあくまでも相続財産総体に対する持分にすぎず，個々の相続財産の共有持分と直ちに同視することはできない」という議論（これを「合有説」と呼ぶかは，別の問題である）が仮に成り立ったとしても，もし遺産分割前の段階で譲渡された土地の売却代金を最終的にAが手にしていたならば，上記の第一の批判は実益のないものとして棄却される可能性が高い。「途中に曖昧な段階はあったとしても，結果的に課税されるべき者が課税されたので，論理構成の瑕疵は治癒される」というわけである。しかし，本件事案においては，法定相続人Aは，①「代理人」たる遺産管理者を通じてのみ売却代金を得ており，②遺産分割の結果，最終的にその売却代金を得るに至らなかった。

　ここで，素材判決が採用する論理が，「譲渡所得の清算課税説」である。判例において繰り返し引用されてきたこの考え方は，近時その位置づけが相対化されているとの指摘があるものの，今なお，譲渡所得の性質を論じる上では当

30）　佐藤・前掲注9）書96頁は，近時の判決例に，清算課税説から譲渡益説に接近する傾向を指摘する。

然の前提として受け入れられているものと考えられる。そこで，本稿において
も，「清算課税説」自体は所与として検討を進めよう。

　さて，判例にいう「清算課税説」によれば，譲渡所得の本質は譲渡によって
得られる収入と取得費との差額（譲渡益）ではなく，「資産の保有期間中の増加
益」であり，ただタイミングについてのみ「その資産が所有者の支配を離れて
他に移転するのを機会に，これを清算して課税する趣旨」から「年々に蓄積さ
れた当該資産の増加益が所有者の支配を離れる機会に一挙に実現したものとみ
る建前」をとるものとされている（最判昭和 47 年 12 月 26 日の判旨部分）。つまり，
本件においても，譲渡所得の基因となる資産が A に帰属しており（この認定に
疑問の余地があることは 1 で論じたとおりである），それが「譲渡」された以上，A
が最終的に譲渡収入を得なかったことは端的に無関係，というわけである。

　確かに，上記昭和 47 年最判が言うように，現金収入の意味での現実の収入
は，譲渡所得の発生・実現・帰属にとって必須ではない。しかし，この考え方
の射程は，①資産の所有者が譲渡に伴う収入を享受する可能性が全くない場面
にまで及ぶものであろうか。あるいは，②資産の所有者が一度も支配可能性を
得ないうちに当該譲渡収入が失われた場合においてもなお遡及的調整を否定す
べきである，ということまでも正当化するものであろうか。

(1)　譲渡収入の享受可能性

　譲渡所得の本質は「資産の保有期間中に蓄積した増加益」であり，「資産の
所有権の移転」を機会として実現し課税対象となる，とする清算課税説の論理
を突き詰めると，資産の所有権の移転が自らの意思に拠らず，[31]かつその対価を
自らが享受できない場面にも，譲渡所得は資産の所有者に帰属するものとして
認識されるし，その後に譲渡収入が消滅したとしても，この者の譲渡所得には
影響しないから，遡及的救済も不要である，ということになりそうである（な
おこのように考えるならば，所得税法 64 条 1 項は純所得課税の理念に沿った確認的規
定ではなく，納税者に優遇を与える創設的規定と理解される），ということになりそ
うである。

　具体的な事例で考えれば，自己の動産が勝手に譲渡され，譲受人が善意で即

---

31)　単に自らの意思に拠らない，というだけでは譲渡所得の発生を妨げないことは言うまでもない。
　　公用収用や競売の場合にも譲渡所得の発生は妨げられない（金子『租税法』262 頁）。もっとも，
　　収用の場合には「正当な補償」が得られるし，自己の債務にかかる抵当権実行としての競売の場
　　合にも被担保債務の消滅という経済的利益を享受している。

時取得が成立してしまい（あるいは盗品の場合であっても2年間（民法193条）が経過してしまい），かつ現実の代金受領者を捕捉できないという場合にも，上記の議論に従えば，「資産の保有期間中の増加益」と「所有権の移転」がある以上，事実の所有者に譲渡所得が発生すると考える，という結論になりかねないが，この結論を是とする者はほとんどいないであろう[32]。また，このような場合，私法上，資産を喪失した者は，勝手に資産を譲渡して代金を得た者に対する不当利得返還請求権ないし不法行為損害賠償請求権を獲得するものと思われるが，それを以て「資産の譲渡による所得」（所得税法33条）を構成する収入金額と捉えてよいかは疑問である。となれば，このような場合には譲渡所得なし，と考えることになるのであろうか[33]。

　仮にこれらの場合に資産の所有者に対する譲渡所得課税を是としないのであれば，清算課税説の下でも，譲渡所得をある者に帰属させるためには，「保有期間中の増加益」の存在と「所有権の移転」だけでは足りず，資産の所有者による収益の享受可能性があることが要求されていると言えそうである。素材判決は，清算課税説を援用する一方で，「遺産管理者がAら法定相続人の代理人として土地を競売し代金を受領・管理しているのであるから，Aらが本件売却に係る収益を支配していたと評価することができる」旨を論じていることから，譲渡収益の享受可能性を全く欠く場合にも清算課税説のみで課税が正当化される，とまでは考えていないようにも読める[34]。となれば，前項1（3）で触れた「譲渡所得の実現・帰属は元本自体（あるいはその変形物として分別管理された代金）の帰趨とは別の問題である」という論理もまた棄却される（少なくとも，素材判決自身がその論理を徹底できていない），ということになるのではないか[35]。

---

32)　岩﨑政明『ハイポセティカル・スタディ租税法〔第3版〕』（弘文堂，2010年）12頁に示唆を得た。ただし，前掲最判昭和48年4月26日民集27巻3号629頁［帰属を誤った課税処分の無効］は，資産の真の所有者と譲渡代金を得た者は同一であった（にもかかわらず，虚偽の登記により登記上の名義人に課税がされた）事案であり，本文とは事案を異にする（本文のような事案に同判決の射程が及ぶかは不明）と思われる。

33)　確かに，取得時効により土地を喪失した者について譲渡所得課税が行われることはなく，他方で時効取得者の側でも一時所得課税のみがなされる（取得費は時価とされる：東京地判平成4年3月10日訟月39巻1号139頁）ことから，この資産増加益については課税されないままとなっている。

34)　「遺産管理者がAらの代理人であるから，土地売却代金が遺産管理者の管理下に置かれた時点でAの支配下に入った」という論理は，控訴審判決で補充されており，高裁判事にも清算課税説に大きく依存した第一審判決の論理構成のみでは不十分と感じられた，ということが推認される。

(2) 遡及的調整の排除？

さて，素材判決自身が，Ａが「代理人」としての遺産管理者を通じて間接的に譲渡収入を支配したことを論拠としている（清算課税説からの純粋な演繹的推論に拠らない）のだとすれば，Ａが遺産分割審判の結果として当該代金を最終的に取得できなかったという事情は遡及的調整の理由にならないのか，が問題となる。

〈確認〉　この疑問に対して素材判例の側から直ちに想定される反論は，代理人を通じて代金を受領した時点で，Ａはこの代金に対する支配を獲得しており（現実収入），その後の事情は譲渡所得の消長にとっては一切無関係である，というものである（例えば，売主が土地売却代金の入金を受けた後で，その口座の金を第三者に詐取されたとしても，譲渡所得がなかったことになるわけではない）。しかし，この反論は本件事案における遺産管理者の地位をその全体的な仕組みの中で正確に捉えたものとは言えない（前項1 (3) 参照）。遺産管理者はＡら法定相続人の意のままになる代理人ではなく，家庭裁判所の選任を受け，遺産分割審判手続の完了時まで，当該売却代金に対する法定相続人のアクセスを遮断することを任務の一つとする者である。したがって，遺産管理者による代金受領・管理を以てＡの現実収入ありとするのは論理の飛躍である。

この点で参考になると思われるのが，物上保証人の抵当不動産が競売され，求償権が回収不能となった場面の扱いである。このような場合，一旦は譲渡所得が認識されるものの，後に求償権が無価値となったことを踏まえて，譲渡収入金額につき遡及的調整を認める規定（所得税法64条1項・2項）が存在する，

---

35)　なおこの点，清算課税説を貫徹した上で，本文の他人物売買の事例については，本人の自由な処分行為によるものではないから「譲渡」があったとは言えず，単なる「損失」があるにすぎないので譲渡所得が発生しないと考えれば足りる（譲渡収入の支配・享受可能性は無関係である），とのコメントを田中啓之氏（北海道大学）から頂いた。示して感謝申し上げる。この指摘に従うならば，素材判決（控訴審判決による付加部分）は単に混乱を持ち込んだにすぎない，と評価されよう。他方で，競売や収用が「譲渡」を構成することからすれば，文字通りの「自由な処分」には限られず，所有者が法的に受忍すべき強制的な所有権の移転も含むということになる。では取得時効による所有権の移転はどうか（この場合，原所有者に譲渡所得は認識しない）。逆に，Ａの所有する動産をＢが「お節介にも」無断でＣに譲渡し，Ｃに即時取得が成立した上で，Ｃからの代金をＢがＡの銀行口座に振り込んだ，という場合に（ＡがＢの無権代理を追認しないとして），Ａは「財産価値の損失」と「Ｂからの贈与」を課税上認識する，ということになるのであろうか。それは技巧的に過ぎる。Ａに譲渡所得が成立する，というのであれば，やはり「自由な処分＋法的に受忍すべき譲渡」という法的基準とは別の考慮が，譲渡所得の基因となる「譲渡」か否かを判断する上で働いている，ということになるのではないか。

36)　最判昭和40年9月24日民集19巻6号1688頁。

本件の法定相続人 A について，同様の処理を及ぼす余地はないのか。

確かに，国税通則法 23 条 2 項および所得税法 152 条の後発的理由による更正の請求は，限定列挙された要件に該当する場合にのみ許容される，という考え方には根強いものがある。現行法上の関連規定に，本件の A のような場合を読み込むことは，かなり困難であると言わざるを得ない。では，平成 23 年度改正により期間制限が延長された 23 条 1 項の更正の請求はどうか。おそらく，素材判例の立場からは，本件の A について具体的相続分がゼロとなったという事情は，競売による譲渡収入金額が「国税に関する法律の規定に従っていなかったこと」には当たらない，とされるであろう[37]。仮に，実体法上は違法な（所得無きところに所得課税を行う）状況であるが，救済規定に不備がある，という理解であれば，例えば例外的場面において実体法的衡平を優先させた判決（最判昭和 49 年 3 月 8 日民集 28 巻 2 号 186 頁）を採用することも考え得るところ[38]，あくまでも実体法上の違法性はないので，当然遡及的調整も必要ない，というのが素材判決の考え方だからである。

しかし，本件競売によって「A が得たもの」とは何だったのであろうか。素材判決の理解に従えば，A は本件土地の競売時に共同相続人としての地位により売却代金の 1/7（法定相続分）を受領しており，その後遺産分割審判において特別受益が認定され具体的相続分がゼロとされた結果として，当該代金への支配を失ったに過ぎない。つまり，所得税法の目から見た経過的事実としては，「代金は一度 A に帰属した後，具体的相続分がプラスとなった他の共同相続人に移転された」ということになるはずである。しかしながら，仮に「この代金が A の手元を A の意思や利益に関わりなく通過していった」となると，A の収益享受を認定できるか，疑わしくなる。A が仮に単なる導管・名義貸し・受寄者……等だとすれば，A は収入を享受したとは言えないからである。

つまり，素材判決の立論を維持するためには，A は（遺産管理者による）競売

---

37) 素材判決は，「本件売却代金は，本件遺産管理者が，取得・管理していたのであるから，本件売却時点において，A は，本件売却代金のうち自己の持分を取得していたといえ，A が現実に本件売却代金の配分を受けなかったのは，本件売却後にされた遺産分割審判がそのような内容であったからにすぎない」として遡及的な救済の必要性はそもそも存在しない，と断じている。

38) 近年では，租税法における手続法に対する実体法的考慮の優位の観点から，実質的救済を与えるべきことを強調する議論が有力に主張されている。例えば参照，中里実「租税債権の私法的構成」村井正先生喜寿記念論文集『租税の複合法的構成』（清文社，2010 年），岡村忠生「納税義務の成立について」税研 2012 年 9 月号 18 頁，水野武夫「租税訴訟制度の再検討」税法学 568 号（2012 年）138 頁。

代金収受時に，この収益（代金）に対する支配可能性があり，それを任意に（あるいは少なくとも，一定の条件下で自分の利益のために）処分し得る地位にあった，ということが言えなければならない。この問題について，素材判決は，「具体的相続分が確定しない時点では，なおＡにも将来に代金を享受しうる可能性があった，ゆえにＡには収益の享受あり」との論理で応じているが，この理屈に従えば，一定の条件成就の時点で初めて処分可能となる財産の取得（例えば，譲渡制限株式〔リストリクテッド・ストック〕の交付）についても，将来の可能性が僅かでもあれば，交付時に収入金額あり＝所得実現とみてよい，ということになる。これは，現行法の扱い（従業員ストックオプション〔非適格〕の交付時にその時価で給与所得課税は行わない）や，譲渡制限株式の収入金額実現時期に関する裁判例（東京地判平成17年12月16日訟月53巻3号871頁〔譲渡制限株式〔リストリクテッド・ストック〕に係る経済的利益の取得は，その譲渡制限の解除によって初めて現実化したものであって，その年分の所得として認識するのが相当である〕）とは整合的ではない。

　このように考えれば，少なくとも「将来に実際に代金を享受しうる可能性があった」という論拠のみで「競売が成立した年度の」「共同相続人の地位にあったＡの」所得として帰属（年度帰属と人的帰属の相互関係に注意）を判定できるとすることは，かなり脆弱な基盤の上になされた立論と言わざるを得ないであろう。となれば，仮に（清算課税説を厳格に維持して）競売時に一旦はＡに代金＝収益を帰属させうるとしても，それは終局的なものとは言えず，事後的な事情に応じた遡及的調整の余地を残すものであると言いうるのではないか。とりわけ，通常の更正の請求の期間制限（5年間）以内であれば，具体的相続分がゼロになり当該代金を享受し得なくなった段階で端的に「国税に関する法律の規定に従っていなかったこと」という要件を満たすものと解釈する余地があるように思われる。

(3)　〈補論〉持戻し制度との関係

　なお，先に指摘した遺産分割の仕組み全体を論拠としてＡの収益享受を肯定する，という議論[39]の可能性がある。すなわち，①Ａが本件代金を享受できない結果に終わったのは，Ａが別途享受していた特別受益の故であり，特別

---

39)　以下の議論については，本稿の基となった報告に対する，渡邊徹也税理士のご教示に負う。記して感謝申し上げる。ただし，本文中に含まれうる誤りは全て筆者の責に帰することは言うまでもない。

受益の持戻し制度（民法903条）の下では特別受益の享受と本件代金の放棄が
ある種の対価関係に立つと考えられる，あるいはさらに一般的に，②相続人間
の公平の理念に立脚する持戻し制度の趣旨から，特別受益たる本件遺贈土地の
（計算上の）換価持戻と平仄を合わせる形で，本件土地の現実の換価に付随する
税負担も等しく（法定相続分に応じて）分割されるべきである，という議論であ
る。民法906条を援用して本件のような税負担分配が相続人間の実質的公平が
維持されているとする素材判例の背後にも（必ずしもその論理構成は明らかとは言
えないが），上記の発想が伏在していないとも言い切れない。

　しかし，特別受益の持戻し制度から，上記①・②の議論を導くことができる
かについては，以下に述べるように，なお疑問が残る。

　まず，①の議論は，一見すると，「素材判決の論理を支えるためには，競売
による代金受領時において既にＡが何らかの収益を享受していなければなら
ない」という批判にうまく答えるように思える。しかし，特別受益の持戻し制
度は具体的相続分の算定に用いられる観念上の操作に過ぎないし，特別受益者
は具体的相続分を失うだけで済む（すなわち，民法903条は，特別受益が法定相続
分を超える場合〔超過特別受益者〕に当該超過部分を相続財産のプールに戻すことまで
は要求しておらず，特別受益者は持戻し制度に関わらずその超過部分を留保できる）こ
とを考えると，「Ａが特別受益を享受できること」と「一旦享受した本件代金
を放棄すること」が対価関係に立つとは言えないように思われる。[40]

　また，②については，これは相続税の論理としては成り立つものの，所得税
とは無関係ではある，との反論が可能であろう。相続に伴い被相続人から相続
人へと引き継がれる含み益に対する譲渡所得課税負担は，民法906条が規定す
る遺産分割上の考慮要素には含まれない（例えば，本件遺贈土地についてＡが転
売したとしても，その譲渡所得税負担は専らＡが負担すべきである）。素材判決自ら
「本件譲渡に係る所得税等の経費は，相続開始後に生じた債務として相続財産
からは区別されるので，相続財産自体から支出・精算されることはない」と述
べている（→前節Ⅱ2）ことからも，この点は確認されるであろう。

　以上，（1）〜（3）の検討から，譲渡所得の本質から直ちに「Ａが最終的に

40）　また逆に，「対価関係」の論理を突き詰めると，法定相続分を超える特別受益を享受したＡに
　はむしろ，本件土地譲渡に係る所得のうち，法定相続分を超える割合が帰属し，従って税負担も
　それに応じて算定すべき，ということにもなりかねない。

収益を享受し得なかったことが，当該譲渡所得のＡへの人的帰属を妨げるものではない」と推論することはできず，また仮に競売の完了時点において一旦はＡへの譲渡所得の帰属を認めたとしても，その後の具体的相続分の分配に伴う遡及的調整の可能性が一概に排除されるわけではない，という結論が導かれたと考える。

3　中間的なまとめ

前節および本節の検討から，素材判決の論理構成上の難点は，ほぼ明らかになったと考えられる。素材判決は，競売による本件土地譲渡時にＡが法定相続分を有していたことをＡが土地の共有持分を譲渡したことと同視した上で，その時点でＡは終局的に譲渡代金を享受した（その後の具体的相続分の分配は無関係），という論理で，Ａに譲渡所得が帰属しその後の遡及的調整も不要である，との結論を導いている。しかし，法定相続分から個別の相続財産に対する共有持分を導くことが本件の事案において私法上必ずしも自明とは言えないし，遺産管理者による代金受領を以てＡが譲渡収入を支配下に置き享受したと考えることには問題がある。少なくとも，遡及的調整は認められるべき事案であったのではないか。

では，どのような論理構成と実際の処理が妥当だったのであろうか。ハードケースに直面する裁判官に対して，学説がその論理構成の粗を論うのみで対案を示さないのは，建設的な態度とは言えない。そこで次節では，この問いを取り上げ，併せてこの具体的事例から導かれる示唆について，暫定的な見通しを示すこととしたい。

4　補論——所得税と相続税の関係

素材判決の論理を批判的に検討することを通じて所得の「帰属」概念に関する示唆を導こうとする本稿の目的との関係では，1，2の検討の結論のみでさしあたり十分であるが，素材判決には他にも興味深い要素が含まれているため，ここで簡潔に触れておくことにする。

既に述べたように，素材判決は，所得税法と相続税法を相互に独立な問題領域であると捉えることによって，「民法909条の遡及効によってＡの代金受領の事実も遡って無かったことになるはずである」という原告の主張を退けている。判決の論理によると，「Ａは土地競売時に本件土地につき共有持分を有し

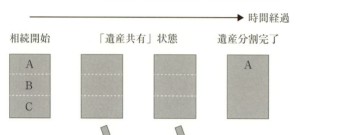

ており，それが譲渡されて得た代金を享受した」ことは所得税法の問題であるが，「その代金が遺産分割審判の結果，他の相続人へと（民法909条により遡及的に）帰属した」ことは相続税法の問題である（この「移転」についてAから他の相続人への贈与とみて贈与税を課すことはない），ということになる。法的な形式論理としてはあり得ないではないものの（おそらく，所得税法上は，具体的相続分確定に伴う代金への支配の喪失は純資産減少ではあるものの家事費として所得金額計算上は無視する，ということになるのであろう），かなり技巧的で直観に反する論法であることは否定できないように思われる。

さらに，所得税と相続税・贈与税を相互に独立な問題と捉えることは，上図が示すような実質的不均衡をもたらす可能性もある。

上図は，法定相続人A・B・Cが1/3ずつの持分を有するものとして相続税の申告を行い，遺産共有状態のうちに生じた当該財産からの果実（賃料）については民法判例に従って終局的にA〜Cに帰属してしまった後に，遺産分割によりAが相続財産の全体を取得した，という状況を示している。この場合，Aは民法909条により相続開始時に当該財産の全体を取得したこととされる

---

41) なお，代償分割について民法909条の遡及効を理由として相続人間の「譲渡」を所得税法上は無視した判例（最判平成6年9月13日時1513号97頁［代償分割によって遺産全部を取得した共同相続人は民法909条によりその財産を相続開始時に単独相続したものとして扱うべきであるから，被相続人の取得費が引き継がれ，代償分割金は取得費に算入できない］）とは事案を異にするため，素材判決との整合性はそもそも問題とならない。代償分割が相続人間の「取引」であるのに対し，相続人（の集団）と第三者の取引である本件競売は，そもそも民法909条の射程外と考えられる。

から，相続税法 32 条の更正の請求により，改めて相続税額を計算し直すことになる。しかし，相続開始時の当該財産の価額には，現実の時間経過においてB・C に終局的に帰属する果実の割引現在価値が含まれていたはずである。つまり，A は相続財産のうち自らが実際には享受できない価値に相当する部分についても相続税を負担する結果となる。これは，受益者連続型（他益）信託において信託設定時に信託財産の全額について相続税・贈与税を課される先行受益者の状況と（時系列としては前後するが）類比できるように思われる。これは決して偶然ではなく，後述する「資産と人との『1 対 1 対応』が崩れている場面」としての構造が，本稿が論じてきた遺産共有の場面と，受益権複層化信託の場面とに共通していることの反映であろうと思われる。

Ⅳ　所得の「帰属」・再考（序説）

1　判決が困難に直面した理由——素朴な「私法的帰属説」の陥穽

　前節における検討を通じて，素材判決の論理構成上の難点は，概ね明らかにすることができたと思われる。しかし，本稿の目的は，素材判決の粗探しをすることではなく，裁判官にこのような論証上の無理を強いることになった租税法上の思考様式の解明にこそ存する。逆から言えば，どのような考え方を採れば，論理的に無理がなく，執行可能性をも考慮した具体的妥当性をも満たすような処理が可能になったのであろうか。

　まず，本稿の批判的検討からは，具体的相続分が確定した段階で，それに応じて譲渡所得を帰属させて課税を行う，との処理が導かれそうにも思えるが，これは本稿の採るところではない。むしろ，執行可能性の観点からは，このような課税処理は否定的に評価せざるを得ない。

　第一に，素材判決も指摘するように，遺産分割手続は長期に亘ることも珍しくなく，相続財産に含まれる資産が換価された後，何十年も具体的相続分が確定しないということもあり得る。この場合に具体的相続分の確定時まで課税を行わないことは，相続人に多大な課税繰延の利益を与えるばかりか，場合によっては課税の可能性自体が失われることにもなりかねない。

　第二に，所轄税務署の観点からは，日々生起する数多くの物権変動を逐一捕捉することは不可能に近く，全ての納税者が誠実かつ正確に申告を行うとも限らないことから，現実には，土地等の登記の移転（法務局登記官から所轄税務署

長に通知が行われる）のように観察可能な端緒を捉え，これにより適正な課税の確保を図らざるを得ない事情があると思われる。本件においても，競売の準備段階としてＡら法定相続人につき法定相続分による共同相続登記が経由されたことが，Ａに対する課税処分の端緒となっていることは明らかである。税務署が直面するほとんどの取引においては，登記名義人が（譲渡所得を帰属させるに相応しい）真実の所有者であると想定されることから，税務署がまずは登記に従って所得帰属を判定し課税処分を行うこと自体は合理的であり，法的安定性の観点からも肯定的に評価し得よう。[42]ただし，これは税務執行の便宜を考慮した帰属判定に過ぎないのであるから，事後的に遡及的調整が行われる可能性を排除する必要はないはずである。[43]

　本件の課税庁ないし裁判所が直面したディレンマは，まさに以上の点に見出される。すなわち，①含み益資産の譲渡が現に行われている以上，譲渡所得は当該譲渡（競売）の時に実現したと言わざるを得ない（年度帰属の問題）。②そうだとすれば，譲渡所得の実現時点で，当該所得はいずれかの納税義務者に帰属していなければならない（人的帰属の問題）。③そこで，その時点でこの課税物件と納税義務者の結びつきの根拠となり得る私法上の要素として，遺産共有状態における法定相続人と個々の相続財産の結びつきに注目し，「共有持分の譲渡」「代理人による受領」という（本節１，２で詳論したように）アクロバティックな（無理のある）論理を用いて，これを基礎づけた，というのが，本件課税処分・素材判決の論理構成であると理解できる。

　このうち①は動かせない，というのが，すぐ上に述べた執行可能性の検討からの帰結であった。他方，②については，必ずしもそのように考える必要はない。ひとまずは法定相続分に従った課税を行いつつ，具体的相続分の分配に応じて遡及的調整を認めることで，執行可能性の懸念は払拭できるからである。しかるに，本稿Ⅰで指摘した，「所得の帰属」概念における「人的帰属と年度帰属は真実の法律関係を媒介にして表裏一体の関係に立つ（はずである）」と

42）　谷口・前掲注4）論文191頁が「真実の権利者の蓋然的様相を呈している者」と呼ぶものに一致する。

43）　家庭裁判所の審判により相続財産の換価が行われたが，各相続人への分配額の審判が言い渡される前に納期限が到来した，という事案について，実務上の対応としては，ひとまず事情の説明書を添付して譲渡所得はゼロとして申告し，その後，裁判所からの入金と譲渡経費等の通知を待って修正申告を行う，という方法があるとのことである（研究会における山田俊一税理士のご教示に負う。記して感謝申し上げる。）。

いう発想から，その要石となる「真実の私法上の帰属関係」を探求しなければ
ならない，という思考が導かれ，それが，③における論証上の無理をもたらし
ている，というのが，本稿の見立てである。

　となれば，採るべき代替策も明らかである。すなわち，上記②の段階で，年
度帰属と人的帰属の関係をより柔軟なものとして捉え直すことができれば，例
えば本件の「遺産共有」の私法上の特殊性を踏まえて，課税上も妥当な解決が
取り得たはずである。むしろその方が，私法上の法律関係に忠実な課税の考え
方，ということすらできよう[44]。

2　「帰属」に関する新たな（？）理解――人的帰属と年度帰属の関係

　素材判決が逢着した隘路を回避する方法は，既に示唆したように，本件土地
の競売譲渡時に，ひとまず登記に従って課税を行う（「課税時点」としての譲渡
時）が，（登記の移転を契機に認知された）当該譲渡は所得の帰属判定における暫
定的段階に過ぎないと位置づけた上で，終局的な帰属については，事後的に遡
及的調整を認める，ということになる。この場合には，年度帰属としては相変
わらず譲渡時であるが，人的帰属について遡及して調整を認める，ということ
になる[45]。

　これを単に「本件においては所得がまだ実現していない」と整理するのは，
かえって混乱を助長するのみである[46]。そうではなく，人的帰属・年度帰属を，
「（段階的に展開・具体化していくこともしばしばある）私法上の関係を踏まえ
た遡及的な調整に開かれた概念」と捉えることで，人的帰属と年度帰属が「終
局的には」表裏一体の関係として一義的に決定されることを維持しつつ（その
意味では，私法的帰属説の前提を本稿はなお共有する），所得の帰属判定の基準とな
る一義的な私法上の帰属関係を，当初の課税時点の段階で無理に見出そうとす
る（その結果，素材判決のように，論理構成に負荷がかかることになる）という事態
を避けうるのではないか，というのが，本稿の示す代替案である。

---

44)　勿論，もう一つの方法は，観念上相続財産自体に譲渡所得を帰属させ，所得税を負担した法定
　　相続人に租税求償権を認める，という方法である。これはドイツの組合課税でとられる方法の応
　　用である（田中啓之氏のご教示に負う。なお，田中啓之「判批」ジュリスト1460号（2013年）9
　　頁も参照）。
45)　本文の考え方は，「課税時点」と「年度帰属」という二つの概念を区別すべきことを指摘する岡
　　村教授の所説から示唆を受けている。参照，岡村忠生「所得の実現をめぐる概念の分別と連接」
　　法学論叢166巻6号（2010年）94頁。
46)　参照，岡村・前掲注45)論文。

3 素材判決が提示する「所得の帰属」問題の一般性──むすびにかえて

本稿の検討は，極めて例外的な事例を取り上げて，「私法的帰属説」の些細な綻びを指摘したものに過ぎない，と映るかもしれない。しかしながら，本件素材判決の事案で扱われた「遺産共有」は，私法的帰属説が前提としてきた「資産と人の『1対1対応』」が崩れている（数多ある）場面の一つに過ぎない，と考えるべきではないか。例えば，Ⅲ4　補論で指摘したように，受益権複層化信託と本件事案とは構造的に類似する面があるし，組合課税やデリバティブ課税における「帰属」を巡る議論の困難，あるいは国際課税における Beneficial Owner 概念や Economic Ownership 概念のように，法的裏づけが曖昧なものまで含めると，「資産と人の『1対1対応』」を自明視できない（あるいは少なくとも包括的な整理を要する）問題群は，かなりの広がりを見せていることが窺われる。これに対しては，私法的構成を乱暴に認定するやり方（それは，私法を無視して「租税法に固有の論理に従って」帰属を認定するしかないとする論法と，五十歩百歩である）。ではなく，むしろ一層真剣に再検討する途がとられるべきである。所有権の帰属を無理やりに決めてそこから演繹しようという素朴な「私法的帰属説」ではなく，これらの複雑な私法上の法律関係を精確に把握した上で租税法上の構成に反映させうる，洗練された「私法的帰属説」が必要とされているのである。

以上の一般的な問題に関する本格的な検討は今後の機会に譲らざるを得ないが，本稿はそのための準備作業として，具体的かつ（デリバティブのような新しい素材ではなく，古くからあるはずの）伝統的な素材から，上記の問題構造と解決策の一端への接近を試みたものである。

（金融取引と課税（3），2014年）

---

47)　このような問題意識自体は，本稿にオリジナルなものではない。例えば参照，中里実「はじめに」信託法研究37号（2012年）（所有権的発想への依存の限界を指摘），岡村忠生「不完全移転と課税（序説）」法学論叢164巻1〜6号（2009年）。

48)　藤谷・前掲注5)論文参照。

49)　この租税法に固有の論理がいかなる法的根拠に基づくのか，著者には不明である。例えば所得の帰属を操作することが累進税率構造に違背する，という議論（参照，田中・前掲注4)書192頁）による場合，本件のように比例税率が適用される場合をどう説明するのであろうか。

Reich 論文の "Super-Matching" Rule の紹介及び
信託等を通じたマッチングの意義と限界

浅 妻 章 如

I 序

マッチングには大きく分けて二つの意味がある。

第一は，取引当事者の一方でプラス（またはマイナス）が計上されればもう一方ではマイナス（またはプラス）が計上される，という意味である。対称（symmetry）的取扱いと言い換えてもよい。所得税・法人税ではこのマッチング（または対称的取扱い）は採用されていない局面が多いが，付加価値税（消費税）[1]では概ねこの意味でのマッチングが成り立つよう制度設計されており，相互牽制作用とも呼ばれる[2]。

第二は，一人の納税者について関連するプラスとマイナスの課税上の取り扱いを整合させる，という意味である。費用収益対応原則が典型である[3]。

第一の意味のマッチング（対称的取扱い）に関連し，贈与等の移転が移転者側で経費・損金に算入されず受領者側で収入・益金に算入されることの是非について，別稿で検討した[4]。そこでの検討結果を雑駁に述べれば，移転者・受領者間の二重計上を完全に無くすべきということにはならなそうである，というものであった。

第二の意味のマッチングに関して，Reich 論文が，「super-matching」[5]と題

---

1) 参照：吉村政穂「所得計上時期の選択に関する覚書」ジュリスト 1268 号（2004 年）214 頁。

2) 参照：水野忠恒『消費税の制度と理論』（弘文堂，1989）56 頁。

3) 参照：渕圭吾・判批・ジュリスト 1165 号（1999 年）130 頁；同「アメリカにおける租税回避否認法理の意義と機能（1・未完）」学習院大学法学会雑誌 38 巻 2 号（2003 年）91 頁。フィルムリース・航空機リースなどの減価償却濫用事例に関しても，費用収益対応の原則を貫徹できれば納税者がそうしたスキームに投資する無駄な意欲は減退するはずであろう，と渕は論じる。

4) 浅妻章如「相続等の財産無償移転に対する課税のタイミングについて」トラスト 60 研究叢書『金融取引と課税（1）』（2011 年）155-227 頁。

して検討している。本稿Ⅱで書評的に Reich 論文を紹介し，Ⅲでマッチングの意義と限界，そして信託等の entity に関する課税問題との関係を考察することが本稿の目的である。

　第二の意味のマッチングについて，これが租税立法論において重要な指針の一つであることに異論はなかろう。しかし，現実には租税法の解釈適用においてマッチングが維持され難いことがあり，課税漏れ（租税回避）または二重課税（相対的重課）の原因となってしまうことがある。そこで，マッチングを，経済的実質法理（economic substance doctrine）などの判例法理と同様の，解釈原理として位置付けよう，と Reich 論文は提唱している。

　Reich 論文のこの問題設定について，一読した直後には大変魅力的に感じた。しかし，後述することを先に述べてしまうことになってしまうが，ミスマッチの一般的解決について考察すると，Reich 論文を一読した際の印象ほどには解決は容易ではなさそうである，というやや否定的な印象を今は抱いている。しかし，私なりの印象が否定的なものであるとしても，Reich 論文の紹介は，日本の租税法の立法・解釈・執行においても参考となるところ大である。

　本稿では人名に職名・敬称を付さない。「　」『　』は引用のために用い，〔　〕はⅡにおける浅妻の補足として用い，【　】は区切りの明確化のために用いる。

Ⅱ　紹介：The Case for "Super-Matching" Rule

　本稿Ⅱは紹介を主眼とし，Ⅱ内における浅妻による補足は，〔　〕でまたは脚注で示す。

　Reich 氏は Cleary Gottlieb Steen & Hamilton, LLP の Partner である。マッチングとミスマッチの例の紹介が特に金融取引関連で豊富であり，金融取引に通暁した弁護士であると目される。実務家的に，アメリカの租税法の解釈適用における様々なマッチング破綻例を紹介した上で，立法論上の指針としてのみならず，解釈原理としてもマッチングを重視しようと提唱している。

　Reich 論文の構成は次のようになっている。

　Ⅰ　Introduction〔序論〕

---

5)　Yaron Z. Reich, The Case for "Super-Matching" Rule, 64 Tax Law Review 241 (2012).

II Overview of Matching and Mismatches〔マッチングとミスマッチの概観〕

III The Matching Concept and Mismatches in Various Areas〔マッチング概念と様々な領域におけるミスマッチ〕

IV Observations and Specific Recommendations Regarding Matching and Mismatches〔マッチングとミスマッチに関する所見と提言〕

V Policy Considerations in Formulating a Super-Matching Rule〔スーパーマッチングルール定式化の政策上の考慮〕

VI A Proposed Super-Matching Rule〔スーパーマッチングルール提案〕

VII Conclusion〔結語〕

マッチングとミスマッチのイメージを摑むためII章・III章を紹介し，IV章・V章の紹介は簡略化し，Reich 論文独自の提言であるVI章の紹介へと進める。

1 II Overview of Matching and Mismatches〔マッチングとミスマッチの概観〕

内国歳入法典（IRC）は，多くの点でマッチング（マッチングは consistency…首尾一貫性…と呼ばれることもある）を達成しようとしているとして，次のような例を挙げる。

○ §446 (a) の会計方法（現金主義，発生主義）は所得と控除項目とを対応させようとしている。

○ §111 に関する判例法が作り出した租税便益ルール（tax benefit rule）は，納税者がかつて控除した額が後に不適切であることが判明した際に，所得に算入することを要請する。

○別の判例法であるところの Arrowsmith rule[6]（清算会社のかつての分配がキャピタルゲイン扱いを受けたことを理由に，清算会社に支払いを命じられた額は，キャピタルロス扱いとする）もマッチングの表れである。

○減価償却取り戻し（depreciation recapture）ルールは，減価償却が通常所得（ordinary income）を減額させた限りにおいて，その後のキャピタルゲインをキャピタルゲイン優遇税率に服さしめないとする。定額法より加速した減価償却の額の

---

6) *Arrowsmith v. Commissioner*, 344 US 6 (1952).

限度でも減価償却取り戻しルールが適用される（§1250）。

○§§263 & 263A の資本化（capitalization requirements）は，資本資産及び棚卸資産の費用を，そこから生み出される所得と対応させている。

○様々な利子控除制限規定は，関連する所得または活動と対応させようとしている[7]。

○ストラドルルール，ヘッジングルール，ディーラーの時価主義ルールは，対応するポジションとのマッチングを意図している[8]。

○関連者間取引に適用される§482 の独立当事者間原則（arm's length principle）は，場所に関する（location-focused）マッチングルールである。

○ソースルール（§§861-865），サブパート F（§§951-965），外国税額控除（§§901-909）はマッチングを基礎としているが，深刻なミスマッチも引き起こす。

○所得・所得控除・税額控除の二重計上・二重非計上をもたらすエラーの緩和ルールがマッチングを達成している。

○納税者は，過去のポジションの正否にかかわりなく，後続年度において首尾一貫した報告をする「一貫性義務」（"duty of consistency"）を負っている。

2　III The Matching Concept and Mismatches in Various Areas〔マッチング概念と様々な領域におけるミスマッチ〕

II 章での概観を受けて，III 章で様々なミスマッチを説明している。Reich 論文の仮想設例（Examples）が分かりやすいので，主にその紹介をする。

(1)　A. 所得の性質：キャピタルゲインか通常所得か

例 1　商業不動産のポートフォリオをヘッジするため，不動産保有会社に，市場指数に基づいたデリヴァティヴ取引をさせる。デリヴァティヴ契約の性質に応じ，デリヴァティヴ契約の損益は通常所得であったりキャピタルゲイン・ロスであったり§1256（6割の長期，4割の短期キャピタルゲイン・ロス）扱いであったりする。

---

7)　日本所得税法における住宅購入目的借入の利子控除制限（帰属家賃と対応する利子について控除を認めない）に関し，増井良啓「租税法入門　第 11 回　所得税 8　費用控除（3）」法学教室 365 号（2011 年）123 頁〔増井良啓『租税法入門〔第 2 版〕』（有斐閣，2018 年）154-161 頁〕及び最判平成 4 年 7 月 14 日民集 46 巻 5 号 492 頁参照。

8)　日本の所得税に関して対応を考えなかった例と法人税に関して対応を考えた例として，国税不服審判所平成 2 年 4 月 19 日裁決・裁決事例集 39 巻 106 頁及び国税不服審判所平成 2 年 12 月 18 日裁決・裁決事例集 40 巻 140 頁参照。

他方，§1231の下で，不動産譲渡益は（depretiation recapture を除き）全てキャピタルゲインであるのに，譲渡損は通常所得扱いである。

　例2　市場割引を通常利子所得扱いとすることを選んだ投資家が，額面 $1000 の割引債を $500 で購入する。時の経過によって基準価格（basis）が上昇するものの，何らかの理由で当該投資家が当該割引債を $500 で売却した（例えば発行会社の返済見込みが落ち込んだなど）場合，当該投資家はキャピタルロスを被るというミスマッチが生じる。満期まで保有したが何も得られなかった場合も，時の経過に応じた通常所得としての利子と，最後のキャピタルロスというミスマッチが生じる。

こうした例を挙げ，通常所得扱いされる場合はキャピタルロスも通常ロス扱いとする，または，キャピタルロスが生まれた後の通常所得はキャピタルゲイン扱いとするなどの recharacterize（性質決定の見直し）を認めるべきという。

(2)　B. タイミング

時価主義を徹底すれば，タイミングに関するミスマッチは防げるが，部分的な時価主義の導入はミスマッチをもたらすという。

　例3　A社が10年債を額面 $1000 で発行する。3年後，A社の財務状況が悪化し，債券の価値は $750 に下落したので，A社と投資家は旧債券と新債券（額面 $1000 だが，長期で低利率）を交換する。A社は $250 の債務消滅益を所得として認識するが，新債券の OID（originally issued discount）利子が控除されることと釣り合う，しかしタイミングは遅れてしまう。

(3)　C. 性質やタイミングをマッチングさせるためのヘッジ，ストラドルその他の方法

ヘッジ取引に関する財務省規則はミスマッチを防ぐようにしているが，それでもミスマッチは発生するという。

　例4　A銀行が，完全所有 LLC（透明扱い）を通じて不動産担保証券（MBS：mortgage backed securities）に投資する。2年後，LLC は全収益スワップ（TRS：total return swap）取引をして MBS ポートフォリオのヘッジをする。

TRS 取引の下で，対象証券の価格変動が毎年考慮され，A 銀行と相手方との間の支払い額が決まってくる。

MBS の損益はキャピタルゲイン・ロス扱いであるため，「通常財産」（ordinary properties）のリスク管理のためであるとは認められず，スワップ取引はヘッジ取引として扱われない。従って，MBS ポートフォリオ譲渡時の損益はキャピタルゲイン・ロス扱いである一方，TRS の下での価格変動支払いは ordinary 扱いとなる。

例5　例4に代えて，A 銀行が MBS を直接保有し TRS 取引をした場合，ヘッジ取引として認められる。MBS の損益が ordinary 扱いされるためである。

当然，例4においてヘッジ取引扱いを認めないような狭い運用は，おかしいという。

次に，§475 により，ディーラーは，ヘッジ取引に限らず時価主義（mark-to-market）会計に基づき ordinary 扱いが原則であるが，ミスマッチがないわけではないという。

例6　デリヴァティヴ・ディーラーである A 銀行が元本保証預金証書（CD：certificate of deposit）を発行し，投資家に基本株式または商品の指数の値上がりをもたらす一方で，指数の値下がりについては投資家を保護するものとする。こうした証券は，銀行が最低でも元本を支払わねばならないため，debt 扱いとなる。A 銀行はこの CD に関連するリスクを市場でヘッジするとする。CD 売却額と，ヘッジに要する価格との差額が，経済的利得となる。しかし，CD については時価主義ではなく発生主義で報告しなければならない一方，ヘッジに関する対応する損益は時価主義で報告しなければならない，というミスマッチが生じる。

次に，§1092 のストラドルルール（straddle rule）が損益の先取り[9]を防ごうとしているものの，濫用対策規定としてヘッジルールほど洗練されてないため，過剰・過小包摂が生じうるという。

例7　営業繰越欠損金（net operating loss carryover）の期限が切れかかってい

---

9)　一般には損の先取りが納税者に有利であるが，繰越欠損金の期限などとの関係から，益の先取りが納税者に有利となることもありうる。

る納税者が，為替変動を相殺するストラドル取引をする。為替相場が変動し，利益ポジションのみ手仕舞いする。次に残ったポジションを相殺する新ポジションを取り，次年度に新ポジションを売ることで，NOL をリフレッシュすることができる。

ストラドルルールは，「能動的に取引」"(actively traded)" されている「動産」"(private properties)" のみに適用されうるので，例 1 のような不動産取引のヘッジには適用されないし，経済的なストラドルを，能動的に取引されてはいない財産に関して使えてしまうであろう。

例 8　納税者 A 氏が，X 社株のプット・オプションで一株あたり $5 の損を抱えている。A 氏は X 社株を 100 株保有しており，一株あたり $8 の含み益（合計 $800 の含み益）を抱えている。プット・オプションの $5 の損を，譲渡益を最低でも $5 以上実現するまでは繰り延べねばならないかについて，2004 年までは不明確であった。

2004 年の立法で，このようなプット・オプションの損は，相殺ポジションの basis の増額として扱わねばならない，という具合に修正された。

(4)　D. 国際租税規定

ソースルールの中で，控除項目の配賦・配分（allocating and apportionment）[10] の規定は，関連する総所得（gross income）とマッチすることが企図されている，とする。しかし政治的な思惑によりマッチしないことがあり，とりわけ研究開発費用のアメリカ国内源泉所得への割当は比例的でないという。また，利子費用控除については，金銭の代替可能性（fungibility）[11] を考慮して，国内外の所得に比例的に割り当てられるようになっているが，外国子会社が高いレバレッジをかけるなどすると，利子は外国子会社に多く割り当てられるといった問題がある，という。

グローバルディーリングについては，金融商品の所得・損益・控除項目の源泉及び実質的関連所得を，独立当事者間原則に適合させるとしており，マッチングがなされる，という。

---

10)　allocating and apportionment の訳し分けについて，定見があるか定かでないが，渕圭吾「取引・法人格・管轄権——所得課税の国際的側面（5・完）」法学協会雑誌 127 巻 11 号（2010 年）1862 頁以下，1873 頁（渕圭吾『所得課税の国際的側面』（有斐閣，2018 年）282 頁）を参照した。

11)　渕・前掲注 10) 1876 頁（『所得課税の国際的側面』284 頁）参照。

サブパート F 規定に関し，外国持株会社所得（FPHCI：foreign personal hold-ing company income）の一つのカテゴリーで生じた損失は，被支配外国法人（CFC：controlled foreign corporation）の E&P（earnings and profits）勘定が赤字でない限り，FPHCI の別のカテゴリーのサブパート F 所得を相殺することには使えない "(E&P deficit rule)" ため，FPHCI のカテゴリー間でミスマッチが生じうる，という。ヘッジ取引についてはマッチングがなされるよう規定されているが，為替益はサブパート F 所得に算入される一方，為替損は控除に使えないといった制約から，ミスマッチが生じうる，という。

外国税額控除に関し，FTC（foreign tax credit）"splitter" という，外国税額の法的納税義務者と外国所得の経済実質的稼得者とのズレが問題となっていたことがあるが，2010 年立法でミスマッチに対処しようとしている，という。[12)]

(5) E. 関連者間取引

連結納税制度に関連して次のような例を挙げている。

例9 S 社が子会社 T を B 社に売却し，株式譲渡益 $100 については繰り延べる。[13)]数年後，T 社が清算して B 社に吸収された際，グループには何ら資産がなく何ら経済的利得は発生しえないが，T 株が消えてしまってこれ以上利益を繰り延べさせる訳にはいかないため，$100 の繰延利益を計上しなければならない。

こうした直感に反する結果を避けるためには，例9のように T 社が清算する場合には，繰延利益は認識することなく消滅するとすべきである，なぜなら，それがグループのメンバーを単一エンティティの一部として扱うことに近似するためである，という。[14)]

連結以外のマッチング規定として，関連者間の財産譲渡から生じた損失を否認する §267 を挙げている。この否認された損は，受領者の次の譲渡益と相殺

---

12) FTC splitter 及び *Guardian Indus. Corp. v. US*, 477 F. 3d 1368（Fed. Cir. 2007）に関する紹介として，浅妻章如「UK Windfall Tax のアメリカにおける外税控除適格性その他の外税控除をめぐる裁判例と議論」租税研究 759 号（2013 年）96 頁以下，122-123 頁及び吉村政穂「ハイブリッド・ミスマッチ・アレンジメントによる外国税の納税義務と所得の分離〜Foreign Tax Credit Splitter Regulation による米国の対応」租税研究 767 号（2013 年）340 頁参照。

13) 原文では「recognizes gain of $100, which is deferred.」となっているところ，「$100 の利益を認識するが，繰り延べられた」と訳してしまうと，認識したのに繰り延べるというのが理解困難となるため，認識はないものと考えたい。

14) 例9のような繰延利益の計上が，直感に反するとは私には思えないし，繰延利益の消滅が良い方法とも私には思えないのであるが，ここでは紹介に徹する。

することができる，という形でマッチングが図られている。しかし次のような不都合が生じうる。

例10　個人であるA及びBが，アメリカのパートナーシップであるX及び英国法人であるYを保有している。XもYも能動的事業を遂行している。Xが資産をYに＄200で売り，＄100の損を被る。2年後，Yは第三者に当該資産を＄200で売る。Xが売った時点では＄100の損は否認される。Yが売った時点でも，損は計上できない。

例11　例10に代えて，Yがアメリカのパートナーシップであり，Yは第三者に＄200または＄250で売ったとする。Yが＄200で売った場合，X譲渡時の＄100の損の否認は，Y譲渡時の＄0の益（つまりYはXのbasisを引き継がない）と相殺するため，結局X-Yグループが被った＄100の経済的損失を租税法上は主張できなくなってしまう（§707（b）による）。Yが＄250で売った場合，X譲渡時の損の否認額のうち＄50はYの益＄50と相殺されるものの，残りの＄50の経済的損失についてXもYも租税法上は主張できない。

例12　例10に代えて，Xが法人であったとする。この場合は，§267（f）により，Y譲渡時に，Xが否認された＄100の損を主張することができるという点で，例10と異なる。また，例11と異なり，損を主張する主体がYに移転せずXが損を主張できる。

パートナーとパートナーシップについて，次のような例が挙げられている。

例13　AとBがABパートナーシップを保有している。AがAB組合に＄5万貸し付ける。ABはAに＄5000の利子を払う。AとBは各々＄2500の費用を負う。他にABは最低＄5000のpassive activity lossを抱えているとする。この例に関し，特別な規定がないとすれば，Aは＄5000の収入を申告する一方で，＄2500の利子費用については受動的活動損失控除制限（passive activity loss limitation）にひっかかってしまう。しかし規則（Reg.§1.469-7（h）（Ex. 1））により，＄2500の自己負荷（self-charged）のpassive activity gross income and deductionとして扱われる。

76 第2章 課税上の利益帰属

しかし469条規則は期待されているほど適用範囲が広くないのでミスマッチも生ずる。

例14 例13に代えて，AとBがCDパートナーシップも保有している。CDはABの財産を管理し，ABがCDに管理費用＄1万を払う。この例に関し，AとBには＄5000の管理費用がかかるが，469条規則の self-charged に該当しないので offsetting deduction は拒絶される。

例15 例13に代えて，年度3にABが最低＄5万を残して破産し，AのABに対する＄5万の貸付金債権と相殺する。この場合，AとBはそれぞれ＄2万5000の債務消滅益を所得として認識するものの，Aの貸付が nonbusiness loan であるとすると＄5万の損失は短期キャピタルロス扱いとなり，債務消滅益と通算できない。

例16 エクイティファンドが個人であるEを重要 "(anchor)" 投資家として呼び込み，新しいファンドの general partner 及び管理会社（ともにパートナーシップ形態）の20％の持分をEに取得させる。Eは管理会社の管理手数料（管理費用控除後）の20％を所得に算入する。Eが投資家として支払った管理手数料は，経済的には相殺されるべきであるが，控除が制限されてしまう。

(6)　F.　～H.　省略

Ⅲ章では更に，F節で「個人控除項目の制限」，G節で「金融取引と製品」，H節で「タックスシェルター」を扱っているが，紹介は割愛する。なお，290頁において，対称的な扱い〔第一の意味でのマッチング〕だけでは足りずマッチング〔第二の意味でのマッチング〕がより重要である，なぜなら相手方は非課税ポジションであることもあるからである，と論じている〔本稿Ⅲ．4及び5参照〕。

3　Ⅵ A Proposed Super-Matching Rule〔スーパーマッチングルール提案〕

租税立法において様々な局面でマッチングが図られているものの，やはり様々な局面でミスマッチが生じてしまう前記のような例をⅢ章で多数紹介したうえで，Ⅳ章・Ⅴ章において，Rules vs. Principles など，政策論的な考慮を論述する[15]。例えば，299頁以下で，これまでアメリカの判例法理の展開の中で租

税回避対策として substance-over-form や step transaction や economic substance などの法理が開発された歴史を踏まえつつ，principles-based "super-rules"〔雑駁に言えば standard に頼ること〕については議論の余地が大きい（controversial）としたうえで，まずは気が付く限りミスマッチを解消するための細かなルールの明文化が望ましい（何でも standard で解決を図ることには消極的）とする。とはいえ，Reich 論文は，standard の出番がないとまでは論じていない。

そして，Reich 論文の恐らく最も中心的な主張と見受けられるところのⅥ章において，解釈原理としてマッチングを採ることを提唱する（304-306 頁）。

○議会の制定法または財務省規則の中の規定の「意図の記述」（statement of intent）として，別に意図していたことが明らかでない限り，所得分類，タイミング，ソース，及びその他の性質決定に関し，首尾一貫した（consistently）（「マッチ」ベースで（on a "matched" basis））考慮をしているものとして対応する項目を扱うべきである。

○スーパーマッチングルールは，納税者も IRS も裁判所も用いることができる中立的な解釈規範であるべきである。

○規定の説明に関しては，スーパーマッチングルールでカバーされることが意図されている状況の例及びカバーされないことが意図されている状況の例を，挙げるべきである。

○納税者または IRS が前述のルールに関するマッチングの例を疎明した場合には，議会もしくは財務省規則が明らかに逆の意図を有していたことの立証責任（burden of proof）[16] を相手方が負う。

○マッチングの対象項目と方法は「ベストマッチング法」（"best matching method"）によって決せられるべきであり，そこでは，議会もしくは財務省規則が関連する文脈でどのようなマッチングをしたであろうかが考察されるべきである。

---

15) Louis Kaplow, Rules Versus Standards: An Economic Analysis, 42 Duke Law Journal 557 (1992) 等参照。尤も，Reich 論文における議論はそれほど分厚いものではないため，ここで紹介する程ではない。

16) アメリカの訴訟法における burden of proof の意味は私にはよく分からないが，少なくとも日本ではこうした議論はしにくいと考えられる。日本で立証責任が問題となるのは事実認定についてであり，法解釈はあくまでも裁判官の専権事項であって，真偽不明の場合に裁判官がどちらの法解釈を採るべきかという構造にはなっていないからである。租税事件の立証責任については，小柳誠「税務訴訟における立証責任——裁判例の検討を通して」税大論叢 50 号（2006 年）313 頁等参照。立証責任の用語法に注意を喚起するものとして，安念潤司「憲法訴訟論」論究ジュリスト 1 号（2012 年）132 頁参照。

○マッチングルール適用に際し，納税者は (1) 時宜に即してマッチングの状況，対象項目，及び方法を決定せねばならず，(2) 申告においてそうした決定の詳細を開示しなければならない。

○納税者は同一の環境に関し今年度及び次年度以降においてマッチングルールを首尾一貫した形で適用しなければならない。IRS による処分もマッチングルールを首尾一貫した形で適用しなければならない。

○納税者がマッチングルール不適用に関しペナルティを被るのは，タックスシェルタータイプの状況，すなわちミスマッチから便益を得ることを主たる目的とするような意図的なプランニングの場面に限定される。

○ IRS が調査においてスーパーマッチングルールを主張する前に，多段階分析をしなければならない。

○ IRS は現行の経路（revenue rulings, private letter rulings, technical advice memoranda を含む）を通じてスーパーマッチングルールの適用に関するガイダンスを提供すべきである。

Ⅲ　考　　察

1　Reich 論文の意義

マッチング（第一の意味の対称的取扱にしても，第二の意味の費用収益対応原則等にしても）の重要性については誰もが賛成するであろうし，少なくとも立法論においてはマッチングが拠るべきものさしになる（マッチングから外れる立法例[17]ももちろん存在するものの，そこにはそれなりの政策目的が存在する）ことについても異論は少なかろう。Reich 論文の意義は，それでも種々発生してしまう幾つものミスマッチを詳細に紹介・検討した上で[18]，先ず以て立法論として個別的にミスマッチを防ぐような規定（制定法及び財務省規則）の整備が重要であることを強調しつつも，立法的対処には限界があることから，立法政策論のみならず

---

17)　「ものさし」という表現は，白石忠志『独禁法講義』（有斐閣，1997 年）の第 1 章第 1 節を参考にしている。

18)　Reich 論文のみならず，Ethan Yale, Taxing Market Discount on Distressed Debt, 138 Tax Notes 85（January 7, 2013）(http://ssrn.com/abstract=2181545) においてもミスマッチが論じられている。そこでは，困窮している企業の発行する債券を市場で購入した場合，益は通常所得，損はキャピタルロスとして扱われる不整合があることに焦点を当てている。

解釈原理としてもマッチングを主張しようとするところにある。マッチングを解釈原理にも採用することにより，世の中のミスマッチが減じられるならば，一般論として望ましいことのように思われる。これが一読した後の感想であった。また，Reich 論文で挙げられている例がアメリカ法におけるものであるとはいえ，日本人にとっても，幾つものミスマッチの例を見ることは有意義である。

しかし，マッチングの解釈原理における採用は一読した際の印象よりもかなり難しそうであるという不安と，実は裁判所はミスマッチを防ぐための解釈における努力をかなりしてきているのではないかという楽観が，思い浮かんだ。これを本稿2及び3で述べる。そして，局面局面ではマッチングが良いことのように思えても，所得税制の抱える根本的なマッチング阻害要因を，主に信託受益権のキャピタルゲイン課税を素材として，本稿4で考察する。本稿5及び6で補論を述べる。

2 スーパーマッチングルールの解釈原理としての運用の困難？

議会や財務省規則が別の意図を有していることが明らかである場合を除き，ミスマッチを防ぐような扱いをすべきであるというけれども，二つの疑問が思い浮かぶ。

第一に，Reich 論文では，納税者か IRS のうち，議会や財務省規則が別の意図を有していると主張する側が立証責任（burden of proof）を負うとしている。しかし，日本式に考えると，或る租税法令がマッチングを意図しているかミスマッチを意図しているかは，法の解釈の問題であって裁判所の専権に属する問題であり，立証責任の配分に馴染まない問題であるのではないかという疑問が思い浮かぶ（注16）参照）。

第二に，別の意図を有していることが明らかであるかどうかが（立証責任の問題であれ，裁判所の専権事項であれ），個別具体的な裁判において決め手を欠く議論になってしまわないかという疑問が思い浮かぶ。例えば，競馬の馬券を買って儲けを得た人が一時所得として申告すべき（控除項目は当たり馬券の購入費に限られる）か，雑所得または事業所得として申告すべき（当たり馬券購入費に限らず外れ馬券購入費も経費として控除できる）か，という問題が議論されている。[19] 裁判の行方は分からないが，第二の意味のマッチングに照らせば，外れ馬券購入費も控除できる結果を導く解釈論が望ましいということになる。しかし，外

れ馬券購入費の非控除は消費であるから（所得税法45条1項参照）という面もあろう。[20] 外れ馬券購入費を消費扱いとすることが議会の明らかな意図であったのか，それとも何億円もの馬券を購入する人についてはそうした議会の意図の範囲外としてスーパーマッチングルールを適用すべきであるのか，について，決め手は何になるのか直ぐには（少なくとも論理のみでは）分からない。

3 裁判所は暗黙のうちにスーパーマッチングルールを考慮している？

他方で，裁判所は暗黙のうちにスーパーマッチングルールを考慮しているのではないかと思われる例も思い浮かぶ。

最も重要な例として，会社負担生命保険掛け金の控除を否定した最判平成24年1月13日民集66巻1号1頁及び最判平成24年1月16日判時2149号58頁が挙げられる。所得税法34条2項の文言の解釈として，控除を肯定する解釈も充分にありえ，更に関連する通達等が控除可能であることを前提としているように読めるという事情があっても，裁判所が控除を否定したのは，スーパーマッチングルールと同種の考慮をしていたためであろう。これは，文言の解釈としてスーパーマッチングルールに沿わせることが不可能とはいえない事例といえる。

スーパーマッチングルールに沿わせる文言上の根拠が乏しくとも二重計上・二重非計上を否定しようとした例として，ゴルフ会員権に関する最判平成17年2月1日判時1893号17頁を挙げることができる。所得税法60条の文言のみを見れば，ゴルフ会員権の父から子への名義書換手数料について取得費算入を否定する結論が導かれそうなところである。しかし，最高裁は60条の趣旨について「増加益に対する課税の繰延べ」と述べた上で，マッチングに適った結論を出している。

所得税法施行令がマッチングを否定しているものの所得税法の解釈を根拠としてマッチングの結論を導いた例として，生命保険年金に関する最判平成22年7月6日民集64巻5号1277頁がある。夫が生命保険掛け金を支払い妻が遺族として年金を受け取る場合の，相続税課税と所得税課税の二重計上を否定し

---

19) 一時所得扱いとした国税不服審判所平成24年6月27日裁決及び高野幸大・判解・ジュリスト1454号（2013年）8頁参照。脱稿後，大阪地判平成25年5月23日平成23年（わ）625号に触れた。

20) Reich論文の例16における控除否定も，個人的支出の控除否定（§§67-68）による。

た，という点も重要であるが，夫の払った掛け金の扱いに関するマッチングの考慮も重要である。判決後の課税当局側の扱いとしては夫負担掛け金の妻の所得からの控除を按分的に認めているが，調査官解説はこの控除について疑義を呈している。調査官解説が裁判所の意図を表しているとすれば，裁判所の意図としては妻の所得課税だけに着目した上でのマッチング（第二の意味でのマッチング）を企図していたことになる。

なお，最判平成22年7月6日が否定したところの旧所得税法施行令183条等は，第二の意味でのマッチングを否定していたものの，租税属性の引継ぎ（所得税法60条に類する引継ぎ）を企図していたという意味で，それなりの合理性は有していた。逆に言うと，最高裁は租税属性の引継ぎよりも第二の意味のマッチングを優先させたことになる。

租税属性の引継ぎよりも第二の意味のマッチングを優先させて条文に基づかない結論を出した例として，東京地判平成4年3月10日訟月39巻1号139頁が挙げられる。時効取得した土地を譲渡した際の取得費は時効取得時の時価（一時所得として課税される）であるとしたことで，時効取得以前の所有者の手元での含み損益という租税属性の引継ぎよりも，時効取得した者にとっての二重計上の回避を優先させた事例ということになる。取得費に関する所得税法38条の文言からは導きえない結論であり，私が別稿を書いた際にはこの判断に疑問を抱いたが，逆に考えて裁判所の判断を前提とするならば，裁判所は租税法令の文言から導けなくとも第二の意味のマッチングを優先させることがある，ということになる。高値がつくホームラン・ボールを拾った場合には規定の解釈として一時所得課税と譲渡時の譲渡所得課税の二重課税が導かれる可能性がある旨を論じたこともあったが，東京地判平成4年3月10日のみならず最判平成22年7月6日も合わせて考えると，裁判所が二重計上を防ぐ結論を導く可能性は高い。

---

21) 平成22年政令第214号による改正所税令183条～186条，及び課個2-27（平成22年10月20日）の所基通35-4の2及び35-4の3。

22) 古田孝夫・判解・ジュリスト1423号（2011年）100頁以下，104頁。

23) 浅妻・前掲注4）。私のみならず，佐藤英明『租税法編集ノート　租税法を楽しむ21問〔第3版〕』（弘文堂，2013年）8頁以下〔佐藤英明執筆〕も，東京地判平成4年3月10日の論理への懐疑を示している。

24) 浅妻章如「756号ホームラン・ボールをきっかけとした一時所得と譲渡所得との関係に関する考察」立教法学75号（2008年）119頁。

25) ジュリスト論文にはなっていないが，2012年3月17日租税法研究会における渋谷雅弘報告も，二重計上防止の筋を示す。

82　第2章　課税上の利益帰属

　私は，所得税法60条のような租税属性の引継ぎルールは，所得税制（相続税・贈与税も含め）の根幹をなしていると思ってきたが，裁判所は第二のマッチングを重視し，租税属性の引継ぎは所得税法60条のような明文の定めがある場合に限る，という態度であるのかもしれない。

　また，東京地判平成25年1月25日平成23年（行ウ）736号〔補注：東京高判平成26年2月12日税資264順号12405で少し変わった〕もマッチングの観点から興味深い例を提供している。弁護士事務所立退料が収益補償ではなく必要経費補填型であっても事業所得と認定した例であり，一時所得扱いとするタックスアンサーNo.3155よりも，収益費用対応（通常の費用収益対応の原則の逆の発想）を優先させた例である。

4　第二の意味のマッチングを困難にする根本原因：信託受益権のキャピタルゲイン課税等を例として

　Reich論文のように【スーパーマッチングルールを解釈原理として導入すべき】ということを声高に主張せずとも，（アメリカのみならず日本の）裁判所が暗黙のうちにミスマッチを防ぐような結論を（時には租税法令の文理解釈としては導きがたい場合であっても）導くことがあるので，一安心といえるのかもしれない。

　しかし，現行の所得税制には，（第一の意味のみならず）第二の意味のマッチングを困難ならしめる根本原因がある。それは，包括的所得概念が金銭の時間的価値に課税することを要請するという点である。Reich論文は現行法体系を所与の前提としたうえで，具体的な規定の立法及び解釈適用をめぐるマッチングの重要性を説こうとしているものと思われる。この実務的関心に基づいた議論が有益であることは言うまでもないが，しかしマッチングの意義と限界を考察していくと，やはりマッチングを困難ならしめる根本原因を無視し続けることはできないのではなかろうか，という疑問を私は抱く。

　念の為に述べると，私は包括的所得概念不支持であるが，金銭の時間的価値が量的に大した問題ではなかろう，といった議論[26]に反駁するつもりはない。しかし，金銭の時間的価値が量的に大したものではなくとも，金銭の時間的価値を課税ベースに含めることが課税の不整合（二重計上・二重非計上）をもたらし

---

26)　中里実他編著『租税法概説』（有斐閣，2011年）230頁〔神山弘行執筆〕：Joseph Bankman & Thomas Griffith, Is the Debate Between an Income Tax and a Consumption Tax a Debate About Risk? Does it Matter?, 47 Tax Law Review 377（1992）等参照。

うるので，租税負担の重課・軽課をめぐる余計な紛争を引き起こしてしまいかねない，という筋の憂慮を抱いている。

（1）投資額の即時控除不可の場合の二重課税

賃金稼得時に課税し，投資額の即時控除が不可であり（すなわち expensing 方式を採用していない），事後的な利子等にも課税されるという状況を考える。

所得税率は一律 40% とし，利子率・割引率は 10%（年複利）とする。

毎年税引前利益 300 をもたらす A 土地があり，A 土地を信託財産とする信託の受益権を B とする。B は受益権者に A 土地のもたらす利益をそのまま伝達する。C がこの B 受益権を第 0 年度末に購入することを考える。C は B 受益権を

$$1800 \quad \left(= \sum_{i=1}^{\infty} \frac{300 \times 0.6}{1.1^i} \right)$$

で購入するであろう（受益権の期間が無限である筈はないが計算の便宜のため無限としている）。C が第 0 年度末に税引前賃金 5000 を有していたとして，1800 の購入費を経費算入できないので，5000 が第 0 年度末の課税所得となり，税額は 2000 となる。その後の土地の利益から 300×40% ＝ 120 の税金を納めるので，将来の A 土地の租税負担の割引現在価値は 1200 である。C の合計の租税負担の割引現在価値は

$$5000 \times 40\% + \sum_{i=1}^{\infty} \frac{300 \times 0.4}{1.1^i} = 2000 + 1200 = 3200$$

である。C の税引前賃金 5000 と，税のない世界での土地の時価 3000 の合計額 8000 に 40% の税が課されたのと同様である。C の消費可能額の割引現在価値は

$$5000 - 2000 - 1800 + \sum_{i=1}^{\infty} \frac{180}{1.1^i} = 1200 + 1800 = 3000$$

であり，税引前賃金 5000 に 40% の税が 1 回課されたのと同じであるかのように見える。

n 年後，C は B 受益権を D に売るとする。D はやはり 1800 を支払う。この時 C に追加的な租税負担は発生しないので，C の消費可能額の割引現在価値は

$$1200 + \sum_{i=1}^{n} \frac{180}{1.1^i} + \frac{1800}{1.1^n} = 1200 + 1800 = 3000$$

となり，やはり C の税引前賃金 5000 に 40% の税が 1 回課されたのと同じであるかのように見える。

　しかし，A 土地の収益力を毎年税引前収益 300 にまで高めた人についての課税も考えると，二重課税が存在する。第 0 年度に Z が価値 0 の A 土地を持っていて，開墾など Z の労力によって A 土地の収益力が毎年の税引前収益 300 にまで高められたとする。Z の労働は税引前価格で 3000 の価値があることになる。第 0 年度末に Z が A 土地を B 信託に時価 1800 で売却するとすると，Z には 720 の租税負担が発生する。Z の労働は税引前価格で地価を 0 から 3000 に，税のある世界での価格で地価を 0 から 1800 に引き上げたことになり，Z は 1800 − 720 = 1080 だけ消費できる。Z は，税引前価格 3000 の労働について，40% の税が 2 回課されたのと同じ状況である（3000 × 0.6 × 0.6 = 1080）。

　B 信託や C が財産又は受益権を購入する際に将来の租税負担を織り込んで購入価格を引き下げるとすると，結局 B 信託や C の投資額について，前所有者への租税負担の転嫁という形で，利子の二重課税と同様の二重課税が発生してしまう。

　税率一律 40% の仮定を緩め，Z だけが 20% の軽減税率の適用を受けるとすると，Z は 1800 × 20% = 360 の税を納め，1440 を消費する。しかし，この場合でも B 信託や C が将来の租税負担を織り込んで価格を 3000 から 1800 に下げるという形で，40% の租税負担が Z に転嫁している。

　Z だけが 20% の軽減税率の適用を受けるのではなく，A 土地の潜在的購入者の中には税率 0% の者もいて，そうした者との価格吊り上げ競争のために B 信託や C が A 土地を 3000 で購入しなければならないといった状況を仮想してみよう。この場合，C は税引前賃金 5000 から 2000 の税金を納め，残った 3000 で B 受益権を購入し，毎年 B 受益権から税引前収益 300 を受け，毎年の消費可能額が 180 となるという形で，C が二重課税の負担を被ることとなる。

　このように単純なモデルの下で考察していくと，C が二重課税の負担を被るか否かは，C の将来収益に対する租税負担を A 土地の前所有者に転嫁させることができる市場構造であるかどうかに依存する，ということになる。とすると，C の B 受益権購入費と C の将来収益とをマッチングさせることの正当性も，C が租税負担を前所有者に転嫁できたか否かによって変わりうるという程度のものになってしまうかもしれない。

(2) 投資額の即時控除可の場合

再び税率一律 40% の単純な仮定に戻り，更に，もしも expensing 方式が採用され投資額の即時控除が認められるならば，B 信託や C は Z から土地を 1800 ではなく 3000 で購入しても構わないであろう。この場合，C は税引前賃金 5000 のうち 3000 を控除し，第 0 年度の 2000 の課税所得から 800 の租税を納める。将来は，毎年 300 の税引前収益について 120 の租税負担を負うので，C の租税負担の割引現在価値は

$$800 + \sum_{i=1}^{\infty} \frac{120}{1.1^i} = 2000$$

となる。結局 C が第 0 年度の税引前賃金 5000 に 1 回課税されたことと同じである。Z は 3000 の売却益について自分の税率で自分の租税負担を負うまでである。また，C が n 年後に D に B 受益権を 3000 で売却した場合も，C の租税負担の割引現在価値は

$$800 + \sum_{i=1}^{n} \frac{120}{1.1^i} + \frac{1200}{1.1^n} = 2000$$

となって，変わらない。

(3) キャピタルゲインが偶発的なものであり，投資額の即時控除不可の場合

次に地価が労力によらずに上昇する場面を考える。まず，投資額の即時控除が認められない場合を念頭に置く。

C が B 受益権を購入した直後に，周辺地域の開発が進み，コストをかけていないのに A 土地の毎年の税引前利益が 300 から 400 に増えたとする。C の租税負担の割引現在価値は

$$2000 + \sum_{i=1}^{\infty} \frac{160}{1.1^i} = 2000 + 1600 = 3600$$

となる。C の将来の消費可能額の割引現在価値は

$$1200 + \sum_{i=1}^{\infty} \frac{240}{1.1^i} = 1200 + 2400 = 3600$$

となる。C の税引前賃金 5000 と税引前キャピタルゲイン 1000 の合計 6000 に 40% の税が 1 回課されたのと同じである。

n 年後，C は B 受益権を D に時価で売るとする。D は C に

$$2400 \left(= \sum_{i=1}^{\infty} \frac{400 \times 0.6}{1.1^i} \right)$$

を支払う。CにとってのB受益権のbasisは1800であるから600の課税所得が生じ，240の租税負担が生じる。租税負担の割引現在価値は

$$2000 + \sum_{i=1}^{n} \frac{160}{1.1^i} + \frac{240}{1.1^n} = 2000 + \sum_{i=1}^{n} \frac{160}{1.1^i} + \frac{1600}{1.1^n} - \frac{1360}{1.1^n} = 2000 + 1600\frac{1360}{1.1^n}$$

となる。単純な数字にはならないがnが小さければ租税負担の割引現在価値が小さくなる。n＝0ならば，租税負担は2000＋240であり，nが大きくなるほど（CがB受益権を長期間保有し続けているほど）租税負担の割引現在価値は3600に近づいていく。ここまでは，CがB受益権を買った際の1800は毎年の300（または400）の土地由来収入と対応させるべきではなく，B受益権のbasisとして対応させることとなっている。

　n年後，B信託がA土地をDに時価2400で売却し，B信託は終了するとする。B信託におけるA土地のbasisが1800であるとすると，B信託は600の税引前キャピタルゲインと240の納税義務を認識する。信託財産に生じたキャピタルゲインと信託受益権に生じたキャピタルゲインについての二重課税調整措置がないとすれば，CはB信託終了に伴い2400－240を受領し，B受益権のbasisが1800であるので，360の利益を追加的に認識してしまう。そのため信託等のentityと受益者等のmemberのキャピタルゲイン課税に関しては，inside basisとoutside basisの調整という面倒なことをしなければならなくなる。

　(4)　キャピタルゲインが偶発的なものであり，投資額の即時控除可の場合

　もしもexpensing方式が採用され投資額の即時控除が認められるならば，B信託段階で所得を認識する必要はなくなる。CがB受益権を通じて受け取る収益についてbasisなしで課税すればよいだけということになる。

　(5)　信託受益権のキャピタルゲイン課税等を巡るマッチングの考察の小括

　Reich論文は，キャピタルゲイン課税がある（そしてキャピタルゲインが通常所得ordinary incomeと区別された上で低税率で課税される）ことを前提とした上で，収益と費用のミスマッチに焦点を当てている。これは，現行法を所与の前提とした上で，課税の混乱（二重計上・二重非計上）を減らそうとするための漸進的議論を目指しているものと見受けられる。そのことの意義は否定されないものの，マッチングの妥当範囲を考えていけば，いずれキャピタルゲイン課税の是非にも焦点を当てざるをえなくなってしまうのではないか，というのが本節での私の疑問である。

大上段な言い方となるが，現行所得課税は（アメリカも日本も）包括的所得概念の理想の下で，利子課税・キャピタルゲイン課税をしており，根本的な部分で第二の意味のマッチングを放棄している，といえる。これは所得課税 vs. 消費課税の古典的議論そのままともいえる[27]。局面局面におけるマッチングとミスマッチを論ずる Reich 論文の意義が否定される訳ではないが，現行所得課税は根本的には最初からミスマッチを予定しているという部分と，どう折り合いをつけるかという疑問が残される。

　Reich 論文を一読した際に魅力を感じつつも，今私が不安を覚えるのは，結局，マッチングを追求することの究極的なゴールの見取り図がないまま，パッチワークを強いられるかのように映るためであるかもしれない。包括的所得概念を維持しつつマッチングを考えようとしても，根本的な二重課税発生原因が除去されない限り，思考の混乱が続くのではないか，との危惧を抱く。

　また，expensing 方式を採用し投資額の即時控除を認めるということは，付加価値税に類似させるということである[28]。付加価値税に類似させるということは，第一の意味のマッチング（対称的な扱い，相互牽制作用）を効かせるということである。第二の意味のマッチングの意義と限界を探ってきたが，第二の意味のマッチングを効かせるために expensing 方式が要請されるとすると，それは結局第一の意味のマッチングも要請される，ということに繋がるかもしれない。Reich 論文の，【対称的な扱い〔第一の意味でのマッチング〕だけでは足りず，マッチング〔第二の意味でのマッチング〕がより重要である，なぜなら相手方は非課税ポジションであることもあるからである】（290頁）という指摘は尤もであるものの，しかし，思考の順序としては，第一の意味のマッチング（対称的な扱い）を効かせることが先に来るものであり，第二の意味のマッチングはその次という位置付けになるかもしれない。

5　補論 1：ソースはマッチングに馴染むか

　Reich 論文の中では，国際課税についてもマッチングとミスマッチが（examples はないものの）扱われていた。

---

27)　Cf. William D. Andrews, A Consumption-type or Cash Flow Personal Income Tax, 87 Harvard Law Review 1113（1974）.

28)　Cf. Daniel N. Shaviro, Replacing the Income Tax With a Progressive Consumption Tax, 103 Tax Notes 91（April 5, 2004）.

88 第2章 課税上の利益帰属

しかし，Reich 論文を一読した際に（特に金融商品絡みで）魅力を感じたことと対照的に，ソースなどの国際課税ルールについては，マッチングとミスマッチの問題として論じるための前提条件がそもそも整わないのではないか，という危惧を抱いた。

ソースルールの中でも，特に知的財産使用料のソースルールについては，近年重要性が増してきており，Reich 論文でも焦点が当てられている。しかし，Reich 論文は主に収益と費用のソースのマッチングを論じようとしているものの，そもそも収益に関するルールに首尾一貫性の欠如があることは，無視できないのではなかろうか。例えば，アメリカ所在の情報通信技術（ICT：information and communication technology）企業が，アメリカで研究開発人員を雇い，発明や著作物を作り上げたとする。その企業が，欧州の企業に特許権・著作権等に関して利用許諾をし使用料を得たとすると，多くの場合，欧州側に源泉があるとされている。他方，アメリカで商品を製造し欧州に輸出するとかアメリカ企業から欧州の顧客にサービスを提供するといった場合の，通常の事業所得の源泉は，概ねアメリカにあるとされる（欧州に PE があれば欧州にも源泉が認められうるが，PE 課税と合わせて考えれば，通常の事業所得の源泉は概ね【生産地】にあるとされる[29]）一方で，知的財産使用料の源泉は多くの場合知的財産の【需要地】にあるとされるので，収益に関するソースルールだけを見ても首尾一貫性がない[30]。収益と費用のソースのマッチングを論じる前提として，収益に関するソースルールを首尾一貫したものにすることが要請されるのではないか，というのが私の懸念である。

Google などの大企業がダブル・アイリッシュなどの仕組みを通じてアメリカの課税を回避している例が報じられているが[31]，アメリカが手出しできるのは Google などがアイルランド法人等に知的財産等を譲渡（具体的には共同開発形態をとるが）する際の移転価格の問題だけ，というのが現状である。こうした租税回避がミスマッチを原因としていると考えることはおかしなことではない。

---

29) 尤も，個別具体的に見ていけば，輸出取引に関する権原移転基準（passage of title test）など，首を傾げたくなる事例もある。*U. S. v. Balanovski*, 236 F. 2d 298（2nd Cir. 1956）について，渕・前掲注10)「(4)」法協 127 巻 10 号（2010 年）1586 頁（『所得課税の国際的側面』264 頁）等参照。

30) 浅妻章如「サービス所得等の国際課税に関する3段階の nexus の考察と BEPS」論究ジュリスト5号（2013 年）244 頁。

31) Stephanie Berrong, Google's Overseas Tax Shemes Raise Questions, 60 Tax Notes International 813（13 December 2010）; Edward D. Kleinbard, Stateless Income, 11 Florida Tax Review 699（2011）.

しかし，解決策を探っていけば，所得が地理的に生産地に割り当てられるべきか需要地に割り当てられるべきかについての首尾一貫性が要請されるのではなかろうか。

尤も，生産地か需要地かというのは決着させにくい問題であるかもしれない。アメリカで研究開発をした成果としての発明・著作物等に関して課税権（所得源泉？）はアメリカにあるとすべきであるという議論もあったが，アメリカから研究開発拠点が逃げ出す恐れに鑑みてソースルールを変えるべきではない，といった議論とも対立してきたところである[32]。国際課税ルールはその時々の政策的思惑によって大きく影響されるものなのだから今更驚くには値しない，と言われてしまうかもしれないが，ソースルールを巡る無節操ぶりに鑑みると，マッチングの考慮が出てくるのは，あるとしてもずっとずっと先なのではないか，との諦観がある。

6　補論２：所得課税 vs. 消費課税の論争の将来見通し

当初は，Reich 論文に動機付けられてマッチングを考察することからスタートし，キャピタルゲイン課税におけるマッチングの難しさについての考察を経て，金銭の時間的価値に課税することの善悪論争（所得課税 vs. 消費課税の論争）とマッチングとの関係を論じるつもりで本稿を準備していた。しかし，研究会でメンバーから様々な助言をいただいて，所得課税 vs. 消費課税の論争に結びつけるには未だ煮詰まってないと判断した。ここでは，将来への宿題として，所得課税 vs. 消費課税の論争につき軽く触れるにとどめたい。

Bankman & Weisbach 論文にあるように[33]，最適課税論として天賦の才能（endowment）に課税することを理想としつつ[34]，endowment の proxy（代理変数）として賃金を見るとすると，賃金のみに課税することが，賃金＋利子（金銭の時間的価値）に課税することよりも，効率的であるし，公平の観点からも劣る

---

32)　Joint Committee on Taxation, Economic Efficiency and Structural Analyses of Alternative U. S. Tax Policies for Foreign Direct Investment（June 25, 2008, JCX-55-08）, at 39.

33)　Joseph Bankman & David A. Weisbach, The Superiority of an Ideal Consumption Tax Over an Ideal Income Tax, 58 Stanford Law Review 1413（2006）；藤谷武史「所得税の理論的根拠の再検討」金子宏『租税法の基本問題』（有斐閣，2007 年）272 頁。

34)　Daniel Shaviro, Beyond the Pro-Consumption Tax Consensus, 60 Stanford Law Review 745; Joseph Bankman & David Weisbach, Reply: Consumption Taxation is Still Superior to Income Taxation, 60 Stanford Law Review 789; Daniel Shaviro, Endowment and Inequity, TAX JUSTICE 123-148（Urban Institute, 2002）.

ことはない。そして，賃金稼得時に課税し利子に課税しないことと，賃金稼得時に課税せず利子を含めて消費時に遅らせて課税することは，計算上同じ負担となる。最適課税論は所得課税 vs. 消費課税の論争において消費課税優位論をもたらしがちである。最適課税論の発想に対する批判は種々あるものの，理想論のレベルでは成功しそうに見えない。[35]

　理想論のレベルでは消費課税優位論を崩すことを私は企図していないが，藤

---

35)　Linda Sugin, A. Philosophical Objection to the Optimal Tax Model, 64 Tax Law Review 229 (2011) は，才能に課税することを議論の出発点とすることは，職業選択の自由に沿わないと難ずる。確かに，Bankman & Weisbach 論文のような手法は，金銭的価値での表現という一つの評価軸に落としこみすぎていて，別の評価軸を見落としている，という批判は成り立ちうる。しかし，効率性と公平を重視する厚生経済学の考え方に対し，職業選択の自由が大切だという議論は，批判としては嚙み合ってなく，消費課税優位論に疑義を呈する力はあるかもしれないものの，所得課税（金銭の時間的価値にも課税）を後押しする理屈になるかについてはかなり疑わしい。

　所得課税 vs. 消費課税ではなく遺産課税に焦点が当てられているが，Anne L. Alstott, The Uneasy Liberal Case Against Income and Wealth Transfer Taxation: A Response to Professor McCaffery, 51 Tax Law Review 363 (1996); Edward J. McCaffery, Uneasy Case for Wealth Transfer Taxation, 104 Yale L. J. 283 (1994); Anne L. Alstott, Equal Opportunity and Inherent Taxation, 121 Harvard Law Review 469 (2007) の論争を見ると，Alstott は，富の再分配の重要性を，機会平等及び富の政治力から説明しようとしている。しかし，政治力をもたらす別の要素（人望とか）でなく富のもたらす政治力こそ削るべきという議論がなぜ出てくるのか，未だ説明不充分であるように見受けられる。James R. Repetti, Democracy and Opportunity: A New Paradigm in Tax Equity, 61 Vanderlande Law Review 1129 (2008) は，富の政治力を削るために，現行内国歳入法典が様々な局面で損失の控除を否定していることを良しとしているが，包括的所得概念よりも更に極端な議論である。

　Chris William Sanchirico, A Critical Look at the Economic Argument for Taxing Only Labor Income, 63 Tax Law Review 867 (2010); Joseph Bankman & David Weisbach, A Critical Look at Critical Look - Reply to Sanchirico, 64 Tax Law Review 539 (2011); Chris William Sanchirico, A Counter-Reply to Bankman and Weisbach, 64 Tax Law Review 551 (2011) の論争は見応えがある。Sanchirico の批判の中で特に興味を惹かれたのは，Bankman & Weisbach 論文の手法は Zeno のパラドックスと同じことだという部分である（63 Tax Law Review at 925）。Bankman & Weisbach 論文は，貯蓄利子に課税しないことが効率性を改善させるモデルを提示しているが，（アキレスと亀の逸話が，アキレスが亀に追いつくまでの直前の話を細分化しているだけであるにすぎないのと同様に）人頭税に近づけたモデルを提示しているだけである，という批判である。しかし，興味深い指摘ではあるものの，消費課税優位論に疑義を呈するにとどまり，所得課税優位論を基礎付けるには至ってないように思われる。

　なお，私は所得課税に対し基本的に懐疑的であるが，再分配が有意義でないとは思っていない。再分配については，Repetti 前掲論文の他，Miranda Perry Fleischer, Equality of Opportunity and the Charitable Tax Subsidies, 91 Boston Law Review 601 (2011)；小塩隆士『再分配の厚生分析　公平と効率を問う』（日本評論社，2010 年）等を参照。統計的には，経済格差が大きい方が経済成長率が高いとはいえないし，経済格差が小さい方が健康状態は良好である。再分配が社会厚生を増大させることは，疑いないといって良かろう。また，Bankman & Weisbach を始めとする消費課税優位論者の多くも再分配が有意義でないとは思っていないものと推測される。

　ここで紹介した文献は，渡邉宏美（福岡大学）との勉強会にも負うところがあり，感謝申し上げる。

谷論文（注 33））が指摘するように，今後鍵となるのは課税のタイミングの問題であろうと思われる。endowment tax の理想を突き詰めれば，なるべく早いタイミングで（職に就く前，学校を選択する前，ひいては生まれた時）課税するべきということになるが，課税のタイミングが早ければ早いほど情報不足の弊害が大きくなるため，【早いタイミングでの課税による効率性の改善】が【情報不足による公平・効率性の観点からの悪化】を上回る保証はない。情報不足を避けるためには，expensing 方式で課税を遅らせる[36]べきということになるが，消費時課税の理想を追求しようとしても，時を経て自分自身が変化していくことと累進税率設計等との調和を図ることは容易でない。[37]

　そうすると，理想論のレベルで消費課税優位論が仮に妥当するとしても，現実論のレベルにおいて，賃金稼得時の高くない税率（最適課税論が示唆するより[38]低い税率）での課税と，[39]利子等に対する低率課税という現行法のあり方[40]（日本，アメリカのみならず）は，結果的にそこそこ受け入れ可能な妥協点なのかもしれない。

　第一の意味のマッチングについて論じた別稿では，[41]贈与等につき二重課税を無くすべきとは言い切れないかもしれないという結論が導かれ，本稿の検討の

---

36)　付加価値税の文脈であるが，Wei Cui（崔威），Objections to Taxing Resale of Residential Property Under a VAT, 2012 WTD 227-23 は面白い。住宅転売益に付加価値税を課すべきでないと主張しており，彼の立論は要するに，事後の視点（ex-post）の付加価値税課税を諦めるべきというものと読める。

37)　Cf. Lawrence Zelenak, Tax Policy and Personal Identity over Time, 62 Tax Law Review 333 (2009).

38)　国枝繁樹「最適所得税理論と日本の所得税制」租税研究 690 号（2007 年）69 頁；同「新しい最適所得税理論と日本の所得税制・最低賃金」一橋経済学 5 巻 1 号（2011 年）21 頁等参照。課税による労働意欲減退の程度をどう見積もるかに依存するが，「欧米の先行研究での標準的な範囲の推計値を用いると，最高限界税率は多くの場合，50% を上回る」（前者の 80 頁），「米国の最適な最高限界税率が，補償弾力性が 0.25 の場合には 81%，0.5 の場合には 69% となる」（前者の 77 頁）とされている。

39)　もし日本やアメリカの高時給労働者に 70% や 80% の課税をしようとしたら，香港やアイルランドなどの軽課税国に逃げられるかもしれない。

40)　Peter Diamond & Emmanuel Saez, The Case for a Progressive Tax: From Basic Research to Policy Recommendations（MIT Economics Department, 2013, http://economics.mit.edu/files/6820）は，資本所得は課税されるべきである（14 頁以下）と提言している。その論拠は多岐にわたり，経済学者らしく資本所得について課税しないことが最適であるということを出発点としつつも，行動経済学の実験結果が資本所得非課税を基礎付ける時際的決定（intertemporal decision）を示唆していないこと，遺産・贈与が王朝モデル（dynasty model）に沿ってないこと，資本所得と労働所得との区別が難しいこと，借入制約があること，将来の稼ぎに不確実性があること等を論じている。

41)　浅妻・前掲注 4)。

結果として，第二の意味のマッチングを阻害する根本原因である金銭の時間的価値への課税についても現実的妥協としては許されるかもしれないとすると，マッチングを論ずる基礎は現在のみならず将来においても整わないかもしれない。尤も，金銭の時間的価値への課税の善悪論争（所得課税 vs. 消費課税の論争）については前述の通り煮詰め方が足りないため，前述のような将来見通しを持ちつつも，結論は保留しておきたい。

（金融取引と課税（3），2014 年）

無償取引と取引の単位
—— 課税の前提に関する研究ノート

中里　　実

問題の所在

　本稿は，あくまでも課税関係を考える際の前提としてではあるが，複数の無償取引の間の関係と，取引の単位についての法的把握に関して論じようとするものである。しかし，このテーマは多方面の問題に関連する実に広大なものであり，本稿において以下に示すような一般論のみでは，的確な議論を行うことは必ずしも容易ではない[1]。そのような次第で，本稿は，未だ単なる試論にとどまるものにすぎず，そこには議論の混乱や誤りもありうるが，それでも自分自身の心覚えとして，研究ノートというかたちで，現在考えているところを，そのまま提示することとする。

　そもそも，複数の無償取引の間の関係については，法律上，

　　① 複数の取引が一つの取引とされるか否かという，取引の単位の問題

　　② 一方の無償取引が他方の無償取引の対価として行われているかという，対価性の問題

　　③ 一方が他方の効力に影響を及ぼすか否かという契約の効力に関する有因性・無因性の問題

という三つの問題が相互に関連しながら存在するものと思われる。

　このうち，無償取引に関していえば，①の問題と②の問題は，一方の取引が他方の取引と対価関係に立てば，両者の取引は一つの有償取引と考えることができる場合もあるという意味において，実質的に一つの問題である。これに対して，③は，それとは少し異なり，取引の効力に関する問題である。本稿にお

---

1)　いずれ，第三者割り当てによる新株の無償発行を具体例として，取引の有償・無償の区分と，取引単位の把握の仕方についてどのような議論が可能か，別稿において検討を加えることとしたい。

いては，複数の無償取引の間の関係について，上の③の（取引の単位の問題とは異なる問題であるところの）有因性・無因性という視点をも少し織り込んで（具体的には，複数の取引を効力の点において関連したものであると考えるべきか否かという視点も加えて），若干の検討を行う。なお，ある行為の前提をなす行為（原因行為）が無効でも，その結果としてなされた行為の効力に影響を及ぼさない場合に，後者を無因行為といい，逆に，ある行為の前提をなす行為（原因行為）が無効で，その結果としてなされた行為の効力に影響を及ぼす場合に，後者を有因行為という。

　例えば，今，ここに，二つの贈与が存在するとしよう。無償取引である贈与が二つ互いに無関係かつ独立に行われる場合は，両者は相互に無因の関係に立つ（有因の関係に立たない）のであって，一方が他方の原因行為になる（換言すれば，一方の無効・取消が他方の効力に影響を及ぼし，他方の行為が有因行為となる）ということはない。

　これに対して，この二つの贈与が，実際には互いに（広い意味において）対価関係に立つようなかたちで行われる場合もありうる。そのような場合，①一方が他方の原因行為となる（他方が一方の有因行為となる）という意味で両者は関連性を有すると考えられる場合もありうるのではなかろうか。のみならず，さらに進んで，②両者は一つの有償取引であると考えることが可能な場合もありうるであろう。[2]

　このように，有因性・無因性の問題（すなわち，複数の取引が関連したものであり，両者間に効力の点で関連性があると考えるか否かという問題）は，二つの無償取引が対価関係に立つかという問題（逆にいえば，無償取引＝贈与そのものが存在するかという問題）と関連するように見える場合がある。そして，それはまた，有償と無償を区分する際の契約や取引の単位をどの範囲でとらえるかという点とも密接に関連するところの，基本的に事実認定の問題である。[3]

　なお，本稿を執筆した終局的な目的は，直接的には，第三者割り当てによる

---

2)　その場合，有因性が，二つの取引を包括した一つの有償契約の成立要件ということになるのであろうか？

3)　取引の対価の範囲を確定する際の背後に存在する契約の個数の問題（どの範囲で一つの契約と認識するか）については，裁判所が，基本的に私法に依拠して，社会通念に基づいて判断するしかない。それは，租税法独自に判断すべきではなく，ましてや，会計理論や実務に依拠して判断すべきでもない。

新株の無償発行に関連する課税問題について検討を加えるためだったのである
が，以下の議論では，まだその点に関する具体的な検討にまで議論は及ぼせて
いないことを，あらかじめお断りしておきたい。

I　贈与の社会的意義

　社会学においては，古代や未開地を素材に，そこにおいて行われる贈与に関
する研究が行われ，理論が提唱されてきた。それらのうち，代表的なものは，
以下の二つである。

　第一に，Bronisław Malinowski, Argonauts of the Western Pacific, 1922
は，西太平洋の島と島の間で行われる腕輪や首飾りの交易の実態について分析
し，そのような交易が島と島の間の社会秩序を形成・持続する機能を果たす儀
礼的な制度であるという点を明らかにした。

　第二は，Marcel Mauss, Essai sur le don: forme et raison de l'échange
dans les sociétés archaïques, Article originalement publié dans l'Année So-
ciologique, seconde série, 1923-1924 であり，贈与行為相互間の関連性という
視点から，**贈与を通じた交換**による実質的給付の体系を描き出した。すなわち，
未開社会においては様々な局面において贈与の義務があり，贈り物とそれに対
する返礼の相互作用を通じて社会生活の円滑化が図られてきた。また，そこに
おいては，与える義務，受け取る義務，返礼の義務が存在したというのである。

　**これらの研究によれば，贈与は単に一方的に財を移転する行為ではなく，む
しろ，贈与と返礼の連鎖反応を通じて，社会的に意味を有するある種の有償性
が生み出されている**と考えた方が実態に即しているのかもしれない。法律学に
おいて贈与について考える際にも，そのような社会的・経済的実体の存在を念
頭に，複数の贈与の関連性に着目して，贈与の背後に隠された有償性をも考慮
に入れた議論をすべきなのではなかろうか。

　現在においても，例えば，親が子に対して遺産を残すことについて，経済学
においては，遺産動機（bequest motive）をめぐる議論が行われている。すなわ
ち，世代を超えた富の移転がなぜ行われるかという理由付けとして，以下のよ
うな考え方が対立している。

　　・例えば子孫が財産を受領することにより，財産を与えた者・残した者が

満足を得るという，利他主義（altruism）による説明

・老後に備えて財産を蓄えておく結果として，寿命予測がはずれて財産が残されるという説明[4]

・さらに，財産を遺す者が，死後に財産を渡すという約束の下に，財産を残される者から生前において尊重されようとすることを動機とするという説明[5]

このうち，第二の説明によれば，遺産を残すことは無償の行為であるが，第一の説明では心理的満足感という一種の対価が認められるし，第三の説明の下では，対価関係がより明確に認められる。このように，純粋に無償と考えられる相続についても，有償性が背後に隠されているという考え方も成立しうるのである[6]。

II 複数の取引・行為相互間の関連性

1 取引や行為の間の関連性について区分すべき二つの問題

取引や行為相互間の関連性について法的に議論する際には，次の二つの理論的観点を区別すべきであると思われる。

その第一は，取引の単位（例えば，二つの無償行為が対価関係に立つ結果として一つの有償行為になるというような場合に，契約の単位をどのように考えるかという点）に関する問題である。これは，基本的に，契約解釈ないし事実認定の問題である

また，第二は，原因行為や有因・無因に関する問題（複数の取引・行為の効力の間の関連性の問題）である。すなわち，有因行為（kausales Geschäft，法律行為の効力が，当該法律行為が行われる原因となった他の法律行為の効力により左右される場合）と，無因行為（abstraktes Geschäft，法律行為の効力が，当該法律行為が行われる原因となった他の法律行為の効力により左右されない場合）との区分の問題である。

---

4) Yaari, M. E., Uncertain lifetime, life insurance, and the theory of the consumer, Review of Economic Studies 32, 137-150, 1965; Davies, J. B. and Kuhn, P., Social security, longevity, and moral hazard, Journal of Public Economics 49, 91-10, 1992.

5) B. Douglas Bernheim, Andrei Shleifer and Lawrence H. Summers, The Strategic Bequest Motive, Journal of Political Economy, vol. 93, No. 6 (Dec., 1985), pp. 1045-1076.

6) これに対して，宗教関係の寄付や，租税の支払においては，少し状況が異なる。そこにおいては，支払の義務が強調されるからである。もっとも，場合によっては，直接的な対価は存在しないものの，間接的な対価のようなものはあるのかもしれない。

この点は，取引や行為のもたらす法律効果に関する問題である。

このように，複数の取引・行為相互間の関連性について考える場合には，①取引の単位をどのようにとらえるかという問題（換言すれば，複数の取引や行為が〔一方が他方と対価関係に立つ等の理由で〕全体として一つの行為としてとらえられるか否かという取引の単位に関する事実認定の問題）と，②二つの取引・行為の効力に関する有因性・無因性の問題（換言すれば，複数の取引や行為の間の法的関連性の問題の検討における原因行為の意義に関する問題），の二つの視点が存在するのである。そして，これらの二つの問題は相互に関連しながらも，理念的にはそれぞれ別個のものとして位置付けられるものである。以下においては，この点について，さらに少し考えていこう。

2　取引や行為相互間の関連性が問題となる場合

取引や行為の間の関連性が具体的に問題となりうる場合として，例えば，以下のような場合があげられよう。

・売買契約と代金支払のためのローン契約　　両者の関係を一体としてみるか否かについて考える際に，売買が解約された場合に，ローン契約が残るか否かが影響を受けるという意味で，これは契約の個数の問題と言えよう。消費者信用取引の中には，わざわざ販売者と信用供与者を分離して，一種の抗弁の切断をはかり，（例えば，クーリングオフ等による）売買の解約が支払の拒絶につながらないように仕組まれたものがあるが，その場合には，両者は別個の契約（であり，一種の無因の関係に立つ）ということになるのかもしれない。しかし，売買契約を前提に消費貸借契約が結ばれた場合には，両者間に牽連性が認められる（その結果，一方の効力が他方の効力に影響を与えうる）場合もありえよう（例えば，金融機関等と販売業者の間に加盟店契約がある場合等）。この問題は，結局，消費貸借契約と販売契約が手続的・内容的に一体であるか，反復継続的取引関係・相互依存関係があるか，等，諸事情を勘案して社会通念に照らして判断するしかないものと思われる。

法律学の議論においては，このように，二つの法律行為の関係に関して，有因行為と無因行為の区分が議論される場合がある。その代表的な例は，手形行為と原因行為の関係における無因性や，物権行為の独立性の議論であろう。

98　第2章　課税上の利益帰属

・手形行為の無因性　　手形や小切手の振出の際には，通常，その前提となる法律行為（原因行為）が存在する。この場合，振出行為の効力が原因行為の効力に左右されることを有因，振出行為の効力が原因行為の効力とは無関係であることを無因という。取引の安全確保の観点から，手形行為の無因性が認められており，原因行為が無効であっても手形行為は有効とされている。

・原因行為と物権行為の独立性　　売買契約・贈与契約等の債権行為に基づいて所有権を移転（物権行為）した場合において，ドイツにおいては，物権行為が無因行為とされており，債権行為の無効・取消が物権行為の効力に直ちに影響を及ぼさない。これに対して，日本では，売買契約と物権行為（所有権の移転を目的とするもので，権利義務の発生を伴わない）は別個に取り扱われてはいない。[7]

このほかにも，有因性・無因性や，原因行為に関しては，たとえば，次のような議論がなされている。

・信託行為と原因行為の関係における無因性　　四宮教授は，私益信託（公益を目的とする信託以外の信託）について，「私益信託は信託行為だけで成立するが……信託行為の成立には，……原因行為（基本的信託行為）と処分行為（または処分の効果発生）を必要とする」とされ，基本的信託行為の存在が認められるためには，「当事者が信託関係を設定するに相当な意思表示をしなければならない。むろん，『信託』の語を使わなくても，信託設定の趣旨がうかがえるものであればよい」と述べておられる。[8]

・原因において自由な行為（actio libera in causa）の理論　　これは，刑法において，完全な責任能力を有さない状況で行われた結果行為によって構成要件該当事実が惹起された場合に，それが，完全な責任能力を有した状態で行われた原因行為に起因することを根拠に，行為者の責任を問う理論構成である。

---

7)　もっとも，債権譲渡という契約類型は存在せず，債権譲渡の場合においては，売買契約と準物権行為（物件以外の財産権の変動を直接に目的とする法律行為）としての債権譲渡を独立に考えることが可能である。

8)　四宮和夫『信託法〔新版〕』（有斐閣，1989年）106頁。

この他にも，契約と契約の間の関係ではないが，**二つの行為の関係**が議論される場合として，抗弁の切断（例えば，債権譲渡に際して債務者が異議なき承諾をした場合，債務者が譲渡人＝旧債権者に対抗することのできた事由を譲受人＝新債権者に対抗することができなくなること）の問題や，双務契約における相互に対価的な関係にある債務の間の牽連性の問題，留置権に関する牽連性の問題，等がある。

これらから，一般論として，契約の個数（契約の単位）に関する理論が抽出できるのかもしれないが，それは，私の能力を超える問題であり，ここでふれることはできない。

3　無因性と，対価と，契約の単位

複数の取引・行為相互間の有因性・無因性の問題と，契約の個数の問題は様々な場合に議論される。すなわち，上の「問題の所在」で述べたように，無償取引の問題（取引において対価が存在するか否かという問題，すなわち，無償取引＝贈与そのものが存在するかという問題）は，（二つの無償取引が対価関係に立つ場合に，両者は一つの有償取引と考えうるという意味において）取引の単位の問題と密接に関連している。のみならず，その検討の際には，有因性・無因性の問題（換言すれば，複数の取引や行為の間の法的関連性の問題の検討における原因行為の意義）と一定の関連性を有する場合があるのか否かという点についても検討する必要がある。

このように，取引において対価が存在するか否かという問題と，有償と無償を区分する際の契約の単位をどの範囲でとらえるかという取引の単位の問題の間の相互関連と，そこにおいて有因性・無因性の問題が果たして関係があるのか否かという点について，以下で議論したい。なお，契約や取引の単位をどの範囲でとらえるかという点は，基本的に事実認定の問題である。[9]

特に，有因性・無因性の問題については，以下のⅢにおいて少しだけふれることとしたい。

---

9)　前掲注3)参照。

100 第2章 課税上の利益帰属

Ⅲ 有因性と無因性——付随的議論

前述のように，無償取引である贈与が二つ互いに無関係で独立に行われる場合は，一般的にいって，一方が他方の原因行為になることはなく，したがって，両者が相互に有因の関係に立つ（無因の関係にない）ということもない。このような場合に，一方の効力が他方の効力に影響を及ぼすような場合はほとんどないのではなかろうか。したがって，ここでは，有因性・無因性に関する詳しい議論も必要ではないように思われる。

しかし，私が無償取引と取引の単位の関係についてそもそも興味を持ち始めたきっかけが，贈与や *causa* に関する議論を読んでいるときであったために，以下においては，単に念のためではあるが，一応，英米法上の約因と，ローマ法の *causa* について少し論じ，それとの関連で，無償取引に関する有因性と無因性についてもみておきたい。

1 贈与と約因と *causa*——私法における贈与の特殊性からの問題提起

日本において，民法上，贈与は契約の一種とはされているが，通常の契約と異なり片務的かつ無償であるという点で際立った特殊性を有する[10]。これに対して，英米法系の国においては，贈与は，契約の成立要件としての約因（consideration）を伴わないので，契約とは基本的に区別されている[11]。そこでは，契約の成立要件[12]と効力[13]について様々な議論が行われる。

---

10) 大陸法国においては，贈与のような一方的契約について，一方の当事者が対価なしに財ないし役務の提供を行うというかたちの片務的契約という概念が存在する。また，有償の契約（onerous contracts）と無償の契約（gratuitous contracts）の区分も重要である。

11) 英米法においては，対価として何らかの価値（約因，consideration）が交付されることが，契約を，法的に強制できない単なる一方的な約束から区別する基準である。

12) ある論文は，契約は私的に形成された法であるが，その効力には一定の制限がある（例えば，契約でもって不法行為責任をなかったことにはできるが，刑事責任をなかったことにすることはできない），したがって，契約の効力の制限の範囲が重要な問題となる。贈与についても同様であり，約因（consideration）のない贈与は契約法の領域外とされるが，しかし，この原則には例外が多数あり，無償の約束が契約上の義務のように扱われることがある，として様々な検討を行っている（George S. Geis, Gift Promises and the Edge of Contract Law, 2014 University of Illinois Law Review 663-688）。

13) 特に，約因を伴う契約と，それを伴わない贈与の区分については，歴史的に，詳細な検討が行われてきた。例えば，cf. Melvin Aron Eisenberg, The World of Contract and the World of Gift, 85 California Law Review 821-866, 1997.

他方，大陸法国においても，一般的に，契約が法的強制力を有するためには，*causa*（英語で a legal cause），すなわち，当事者が当該合意を形成するための法的な観点からの客観的・標準的な理由・原因，が必要であるとされる。これは，英米法の約因と類似の機能を果たすものである。事実，ローマ法においても，*causa* の存在しない単なる約束（*nudum pactum*）はインフォーマルなものであり，原則として，法的に強制できないものとされていた。また，英米法の consideration とローマ法の *causa* の関係については，これまで様々な議論が行われてきた。

2　*causa* と無因性の関係

ところで，日本の民法においては，契約の成立要件として *causa* の存在は要求されていない。しかし，類似の用語として，二つの法律行為の関係に関して，前述のように，有因行為（kausales Geschäft）と無因行為（abstraktes Geschäft）

---

14)　菊池肇哉『英米法「約因論」と大陸法「カウサ理論」の歴史的交錯』（国際書院，2013 年）参照。

15)　*causa* については，cf. Jean Brissaud, De la notion de cause dans les obligations conventionelles en droit romain et en droit français, 1879; Joseph Timbal, De la cause dans les contrats et les obligations en droit romain et en droit français, étude critique, 1882; Sir John Gilbert Kotzé, Causa in the Roman and Roman-Dutch Law of Contract, p. 89, 1922.

16)　Richard Hyland, Gifts: A Study in Comparative Law, p. 646, 2009 は，"In classical Roman law, an informal promise without a cause (nudum pactum), was generally not enforced, except by way of defense. Because the Roman stipulation did not require proof of a counterperformance, it was available as a form for making gratuitous promises." と述べている。そして，そのような約束は，無償の約束を行う際に利用されていたが，530 年にユスティニアヌス帝が，慈善の寄付を慫慂するためにそれに一定の拘束力を与えた。

17)　そして，中世において，*causa* を伴う契約は強制力があることが一般的に承認されるようになった。W. F. Elliott, Commentaries on the law of contracts, p. 339, 1985. また，cf. William Hepburn Buckler, The Origin and History of Contract in Roman Law down to the End of the Republican Period, 1895; Morse, Origin of Contract in Roman Law, 39 Canada Law Journal 498, 1903; Henry P. De Vries, George A. Schneider, and René David, Civil law and the Anglo-American lawyer: a case-illustrated introduction to civil law institutions and method, 1976.

18)　Cf. Ernest G. Lorenzen, Causa and Consideration in the Law of Contracts, 28 Yale Law Journal 621-646, 1919; Dimitar Stoyanov, Causa and Consideration——A Comparative Overview, in Challenges of the Knowledge Society, 2016-6, 254-266；Mihai Olariu, Contracts in Roman Law, ftp://ftp. repec. org/opt/ReDIF/RePEc/rau/clieui/SP14/CLI-SP14-A9. pdf; Rodrigo Andrés Momberg Uribe, The effect of a change of circumstances on the binding force of contracts, Comparative perspectives, (Institute for Legal Research, Utrecht University), 2011; Matthias E. Storme, The binding character of contracts——causa and consideration, from: Towards a european Civil Code (red. A. S. Hartkamp, M. W. Hesselink, E. H. Hondius), Second revised and expanded edition, 239-254, 1998.

102 第2章 課税上の利益帰属

の区分が議論される。手形行為と原因行為の関係における無因性や，物権行為の無因性等は，その代表的な例といえよう。

これは，ローマ法や大陸法における *causa* とは異なる概念であるが，両者は，まったく無関係なのであろうか。複数の行為の関連性の検討における原因行為の意義について検討すると，何かが見えてくるということはないのであろうか。この点については，おそらくは，かなり本格的な研究が必要であると思われるが，ここではそこに立入ることはできない。

なお，ローマ法における財団法人（*piae causae*）は，敬虔な理由ないし動機という意味であるが，この語の由来についても詳しく検討する必要があるかもしれない。[19]

Ⅳ 取引の単位と無償性——無償性の私法的性格と，暗黙の対価の私法上の性格

ここで，上のⅠにおける問題提起を受けて，贈与の本質である（と思われる），無償性の意義について，取引の対価のとらえ方との関係において法的な検討を加えておくこととする。具体的には，二つの無償取引を念頭に，いかなる場合に両者の間に関連性が生じ，一方が他方の対価となりうるかという点について考えてみたい。

1 無償性と対価

一見したところ無償の取引に見える場合であっても，現実の世界においては，それが他の取引と密接に関連しており，両者が暗黙の対価関係に立つと考えられる場合が少なくない。この場合，取引の単位をどのように認定するか（複数の取引を関連したものであると考えるか否か）により，暗黙の対価の存否に関する判断（取引の有償・無償の判断）が分かれるという点が重要である。[20]

すなわち，二つの無償の行為・取引が存在する場合，それらを全体として有

---

19) Raj Bhala, Understanding Islamic Law, 2011, Chapter 41, note 106 は，次のように述べている。"Piae causae"literally means "pious causes," or "devout causes." "Piae" is the feminine plural nominative case word meaning "pious," "devout," or "religious." "Causae" is the feminine plural nominative case word meaning a "cause," "reason," "motive," or "occasion."

20) すなわち，二つの無償取引の間に牽連性があれば，それは一つの有償取引ということになりうるであろう。

償の取引と考えることができるか否かという点に関する見方を単純なかたちで
整理すると，ほぼ，次のようになるのである。

・二つの行為・取引が関連

　　　全体として有償　　一方の取引が他方の取引の対価[21)]

・二つの行為・取引が独立

　　　全体として無償　　両者間に対価関係はなし

　なお，二つの取引が関連しているということと，有因・無因ということは必
ずしも同一ではないという点に留意しなければならない。たとえば，債権契約
（不動産の売買）と物権契約（不動産の所有権移転）が無因の関係に立つ（売買が取
り消された場合でも，売主に所有権が直ちに戻ることはなく，売主は不当利得返還請求
により所有権を取り戻す）とされるドイツにおいて，債権契約は物権契約の原因
行為であり，両者は密接に関連している。また，手形取引の場合も，手形行為
は無因とされているが，原因行為と手形行為が密接に関連しているのは当然の
ことである。

2　無償であることの意味

(1)　対価の意義

　取引の対価としては，現金（あるいは，決済手段である手形・小切手），及び，
その他の反対給付である現物とがある。対価が現金と現物のいずれであるかに
応じて，取引が売買になるか交換になるかという差異が生ずる。

　対価の意義という点において興味深いのが，地方税法 348 条 2 項ただし書の
「有料」の認定に関する東京地裁平成 3 年 10 月 16 日判決・行政事件裁判例集
42 巻 10 号 1666 頁である。

　　「地方税法 348 条 2 項ただし書の『有料』とは，土地等の貸借と関連して，借主
　　が貸主に一定の金員を支払う旨の合意が成立し，その合意に基づく債務の履行とし
　　て金員を支払うべき関係が存在することをもって足り，その金員の額が取引上当該
　　土地等の貸借の対価に相当する額に至らないものであっても，それが社会通念上無
　　視し得る程度に少額である場合を除き，なお，『有料』で借り受ける場合に当たる
　　ものと解するのが相当である。」

　すなわち，この判決は，有料というのは，社会通念上無視しうる程度に少額

---

21)　もっとも，二つの行為・取引が関連（有因）していても，一方の取引が他方の取引の対価とは
　　ならず，無償とされる場合もあろう。

である場合を含まないとして，**社会通念に基づく判断を行っている**点で興味深い。

(2) 対価の範囲と取引の単位

無償であるということの定義が難しいが故に，複数の無償の行為ないし取引の間の対価関係をいかに把握するかという，法的に困難な問題が生ずる場合がある。この問題は，無償の経済取引の対価をどの範囲でとらえるか（直接的な対価でない間接的なものまで対価に含めるか）という問題であり，結局，複数の無償取引を関連したものであると考えるか，取引の単位をどの範囲のものとして把握するかにより異なったものとなってくる。すなわち，たとえ目の前の取引のみを見れば無償であっても，少し時間が経過した後に，あるいは，当事者以外の関連者に対して，必ずしも直接的なものとはいえないにせよ反対給付的な給付がなされるような場合に，それを無償取引と認識すべきかという点は，思ったよりも難しい問題である。換言すれば，二つの**取引**を，（間接的な関係のものを一緒にして）**一つの有償取引**（ないし，**一つの無償取引**）と考えるか，それぞれ**別個の二つの無償取引と考えるか**という点が，この問題の本質である。

この点，取引の単位を長い時間や広い空間の中でとらえると，無償取引というものが存在する余地はきわめて小さなものになってしまうであろう。かといって，取引の単位をごく目先のものだけに着目してとらえると，無償取引の認定される余地は大きくなるが，不合理な結果がもたらされる可能性も高い。現実の世界には，「江戸のかたきを長崎でうつ」といった遠い因果の関係がまま存在するのであり，経済取引において，それらの間の関係を無視すべきでない場合は少なくないであろう。この点は，結局は，程度問題であり，**終局的には社会通念に根ざした事実認定に依存する**と考えるしかないであろう。この点に関しても，いわば，対価の認定に関して，因果関係論において条件説ではなく，相当因果関係説を支持するのと同じようなことがいえそうである。

いわゆる相互売買の事案に関する東京高裁平成 11 年 6 月 21 日判決・判例タイムズ 1023 号 165 頁は，当事者の行った取引が二つの売買契約なのか，一つの交換契約なのかが争われた事案である。当事者の締結した契約を尊重する限りにおいて，この場合には二つの売買契約が存在するというのが適切であり，裁判所はそのように判断した。したがって，本判決は，当事者の採用した私法上の法形式を課税関係を考える際に無視してはならないとした事例であるととらえられている。しかし，この事案は，取引における対価の範囲を考える場合

にも興味深いものである。それは，そこにおける対価の範囲に関する考え方に，多少の疑問の余地が残るからである。この点について，私は，かつて，以下のように述べたことがある。[22]

「本件取引が二つの売買であるとしても，譲渡資産の売却の対価をどのように考えるかという点については，さらに検討の余地がある。納税者が，土地譲渡の見返りに，契約で約定された売買代金7億円余の他に，現物利益として，『時価7億円余の不動産を4億円余で購入する権利』（3億円の価値と考えられる）を取得すると見れば，納税者は本件不動産を10億円余で入手したと考える課税庁や東京地裁の立場も十分に成立しうる（訟務月報47巻1号190頁以下，及び，品川芳宣・本件評釈・税研89号118頁，参照。なお，相互売買における対価の範囲につき，東京地裁平成13年5月25日判決（東急不動産事件）と，その控訴審判決である東京高裁平成14年8月29日判決参照）。

なお，『本件は通常の売買とは異なり，売買代金の支払いに代えて代替物件を同額で譲渡するという実質上の交換契約である。そこで，本件物件の譲渡代金は……控訴人が実質上交換取得した代替物件の価額と税金の補塡のためのSから給付された金員の合計額による』と述べる東京高裁平成8年5月13日判決・税務訴訟資料216号353頁は，取引を私法上の法形式にかかわらず租税法上『交換』として扱う趣旨ではなく，売買という私法上の法形式の下の売買代金の範囲の問題として判断を下している（取引が『実質上の交換取引』であるというのは，そのような趣旨であろう）と考えることもできよう。

もちろん，譲渡の対価を広く認定することができるか否かは，個別具体的な事実関係によると思われるが，二つの売買契約の間に密接な関係が存在するような場合，事実認定・契約解釈の問題として，対価の範囲が広く認定される場合はありえよう。」

このように，対価の範囲の問題は，つきつめると，私法における契約の単位の問題と重なることになるように思われる。しかし，残念ながら，この点に関して明確に判断できるような基準を民法において見出すことは必ずしもできず，最終的には，**個別具体的な場合に応じて，社会通念に基づいて裁判所が判断し**

22）　中里実・判決評釈・「最新租税基本判例80」税研106号（2002年）53頁。

ていくしかないものと思われる。

　ただし，ここで重要なのは，無償取引における対価の範囲や契約の単位について，たとえ課税問題に関する事案においてであっても，**租税法独自に判断するのではなく，民法における判断に従うべきである**という点である。「無償」の「取引」というのは，決して租税法独自の概念ではなく，あくまでも私法上の概念である。課税は，第一義的に私法により規律される経済取引に対して外部からなされるものであり，私法と離れて租税法独自に対価の範囲や契約の単位を認定することは，否認規定なき租税回避否認を認めるのと同様のことになり，許されないと考える。

　(3)　対価の範囲の確定と社会通念

　上でも述べたように，複数の無償取引について，どの範囲で対価関係を認識するかという問題は，困難な問題であり，最終的には，個別具体的な事情に応じて裁判所が社会通念に照らして結論を下すしかないように思われる。

　この点に関して参考になるのが，値引きが寄付金に該当するか否かが争われた東京地裁平成3年11月7日判決・行政事件裁判例集42巻11＝12号1751頁である。この判決は，裁判所ホームページにおいて，

　　　「鉄鋼等の取引を営む会社である法人がその関連会社に対して売り渡した商品の
　　　売上代金の一部を値引きした行為が，その時点において，当該法人が売上値引きを
　　　行わなければ今後当該法人においてより大きな損失を被ることとなることが**社会通**
　　　念上明らかであると認められるような状況があったものとは認められず，また，そ
　　　の売上値引分に相当する売掛債権の回収が不能な状況にまでなっていたものではな
　　　いから，業績の悪化していた当該関連会社に対する援助措置として行われた**経済的**
　　　利益の無償供与の性質を有し，法人税法37条所定の寄付金に該当するとされた事
　　　例」（強調・中里）

として紹介されているように，値引きが寄付金に該当するか否かについて，社会通念に基づいた判断を採用している。もちろん，この判決は，直接的にはどの範囲の支払を対価と認識するかという点に関して述べたものではないが，以下のように，対価の範囲について考える際に参考になるものである。

　すなわち，この判決によれば，値引きを行わなければ大きな損失を被ることとなることが社会通念上明らかであれば，それは，経済的利益の無償供与の性質を有していないということになる。換言すれば，そのような場合には，価格の一部となる（したがって，値引き後の価格が適正となり，寄付金計上は不要となる）

ということである。

（4）　結　論

　結局，一見無償と見える取引に対価が存在するか否かという問題は，複数の取引を関連するものと考えるか，あるいは，契約の単位をどの範囲でとらえるかという点と密接に関連する，基本的に事実認定の問題である。それについては，裁判所が，社会通念に照らして判断する以外にない。

V　贈与以外の理由による利益移転

　贈与以外の原因による利益の一方的移転は，一般的には存在しないのではないかと思われる。その結果，たとえば，一時的には一方的な利益の移転が生ずると思われる不法行為，事務管理，不当利得の場合においても，不法行為については損害賠償請求が，事務管理については有益な費用支出について費用償還請求権（民法702条1項）が，また，不当利得については不当利得返還請求が行われ，それにより一方的移転状態が解消される。もっとも，そのような請求権を放棄すれば，その時点で無償の「移転」が確定する。このように権利者の一方的な請求権の放棄が行われた場合に，それは取引によらない利益移転なのか，あるいは，請求権放棄という取引による利益移転なのかが，問題となりうるかもしれない。

　いずれにせよ，この場合に，無償の利益移転があったとして課税関係を考えるべきか否かという問題が生ずる点については留意しなければならない。

〔追　記〕

　なお，本稿の執筆にあたっては，長戸貴之君（学習院大学准教授），藤岡祐治君（東北大学准教授），藤原健太郎君（東京大学助教）の三君に，誤りの指摘や貴重なコメントをいただいた。ここに，三君にお礼を申し上げたい。

（金融取引と課税（5），2018 年）

無償取引と対価

中 里　 実

は じ め に

　課税は経済取引を対象として行われるが，その取引は私法なしには存在しえない。したがって，租税法において，課税の対象となる取引が私法上どのように扱われているかという点が重要な問題となるのは，必然的なことである。このことを念頭において，民法を中心とする取引法を前提として，無償取引の課税上の扱いについて若干の議論をしようというのが，本稿の目的である。

　無償取引は，様々な課税上の問題点を引き起こすが，それについて考えるためには，無償取引の意味について私法にさかのぼって考えることが必須となる。

I　無償取引に関する租税法における通常の議論

　はじめに，租税法において，通常，無償取引に関してどのような議論が行われているかという点について，ごく簡単に整理しておこう。租税法で「無償取引」という場合に通常行われる議論は，以下のように四つの場合を分けた課税関係の区別に関するおなじみの議論である。

　　・個人から個人への贈与

　　　贈与者には，課税は生じない。

　　　受贈者に贈与税が課税されるが，所得税は非課税（所得税法9条1項15号）。

　　・個人から法人への贈与

　　　贈与者である個人に対して，含み益のある資産の場合，みなし譲渡所得課税（所得税法59条）。ただし，一定の要件を満たす公益法人等への寄付については，みなし譲渡所得課税なし（措置法40条）。

受贈者である法人に対して，受贈益課税（法人税法22条2項）。

同族会社に対する贈与については，株式等の価額が増加した場合，上の課税に加えて，当該増加額について株主に対する贈与税が課税される（相続税基本通達9-2）。

・法人から個人への贈与

贈与者である法人に対する課税（法人税法22条2項による課税と，寄付金の計上や役員賞与等の計上）。

受贈者である個人に対する所得税の課税（場合に応じ一時所得や給与所得）

・法人から法人への贈与

贈与者である法人に対する課税（法人税法22条2項による課税と，寄付金の計上や役員賞与等の計上）。

受贈者である法人に対する受贈益課税。

しかし，租税法における無償取引をめぐる議論は，これですべてがつくされているわけでは決してないことはいうまでもないという点が重要である。次のIIで見るように，民法において存在する様々な無償取引の中で，租税法において通常議論が行われているのは，実は，ほんの一部にすぎない。要するに，租税法においては，民法における無償取引に関する検討が少し不十分なのである。このように租税法の条文にのみ着目した紋切り型の議論に終始していたのでは，無償取引に対する租税法の対応の真髄に迫ることは，残念ながら不可能である。

そこで，以下においては，単に理論的な興味からなのではあるが，民法を出発点にしながら，租税法上の無償取引について多少の議論を行うこととしたい。

II 民法における無償取引

すべての経済取引は第一義的に私法により規律されるから，無償取引の課税上の取扱いについて検討する際にも，民法における無償取引の位置づけについて一定程度は理解しておかなければならないことはいうまでもない。そうであるにもかかわらず，従来の租税法の議論においては，民法における議論をあまり参照することなく，租税法の条文にのみ着目するかたちで，Iにおけるように無償取引について定型的に議論してきたように思われるが，これは必ずしも妥当ではないのではなかろうか。なお，民法においては，当事者間で対価を自由に取り決めることができるから，低額取引についての議論はあまり問題にな

りにくいのではないかと思われるので，ここでは，議論を無償取引にしぼって
みたい。

　民法における無償の法律関係を，必ずしも網羅的というわけではないが，思
いつくままにあげていくと，以下のようになろう。

　①　まず，物権法においては，以下のように，様々な理由から財産権の無償
の取得や喪失という事態，あるいは，それと関連する事態が発生する。以下，
民法第二編「物権」第二章「所有権」第二節「所有権の取得」の条文にそった
かたちで，概要のみをあげていくこととする。

　・無主物の帰属
239条　所有者のない動産は，所有の意思をもって占有することによって，その所
　　　　有権を取得する。
　　　　2　所有者のない不動産は，国庫に帰属する。

　・遺失物の拾得
240条　遺失物は，遺失物法の定めるところに従い公告をした後三箇月以内にその
　　　　所有者が判明しないときは，これを拾得した者がその所有権を取得する。

　・埋蔵物の発見
241条　埋蔵物は，遺失物法の定めるところに従い公告をした後六箇月以内にその
　　　　所有者が判明しないときは，これを発見した者がその所有権を取得する。た
　　　　だし，他人の所有する物の中から発見された埋蔵物については，これを発見
　　　　した者及びその他人が等しい割合でその所有権を取得する。

　・不動産の付合
242条　不動産の所有者は，その不動産に従として付合した物の所有権を取得する。
　　　　ただし，権原によってその物を附属させた他人の権利を妨げない。

　・動産の付合
243条　所有者を異にする数個の動産が，付合により，損傷しなければ分離するこ
　　　　とができなくなったときは，その合成物の所有権は，主たる動産の所有者に
　　　　帰属する。分離するのに過分の費用を要するときも，同様とする。

244条　付合した動産について主従の区別をすることができないときは，各動産の所有者は，その付合の時における価格の割合に応じてその合成物を共有する。

・混　和
245条　前二条の規定は，所有者を異にする物が混和して識別することができなくなった場合について準用する。

・加　工
246条　他人の動産に工作を加えた者（以下この条において「加工者」という。）があるときは，その加工物の所有権は，材料の所有者に帰属する。ただし，工作によって生じた価格が材料の価格を著しく超えるときは，加工者がその加工物の所有権を取得する。

　　2　前項に規定する場合において，加工者が材料の一部を供したときは，その価格に工作によって生じた価格を加えたものが他人の材料の価格を超えるときに限り，加工者がその加工物の所有権を取得する。

・付合，混和又は加工の効果
247条　第242条から前条までの規定により物の所有権が消滅したときは，その物について存する他の権利も，消滅する。

　　2　前項に規定する場合において，物の所有者が，合成物，混和物又は加工物（以下この項において「合成物等」という。）の単独所有者となったときは，その物について存する他の権利は以後その合成物等について存し，物の所有者が合成物等の共有者となったときは，その物について存する他の権利は以後その持分について存する。

・付合，混和又は加工に伴う償金の請求
248条　第242条から前条までの規定の適用によって損失を受けた者は，第703条及び第704条の規定に従い，その償金を請求することができる。

　本来ならば，これらの場合のすべてについて，課税に関する議論が行われていてしかるべきであるが，実際には，一時所得該当性等の場合を除けば，あまり議論が行われていないのが現状である。これは，それらが実務上それほど重

112　第2章　課税上の利益帰属

要でなかったということも確かに一因ではあろうが，それ以上に，これまで，租税法において民法をあまり重視しない議論しか行われてこなかったことの反映といえるかもしれない。

②　また，これらの他に，民法の総則において，消滅時効と取得時効に関する次のような民法の定めが存在する。

・所有権の取得時効

162条　二十年間，所有の意思をもって，平穏に，かつ，公然と他人の物を占有した者は，その所有権を取得する。

　　2　十年間，所有の意思をもって，平穏に，かつ，公然と他人の物を占有した者は，その占有の開始の時に，善意であり，かつ，過失がなかったときは，その所有権を取得する。

・所有権以外の財産権の取得時効

163条　所有権以外の財産権を，自己のためにする意思をもって，平穏に，かつ，公然と行使する者は，前条の区別に従い二十年又は十年を経過した後，その権利を取得する。

・消滅時効の進行等

166条　消滅時効は，権利を行使することができる時から進行する。

　　2　前項の規定は，始期付権利又は停止条件付権利の目的物を占有する第三者のために，その占有の開始の時から取得時効が進行することを妨げない。ただし，権利者は，その時効を中断するため，いつでも占有者の承認を求めることができる。

167条　債権等の消滅時効

168条　定期金債権の消滅時効

169条　定期給付債権の短期消滅時効

170条，171条　三年の短期消滅時効

172条，173条　二年の短期消滅時効

174条　一年の短期消滅時効

174条の2　判決で確定した権利の消滅時効

しかし，ここにおいても，残念なことではあるが，実際には，租税法においては，これらのうち，取得時効による財産の取得が一時所得になるという議論くらいしか行われていないのが現状である。自己の財産を取得時効されてしまった場合や，消滅時効により債務を免れた場合や，消滅時効により財産を失った場合の課税関係について，相互に関連するかたちで統合的に，理論的な検討を十分に行っていく必要があるのではなかろうか。

③　さらに，債権法においても，たとえば，以下のような様々な制度が，無償取引と関連する点にも留意しなければならない。

　　・贈与契約
　　・委任等のその他の契約
　　　当事者の一方のみが相手方に対して義務を負う片務契約としては，贈与の他に，
　　　　使用貸借，消費貸借，無償寄託，無償委任等がある。これらについては，反対
　　　　給付としての対価が存在せず，民法の売買の規定の準用がない。税理士の無償
　　　　独占等は，無償委任の例といえよう。
　　・事務管理についても，報酬を請求することはできない。
　　・さらに，不当利得や不法行為についても，場合は多少異なるが，考慮する必要が
　　　ある場合もあるかもしれない。

これらについても，租税法の専門家が特に興味を向けていたとは思えず，あまり議論が行われた形跡は存在しない。

④　さらに家族法においても，扶養，相続，遺贈といった，様々なかたちの広範かつ重要な無償の行為が定められている。さすがに，これらについては多少の議論が行われているが，しかし，それも，無償取引に関する一般論的な議論の一環としての議論では決してない。

以上のような状況に鑑みるならば，これらの場合を統一的に検討した上で，無償取引の課税に関する一般理論を構築すべきなのではなかろうか。その際には，従来よりも一層，贈与税や一時所得の規定の役割の重要性が認識されるようになるかもしれない。

にもかかわらず，そのような議論が行われてこなかった根本的な理由の一つには，何よりも民法それ自体において，無償取引の統一的把握が十分に行われ

114　第2章　課税上の利益帰属

ていないという実態があるからなのかもしれない。本来ならば，民法における
議論において，無償の行為に関する一般理論が存在してしかるべきであるが，
民法は，あくまでも，直接的な対価を伴う有償取引を中心に組み立てられてお
り[1]，基本的には，当事者間で合意していれば民法上はそれでいいのであるから，
有償か無償かという点については，第三者が登場する租税法や会社法とは異な
り，それほど重視されないのであろうか。また，実際のところ，上で掲げたよ
うな取引等が民法においてすべて無償取引と認識されているか否かという点に
ついても必ずしも定かではない。

Ⅲ　租税法における無償取引の意義

しかしながら，本稿においては，これ以上，民法それ自体における議論に深
入りすることはできない。そこで，以下においては，多少ではあるが民法を前
提とした上で，租税法における無償取引の基本に関するやや理論的な考察を行
うことにする。無償取引の民法上の性格について正しく理解した上でなければ，
それに対する課税について論ずるわけにはいかないが，以下においてはやや部
分的にしか民法を参照することができていない点を，あらかじめお詫びしてお
きたい。

無償取引の要件は，①取引であること，及び，②無償であることの二つであ
るが，実は，これらのそれぞれについて，困難な問題が存在するというのが，
本稿において指摘したい点である。

1　取引であること
①　無償取引と法人税法

法人税法22条2項の適用に関する限りにおいて，この条文の「取引」とい
う明文の文言からして，まず，何よりも，無償取引も「取引」でなければなら
ないとされるのではなかろうかという点が問題となる。また，オウブンシャホ
ールディング最高裁判決により，取引がなければ同項は適用されないとされて

---

1)　このような点に関する例外が，広中俊雄先生傘寿記念論集『法の生成と民法の体系：無償行為
論・法過程論・民法体系論』（創文社，2006年），及び，大村敦志『新しい日本の民法学へ』（東京
大学出版会，2009年）である。また，いわゆる隣人訴訟に関する津地裁昭和58年2月25日判決
等も，興味深い検討の対象となるであろう。また，破産法72条5号にいう無償行為の概念も重要
である。さらには，営利企業に対してどこまで社会的責任を追及し得るかという論点もあろう。

いるのではないかと思われる。そうすると，実務上最も困難な問題の生ずる法人税においては，無償取引による経済的利益の移転の前提として，「取引」が存在するか，あるいは，少なくとも取引の存在が租税法律により擬制されていることが必要であるように思われる。なお，ここでいうところの「取引」とは，基本的には私法に基づいて当事者の間で行われる様々な行為であり，決して，一部の論者が主張するような「簿記上の取引」ではないと考えられる。法人税法の解釈に，突然，法人税法に定めのない「簿記」が出てくるのはかなり奇妙なことに思われるからである。これはすべて，「取引」という文言をあえて用いた法人税法 22 条 2 項の条文の欠陥といえるのではなかろうか。

したがって，法人税に関しては，たとえば，原始取得や，埋蔵物の発見等について取引が存在するとはいえないと仮にすれば，その意味で，法人税法 22 条 2 項との関係で問題が生ずる場合もありえないではないと思われる。いずれにせよ，この点については，あまり議論が行われてはいないが，今後，様々な議論が必要といえよう。

たとえば，法人税法施行令 180 条 3 号は，「国内において発見された埋蔵物又は国内において拾得された遺失物に係る所得」を，法人税法 138 条 1 項 6 号に規定する「政令で定める所得」として国内源泉所得としている。この場合，施行令 180 条の他の号とは異なり，「取引」は問題とならないと思われるにもかかわらず国内源泉所得が認定される。すると，法人税法 22 条 2 項との関係が問題となる。138 条 1 項 6 号を受けた施行令 180 条 3 号は，埋蔵物の発見から収益が発生すると定めているのであるが，法人税法 22 条 2 項の定めを考えるならば，それほど簡単にそのような結論を導くわけにはいかないのではなか

---

2) 最判平成 18 年 1 月 24 日判タ 1203 号 108 頁は，「以上によれば，上告人の保有する A 社株式に表章された同社の資産価値については，上告人が支配し，処分することができる利益として明確に認めることができるところ，上告人は，このような利益を，B 社との**合意**に基づいて同社に移転したというべきである。したがって，**この資産価値の移転は，上告人の支配の及ばない外的要因によって生じたものではなく，上告人において意図し，かつ，B 社において了解したところが実現したものということができるから，法人税法 22 条 2 項にいう取引に当たる**というべきである。」（強調・中里）と述べているだけであるが，これは，22 条 2 項にいう取引は，合意に基づいたものでなければならないことを前提としているものと考えられなくもない。

3) なお，その他の税目については，以下のようになろう。まず，所得税については，相続・贈与による財産の取得は非課税とされている点，時効による財産取得は一時所得とされている点，そして，みなし譲渡所得の課税の点や，自家消費くらいが，無償取引に関連して議論されている。次に，相続・贈与税については，相続・贈与による財産の取得に対して課税される場合の大部分が無償の移転であるが，そこで無償性との関連が問題とされてきたのは，みなし相続財産，みなし贈与，負担付贈与等である。さらに，消費税に関しては，自家消費等が問題とされてきた。

ろうかという疑問が生じないでもない。もっとも，場合によっては，埋蔵物の発見を，過去にそれをそこに埋めた誰かとの間の暗黙の取引であると見られないわけではない。すなわち，それを埋めた者は，将来それが自らあるいは他の誰かにより発見されることを予期して埋めたと考えられる場合もあるからである。この点は実はかなり重要な意味を有する。たとえば，会社の役員が，どこかの山中に貴重品を隠し，将来会社が危機的状況に陥った場合にはそこを見るように指示するメモをどこかに残していたとする。後になって，このメモにしたがって貴重品が発見された場合に，それは埋蔵物の発見なのか，当該役員と会社との間の取引なのか，というような（あまり実際的ではないが）理論的に見て興味深い問題が生ずる。もっとも，埋蔵物の場合には，そのような議論も不可能ではないが，政令の定める遺失物の拾得については，そのような議論は困難であろうから，法人税法22条2項との関係がより問題となる。

　また，たとえば，公海上で魚を採る場合にも，民法的には無主物先占ということになるのであろうから，やはり，法人税法22条2項との関係が問題となりうるかもしれない。この場合には，それを採取する者と誰かとの暗黙の取引のようなものを擬制することは困難であるが，これとて，公海上の魚についてそれを採った者に権利を与えるという取決めが広く存在すると考えれば，それを取引と擬制することは不可能ではないのかもしれない（もっとも，魚の場合には，収益は，採った魚を販売した際に認識すればよいから，実際には問題は生じないであろう）。

　しかし，民法は，無主物先占や埋蔵物の発見については，単独の行為と考えているように見える。そうであるならば，それを法人税法上取引と考えることができるのかという点については，さらなる検討が必要なのではなかろうか。これらは，結局，法人税法22条2項に「取引」という文言を置いたことの是非と関わるのかもしれない。

②　無償取引と相続税法

　これに対して，相続税法1条の3は，「相続又は贈与により財産を取得」した者に相続税の納税義務を課しており，同法1条の4は，「贈与により財産を取得」した者に贈与税の納税義務を課している。また，相続税法3条から9条は，相続，遺贈，贈与により取得したものとみなす場合について定めているが，そこにおいては，利益を受けた者の背後に利益を受けさせた者の存在が前提とされている。それ故に，取引の存在が前提とされているように見える。特に，

9条は，対価を支払わないで，又は著しく低い価額の対価で利益を受けた場合においては，当該利益を受けた時において，当該利益を受けた者が，当該利益を受けた時における当該利益の価額に相当する金額（対価の支払があった場合には，その価額を控除した金額）を当該利益を受けさせた者から贈与（当該行為が遺言によりなされた場合には，遺贈）により取得したものとみなすと定めており，相手方の存在が前提とされている。しかし，だれかが他人の口座に振込を行ったが，当該口座保有者がその事実に気づいていなければ，贈与契約は成立しておらず，また，9条にいう「利益を受けた」といえるか疑問である。この場合には，振込の事実に気づき，かつそれを放置しようとした時点で贈与税の対象となると考えるべきなのであろうか。もっとも，所得税法9条1項15号の適用可能性については検討の余地があるのかもしれないが。

③　無償取引と所得税法

所得税法の雑所得や一時所得に関しては，特に，取引の存在が所得発生の要件とはされていない。むしろ，包括的所得概念の理論の影響の下，取引の存在の有無にかかわらず，純資産が増加する以上，所得が発生するとされているように思われる。したがって，無償取引に関する民法の定める様々な場合について，所得の発生の有無それ自体についてあまり問題は生じないものと思われる。ただ，Ⅰで述べた民法の定めるそれぞれの場合に関して，具体的に何所得がいつだれに生ずるのかという点については，さらに詳しい検討が必要なのではないかと思われる。なお，純資産の増加した事実に，本人が気づいていなければ，所得は発生しないと考えるべきか否かという点については，検討の余地があるかもしれない。

2　無償であること

①　対価の意義

取引の対価とは，現金（あるいは，決済手段である手形・小切手），及び，その他の反対給付である。現金と現物の対価では，取引が売買になるか交換になるかという差異が生ずるのが一般的であろう。この点において興味深いのが，地方税法348条2項ただし書の「有料」の認定に関する東京地裁平成3年10月16日判決・行政事件裁判例集42巻10号1666頁である。

　　「地方税法348条2項ただし書の『有料』とは，土地等の貸借と関連して，借主

が貸主に一定の金員を支払う旨の合意が成立し，その合意に基づく債務の履行として金員を支払うべき関係が存在することをもって足り，その金員の額が取引上当該土地等の貸借の対価に相当する額に至らないものであっても，それが社会通念上無視し得る程度に少額である場合を除き，なお『有料』で借り受ける場合に当たるものと解するのが相当である。」

　この判決は，有料というのは，社会通念上無視しうる程度に少額である場合を含まないと解している。しかし，法人税法等における議論においては，低額を一部無償と扱っているから，この判決とは少し異なる。

　②　対価の範囲と取引の単位
　取引の存在の有無という問題よりも，さらに困難な法的問題を生ずるのは，無償であることの定義が難しいという点である。

　この問題は，ある経済的利得の対価をどの範囲でとらえるか（直接的な対価でないものまで対価に含めるか）という問題であるから，結局，取引の単位をどの範囲のものとして把握するかにより異なったものとなってくる。目の前の取引のみを見れば無償であっても，少し時間が経過した後に，あるいは，当事者以外の関連者に対して，必ずしも直接的なものとはいえない反対給付がなされるような場合に，それを無償取引と認識すべきかどうかという点は，思ったよりも難しい問題である。換言すれば，取引を，（間接的な関係のものをいっしょにして）一つの有償取引と考えるか，それぞれ別個の二つの無償取引と考えるかという取引の単位の問題が，その本質である。

　この点，取引の単位を長い時間や広い空間の中でとらえると，無償取引というものが存在する余地はきわめて小さなものになってしまうであろう。かといって，取引の単位をごく目先の動きだけに着目してとらえると，無償取引の認定される余地は大きくなるが，不合理な結果がもたらされる可能性も出てこよう。現実の世界には，「江戸のかたきを長崎でうつ」といった因果の関係がまま存在するのであり，経済取引において，その間の関係を無視すべきでない場合は少なくないであろう。

　この点は，結局は，程度問題であり，終局的には社会通念に根ざした事実認定に依存すると考えるしかないであろう。

　この点，いわゆる相互売買の事案に関する東京高裁平成11年6月21日判決・判例タイムズ1023号165頁は，当事者の行った取引が二つの売買契約な

のか，一つの交換契約なのかが争われた事案である。当事者の締結した契約を尊重する限りにおいて，この場合には二つの売買契約が存在するというのが適切であり，裁判所はそのように判断した。したがって，本判決は，当事者の採用した私法上の法形式を課税関係を考える際に無視してはならない事例であるととらえられている。しかし，この事案は，取引における対価の範囲を考える場合にも興味深いものである。それは，対価の範囲に関する考え方に，多少の疑問の余地が残るからである。この点について，私は，かつて，以下のように述べたことがある。[4]

「本件取引が二つの売買であるとしても，譲渡資産の売却の対価をどのように考えるかという点については，さらに検討の余地がある。納税者が，土地譲渡の見返りに，契約で約定された売買代金7億円余の他に，現物利益として，『時価7億円余の不動産を4億円余で購入する権利』（3億円の価値と考えられる）を取得すると見れば，納税者は本件不動産を10億円余で入手したと考える課税庁や東京地裁の立場も十分に成立しうる（訟務月報47巻1号190頁以下，及び，品川芳宣・本件評釈・税研89号118頁，参照。なお，相互売買における対価の範囲につき，東京地裁平成13年5月25日判決〔東急不動産事件〕と，その控訴審判決である東京高裁平成14年8月29日判決参照）。

なお，『本件は通常の売買とは異なり，売買代金の支払いに代えて代替物件を同額で譲渡するという実質上の交換契約である。そこで，本件物件の譲渡代金は……控訴人が実質上交換取得した代替物件の価額と税金の補填のためのSから給付された金員の合計額による』と述べる東京高裁平成8年5月13日判決・税務訴訟資料216号353頁は，取引を私法上の法形式にかかわらず租税法上『交換』として扱う趣旨ではなく，売買という私法上の法形式の下の売買代金の範囲の問題として判断を下している（取引が『実質上の交換取引』であるというのは，そのような趣旨であろう）と考えることもできよう。

もちろん，譲渡の対価を広く認定することができるか否かは，個別具体的な事実関係によると思われるが，二つの売買契約の間に密接な関係が存在するような場合，事実認定・契約解釈の問題として，対価の範囲が広く認定される場合はありえよう。」

4）　中里実・判決評釈・「最新租税基本判例80」税研106号（2002年）53頁。

このように，対価の範囲の問題は，つきつめると，私法における契約の単位の問題と重なるということになる。残念ながら，この点に関して明確に判断できるような基準を民法において見出すことは必ずしもできず，最終的には，個別具体的な場合に応じて，社会通念に基づいて裁判所が判断していくしかないものと思われる。

しかし，ここで重要なのは，対価の範囲や契約の単位について，租税法独自に判断するのではなく，民法における判断に従うべきであるという点である。「無償」の「取引」というのは，決して租税法独自の概念ではない。課税は，第一義的に私法により規律される経済取引に対して外部からなされるものであり，租税法独自に対価の範囲や契約の単位を認定することは，否認規定なき租税回避否認を認めるのと同様のことになり，許されない。

③　対価の範囲の確定と社会通念

どの範囲を対価と認識するのかという問題は，困難な問題であり，最終的には，個別具体的な事情に応じて裁判所が社会通念に照らして結論を下すしかないように思われる。

この点に関して参考になるのが，値引きが寄付金に該当するか否かが争われた東京地裁平成3年11月7日判決・行政事件裁判例集42巻11・12号1751頁である。この判決は，

> 「鉄鋼等の取引を営む会社である法人がその関連会社に対して売り渡した商品の売上代金の一部を値引きした行為が，その時点において，当該法人が売上値引きを行わなければ今後当該法人においてより大きな損失を被ることとなることが**社会通念上明らかである**と認められるような状況があったものとは認められず，また，その売上値引分に相当する売掛債権の回収が不能な状況にまでなっていたものではないから，業績の悪化していた当該関連会社に対する援助措置として行われた経済的利益の無償供与の性質を有し，法人税法37条所定の寄付金に該当するとされた事例」（強調・中里）

として紹介されているように，値引きが寄付金に該当するか否かについて，社会通念に基づいた判断を採用している。もちろん，この判決は，直接的にはどの範囲の支払を対価と認識するかという点に関して述べたものではないが，以下のように，対価の範囲について考える際に参考になるものである。

すなわち，この判決によれば，値引きを行わなければ大きな損失を被ることとなることが社会通念上明らかであれば，それは，経済的利益の無償供与の性

質を有していないということになる。換言すれば，そのような場合には，価格の一部となる（したがって，値引き後の価格が適正となり，寄付金計上は不要となる）ということである。

同様に問題となりうるのが，金融取引における対価である。たとえば，預金金利7％，貸付金利12％の銀行を念頭においた場合，当該銀行の金融サービスの対価は，金利そのものではない。金融サービスの対価が金利そのものであるとすれば，（利子を受領する）預金者は銀行の顧客ではないことになってしまう。金融サービスの対価は，預金者については市場金利から7％を差し引いた部分であり，貸付先については12％から市場金利を差し引いた部分である（預金者からの対価と貸付先からの対価の合計が，貸付金利12％と預金者金利7％の差額の5％となる）と考えるべきである。すなわち，銀行は金融サービスの対価を明示的に徴収せずに，暗黙の対価のかたちで徴収しているのである。また，保険会社について考えてみると，保険サービスの対価は，受取保険料から，支払保険金の期待値を差し引いた部分ということになり，受取保険料のすべてが保険サービスの対価というわけではない。支払保険金の期待値部分は，本来の対価から差し引かれるべき部分である（当該期待値部分は，保険事故にあわなかった者から，保険事故にあった者に対して，保険金というかたちで移転される）。

④　契約の数と抗弁の切断

このように，取引の対価の範囲を確定する際の背後に存在する契約の個数の問題（どの範囲で一つの契約と認識するか）については，基本的に私法に依拠して，社会通念に基づいて判断すべきであり，租税法独自に判断すべきではない。ましてや，会社理論や実務に依拠して判断すべきでもない。

この問題について私法に依拠して考える場合に重要な論点となるのが，契約の牽連性ないし抗弁の切断の問題である。取引の単位が民法上問題となりうる場合として，たとえば，以下のような場合があげられよう。

- 原因行為と物権行為の独立性　　日本では，売買契約と物権行為（所有権の移転を目的とするもので，権利義務の発生をともなわない）は別個に取り扱われてはいないが，債権譲渡の場合においては，売買契約と準物権行為としての債権譲渡を独立に考えることが可能である。

- 売買契約と代金支払のためのローン契約　　両者の関係を一体としてみるか否かで，売買が解約された場合に，ローン契約が残るかどうかが影響を受ける。消費者信用取引の中には，わざわざ販売者と信用供与者を分離して，抗弁の切断をは

かり，売買の解約が支払の拒絶につながらないように仕組まれたものがある。しかし，売買契約を前提に消費貸借契約が結ばれた場合には，両者間に牽連性を認められる場合がある（金融機関等と販売業者の間に加盟店契約がある場合等）かもしれない。この問題は，結局，消費貸借契約と販売契約が手続的・内容的に一体であるか，反復継続的取引関係・相互依存関係があるか，等，諸事情を勘案して社会通念に照らして判断するしかないものと思われる。

・留置権に関する牽連性

・双務契約の牽連性

・手形行為の無因性　　手形行為は原因行為とは別個の行為とされる。

・手形行為の独立性

これら様々な場合に関して，二つの行為の関係が議論されている。そこから，一般論として，契約の個数（契約の単位）に関する理論が抽出できるのかもしれないが，私の能力を超える問題である。

⑤　取引対象の種類による差異

次に，取引の対象が資産（含む，契約上の地位），役務，金銭のいずれであるかにより課税上の差異が生ずる場合があるという点についても，一応は検討しておかなければならない。このうち，主として問題となるのは役務である[5]。

特に，たとえば，親会社が子会社に経営指導を無償で行った場合に，これを対価を徴収すべき取引と考える（したがって，対価を徴収していない場合には寄付金課税の問題となる）か，あるいは，株主としての行為と考える（したがって，そこに損益取引は存在せず，広い意味の対価は配当として受領する）という問題が生ずる[6]。この点は，株主としての投資を守るための行為ならば，寄付金とはならないと考えるべきであろう。

Ⅳ　無償移転の課税問題

1　ストックとフロー

この点に関する基本的な定めは，民法における元物と果実に関する定めであ

---

5)　金銭の対価として金銭を受領する取引は両替であるが，両替については，中里実「制定法の解釈と普通法の発見（下）」ジュリスト 1369 号（2008 年）107 頁，110-113 頁，特に，112 頁の注 61 参照。

6)　中里実「関連企業間の役務提供と寄附金課税」租税研究 685 号（2006 年）87 頁。

るが，この問題についても，それを意識した議論が租税法において行われたことはあまりなかったのではなかろうか。

　ごく一般的にいうならば，包括的所得概念の下においては，移転による資産の増加も，キャピタルゲインも，利益も，いずれも所得に含まれるのであるから，元物の増加と果実とを区別する実益は乏しい。

　これに対して，相続と贈与は，基本的に資産と金銭が対象なので，役務については原則として課税の対象とはならないから，それと関連する限りにおいて，元物と果実の区分が意味をもつといえよう。

　ここで主として考えたいのは，所得課税と相続税・贈与税課税の関係についてである。相続税・贈与税に関しては，その本質をどう考えるかで基本的なとらえ方が異なるものとなる。相続税・贈与税を（フランスにおけるように）登録税の一種と考えるならば，特に所得税との関係を問題にする必要性はないであろう。しかし，相続税・贈与税を，アメリカにおけるように資産移転税と考える場合には，（資産の移転による取得は純資産増加であり，所得を構成すると考えられるから）所得税との関係が問題となりうる。それは，すなわち，相続・贈与の際の資産の取得について課税し，かつまた，そこで取得した資産の生み出す将来フローについても所得税を課税することが，二重の課税となりうるからに他ならない。相続税が所得税の変形であるというのであれば，資産を取得した場合に，PV＝Σ（フロー/1＋i）という式の，左辺に対して相続税・贈与税を課して，かつまた，右辺の分子に対して（フローが生み出される時点で）所得税を課税するということが，理論的に問題となる。

　もっとも，同様のことは，所得税の内部でも生じる。すなわち，今，ある資産の価値がゼロから増加した場合，その増加額は，PV＝Σ（フロー/1＋i）となるから，この式の左辺に対してキャピタルゲイン税を課し，右辺の分母に対して（フローが生み出される時点で）所得税を課税することは二重の課税ということになるからである。もっとも，この点は，包括的所得概念を採用する場合に不可避的に生ずるものである（利子の二重課税と同質の問題であるといえよう）。

　そして，含み益のある資産が相続される場合には，問題はさらに深刻なものとなる。すなわち，この場合，被相続人の資産保有時に生じた（含みの）キャピタルゲインについては，取得費引継ぎのかたちで相続人に引き継がれる。この（含みの）キャピタルゲインは，相続人が受領する当該資産からの将来フロー増加分を相続時の現在価値に割り引いたものである。したがって，課税は次

のように三重となる。

・（含み益を含む資産価値全体についての）相続税の課税
・取得費引継ぎのかたちの（将来における）キャピタルゲイン課税
・相続人保有時のフローについての所得税課税

そして，相続人に所有権が移転された後のキャピタルゲインについても，次の相続の際に，同様のことが繰り返される。

2 相続税・贈与税と所得税

以上述べたような二重の課税なり三重の課税の存在を考慮した場合に問題となるのは，相続に対する特別な課税がはたして必要かという点であろう。そもそも，相続税は，歴史的には，中世ヨーロッパにおける登録税を前身とするものであるが，現在は，所得税を補完する租税としての政策的意義・経済的意義が強調されている。

しかも，相続税は，単に再分配を促進する制度ではなく，相続による財産の取得について所得税を課税しない制度の下においては，むしろ，所得税の過度の累進性を緩和するための特別な措置（高い基礎控除等）として位置づけることも可能であろう。

ここでは，所得税との関係が相続税よりも密接であると思われる贈与税を素材として，理論上，贈与税が所得税の補完税として本当に必要かという点についてどのように考えるべきか検討してみたい。あわせて，贈与税が相続税の補完税として本当に必要かという点についても考えてみたい。

(1) 贈与税は，所得税の代替か？

贈与は家計間の移転であり生産物の対価ではない。すなわち，贈与の背後には何らかの生産は行われていないし，贈与自体も付加価値を生み出さない。もちろん，金融取引の場合と同じく，移転の結果として付加価値が増加することがあるが，これは移転の効果として，それまで生産活動に用いられていなかった生産要素が生産活動に投入されるようになる結果，生産が活発に行われるためである。たとえば，高齢者から若年者に贈与がなされ，若年者がこれを生産活動にあてる場合等がこれに該当する[7]。

しかし，包括的所得概念の理論の下においては，移転による純資産増加も所得に含まれる。その結果，贈与について包括的所得概念を適用すると，以下のようになるのではないかと思われる。すなわち，第一に，受贈者に対しては，

資産取得による資産増加分について所得が生ずる。逆に，第二に，贈与を行った者については，純資産の減少として所得が減少させられる。これは，贈与は移転であり消費ではないと考えれば，贈与を行うと，所得＝消費＋純資産増加が贈与分だけマイナスとなるからである。しかし，現実には，所得税法は，「相続，遺贈又は個人からの贈与により取得するもの（相続税法（昭和25年法律第73号）の規定により相続，遺贈又は個人からの贈与により取得したものとみなされるものを含む。）」について所得税を非課税とする（所得税法9条1項15号）ことにより，贈与をなす者と贈与を受けた者の両方に所得税の影響が出ないようにしている（その限りで，包括的所得概念を貫徹した場合と，両者の課税の合計は等しい）。しかし，これは，贈与による財産の取得については別途贈与税が課税されることを前提とした定めなので，結局は，包括的所得概念を貫徹した場合よりも，贈与税の分だけ課税が多いということになる。そのように考えると，贈与税は，所得税の代替とはいえないであろう。

(2)　贈与税は，相続税の補完税か？

次に，贈与税は相続税の補完税かという点が問題となりうる。この点，相続と生前贈与とが同質のものでなければ，贈与税を相続税の補完税と位置づけることは必ずしも妥当ではないと考えられるかもしれない。

事実民法においては，贈与は契約であるが，相続はそうではないから，両者は一見別の存在のように見える。しかし，相続に際して，一部，生前贈与を考慮することとされている（民法903条参照）ところを見ると，民法は両者を同視していると考えられる。また，相続税と贈与税に関しても，両者を一体として考える制度が存在する（相続時一括精算課税制度）ところを見ると，租税法は，贈与税を相続税の補完税と考えているといっていいであろう。

(3)　贈与税の所得税との調整

日本の現実の贈与税は負担が重く，いわば贈与禁止機能を果たしているといってさえいいような状況である。税率は，10％から50％で所得税と変わらないが，税率のブラケットが所得税の場合よりも低く抑えられている。所得税と贈与税の密接な関係を考えるならば，両者をそろえるという考え方もありうる

---

7)　童話のこぶとり爺さんの話においては，爺さんが鬼からもらった小判を村の貧しい人たちに分けてあげた結果，村人は幸せになったというが，その村が周りから隔絶された場所である場合に，小判をあげても貨幣流通量が増加するだけで，インフレがもたらされるだけである。村人が豊かになるためには，周りの村から製品を購入するか，あるいは，当該小判で生産要素を取得して，生産量の増加を図るしかない。この童話は，貨幣と生産要素の峻別を怠ったものなのである。

126 第2章 課税上の利益帰属

であろうが，そうすると，細かく贈与することにより，相続税の累進構造が回避されてしまう。

V 相続と相続税についての再考

1 相続はなぜ認められているのか──相続の基礎

　相続税が相続による財産の移転に着目して課される租税である以上，相続税について考える前提として，そもそも，相続という制度がいかなる理由で存在するのかという点についても，多少の議論をしておく必要がある[8]。この問題について，ここでは，ごく簡単に，相続の本質から考えて相続税にはおのずから限界があるかもしれないという点に関連する限りにおいてではあるが，若干ふれておくことにする。

　そもそも，なぜ相続という制度が世界中で，また長い歴史の中で連綿として存在を認められてきたのかという点について，多少の検討を行うことなしに，相続税の課税について議論することは，不適切なことに思えてならない。相続税の議論において，相続の制度を単に与件と考えるのは，必ずしも適切なことではなかろう。相続のように歴史の古い強固な制度には，何らかの本質的な存在根拠がなければならないはずである。

　そこで注目したいのが，財産権の本質をめぐる議論である。ここで述べたいのは，人が遺伝によって受け継ぐ個人の能力も，相続により受ける財産とまったく同様に，個人の人格ないし財産権の延長としてとらえるべきなのではないかという素朴な感覚についてである。そして，その背後に存在すると思われるのは，人が「人」に関して有する財産権である。

(1) ローマ法の物権

　私法における財産権の本質について検討する際には，本来ならば，ローマ法にさかのぼって考える必要があろう。後の時代における財産権をめぐる議論の

---

8) Andrew Taylor, Henry James and the Father Question, pp. 1-23 (Introduction: the nature of inheritance), 2002; Urpo Kangas, The Function and the Order of Inheritance, http://www.cenneth.com/sisl/pdf/29-3.pdf; Shelly Kreiczer-Levy, The Mandatory Nature of Inheritance, 53 American Journal of Jurisprudence 105 (2008); Joseph Jenkins, Editor's Introduction: What Should Inheritance Law Be?, 20 Cardozo Studies in Law and Literature 129 (2008); Kris Bulcroft & Phyllis Johnson, A Cross-National Study of the Laws of Succession and Inheritance: Implications for Family Dynamics, 2 Journal of Law & Family Studies 1 (2000).

ルーツは，ローマ法にあると考えられるからである。もちろん，私自身はローマ法についてはほとんど知識を有していないので，ここでは私がたまたま目にしたある書物における，ローマ法上の物権の分類について述べておこう。この書物は，ガイウスの法学提要や，ローマ法大全の法学提要を中心にローマ法の概要を系統的に解説したものであるが，以下のように，物権を，自分自身に対する物権，他人に対する物権，家畜や物についての物権に分けて論じている。すなわち，

① 自らの人格に関する物権

② 他の人間に関する物権

奴隷制
父権　Patria Potestas [11]
夫権　Manus [12]
Mancipium [13]

③ 動物と物に関する物権

　ここで注目すべきは，上の①と②の人間（自分自身あるいは他人）を対象として成立する物権である。実は，このような権利がかなり姿を変えたかたちにおいてではあるが，現在の法制度の下においても依然として根強く生きているの

---

9) W. A. Hunter, A systematic and Historical Exposition of Roman Law in the Order of a Code, Embodying the Institutes of Gaius and the Institutes of Justinian, Translated into English by J. Ashton Cross. 4th ed., 1803.

10) すなわち，以下のように分けられている。
RIGHTS IN REM IN RESPECT OF ONE'S PERSONALITY
RIGHTS IN REM IN RESPECT OF OTHER HUMAN BEINGS
　Ⅰ. Slavery
　Ⅱ. The Paternal Power. PATRIA POTESTAS
　Ⅲ. The Marital Power. MANUS
　Ⅳ. MANCIPIUM
RIGHTS IN REM IN RESPECT OF ANIMALS AND THINGS

11) 父親の家族に対する支配権のことである。

12) 夫の妻に対する支配権のことである。

13) 春名一郎「売買ノ発展史ニ於ケル mancipatio」法学新報 35 巻 1 号（1925 年）参照。

14) なお，このような考え方は，東洋にも見られる。孝経の聖治章の第 9 に，孔子の言葉として「天地之性人為貴」という表現が見受けられる。後漢の光武帝は，この言葉を引用して，建武 11 年に，「天地之性人為貴。其殺奴婢，不得減罪」という詔を出して，奴婢の解放を行ったことは有名である。

128　第2章　課税上の利益帰属

ではないかというのが，私のいつわらざる感想である。そして，この点こそが，相続という制度の本質について考える際のポイントなのではないかと考えるので，以下においては，ある人間の自分自身についての所有権と，他人に対する所有権のそれぞれについて，相続制度の根拠との関連で若干を述べることとしたい。

(2)　自己所有権 Property on one's own person, or self-ownership [15)]

人間の自分自身の身体・精神・人格・名誉等について成立する財産権である自己所有権については，ロック[16)]やヘーゲル[17)]をはじめとして様々な論者が，様々な議論を展開しているし，最近においても，リバタリアニズムとの関係で活発な議論がなされているが，これらについては，法哲学において詳しく論じられているので，そちらの議論に委ね，ここでは，それ以上立ち入らないこととする。

そもそも，なぜ身体に傷害を受けたり名誉を毀損された場合に法的救済を求めることができるのか，正当防衛・緊急避難はなぜ認められるのかという点について少しでも考えれば，それは，人が自らの身体や人格や名誉についてある種の財産権を有しているからと考えざるを得ないのではなかろうか。また，身体や人格や名誉について妨害排除のために仮処分を請求できるのも，そのような財産権が所有権類似のものだからである（それ故に，差止のような物権的請求権のごときものが認められる）と考えざるを得ないのではなかろうか。すなわち，現代の法制度の背後には，自己所有権的な感覚が厳然として横たわっているといえるのではなかろうか。また，通常の物に対する所有権も，自ら作り出したものは自らのものであるという意味において，自己所有権の延長線上において正当化することが可能である。さらに，より現代的な人格権や知的財産権についても，このような自己所有権の延長として考えることが可能であろう。

そして，このように，人間が自らの身体等に関して財産権を有しているという考え方は，次に述べるように，実は，相続制度と密接な関連があるように思

---

15)　Cf. James Bonar, Philosohy and Political Economy in Some of Their Historical Relations, 1893; Maureen Sie, Marc Slors, and Bert van den Brink ed., Reasons of one's own, 2004.

16)　John Locke, Two Treatises of Government, The Second Treatise, 1690 の Section 27 には，"Every man has a property in his own person. This nobody has a right to, but himself." という有名なフレーズがある。

17)　Cf. Karl Marx, Zur Kritik der Hegelschen Rechtsphilosophie, 1843; Joan B. Landes, Hegel's Conception of the Family, Polity, Vol. 14, No.1 (Autumn, 1981), pp. 5-28.

われる。

(3) 他人の財産に対する潜在的支配権

すなわち，上で述べた人の身体や人格や名誉についての財産権は，一個人を超えるものであるということを，少なくとも一定程度は，認めざるを得ないのではないかと思われる。ここで私が注目したいのが，扶養義務（ここでは，便宜のために，民法752条の定める夫婦間の扶助義務もこれに含めて議論する）と相続の関係である。そもそも，自分以外の一定の範囲の他の人間（配偶者や家族・親族）の財産や身体や人格についての一定の支配権の存在を前提としなければ，法的に見た場合の扶養義務の根拠や相続の根拠を理論的に説明することは困難なのではなかろうか。

夫婦や家族の中においては，いわば，お互いがお互いに対して一定の財産権を有している（持ち合っている）かのような関係を観念できるからこそ，相互の扶養義務や相続が制度として存在するのではなかろうか。夫婦や家族の内部において，お互いがお互いに対して一定の財産権を有しているのでなければ，ある者と特定の関係に立つ一定の者（配偶者や家族・親族）に対してのみ，扶養義務や相続権が成立するという点について，論理的に説明することができないのではなかろうか。少なくとも，法が，きまぐれで，一定の者に対してのみ扶養

---

18) なお，ローマの父権や夫権は，父親や夫の有する一方的なものであるように見えるが，それは私法上の構成上のことであり，必ず時も，子や妻を家畜のように虐待していたと考えるべきではなかろう。すなわち，それをあえて現代的に説明すれば，氏族や家族という団体の代表者が，法人の理事のような立場にいたことをあらわしているという理解も，まったく不可能というわけではないのかもしれない。戦前の日本の家族制度においても，同様かもしれない。もっとも，このような制度の下においては，昭和恐慌時の東北の農村における子供の身売りを村役場が斡旋するような，著しく人権侵害的なことが生じうるのも事実である。

19) 親族が不法行為で死亡した場合等における家族の慰謝料請求についての考え方の変遷は，興味深い。かつての大審院時代は，民法上の慰謝料請求権は被害者の一身に専属すると解されていたことから，家族の慰謝料請求には被害者の意思表示が必要とされていた（残念事件，大判大正8年6月5日民録25輯962頁）。しかし，現在では当然相続説が採用されている。すなわち，最大判昭和42年11月1日民集21巻9号2249頁は「ある者が他人の故意過失によって財産以外の損害を被った場合には，その者は，損害を被った場合と同様，損害の発生と同時にその賠償を請求する権利すなわち慰謝料請求権を取得し，右請求権を放棄したものと解しうる特別の事情がないかぎり，これを行使することができ，その損害の賠償を請求する意思を表明するなど格別の行為をすることを必要とするものではない。そして，当該被害者が死亡したときは，その相続人は当然に慰謝料請求権を相続するものと解するのが相当である。」と判示している。

20) 扶養や相続は私人間の関係であり，国家が私人に対して扶養や相続を命じているわけではない。扶養や相続が私人間の権利義務関係であるとすれば，その背後に，本文に述べたような財産権の存在を推定することはあながち不当なこととは思われない。

21) もっとも，夫婦の一方が死亡した場合の財産権の移動は，相続とは多少異なる関係であるが，日本においては，これも相続とされている。

義務を課し相続権を認めていると考えるわけにはいかないであろう。

　そのように考えると，ある者と特定の関係に立つ一定の者に対して相続権が認められているのは，その一定の者が当該ある者の有する財産に対して，本来的に一定の（潜在的な）権利を有していることの反映であるということになるのではなかろうか。このように，相続による財産の取得とは，本来自らに（潜在的に）帰属する財産を（明示的に）取得しただけであると考えることも不可能ではないといえよう。そうであるならば，相続税・贈与税の課税にも不可避的に一定の限界があり，少なくとも，相続税や贈与税の税率を極端に高くすることは，そのような私的な財産権の侵害として，許容されないと考えることも不可能ではないのかもしれない。

　もっとも，遺言の制度の存在を考えると，被相続人の財産について，相続人の有する（潜在的な）権利は限定されているということになろうが，しかし，遺留分の存在を考えれば，少なくともその範囲内においては，相続人の権利を否定するわけにはいかないことは当然である。

　また，被相続人が生きている間は，彼の財産は彼が自由に処分できるのであって，相続人はそれについて法的な権利は有しない。しかしながら，被相続人が死亡すれば相続権が発生するのであるから，相続人の権利は，いわば潜在的ないしレジデュアルなものとして，被相続人が生きている間においても潜在的には存在すると考えることも不可能ではなかろう。

　逆に，配偶者や家族・親族について，被相続人の財産に関するある種の潜在的財産権の存在がまったく否定されてしまうならば，相続法は，被相続人の財産の（被相続人と無関係の者に対する）死後の配分に関してまったく自由に立法していいということになるから，それは，私法上の権利義務の存在とは無関係に相続法が財産の帰属を決めるという意味において，あたかも行政法規のような性格を有することになってしまうであろう。たとえば，相続人が存在する場合にも，民法959条におけるように相続財産のすべてが国に帰属すると定めることも自由であり，また，相続税の税率を100%とすることも自由であるということになってしまうであろう。

　しかし，このような考え方は，相続という制度が長い歴史の中で存続してきたものであるにもかかわらず，それを法律で自由に否定することができるというような国家万能主義に立つものであり，そのような考え方が憲法29条との関係で許されるものなのか否かについては，そう簡単に結論を下すべきではな

いのではないかと思われる。この問題は，財産権の不可侵性をどの範囲で認めるかというきわめて重大な問題と関連するからである。

このように考えてきた場合に，別稿において論じたように[22]，相続税・贈与税を廃止するという議論は，単に景気刺激策としてというよりも，究極の財産処分である無償移転の際の国家介入を排除する議論として，それなりの妥当性を有するものといえるかもしれない。しかし，もちろん，その際には，相続・贈与による財産の取得に対して所得税をいかにして課税するかという議論が必要なことはいうまでもないから，そのような議論が相続・贈与の際の課税を否定するものではないことに留意されたい。

2　相続，家族間贈与の特殊性

以上のように，相続の意義を人格権と絡めて，相続を自己所有権の拡張ととらえた場合には，いわゆるダイナスティーの理論（すなわち，個人は自らの生存中のみならず，子孫の満足まで考慮して消費や貯蓄をするという理論ないし仮説）におけるように，相続や家族間の贈与を通常の取引と同視することは果たして望ましいことなのかという問題意識が成立する。すなわち，我々は，そもそも家計間の移転を課税事象とすべきなのかという根本的な疑問にぶつからざるを得ないのである。もちろん，登録税や印紙税のような形態の相続税・贈与税であればあまり問題はないのかもしれないが，資産移転税なり，所得税なりのかたちの相続税・贈与税に，果たして究極の課税根拠は存在するのであろうか。

この点において，考慮しなければならないのが，民法上の家族間扶養義務（ここでは，便宜上，夫婦間の扶助義務も含むものとする）である。この点，現行相続税法も，たとえば，贈与税の非課税財産に関して，「扶養義務者相互間において生活費又は教育費に充てるためにした贈与により取得した財産のうち通常必要と認められるもの」は，贈与税の課税価格に算入しない（相続税法21条の3第2号）と定めて，扶養義務を前提とした取扱いを認めているが，この取扱いは，家族相互間の関係を濃厚に反映したものであるといえよう。

民法上の相続制度を無視して相続税・贈与税の制度に関する議論をすることが不可能であるように，民法上の家族間扶養義務等を無視して，相続・贈与税

---

22)　中里実「相続税の理論的問題点に関する暫定的メモ」トラスト60研究叢書『国際商取引に伴う法的諸問題（16・完）』（2010年）85-103頁，及び，中里実「総括」海外住宅・不動産税制研究会編『相続・贈与税制再編の新たな潮流』（日本住宅総合センター，2010年）291-331頁。

の議論をすることは不可能であろう。そうであるならば，（仮に，上の1におけるように相続の意義を人格権と絡めて相続を自己所有権の拡張ととらえるというような考え方を採用せずに）単に現行の民法を表面的に理解した場合においても，扶養義務の履行としての財産の移転に課税を及ぼすことは必ずしも適切ではないといえよう。すなわち，民法上課された扶養義務の履行としての財産移転について相続税法21条の3第2号は非課税としている（夫婦間扶助義務については言及されていないが，同様であろう）が，その扶養義務の履行とされる財産移転の範囲は，実際には，かなり不明確である。もちろん，同じ「生活費」であっても，夫婦間の扶助と親子間の扶養では状況は異なるであろうし，扶助や扶養を受ける側の必要性の度合いによっても状況は異なってくるであろう。また，同じ「教育費」といっても，莫大な額の授業料を支払わなければならない場合と，低額ですむ場合とでは，まったく異なるものといえよう。しかし，形式的に考えれば，扶助義務や扶養義務を超えて移転された財産については贈与がなされたことになるものの，実際には，贈与の有無がどのような基準で判断されているか，疑問なしとしない。

　したがって，（扶助義務を含む）扶養義務の当事者相互間においてはそもそも贈与税を非課税とするという方式も考えられないでもない。もちろん，実際には，そのような方式を採用すると相続税の課税が不可能となってしまうであろう。しかし，現実においても，扶養義務の当事者相互の生活費と教育費の非課税の制度を利用して，相続税逃れに類似したことも行われているかもしれない。仮にそうであるならば，現在の制度は，著しい不公平を生み出す可能性がある（ないしは恣意的なもの）といえよう。

3　離婚の際の給付

　ここで，日本において仮に夫婦財産共有制を採用すると仮定した場合，婚姻後に取得した財産は夫婦の共有になるが，その際にはたして贈与税の課税がどうなるかという問題について考えてみよう。この問題は，単なる仮定上のものにすぎないが，ここから明らかになることは，夫婦財産制の違いは，相続制度に大きな影響を及ぼすのではないかという点である。たとえば，夫婦財産共有制の国においては，相続の対象となるのは，夫婦共有財産の半分（と個人財産）ということになるのではなかろうか。したがって，**一口に相続税の課税の対象といっても，民法の差異により範囲が著しく異なってきうるのである**。これは，

考えようによっては，国は，夫婦財産制度及び相続制度を定めることによって私人間の財産の配分を決定するだけではなく，国自体がある種の相続人として，相続税のかたちで相続にかかわっているということであろう。

　そうであるならば，夫婦間の相続について相続税を非課税とすることも，まったく不合理とはいえないかもしれない。事実，フランスにおいては，2007年8月23日以降，夫婦等の間の相続を非課税とする法改正を行った（一般租税法典790-0条，790-0 bis 条，790-0 ter 条）。

　このように考えてくると，扶助義務・扶養義務や夫婦財産制を考慮して，贈与者と受贈者の関係に応じて，相続税・贈与税の課税関係を異ならせるという制度も一考にあたいするといえよう。すなわち，相続税額の加算に関する相続税法18条におけるように，他人への相続・贈与については税率を高くするが，親族間の相続・贈与については税率を低くする（ないしは非課税とする）という方式である。

　いずれにせよ，家族間の相続・贈与をどのように扱うかという問題は，結局，所得税における課税単位の問題と密接な関係をもってくる。個人単位で所得を考えることの限界が，相続税・贈与税の制度の矛盾として露呈されているといえるのではなかろうか。

4　人的資産の非課税

　相続税・贈与税の最大の問題点は，所得税と異なり人的資産（身体や能力）について非課税とされていることである。人が有している人的資産は，勤労所得を生み出す源泉であり，現代においてはもっとも重要な資産であるが，これについて相続税・贈与税の課税が行えないという点は，不公平をもたらすものであり，この特徴ゆえに，相続税・贈与税は補充的な税源にとどまり，主要な税源とはなりえないといえよう。

〔追　記〕

　なお，生命保険年金についての所得税と相続税の二重課税に関する最高裁平成22年7月6日判決については，ジュリスト1410号（2010年）特集「生保年金二重課税最判のインパクト」でも論じている。

（金融取引と課税（1），2011年）

第 3 章　時間を超える利益移転

年齢・主体・課税に関する研究ノート
——教育資金贈与信託を出発点に

神 山 弘 行

I　は じ め に

1　本稿の問題意識

　トラスト 60 の本研究会は，「信託と税制」の関係を考えるに際して，いわゆる狭義の信託課税だけでなく，金融取引課税を広くその検討対象としてきた。また，信託と税制の関係で問題となる「資産の無償移転」というより本源的な問題を基本軸としての分析も並行して行われてきた。

　ところで，新聞報道等でも大々的に報じられたように，平成 25 年度税制改正により，「教育資金の一括贈与に係る贈与税の非課税措置」（以下，教育資金贈与信託税制と呼ぶ）が導入された。この制度は，①受贈者（30 歳未満の者に限る。）の教育資金に充てるためにその直系尊属が金銭等を拠出し，金融機関（信託会社（信託銀行を含む。），銀行等及び金融商品取引業者をいう。）に信託等をした場合には，②信託受益権の価額又は拠出された金銭等の額のうち受贈者 1 人につき 1500 万円（学校等以外の者に支払われる金銭については，500 万円を限度とする。）までの金額に相当する部分の価額については，③平成 25 年 4 月 1 日から平成 27 年 12 月 31 日までの間に拠出されるものに限り，贈与税を課さないこととするものである。[1]

　教育資金贈与信託税制が導入された背景には，金融資産を潤沢に保有している老齢世代から，「外部効果」が見込める「教育」に限定する形で，若年世代への資産移転を促すことが意図されているようである。[2]

　この教育資金贈与信託税制は，その背後に存在している所得税・贈与税・相

---

1)　「平成 25 年度税制改革の大綱」（平成 25 年度 1 月 29 日閣議決定）41 頁。

続税の「グランド・デザイン」について考える際に，幾つかの視点を提供してくれる。

そもそも，信託という法的仕組の特徴の一つは，「異時点間」に存在する「異なる私人間」での資産の移転を可能にするという点にある。しかしながら，信託による異時点間の「異なる主体間」での資産移転と課税の関係について検討を行うためには，その前提作業として，より単純な状態である異時点間の「同じ主体間」での資産移転と課税の関係について考察を行う必要があると考える。[3]

2 分析軸の整理

本稿は，信託課税を考える前提作業として，次のような分析過程を経ることが有益ではないかとの仮説から出発している。

まず，次頁【表1】のように，「時間軸」と「主体」の二つの軸により分類をする。そして，各類型における伝統的な租税法理論の焦点を明確にすることで，これまで明示的に分析されてきた部分と暗黙の前提とされていた部分を区別する。その上で，各類型における相互関連性を精査することで，複数の類型に当てはまるより普遍的な課税理論（もしくは課税根拠論）と，個別の類型にのみ適用されうる特殊的な課税理論（もしくは課税根拠論）を抽出することが，差し当たりの目標となる。その先の作業として，それらの課税理論がそもそも最

---

2) この制度が導入された背景として，財務省の広報誌であるファイナンスにおいて，次のような説明がなされている。中村英正「教育資金一括贈与の贈与税非課税措置の創設について」ファイナンス平成25年5月号（2013年）3頁。

「現在，家計資産の約6割を60歳以上の世代が保有している状況にある。この割合は平成元年においては約3割であった。わずか20年もの間に2倍の規模となったのである。この家計資産をより早期に若い世代へ移転することで，経済を活性化させるべきではないか。

こうした要請に応えるため，平成25年度税制改正においては，贈与が最も行われる祖父母から子・孫といった直系卑属間の贈与について一部税率を引き下げた他，贈与の活用を促す相続時精算課税制度についても，その要件を緩和するなどの制度改正を講じたところである。

しかし，単に贈与を促すだけでは，預金口座の名義が祖父母から親・孫に付け替わるだけに終わってしまう可能性がある。経済活性化を促すには，単に贈与が行われるだけでなく，更にその先，贈与された資金が有効に使われることまでを視野に入れた税制措置を設ける必要があるのではないか？

このような問題意識から，今年の1月に策定された「日本経済再生に向けた緊急経済対策」において，教育資金の一括贈与に係る贈与税の非課税措置が盛り込まれ，平成25年度税制改正で創設された。」

3) なお，「同時点」における「異なる主体間」での資産移転については，本研究会でも，主として相続税・贈与税と所得税の関係において議論されてきた。

【表1】時間軸と主体による分類と課税

	同時点	異時点間
同一主体	① 通常の所得課税	② 所得の平準化の議論
異なる主体	③ 相続税・贈与税・(所得税)	④ 信託課税

適な理論であるかを吟味することとなろう。本稿は，そのための研究ノートである。

　通常，所得課税を論じる際に，「ある法的主体」が「ある時点[4]」において獲得する経済的利益（≒所得）に着目をするのが議論のベースラインとして存在している〔①の部分〕。これに対して，「ある法的主体」が「異なる時点間（異なる期間)」に獲得する経済的利益に対する課税について論じるのが「所得の平準化」の議論が対象とする領域である〔②の部分〕。また，「同時点」における「異なる主体間」の経済的利益の移転について論じるのが，相続税・贈与税の主たる議論といえよう[5]〔③の部分〕。そして，「異なる主体間」での「異時点間」の経済的利益の移転を可能にするのが，信託の特徴の一つであり，信託課税特有の領域と考えられる[6]〔④の部分〕。

　なお，【表1】における分類は，議論の終着点を提示することにその主眼があるのではなく，議論を深化させるための，暫定的な分類にすぎない。

　本稿では，上記のような問題意識から，信託課税固有の理論〔④〕を「時間軸」と「主体軸」からより深く分析するための前提作業として，まずは，所得の平準化の議論〔②〕と，相続・贈与の議論〔③〕について考察を進めることとしたい。

---

4) 　現行の所得税法は，暦年を「単位」として所得を算定し租税を賦課している。そのため，本稿では，「ある時点」における経済的利益の移転と述べる場合には，「ある同一年度」における経済的利益の移転を包含する形で用いることとする。

5) 　もちろん，③の領域は，(広義の) 所得税において議論の対象となるものの，我が国では相続税・贈与税の対象となる場合，資産の譲受人については，所得税が課されないこととなっている（所得税法9条16号参照）。なお，含み益資産を無償譲渡した場合，当該含み益部分に対する所得課税をするか否かは，「みなし譲渡」や「課税繰延（取得費の引き継ぎ)」との関係で問題となりうる（所得税法59条，60条参照）。本稿では，仮に包括的所得概念をベースラインとして議論をする場合，相続税や贈与税も「広義の所得課税」に含まれるという観点から，所得課税の一類型として位置づけることとしたい。

6) 　ここでは，信託課税の問題領域が，④の領域に限定されるという趣旨ではなく，④の領域に信託課税固有の問題が多く存在しているという趣旨である。

3 本稿の構成

本稿では，Ⅱにおいて所得平準化の基本的問題構造について，概観を加える。そしてⅢでは，「広義の所得課税」[7]の設計において，年齢という変数に着目をした租税制度の設計の利害得失について，導入的な検討を加えることとしたい。さらに，Ⅳでは信託課税は，金融取引課税の一種であるところ，個人の投資行動に関する意思決定の基礎理論について，これまでの筆者の研究を進める形で若干の考察を加える。

Ⅱ　所得平準化の問題——再訪

所得平準化の議論については，既に別稿において検討を加えたところ，本稿では，問題構造の概観にとどめておく[8]。所得税制度が，累進税率を採用している場合において，所得の平準化は問題視される可能性がある[9]。しかし，これは自明の理ではない。

所得の平準化が問題視される場合に前提とされている条件として，次の2点が一般的に知られている。

【条件A】課税期間が平均寿命と比較して相対的に短期間であること

【条件B】所得課税において累進課税が採用されていること

条件Aについては，幾つかの留保が必要となる。「時間軸」について，単年度を採用している場合にのみ限られず，四半期ベースや，複数年度をベースにする場合も含まれうる。なお，時間軸との関係で位置づけが難しいのは，キャ

---

7) 広義の所得課税とは，相続税・贈与税を含めた形での，課税ベースの議論を意味する。
なお，広義の所得課税の課税ベースについては，贈与・相続との関係で，複数の理論的選択肢が存在しうる。この点については，神山弘行「租税法における年度帰属の理論と法的構造 (3)」法学協会雑誌 129 巻 2 号（2012 年）147〜154 頁参照。

8) 神山弘行「課税繰延の再考察」金子宏編『租税法の基本問題』（有斐閣，2007 年）259〜268 頁参照。

9) 所得平準化に関する主要な研究として，*E. g.* William Vickrey, *Averaging of Income for Income-Tax Purposes*, 47(3) Journal Of Political Economy 379, (1939); William Vickrey, *An Updated Agenda for Progressive Taxation*, 82(2) The American Economic Review 257 (1992); Richard Goode, *Long-Term Averaging of Income for Tax Purposes, in* The Economics Of Taxation (Henry J. Aaron & Michael J. Boskin, ed. The Brooking Institute, D. C. 1980); Richard Schmalbeck, *Income averaging after twenty years: A failure experiment in horizontal equity*, Duke L. J., 509 (1984); Lee Anne Fennell & Kirk J. Stark, *Taxation Over Time*, 59 Tax Law Review 1 (2005); Neil H. Buchanan, *The Case Against Income Averaging*, 25 Virginia Tax Review 1151 (2006); Daniel Shaviro, *Permanent Income and the Annual Income Tax*, NYU Law & Economic Research Paper No.06-28 (2006). 増井良啓「累進所得税の平準化」税研 144 号（2009 年）68 頁。

【表2】 個人Aと個人Bの所得状況

	年度1	年度2
個人A	0	1500万円
個人B	750万円	750万円

ピタル・ゲイン課税を含む資産性所得への課税について，実現主義課税に起因する課税繰延の利益を相殺するために，「イールド課税（yield taxation）[10]」を理想的な課税方法と仮に位置づけた場合，どのような時間軸を前提としていると考えるべきかという問題である。この点については，別途検討を加えることとして，ここでは保留しておく。

　ここでは，議論の単純化のために，（ⅰ）単年度ベースと（ⅱ）生涯ベースを比較の対象としたい。

　単年度を時間軸のベースラインとして設定する立場からは，所得の平準化を認めると「水平的公平（horizontal equity）」に反することになる旨の主張がなされる[11]。

　次の2期モデルを利用した数値例を考えてみよう。なお，議論を単純化するために，金銭の時間的価値（利子率）の存在は捨象する。個人Aは年度1に0円の所得を獲得し，年度2に3000万円の所得を獲得したとする。一方，個人Bは年度1に1500万円の所得を，年度2に1500万円の所得を獲得したとする。個人Aも個人Bも生涯所得は1500万円である【表2】。

　所得課税における時間軸が生涯よりも短い場合，累進課税の下では，個人A（所得のボラティリティが相対的に高い個人）と個人B（所得のボラティリティが相対的に低い個人）の生涯の租税負担には大きな差が生じることになる。Vickreyは，この点を問題視して，所得の平準化を主張していた[12]。

　このような平準化の議論に対する疑問として，筆者は別論文において，下記のように，検討を加えたことがある[13]。

10）　イールド課税については，神山弘行「租税法における年度帰属の理論と法的構造（4）」法学協会雑誌129巻3号（2012年）603〜623頁参照。

11）　Vickrey (1939), *supra* note 9.

12）　Id.

142　第3章　時間を超える利益移転

　Vickrey は，累進所得税の下では，所得の変動が激しい個人Ａと，所得が平準化されている個人Ｂの間で不公平が生じることを問題視し，所得平準化（income averaging）の必要性を説いた。この平準化の議論は，ライフ・サイクル仮説と親和的である。しかし，生涯所得を基準に水平的公平を追求するのであれば，今度は課税年度（もしくは一定期間）内における水平的公平が保てなくなる。

… （中略） …

　仮に，ライフ・サイクル仮説が妥当するのであれば，単年度の所得への課税ではなく，生涯所得もしくは生涯消費の方が水平的公平の基準として望ましいと考えることもできる。ライフ・サイクル仮説が成立する条件として，①資本市場は完備（complete capital market）で，②個人は合理的選択を行い（consistent rational choice），③将来の不確実性がないことが必要であるところ，次のような批判がなされる。

　第１に，個人が生涯所得を考慮して現在の消費を決定する場合に，資本市場が完備しており，制約なく投資および借入が行える必要がある。しかし，現実には，モラル・ハザードや逆選択が存在するため，個人が十分な借入を行うことは困難である（流動性制約）。上記の例では，個人Ａは第１期に借入をして，所得平準化を行うことは困難となる。

… （中略） …

　第２の批判は，将来の所得に不確実性が存在する場合，逆選択やモラル・ハザードのために一種の保険市場が完備されていなければ，個人は消費の平準化を行えないという点である。個人は，将来の不確実性が顕在化した時点で，それ以降の生涯の消費活動を平準化することはできるが，遡って過去の消費を平準化することはできない。過去に遡って消費を変更できないという事実は，予想外の利得（損失）による限界効用を減少（増加）させることになる。そのため，個人は現実の生涯所得から生ずる効用を最大化することができない。

　第３の批判として，行動経済学の観点から提供される個人の合理的選択に対する懐疑である。行動経済学の分野では，個人の時間選好（将来効用に対する割引率）は一定ではなく，むしろ Hyperbolic であると論じられることがある。……時間選好が時間軸の経過とともに変化するのであれば，個人の選好は一定であるというライフ・サイクル仮説の前提が崩れてしまう。

---

13)　神山・前掲注8) 262～266 頁参照。なお，下記引用部分における脚注・参照文献は，紙幅の都合上，本稿では割愛をしている。

… （中略）…

　このように，ライフ・サイクル仮説は現実には成立しづらいと考えるならば，生
涯所得・生涯消費を水平的公平の基準とすることの根拠は薄弱となる。生涯所得で
はなく，毎年度の所得を基準に課税をすることに意義があると考えるのであれば，
課税繰延による恣意的な所得平準化は阻止されるべきものとなる。

　また，増井（2009）は，生涯所得をベースに平準化を考えることに対する留
意事項として，次の点を挙げている[14]。第1は，累進税率以外にも，ある個人納
税者のライフ・サイクルを通じて，所得税の多くの制度が関係するという点で
ある。第2は，税制改正は頻繁に行われることに鑑みると，「生涯ベースでも
のごとをとらえる場合には，そのひとの所得変動だけが問題になるだけでなく，
税制自体が変動することも考慮に入れなければなら[15]」ず，さらに税制以外の制
度的社会的変動も考慮に入れる必要が出てくるという点である。第3に，「一
生のうちどの時期に所得を獲得するかは，一定程度，納税者によって操作可能
なことがらである[16]」という点である。

　今後も所得課税の体系を維持することが社会的に要請され続けると仮定した
場合，平準化措置については，それを全面的に支持することは理論的にも実務
的にも困難であると考えられる。ただし，そのことと，譲渡所得課税に代表さ
れるように，単年度を課税の時間枠組みとして採用することで特段の不利益が
発生する場合には，個別的な平準化措置を導入することは必ずしも相反するこ
とではないと考えられる[17]。

　なお，上記の議論は所得課税に関するものであり，消費課税については，生
涯消費を公平性の判断基準とすることを全面的に否定するものではない。理論
モデルの前提次第では[18]，生涯消費を公平性の基準として採用することに，一定
の正当化根拠を見いだすこともできるであろう。

14）　増井・前掲注9）70～71頁。
15）　同上・70頁。
16）　同上。
17）　同上・78頁。
18）　例えば，帰結主義的な厚生主義の立場を採用した上で，代表的個人のみを想定し，社会厚生関
　　数（social welfare function）における個人の効用への加重係数を1とする——これは，功利主義
　　的な立場を採用することを意味する——場合などであろうか。

144　第3章　時間を超える利益移転

III　年齢に応じた課税？

1　所得税法の関数化と変数

　平準化問題の観点から，信託課税についての問題を考える上で，先述の増井 (2009) の「生涯ベースでものごとを考える場合には，そのひとの所得変動だけが問題になるだけでなく，税制自体が変動することも考慮に入れなければならない。なお，一生の間にいろいろなことが変わるという点は，税制外の制度的社会的変動にもあてはまる。1930 年生まれのひとは戦争および戦後の窮乏生活を経験しているが，1980 年生まれのひとは経済成長の果実を当然のこととして享受して」[19]おり，(1930 年生まれの X さんと，1950 年生まれの Y さんと，1970 年生まれの Z さんを想定した上で)「比較不能なそれぞれの人生の重なりにおける一時点が今日である，所得税はあくまでその時点における課税を問題にしている」[20]との指摘は一つの契機となりうる。

　ここでは，所得課税について，ある年度の税額を「従属変数」とする関数のイメージで捉えるとすれば，インプット項目 (≒独立変数) として「所得金額」[21]，「ライフ・ステージの段階 (≒年齢)」，「納税者が属する世代の社会情勢」，「所得税制度の変化」を少なくとも反映する必要があるということであろう。

　　所得税額 = f (所得，年齢，世代の社会情勢，所得税制度の変化，その他)

　本稿では，信託課税を論じる上で大きく関連すると考えられる「年齢」(または「ライフ・ステージ」) という変数について，広い意味での所得税 (狭義の相続税・贈与税を含む) との関係について，考察を進めてみたい。

2　現行所得税法における年齢変数

　現在の所得税制度は，上記の独立変数のうち，主に所得に着目をして，他の変数についての係数を「ゼロ」に定めていると整理することが可能かもしれない。上記の独立変数のうち所得に次いで客観的に把握しやすいのは，「ライ

---

19)　増井・前掲注9) 70 頁。
20)　同上・71 頁。
21)　所得金額は厳密な意味での独立変数ではなく，経済情勢などの従属変数と観念するのが自然であろうから，ここでは，独立変数という用語を避けて，「インプット項目」という用語を用いている。

フ・ステージの段階（≒年齢）」であろう。しかし，現行所得税法では，年齢について条文上に体系的に変数として算入されているわけではない。

(1)　所得税法の規定

ただし，現行所得税法において，アド・ホックな形で年齢を変数とした条文を導入している。具体的には，扶養控除の対象となる「控除対象扶養親族（16歳以上）[22]」，「特定扶養親族（19歳以上23歳未満）[23]」，「老人扶養親族（70歳以上）[24]」については，条文上年齢により範囲が確定されている。

また，配偶者控除及び配偶者特別控除についても，判例法上[25]，配偶者控除等の対象となり得る「配偶者」とは，民法の規定による配偶者とされている（内縁関係や事実婚は認められない）ことから，控除対象者が民法の前提とする婚姻可能年齢（男性18歳，女性16歳）以上であることが，前提となっていると整理することが可能かもしれない[26]。配偶者控除について，「老人控除対象配偶者（70歳以上）[27]」については，明文で年齢を要件に組み込んでいる。

青色事業専従者についての必要経費の特例（所得税法57条）について，親族間での一定の所得分割を認める特例の適用対象となり得る「親族」の範囲は，16歳以上の者に明文で限られている。

別の規定として，生命保険料控除の対象となる新個人年金保険契約等の要件に関連して，年齢60歳が一つの基準として規定されている[28]。

(2)　相続税法の規定

---

22)　所得税法2条1項34の2号。

23)　所得税法2条1項34の3号。

24)　所得税法2条1項34の4号。

25)　最高裁平成9年9月9日判決（訟務月報44巻6号1009頁）は，「所得税法83条及び83条の2にいう『配偶者』は，納税義務者と法律上の婚姻関係にある者に限られると解するのが相当」であると述べている（下線筆者）。

26)　「配偶者控除の対象となる『配偶者』の範囲に関する上記最高裁判決の理解として，金子宏名誉教授は次の点を指摘している（金子宏「所得税法における所得控除の研究」『租税法理論の形成と解明　上巻』〔有斐閣，2010年〕551頁）。
　　「配偶者および親族という観念は民法からの借用概念であると解しておくが，所得税法が配偶者および親族の範囲をそのように限定したのは，事実上の婚姻は保護する必要がないというような倫理的・道徳的理由によるものではなく，事実婚の場合は，夫婦として家計を一にしているかどうかの認定が困難な場合が多く，それを配偶者控除の対象とするのは執行の観点から問題があるためであると解しておきたい。したがって，立法論としては，基準を明確にした上で，事実婚の場合にも配偶者控除を認め，未認知の配偶者の連れ子にも扶養控除を認めることも一案である」。
　　これは，憲法的価値からの要請というよりは，執行可能性という観点から採用されたものであり，立法論としては他の選択肢もあり得ることを示唆しているといえよう。

27)　所得税法2条1項33の2号。

28)　所得税法76条8項3号。

146　第 3 章　時間を超える利益移転

　上記の例は，所得税法本法のみであるものの，年齢を要件として，所得税法の効果を決定する仕組みが部分的に導入されていることが分かる。所得税法ではないものの，広義の所得課税にかかわるものとして，次のような規定が存在している。

　まず，相続時精算課税制度を利用するための要件として，贈与者が「65 歳以上」〔平成 25 年度税制改正で「60 歳以上」に変更〕であり，受贈者は贈与者の推定相続人である「20 歳以上」の子（子が亡くなっている時には 20 歳以上の孫を含む）とされている〔平成 25 年度税制改正で 20 歳以上の推定相続人又は孫に変更〕[29]。この他，相続税においては「未成年者控除（20 歳まで）[30]」，「障害者控除（85 歳まで）[31]」などの一定の年齢を算定基準にした，控除が設けられている。さらに，冒頭で触れた教育資金贈与信託においても，「30 歳」という年齢が一つの要件として機能していた。

（3）　租税特別措置法の規定

　この他，租税特別措置法にも下記に列挙するように，年齢を要件とした規定が複数存在している。

- ◆　特定の増改築等に係る住宅借入金等を有する場合の所得課税の特別控除の控除額にかかる特例（41 条の 3 の 2）
- ◆　公的年金等控除の最低控除額等の特例（41 条の 15 の 3）
- ◆　直系尊属から住宅取得等資金の贈与を受けた場合の贈与税の非課税（70 条の 2）
- ◆　直系尊属から教育資金の一括贈与を受けた場合の贈与税の非課税（70 条の 2 の 2）
- ◆　特定の贈与者から住宅取得等資金の贈与を受けた場合の相続時精算課税の特例（70 条の 3）
- ◆　贈与税の納税猶予を適用している場合の特定貸付けの特例（70 条の 4 の 2）
- ◆　非上場株式等についての贈与税の納税猶予（70 条の 7）
- ◆　障害者等の少額公債の利子の非課税に関する経過措置（附則平成 14 年 3 月 31 日法律第 15 号，3 条）

---

29)　相続税法 21 条の 9。
30)　相続税法 19 条の 3。
31)　相続税法 19 条の 4。

(4) 現行法における年齢と課税の関係

それでは，上記規定と年齢の関係をどのように理解することができるのであろうか。人的控除〔配偶者控除，配偶者特別控除，扶養控除〕は，「所得のうち本人およびその家族の最低限度の生活（minimum standard of living, Existenzminimum）を維持するのに必要な部分は担税力を持たない，という理由に基づくものであって，憲法 25 条の生存権の保障の租税法における現われである」[32]と一般的に理解されている。

このうち，扶養控除について，子ども手当や児童手当との関係を含めて統合的に眺めてみると，「子供の多い家庭は教育費が多くかかるであろう」という配慮が背後に存在していると理解できよう。

上記のように，現行法は，扶養義務を多く負っている納税者の所得税負担を軽減する方式として，年齢を要件にした規定を設けているといえよう。これは言い換えれば，各納税者の「ライフ・ステージ」（独身，結婚，出産，介護等）に応じた租税負担の調整に関して，所得控除を中心としてアド・ホックな形で行っていると整理することも可能であろう。

そこで，次に一歩進んで，「ライフ・ステージに応じた租税負担の配分」を考える契機として，最適課税論の観点から「年齢と所得課税」の関係について理論的考察を進めることとしたい。

3 最適課税論における Age Dependent Taxation の議論

年齢に応じた形で，広義の所得課税を体系的に設計することには，どのような利害得失があるのであろうか。最適課税論の中には，年齢を考慮に入れて最適課税を検討するものが存在する。

例えば，Weisbach (2010) は，①若年世代の労働供給が中年世代の労働供給よりも弾力性が高いことと，②若年世代の賃金分布が，中年以上の世代の賃金分布よりも相対的に低位層に密集している場合，若年者の税率は（同水準の所得の中年者よりも）軽くする方が歪み（distortion）が小さい旨を主張する Kremer の議論を紹介している。[33]

Blomquist & Micheletto (2008) は，(a) 生涯を通じて未熟練 (low skilled) のタイプの個人と，(b) 若年期には未熟練であるものの年をとると熟練 (high

---

32) 金子宏『租税法〔第 18 版〕』（弘文堂，2013 年）189 頁。

skilled）に達するタイプの個人の双方が存在する社会を想定すると，年齢依存
の税率構造を導入することで，パレート改善をもたらす可能性がある旨を指摘
している。[34]

　Blomquist & Micheletto（2008）の分析において前提とされている重要な点
は，①納税者は生涯効用（lifetime utility）の最大化に関心を抱いているという
点と，②政策立案者（政府）も同様の関心を抱いており，生涯所得をベースに
課税をしたいものの，複数年のデータに基づいて課税を執行するために必要な
情報量が膨大すぎるため，現実の租税政策では暦年ベースの所得課税しか執行
できないという点である。[35]

　Mirrlees（1971）を拡張した Stiglitz（1982）や Stern（1982）における伝統的
な世代重複モデル（Overlapping generational model：OLG model）では，納税者
の同一性（homogeneity）を前提としており，世代内再分配（intragenerational
redistribution）を考慮しなくてよい状況を前提にしていたため，経済成長との
関係に議論の焦点が当てられる傾向にあったといえる。[36] これに対して，上記の
Blomquist & Micheletto（2008）は，経済成長に関係する論点を割愛すること
で，世代内の再分配問題に焦点を当てている点が特徴的である。[37]

　Weinzierl（2011）は，最適課税論の理論モデルおよび実際のパネルデータを
利用したシュミレーションから，①各年齢のトップ層近辺の高所得層の若年世
代に対する限界税率を低くすることと，②私的貯蓄と借り入れが制限されてい
る条件下では，若年世代は中年世代の労働者よりも平均的な税率構造を相対的
に低く設定することが，効率性と公平性の双方の観点から望ましい旨の議論を
展開している。[38]

　一連の最適課税論を眺めてみると，年齢を考慮しない税制と，年齢を考慮す
る税制を比較すると，（少なくとも）未熟練労働者の効用が増大する結果，社会

---

33)　David A. Weisbach, *What Does Happiness Research Tell Us About Taxation?*, *in* LAW & HAPPI-
NESS, 293, 320-321（Eric A. Posner & Cass R. Sunstein ed., The University of Chicago Press,
2010）: Michael Kremer, *Should Taxes Be Independent of Age?*, Working Paper, Harvard Univer-
sity（unpublished）.

34)　Soren Blomquist & Luca Micheletto, *Age-related Optimal Income Taxation*, 110(1) SCAND. J.
ECONOMICS 45-71（2008）.

35)　*Id.,* at 46.

36)　*Id.*

37)　*Id.*

38)　Matthew Weinzierl, *The Surprising Power of Age-Dependent Taxes*, 78(4) REVIEW OF ECONOM-
IC STUDIES 1490-1518（2011）.

厚生がパレート改善されるという方向の議論が多いように見受けられる。

なお，中年層に重課すべしとの主張に対して，Weisbach（2010）は，近年の Happiness Research によると，個人は中年時期がもっとも幸せが少ないと感じている傾向にあると考えられており，もしもそれが正しければ，社会厚生最大化の観点からは，中年層に課税を相対的に重課することは必ずしも望ましいとは限らない旨の議論を展開している。[39]

4　年齢と信託課税

先述のように，「年齢」という変数を租税法の制度設計に取り入れること自体は，現行法でも一定程度なされている。そこでは，若年者と高齢者に対する扶養を行う中年世代への政策的配慮や，高齢者から若年世代への資産移転を促進するという政策目標が背後に存在していると考えられる。

政策目的の税制については，「政策目的自体の合理性」及び「目的達成のための手段の適切性」について吟味されなければならない。また，個々の政策税制毎の合理性・適切性だけでなく，大局的見地から，租税制度全体の「整合性」についても考慮に入れなければならない。ここでいう「整合性」の考慮とは，例えば，租税制度全体として所得再分配を重視している場合に，特定の領域について非課税措置を拡大することで，租税制度全体が目指している所得再分配を過度に阻害するものでないか否かについて，理論・実証の双方から検討する必要があるという意味である。

信託課税については，教育資金贈与信託のように政策税制の色彩が強いものと，より本質的な所得課税の要請に依拠する部分を区別する作業も別途必要であると考えられる。

このような観点から，信託課税について，研究を進めるためには，今後次の点について考察を深める必要があると考える。第1は，前掲【表1】の分析軸にそって，信託課税特有のルールを浮かび上がらせて，その背後に存在する正当化根拠を明示的に認識するとともに，現状の租税制度が納税者行動に与えている影響について実証的見地から考察を進めることである。これは，事実解明的な分析（positive analysis）といえる。第2に，どのような（広義の）所得課税を構築することが望ましいのか規範的な分析（normative analysis）を加える必

---

39)　Weisbach, *supra* note 33, at 321.

要がある。その際には，現実の個人がどのような意思決定を行っているかに関する知見が，規範的議論の出発点として位置づけられるべきである。規範的議論において，目指すべき状態（＝目標点）を設定するだけでは不十分であり，現在の納税者行動（＝出発点）を理解した上で，出発点（現実）から目標点（理想）まで到達するにはどのような手段が必要かを検討しなければならないと考える。この点については，別途論文を公表したい。

IV　結びに代えて

　本稿では，信託課税について，広義の所得課税の観点から統一的観点から理解を深めるために，「主体」と「時間」という二つの分析軸を定立した上で，主として「時間軸」に関連する領域について，導入的な考察を加えた。

　教育資金贈与信託の制度設計に見られるように，条文上の要件に年齢が規定されていることは，所得税法・相続税法に散見される。教育資金贈与信託や扶養控除など，特定のライフ・ステージにある納税者に対して，一定の政策的配慮から，租税負担の減免を図るものと解される。今後は，アド・ホックな形で年齢を要件とした制度を導入することと，最適課税論の議論が示唆するように体系的に一貫した形で年齢に依拠した租税負担構造（≒税率構造）を定立することを比較して，それぞれの方策の利害得失について，理論および実証的観点の双方からさらなる検討を加える必要があろう。本稿では，この点につき，十分に議論を尽くすことができなかったものの，今後，引き続き検討していくこととしたい。

（金融取引と課税（3），2014 年）

〔付　記〕

　平成 27 年度税制改正により，教育資金贈与信託税制の適用期限は，平成 31 年 3 月 31 日（改正前は平成 27 年 12 月 31 日）までに延長された。加えて，対象となる資金用途の拡充と，領収書等の提出に関する要件緩和に関する改正がなされた。

　さらに，平成 31 年度税制改正において，適用期限が再度延長され，令和 3 年（2021 年）3 月 31 日とされた。なお，同改正では，(1) 受贈者の前年の合計所得金額が 1,000 万円を超える場合には適用できない旨の改正，(2) 残高に対する贈与税の課税，(3) 一定の場合に贈与者死亡時の残高を相続財産に加算する旨の改正もなされている。

民事信託と相続税・贈与税に関する研究ノート

渕　　圭吾

I　はじめに——本稿の問題意識

1　民事信託と税制

　民事信託の利用が増えることが期待されている[1]。もちろん，家族内での資産承継（経済的価値の移転）のあり方は時代によって異なるので，21 世紀の日本において家族内での経済的価値の移転に民事信託が利用されるとは限らない。たとえば，資産管理会社や生命保険契約が，アメリカにおいてかつて民事信託が果たしてきた役割を，今の日本で果たしているかもしれない。また，家族内での経済的価値の移転のうち財産管理としての側面に注目するならば，成年後見制度が民事信託と競合する[3]。しかし，仮に民事信託に他の法形式にはない社会的に有用な機能があるのであれば，民事信託は利用されてしかるべきである[4]。そして，そのような利用を税制が阻害するべきではない[5]。

　もっとも，税制が民事信託の利用を阻害すべきではないのと同時に，税制は民事信託の利用を過度に促進すべきでもない[6]。税制は，民事信託の利用に対して中立であるべきである。税制上有利だからという理由で民事信託が過剰に用いられる場合，そのことによって失われた税収は，所得税・相続税等の増税

---

1)　たとえば，能見善久『現代信託法』（有斐閣，2004 年）11 頁参照。

2)　*See* John H. Langbein, The Twentieth-Century Revolution in Family Wealth Transmission, 86 Mich. L. Rev. 722 (1988).

3)　能見善久「新信託法と信託の発展方向」信託 230 号（2007 年）6 頁，14 頁。

4)　遺産の承継を目的とした信託については，小出篤「『『遺産動機』実現スキームとしての信託」前田庸先生喜寿記念『企業法の変遷』149 頁（有斐閣，2009 年）参照。本稿は（子孫一般ではなく）特定の者に対して遺産を承継させるメカニズムとして民事信託をとらえている点で，小出論文とはやや問題意識が異なる。

5)　能見・前掲注 1）306 頁以下は，この点を強調しつつ，信託の税制を検討している。

6)　言うまでもなく，税制をつうじて民事信託の利用を促進しようという政策判断が存在する場合は別である。

（税率の引き上げ）によって補塡されることになり，この増税は社会全体の厚生を低下させることになるからである。

そこで，筆者は民事信託に適用される相続税・贈与税の課税ルールのあるべき姿について考察したいと考えている[7]。しかし，本稿では，その序論として，そのような課税ルールを構想する際に，家族内部における経済的価値移転のためのさまざまな法形式の間の中立性を基準とすべきであるということを述べる。以下，多少敷衍すると次のとおりである。

2 これまでの考察との関係

本稿を出発点とする民事信託と相続税・贈与税の関係についての考察は，民事信託において受益権が複層化される場合（たとえば，収益受益権と元本受益権が設定される場合）の課税ルールを探求するための準備作業でもある。

実は，筆者は，受益権の複層化に関する所得税の課税のあり方について考察しようとしたことがある[8]。そのときは，信託法に対応する形で信託に関する一般的な税制を構築しようという，当時非常に有力であった考え方に沿って，課税のあり方を考えていた。また，関連するアメリカ法における議論の紹介も行った[10]。ところが，いくつかの研究会で議論を重ねた結果，信託の所得課税について何か意味のあることをいうためには，以下の二つの点についてしっかり考えておく必要があると認識するに至った。

第一に，信託法は信託一般について規定しているけれども，実際の信託実務においては民事信託と商事信託で異なった考慮要素が存在する[11]。信託の税制についても，信託一般について考察するのではなく，むしろ，信託の類型ごとに考えるべきかもしれない，ということである。

第二に，民事信託については特に，無償での家族内での財産移転（相続・遺

---

7) この問題に関するぜひとも参照されるべき先行業績として，佐藤英明『信託と課税』（弘文堂，2000年）221頁以下がある。また，信託法改正を踏まえた検討として，川口幸彦「信託法改正と相続税・贈与税の諸問題」税務大学校論叢57号（2008年）245頁がある。さらに，トラスト60における中里教授を中心とする（筆者もメンバーである）研究会の成果として，中里実「無償移転と対価」『金融取引と課税(1)』（2011年）23頁，藤谷武史「受益者連続型信託に対する資産移転税の課税方式に関する一考察」同105頁，浅妻章如「相続等の財産無償移転に対する課税のタイミングについて」同155頁が既に公表されている。

8) 残念ながら公表するには至っていない。

9) 信託一般に関する税制を構築しようという議論の一例として，佐々木浩「信託の税制について──信託税制の基本的考え方等について」信託239号（2009年）104頁。

10) 渕圭吾「アメリカの信託税制の諸問題」信託239号（2009年）27頁。

贈・贈与）に対する資産課税と所得課税の問題とを，整合的に考える必要があ
る，ということである。もっとも，今のところ，資産課税についての研究は所
得課税についての研究と比べて蓄積が十分でない。

　そこで，本稿を出発点として，民事信託に対象を絞り，かつ，所得課税では
なく資産課税（相続税・贈与税）について考察することを試みようと思う。

　本稿では，1970 年代後半にアメリカで公表された論文から示唆を得て，民
事信託を家族内部における経済的価値の移転のための法形式の一つとして理解
する。そして，同様に家族内部における経済的価値の移転のための法形式であ
る，贈与や生命保険契約等と比較して，民事信託に関する贈与税・相続税の課
税が中立的といえるかどうかを検討すべきであると論じる。

　以下，Ⅱでは，やや一般的に，民事信託と相続税・贈与税の関係を論じるに
あたって適切と思われる視座を提示する。これを受けて，Ⅲでは民事信託と比
較すべき法形式として生命保険契約と死亡退職金（遺族に対して死亡退職金を支
払うという勤務先の規約）とを取り上げ，これらが相続法および相続税法との関
係で有しているバイアスを明らかにする。

　なお，筆者としては他の法形式との比較も行いたいと考えているので，本稿
においては断定的な結論を下すことは控えたい。

Ⅱ　経済的価値移転のためのさまざまな方法と相続税・贈与税

1　内国歳入法典と相続・贈与

　Ⅱ2 で家族内部における経済的価値移転を取り上げた論文を紹介するが，こ
こでは，その前提として必要な限りで，アメリカ内国歳入法典（所得税・遺産
税・相続税に関する連邦法の法典）のしくみを説明する。

　内国歳入法典 101 条（a）は，生命保険契約に基づき被保険者の死亡を理由
として受け取る金員を（一時金であろうと年金であろうと）原則として総所得
（gross income）に算入しないと規定している。また同 102 条（a）は，贈与・

---

11)　日本においては，商事信託に対するルールは民事信託を念頭においたルールとは異なるべきで
　あるという主張が存在し，広い支持を集めた。神田秀樹「商事信託の法理について」信託法研究
　22 号（1998 年）49 頁。なお，アメリカ法においても，ERISA が課す（年金信託の）受託者の義
　務は，一般の民事信託において課される受託者の義務とは異なるはずであるといった議論がある。
　See Daniel Fischel & John H. Langbein, ERISA's Fundamental Contradiction: The Exclusive
　Benefit Rule, 55 U. Chi. L. Rev. 1105 (1988).

動産 (personal property) の遺贈・不動産 (real property) の遺贈・相続 (gift, bequest, devise, or inheritance) によって取得した財産の価値は総所得に含まれないと規定している。つまり，これらは所得税の対象とはならない。

そして，課税遺産の移転 (the transfer of the taxable estate of every decedent) を課税物件として，遺産税 (estate tax) の課税が行われる (同 2001 条)。大まかにいえば，被相続人の総遺産 (gross estate) の価値 (同 2031 条 (a)) をもとに算出される課税遺産 (taxable estate) の額 (同 2051 条) が課税標準である (同 2001 条)。

また，毎年の贈与による財産の移転 (the transfer of property by gift) を課税物件として，一年間の贈与の額から一定の額を控除した額を課税標準として，贈与税 (gift tax) の課税が行われる (同 2501 条以下)。この他に世代跳躍税 (tax on generation-skipping transfers) が存在するが，本稿では説明を省略する。

このように，内国歳入法典では，個人から個人への無償での財産移転は贈与税・遺産税の対象となり，それ以外のあらゆる個人の財産の取得は所得税の対象¹²⁾となる。言葉をかえていうと，個人にとっての純資産増加は，それが贈与税・遺産税の領域に入る場合と所得税の領域に入る場合とがありうる。¹³⁾もちろん，所得税においては所得の発生だけではなく実現のタイミングが問題となる。

信託が用いられる場合には，贈与税の課税物件である「贈与」が存在するかどうかの認定が難しい。信託設定時に委託者から受益者への贈与があるとみるのか，信託からの分配時に委託者から受益者への贈与があるとみるのか，ということが問題である。¹⁴⁾

この問題は所得課税における所得の実現と似た面があるが，アメリカでは（信託以外の法形式と合わせて）撤回可能移転 (revocable transfers) として論じられている。¹⁵⁾

なお，後述のように経済的価値の移転の手法として機能する生命保険契約に

---

12) このように遺産税と贈与税が一体としてとらえられるようになったのは比較的最近の 1976 年である。この年の内国歳入法典の改正により，支払済みの贈与税の額が遺産税の税額計算において考慮されることとなったのである。*See* Bittker & Lokken, Federal Taxation of Income, Estates, and Gifts, ¶ 120. 1. 1. 渋谷雅弘「相続税・贈与税の累積的課税」藤田宙靖博士東北大学退職記念『行政法の思考様式』(青林書院，2008 年) 593 頁参照。

13) ただし，相続等によって取得した，遺産税課税済みの資産の取得費 (basis) が時価へと引き上げられることに伴い，キャピタル・ゲインの形での純資産増加が所得課税の対象にならないことがあることに注意されたい。内国歳入法典 1014 条参照。

14) *See* Bittker & Lokken, ¶ 121. 1.

15) *See* Bittker & Lokken, ¶ 122. 3.

ついては，生前の贈与とされて贈与税が課税される場合，生前の贈与だがみなし相続財産となる場合，相続財産に含められ遺産税が課される場合が存在する。

2　クーパーによる遺産税・贈与税回避手法の分類

世代跳躍税が導入される前の時点で，コロンビア大学のジョージ・クーパーは，当時のアメリカの遺産税が容易に回避できることを，多くの具体例を挙げて示していた。[16] 以下，彼の紹介するさまざまな手法の概略を紹介しよう。

クーパーは，遺産計画（estate planning）の手法を，その目的から３つに分類している。

第一の類型は，被相続人の相続財産（となるはずの財産）をできるだけ増やさないという目的のための手法である。[17] 遺産税は相続財産の価額を課税標準とするので，相続財産の価額をできるだけ維持しつつ，将来の価値上昇が確実な財産を相続人にあらかじめ移転しておけば，今後被相続人が得るはずの所得に対応する遺産税を支払わずに済むのである。[18]

この類型に含まれる手法として，まず，優先株式を用いた資本構成の変更がある。[19] 被相続人が唯一の株主である会社において，普通株式を消却し，代わりに普通株式と優先株式を発行する。このとき，会社の支配権は優先株式の大多数を保有する被相続人に残しつつ，普通株式を相続人に対して発行する。資本構成の変更の時点ではこの新しい普通株式は大した価値を有しないから，贈与税の課税は生じない。会社が成長を続けた後，相続開始時には，被相続人の有する優先株式はわずかな価値しか有しないことになり，遺産税の課税はそれほどの額には至らない。

次に，地価が上昇することを前提に，農地を相続人に売却し，同時にこの農地を賃借し，分割払いで受け取る売買代金と支払賃料・相続人への毎年の贈与とを相殺する，という方法がある。[20] 被相続人は農地を賃借しているので農業を

---

16)　George Cooper, A Voluntary Tax? New Perspectives on Sophisticated Estate Tax Avoidance, 77 Colum. L. Rev. 161 (1977). この論文の紹介として，渋谷雅弘「資産移転課税（遺産税，相続税，贈与税）と資産評価（5・完）」法学協会雑誌 111 巻 6 号（1994 年）769 頁，793 頁参照。なお，以下の紹介は，クーパーの論文の内容に基づくものであり，現在のアメリカ連邦遺産税・贈与税には必ずしも妥当しないことに注意されたい。

17)　*Id.* at 170.

18)　節税策を講じない場合と比べると，被相続人に対する所得税の課税に加えて相続時に遺産税の課税がある代わりに，相続人に対する所得税の課税だけが行われることになる。

19)　*Id.* at 171.

20)　*Id.* at 177.

継続することが可能であるが，農地について生じるキャピタル・ゲインは相続人に帰属することになる。

三番目に，ファミリー・パートナーシップ（family partnerships）の利用が考えられる[21]。毎年少しずつ，パートナーシップの持ち分を相続人に贈与していくという方法である。

最後に，本来被相続人に帰属するはずの経済的価値を，フリンジ・ベネフィットの形で相続人に帰属させるという方法がある[22]。被相続人の事業・投資に関する経験や知識を利用して，そのような経験や知識の乏しい相続人が本来得られないほど多額の所得を得るわけである。被相続人が相続人に対して低利の貸付けや債務保証，ダウンサイド・リスクの引き受けをすることによっても，事実上，相続人に多額の所得を得させることができる。これらは，所得の分割の問題としてとらえられることが多いが，同時に遺産税・贈与税の回避でもある。

第二の類型は，課税されない財産（tax-exempt wealth）を作り出すための手法である[23]。

この類型ではまず生命保険が用いられる[24]。相続人を保険契約者，被相続人を被保険者とする生命保険契約を締結し，被相続人から相続人に対して毎年金銭の贈与を繰り返し，これを支払保険料の原資とするのである。あるいは，会社の負担で団体定期保険（group term insurance）に加入した役員については，その死亡保険金は相続財産に含まれず，贈与税も遺産税も課税されないという[25]。

次に，適格年金・利益参加計画（profit-sharing plans）がある[26]。雇用者が役員＝被相続人のために拠出し相続人が受け取るこれらの年金等には，遺産税も贈与税も課税されない（内国歳入法典2039条（c），2517条）。

さらに，主として閉鎖会社における遺族給付計画（survivorship benefit plans）の利用が考えられる[27]。受取人である相続人に対する所得課税は行われるものの，被相続人から相続人への経済的価値の移転に際して贈与税の課税は行われない

---

21) *Id.* at 181.

22) *Id.* at 182.

23) *Id.* at 187.

24) *Id.*

25) 日本法では，支払保険料が会社段階で損金として扱われるものの，保険金受取人＝相続人にとってはみなし相続財産として課税の対象となるはずである（所得税基本通達9-17が示すとおり所得税の課税はないので，その分，被相続人がいったん給与等として所得課税を受け，さらに相続税の課税が行われる場合よりも有利である）。

26) *Id.* at 189.

27) *Id.*

のである。

第三の類型は，既に形成されてしまった被相続人の財産を何とかして相続人に移転することを目的とするものである。[28]

まず，贈与税の非課税枠を利用する手法がある。[29] 毎年の非課税枠を利用し，少しずつ贈与を行うのである。

次に相続人の利益になるように，被相続人があくまで自分の所得計算上の必要経費の形で出費を行うという手法がある。[30]

相続人と被相続人との間での定期金契約（私的年金）も，被相続人から相続人に移転する財産と，相続人から被相続人に支払われる定期金の見込み額が均衡している場合には，贈与税の課税対象とならない。[31]「偶然にも」被相続人が早く死んでしまうならば，この方法は有効である。

極めて重要なのが，閉鎖会社を設立し，株式をはじめとする財産に対する評価の甘さを利用する方法である。[32]

財産評価の甘さを利用するために，土地・建物の利用に支障がないような内容の地役権（easement）を設定し，これを慈善環境保護組織（charitable conservation organizations）に寄付するという手法も用いられる。[33] たとえば，空き地を確保するという地役権を設定しこれを寄付することで，不動産の評価を下げるのである。

この類型の最後に，非常に裕福な人々にとっては一定の種類の信託が有効であるとして紹介されている。[34] 伝統的には世代跳躍信託（generation-skipping trust）が用いられてきたが，1976 年の内国歳入法典改正で世代跳躍税が導入され，その利用が一定程度制限されることになった。にもかかわらず，既存の慈善組織への遺贈や新規の財団設立と並んで，ある種の信託の利用が超富裕層にとって利益をもたらすという。

この信託（a "charitable front-end annuity trust" or a "charitable lead annuity trust"）は，一定期間慈善組織に毎年の支払を行った後，残った信託財産が慈

---

28) *Id.* at 190.
29) *Id.* at 191.
30) *Id.* at 192.
31) *Id.* at 193.
32) *Id.* at 195. 詳しくは，渋谷・前掲注16）参照。
33) *Id.* at 204.
34) *Id.* at 205.

善組織以外の受益者（通常，委託者の相続人）に帰せられるというものである。[35]

3 「遺留分」としての相続税？

ここで，やや唐突ではあるが，筆者が相続税をどのようなものとして理解するかということを明らかにしておこう。

かつて，法人（所得）税が法人の所得＝利益を課税標準として課されることを理由に，法人税の課税権者としての国家が少数株主と共通の利害に立つこと，また，それにより少数株主によるコーポレート・ガバナンスへの参画と国家による税収確保のための行動とが相互補完的な役割を果たすという考え方を紹介した[36]。相続税についても同じ考え方をとることができるのではないだろうか。

大まかにいえば，相続税は，相続人に対して，相続財産に含まれる財産の価額を課税標準として，課される。そうすると，相続税は，相続財産の価額が一定の水準を超える場合に初めて登場する相続人になぞらえることができる[37]。そして，相続人たちの意思に関わらず課される点で，相続税は法定相続人の遺留分（民法1028条以下）とその機能においてきわめて類似している。そうすると，機能的に見ると相続税は，国家という擬制された法定相続人が行使する遺留分減殺請求権（民法1031条）であると考えることができよう。

このように私法上の法律関係に還元して考えることの意義は，本稿との関係では，次のような問題発見に資するということにある[38]。すなわち，相続財産と

---

35) クーパーは次のような例を挙げている。委託者が1000万ドルを信託し，24年間毎年慈善組織に60万ドルを支払うことにする場合，贈与税ないし遺産税の計算において，753万ドル強のcharitable deductionを得る。これは24年間毎年60万ドル支払う債務を現在価値に割り引いたものである。このため，一見すると，この課税ルールは合理的に見える。しかし，実際には，この委託者は非常に裕福なのでその所得税・遺産税の限界税率はたとえば70パーセントである。そうすると，所得税を考慮に入れると，毎年60万ドル寄付するということは，税引後で毎年18万ドルを寄付しているのと同じでしかない。24年間毎年18万ドル支払う債務を現在価値に割り引くと約226万ドルであるから，結局，226万ドルを寄付することで753万ドルものdeductionを得ているということになる。

36) 渕圭吾「Mihir A. Desai and Dhammika Dharmapala, Tax and Corporate Governance: An Economic Approach, in Wolfgang Schön (ed.), Tax and Corporate Governance」（学界展望・租税法）国家学会雑誌123巻3・4号（2010年）410頁参照。筆者自身の研究としては2006年7月の租税法研究会での報告，それを書き直したアメリカ滞在時に執筆したワーキング・ペーパーが存在するが，塩漬けになっている。

37) ここでは，相続税を（遺産取得税ではなく）遺産税的に理解しているということになる。なお，相続財産に対する民法の規律と相続税の規律を対比した先行業績として，鈴木禄弥『相続法講義〔改訂版〕』（創文社，1996年，初版1986年）があり，大いに触発された。鈴木教授は，「相続税法の採用している考え方は，相続法自体の問題を批判的に検討するのに役立つ」（5頁の「初版まえがき」）として相続法の体系書である同書の随所で相続税法に言及している。

の関係で法定相続人が行使できる権利について民法における議論が蓄積しているが[39]，相続税について考察する際にそれらを参照することができる。

　たとえば，遺留分について，「今日では，遺留分算定の基礎および減殺の対象となる財産の範囲，具体的には，特別受益および寄与分と遺留分との関係のほか，保険や信託等，相続外財産移転制度と遺留分との関係が新たに問題となっている」と指摘されている[40]。これまで，民事信託に対する相続税・贈与税の課税を検討するに際しては，もっぱら信託を用いない場合（単なる相続や贈与）との比較が行われてきた[41]。しかし，民法学において保険や信託等が相続外財産移転制度として捉えられていることを参考にすると，相続税・贈与税についてもさまざまな財産移転制度（家族内部における経済的価値移転の法形式）を視野に入れて検討する可能性が開けてくる。そして，このような検討方法は，前述のクーパーの論文がまさにとるところでもある。

Ⅲ　日本法に関する若干の考察

1　家族内部における経済的価値移転と贈与税

　ここでは，家族内部における経済的価値移転に際して，どのようなタイミングで贈与税の課税が行われているのか確認する。

　相続税法は，贈与により財産を取得した者を贈与税の納税義務者としている（相続税法 1 条の 4）。課税物件はその者が贈与により取得した財産である（相続

---

38)　なお，相続税を法定相続人の一人になぞらえることは，必ずしも空虚な頭の体操ではない。どうやら，実務家も似たような発想をしているのである。ある税理士の書いた相続税対策本（山本和義『タイムリミットで考える相続税対策実践ハンドブック〔平成 18 年 6 月改訂〕』〔2006 年，初版 1998 年〕1 頁）によれば，相続対策は「争族対策や納税資金対策を中心に実行し，結果として節税対策にも効果があったとするような取組み方が望ましい姿」である。ここで，争族対策とは被相続人が財産を承継させたいと考えている者に対してできるだけ多くの財産を贈与等により承継させ，それ以外の法定相続人の取り分をできるだけ少なくするプランニングのことである。税理士として節税対策が第一だということは憚られるから上記のように書いたという面はもちろんあるだろう。しかし，本文で書いたような見方によれば，法定相続人の取り分をできるだけ少なくすることを目指せば，自動的に課税対象となる相続財産の額も少なくなるはずである。そうだとすると，「争族対策」が結果として「節税対策」の効果を有するようなプランニングを考えるべきだというこの税理士のアドバイスは，現在の相続税のしくみの本質に根ざしたものといえるかもしれない。

39)　概観として，西希代子「遺留分をめぐる問題」内田貴＝大村敦志編『民法の争点』（2007 年）362 頁。

40)　西・前掲注 39）362 頁。

41)　たとえば，佐藤・前掲注 7）260 頁は「信託を用いない場合との公平」に言及する。

税法2条の2)。納税義務は，贈与による財産の取得の時に成立する（国税通則法15条2項5号）。このように，直接の贈与が行われる場合には，その贈与のタイミングで課税が行われる。もっとも，贈与のタイミングといっても，必ずしも一義的に明確ではない。そこで，相続税法基本通達では，贈与による財産取得の時期につき「書面によるものについてはその契約の効力の発生した時，書面によらないものについてはその履行の時」と定めている（1の3・1の4共8）。また，停止条件付きの贈与については，「その条件が成就した時」に財産の取得があったと解している（1の3・1の4共9）。さらに，「所有権等の移転の登記又は登録の目的となる財産について1の3・1の4共-8の（2）の取扱いにより贈与の時期を判定する場合において，その贈与の時期が明確でないときは，特に反証のない限りその登記又は登録があった時に贈与があったものとして取り扱うものとする」という推定に関する定めが存在する（1の3・1の4共11）。

相続税法は，直接の贈与を受ける場合のみならず，一般に，個人から経済的価値の移転を受けた場合に贈与税の課税があるかのように規定している。すなわち，同5条から8条のみなし贈与に該当する場合以外についても，「対価を支払わないで，または著しく低い価額の対価で利益を受けた場合においては，当該利益を受けた時において，当該利益に相当する金額を当該利益を受けさせた者から贈与により取得したものとみな」している（同9条本文。なお，括弧書きを省略した）。この規定によれば，個人から取得したあらゆる経済的利益はその利益を受けた時点で贈与税の課税対象となりそうである。

そして，このような広く経済的価値の移転を課税の対象とする相続税法9条の考え方は，信託に関する相続税法の規定に，平成19年度税制改正の前後を通じて，忠実に反映されている。

平成19年度税制改正前の相続税法4条は，委託者以外の者が信託の利益の全部又は一部についての受益者である場合には，信託行為があった時において，その受益者が委託者からその信託の利益を受ける権利を贈与により取得したとみなしていた（旧4条1項）。また，委託者が当初受益者である信託についての受益者の変更，受益の意思表示による受益者の確定，受益者の特定（ないし存在するに至ったこと），停止条件の成就，についてこれらのタイミングで受益者が贈与により信託の利益を受ける権利を取得したとみなしていた（旧4条2項）。

このような旧相続税法4条の規定ぶりは，贈与されたとみなされる対象の財産が信託財産を構成する個々の財産ではなく信託の利益を受ける権利であるこ

と以外は，直接の贈与の場合，経済的利益の取得の場合とほとんど同じである
といってよい。とりわけ，課税のタイミングについていえば，受益者による経
済的利益の取得の時点で課税が行われるとしており，直接の贈与の場合・経済
的利益の取得の場合と整合的である。

旧相続税法 4 条に対しては，「『信託行為があった時において』経済的な利益
がすべて受益者に移転したとみるのは疑問である」という能見教授による厳し
い批判があった。[42] 仮に，信託行為が存在するだけで実質的には委託者が信託財
産を支配しているといえるなら，この批判はあたっているといえよう。ところ
が，このような批判をされる能見教授は同時に，所得課税については，「受益
者が特定していない場合または受益者が存在していない場合には，委託者が信
託財産を所有するものとして委託者に課税される。このような課税のしかたは
極めておかしい」とも述べている。[43] 要するに，能見教授によれば，所得税法・
相続税法との関係でも，信託財産は委託者からも受益者からも独立した財産と
してとらえられるべきなのである。しかし，現在の所得税法・相続税法のしく
みからは，法人に帰属する財産以外のあらゆる財産はいずれかの個人（自然人）
に帰属させて把握せざるをえない。私法（民法・信託法）との関係でどの個人
にも帰属しない財産を観念するとしても，所得税法・相続税法との関係では誰
かに帰属させるしかない。[44]

なお，能見教授は信託財産を（委託者からも受益者からも）独立の納税義務者
とすべきであるとしてアメリカの信託税制を引き合いに出される。[45] しかし，ア
メリカで信託財産が独立の納税義務者として（法人ではなく）個人とみなされ

---

42)　能見・前掲注 1) 311 頁。

43)　能見・前掲注 1) 316 頁。この考え方は，金子宏『租税法〔初版〕』（弘文堂，1976 年）141 頁で
最初に示された。

44)　このような所得税法・相続税法の考え方は，フランス民法で伝統的にとられてきた資産（patri-
moine）理論と同じである。オーブリとローによって提唱されたこの資産理論においては，法人格
と責任財産の間に一対一対応が存在するとされてきた。横山美夏「財産：人と財産との関係から
見た信託」NBL791 号（2004 年）16 頁，17～18 頁参照。詳しくは，原恵美「信用の担保たる財産
に関する基礎的考察—フランスにおけるパトリモワーヌ（patrimoine）の解明」法学政治学論究
63 号（2004 年）357 頁，同「フランスにおけるパトリモワーヌ論の原型——オーブリ＝ローの理
論の分析」法学政治学論究 69 号（2006 年）357 頁，片山直也「財産——bien および patrimoine」
北村一郎編『フランス民法典の 200 年』177 頁，192～203 頁（有斐閣，2006 年）を参照。日本の
民法でも，「一人の人に帰属する物や権利が総体としてとらえられて権利の客体とされることが
あ」り，この総体は，旧民法典では「資産」（旧民法 1 条），現行民法典では「総財産」（民法 306
条），あるいは債権者代位権・詐害行為取消権の文脈で「責任財産」と呼ばれる（大村敦志「物の
存在意義」内田貴＝大村敦志編『民法の争点』81 頁（2007 年））。

45)　能見・前掲注 1) 316～317 頁。

るのは，信託財産を独立の法主体とみるという思想に基づいているわけではない。家族の一員であるところの受益者が自分では財産を適切に管理できないことを前提に，この受益者の代替として，信託財産が個人とみなされるのである[46]。

このように，旧相続税法4条への批判は必ずしも十分に説得力を有するものではなかったということができよう。

平成19年度税制改正によって，旧相続税法4条は廃止され，代わりに相続税法9条の2以下が創設された。相続税法9条の2第1項は，「信託の効力が生じた場合において，適正な対価を負担せずに当該信託の受益者等となる者があるときは，当該信託の効力が生じた時において，当該信託の受益者等となる者は，当該信託に関する権利を当該信託の委託者から贈与により取得したものとみなす」と規定している（括弧書きは省略した）。

旧4条1項と比べると，課税のタイミングが，「信託行為があった時」から「信託の効力が生じた時」へと変更されていることがわかる。また，課税物件が「信託の利益を受ける権利」から「信託に関する権利」へと書きかえられている。しかし，受益者が受託者から何らかの給付を実際に受ける前の段階で，贈与により一定の財産を取得したとみなされるという点に限っては，旧4条1項との間に違いはない。

2 民事信託と他の法形式の比較——総論

水野紀子教授は民法をはじめとする大陸法系の法体系と信託との間の緊張関係を強調している[47]。とりわけ，相続法の公序である遺留分は信託を利用することによっても潜脱することはできないとされる[48]。もっとも，前述のように，相続法の公序との間で緊張関係に立つのは，民事信託に限られない。

民事信託は，家族内部における経済的価値の移転に用いられる法形式の一つである。被相続人となるであろう個人（以下，単に「被相続人」と呼ぶ）に着目

---

46) *See* e. g., American Law Institute, Federal Income Tax Project: Subchapter J, 1985, at ⅺ.

47) 水野紀子「信託と相続法の相克——特に遺留分を中心にして」東北信託法研究会『変革期における信託法』（2006年）103頁。

48) 水野・前掲注47) 125頁は，「信託法を民事信託に拡大することによって相続法を潜脱することができると理解することは，すなわち民法の存在を否定する理解であり立法である」という。また同122～123頁は，「〔遺留分減殺請求の〕この強力な効果は，信託を設定する行為に適用されるとどうなるだろうか。信託設定行為は，贈与あるいは遺贈として評価されて，減殺請求の対象となるだろう。信託と性質決定されただけで，遺留分の攻撃から逃れるという解釈は，後述するように国際的な法解釈の常識からも離れた突飛な解釈であって，とても採用できない」という。

して考える場合，家族内部における経済的価値の移転については，次のような
利害対立が存在する。

　一方では，被相続人には財産処分の自由がある。彼は，自分の財産を自由に
処分・費消することができ，その一環として，財産を他人に贈与するのも自由
なはずである。

　他方で，被相続人の債権者及び推定相続人（潜在的な法定相続人）たちにとっ
ては，責任財産ないし相続財産が適切に維持される必要がある。推定相続人た
ちについていえば，遺留分制度（民法1028条以下）は彼らに相続財産の一定割
合を保証している。そして，遺留分制度を実質的に機能させるために，民法
1030条は，一定の（相続開始前1年以内・当事者双方の悪意）贈与を遺留分算定
の基礎となる財産の価額に算入している。また，共同相続人相互間では，民法
1030条の規定するような限定なしに，贈与された財産が遺留分算定の基礎と
なる財産の価額に算入される（民法1044条が準用する903条1項参照）。

3　相続法の規律と生命保険契約

　以上のような相続法の規律との関係で，被相続人が特定の者（主として相続
人の一人）に対して経済的価値を移転するのに非常に有用だとされているのが
生命保険契約である。

　なぜ有用なのかというと，第一に，法的に（つまり私法のルールにおいて）保
険金受取人は生命保険金を相続法にほとんど妨げられることなく取得すること
ができるからである。第二に，事実上，他の共同相続人（法定相続人）に知ら
れることなく，特定の相続人が保険金を取得する方法が存在するからである。
以下，詳しく説明しよう。

　まず，「被相続人の締結した契約に基づき，かつ被相続人の死亡により相続
人が保険金請求権を取得するにもかかわらず同請求権は相続財産に属さない」
（保険金請求権取得の固有権性）と考えられてきた。このため，かつては，「保険
金請求権は相続財産に帰属しないので，例えば，共同相続人のうちの一部の者

---

49)　鈴木・前掲注37）151頁は，遺留分減殺制度について「この制度は，相続の法定原則に対する
　被相続人の意思による攻撃を法定原則の側からいわば巻き返すためのものということができる」
　と評している。
50)　鈴木・前掲注37）296頁。
51)　山下友信『保険法』511頁（有斐閣，2005年）。なお，本文で述べるように，山下教授自身はこ
　の固有権性から導かれる帰結に対して批判的である。

のみが保険金受取人に指定されたことにより保険金請求権を取得した場合に，これは保険金受取人たる相続人が特別の利益を受けたものとしてその持戻し（民903条）の対象となることはないし，持戻しの上保険金請求権が相続財産に属するものとして遺留分減殺請求（民1028条以下）の対象に含ませられることもない」とされてきたようである。しかし，現在では「遺産分割等の実務では保険金請求権の一部は特別受益として相続財産に属するものとして取り扱われることが多」いとされてきた。[53]

そして，学説では，他人のためにする保険契約を第三者のためにする契約の一類型ととらえ，保険契約者と保険者との間の法律関係（補償関係）と保険契約者と保険金受取人との間の法律関係（対価関係）とを区別し，対価関係を基準に保険金受取人の法的地位を考えるべきであるとの考え方が有力に主張されていた。[54] この考え方によれば，他人のためにする生命保険契約においては「多くの場合は，保険契約者が恩恵的に保険金受取人指定を行うのであり，その場合の関係は贈与そのものまたは贈与類似のものとみることができる。仮に，指定により保険金受取人が直ちに保険金請求権を取得するものとすれば，指定時に生前贈与があったとみることができる。そうであるとすれば，保険金請求権が保険契約者兼被保険者の相続財産に属さず，保険金受取人の固有財産に属するという固有権性のうち相続債権者の引当財産にならないという結果は理論的に説明することができる。かつ，他方で，生前贈与であるがゆえに，共同相続人間の公平性を確保するための特別受益持戻しや遺留分減殺の対象となることも理論的に説明することができる」。[55]

このような議論状況を背景に，近年，二つの重要な最高裁判所の判決が下された。

まず，最判平成14年11月5日民集56巻8号2069頁では，自己を被保険者とする生命保険の契約者が死亡保険金の受取人を変更する行為が民法1031条

---

52) 山下・前掲注51）512頁。

53) 同上。

54) 中村敏夫『生命保険契約法の理論と実務』（保険毎日新聞社，2005年，初出1958年）63頁，山下友信『現代の生命・傷害保険法』（弘文堂，1999年，初出1980〜81年（1999年時点での補遺として同書86頁以下）51頁），藤田友敬「保険金受取人の法的地位（2）」法学協会雑誌109巻6号（1992年）1042頁。他にもさまざまな学説が存在するが，本稿では対価関係に着目する中村・山下・藤田の説を参考にして生命保険契約に対する相続税法の取り扱いを再考することを目指しているため，他の学説については紹介を省略する。

55) 山下・前掲注51）514頁。

に規定する遺贈又は贈与に該当するかどうかが争われた。最高裁は,「自己を被保険者とする生命保険契約の契約者が死亡保険金の受取人を変更する行為は,民法 1031 条に規定する遺贈又は贈与に当たるものではなく,これに準ずるものということもできないと解するのが相当である。けだし,死亡保険金請求権は,指定された保険金受取人が自己の固有の権利として取得するのであって,保険契約者又は被保険者から承継取得するものではなく,これらの者の相続財産を構成するものではないというべきであり(最高裁昭和 36 年(オ)第 1028 号同 40 年 2 月 2 日第三小法廷判決・民集 19 巻 1 号 1 頁参照),また,死亡保険金請求権は,被保険者の死亡時に初めて発生するものであり,保険契約者の払い込んだ保険料と等価の関係に立つものではなく,被保険者の稼働能力に代わる給付でもないのであって,死亡保険金請求権が実質的に保険契約者又は被保険者の財産に属していたものとみることもできないからである」と判示した。この判決は,前述の学説からは,遺留分減殺請求に関して「保険契約者と保険金受取人との間の対価関係に即して利益調整を図るという発想に対する消極的姿勢」を明確にしたものとして批判されている[57]。

次に,最判平成 16 年 10 月 29 日民集 58 巻 7 号 1979 頁では,遺産分割事件において,共同相続人の一人を死亡保険金の受取人とする養老保険契約に基づく死亡保険金請求権が特別受益ないしこれに準ずるものとして持ち戻しの対象となるかどうかが争われた。最高裁は,「上記の養老保険契約に基づき保険金受取人とされた相続人が取得する死亡保険金請求権又はこれを行使して取得した死亡保険金は,民法 903 条 1 項に規定する遺贈又は贈与に係る財産には当たらないと解するのが相当である。もっとも,上記死亡保険金請求権の取得のための費用である保険料は,被相続人が生前保険者に支払ったものであり,保険契約者である被相続人の死亡により保険金受取人である相続人に死亡保険金請求権が発生することなどにかんがみると,保険金受取人である相続人とその他の共同相続人との間に生ずる不公平が民法 903 条の趣旨に照らし到底是認することができないほどに著しいものであると評価すべき特段の事情が存する場合には,同条の類推適用により,当該死亡保険金請求権は特別受益に準じて持戻しの対象となると解するのが相当である」と判示した。

---

56) この事案では,当初受取人を妻にしていたがのちに(相続人ではない)父親へと受取人が変更された。

57) 山下・前掲注 51) 516 頁。

このように，現在の判例に従うならば，生命保険金請求権は極めて例外的に持戻しの対象となることがあるにすぎない。特定の相続人を生命保険金受取人に指定することで，他の法定相続人を排除しつつ，被相続人からこの者への経済的価値の移転を図ることができるのである。

第二に，被相続人が特定の相続人に金銭を贈与し，その資金を用いて相続人自身が保険契約者として，被相続人を被保険者とする生命保険契約を保険会社との間で締結するという方法を使えば，他の共同相続人に知られることなくこの特定の相続人が保険金を得ることができるといわれている。[58]

どういうことかというと，被相続人が保険料を負担していた生命保険金を相続人が受け取るとみなし相続財産として相続税の課税対象とされ，生命保険金の総額を相続税の申告書（第9表）に記載し申告しなければならない。このため，この生命保険金は私法上，受取人固有の財産ではあるが，その存在が他の共同相続人に知られてしまい，遺産分割協議において持戻しの主張が行われる可能性がある。ところが，前述の方法を使えば，保険金は保険金受取人の一時所得として所得税の課税が行われ，相続税の申告書に記載する必要はない。このため，事実上，他の共同相続人に知られずに経済的価値を移転することが可能だというのである。[59]

4　相続税法の規律と生命保険契約

前述のように，相続税法9条は個人からのあらゆる経済的価値の移転の取得を贈与による利益の取得とみなして課税の対象に含めているように読める。ところが，実際には，課税の対象となっていない経済的価値の移転が存在する。

そのうち極めて重要なのが，生命保険契約に基づく保険金請求権の取得である。[60]

対価関係を基準として保険金受取人の法的地位を考察する学説が強調していたように，生命保険契約は保険事故発生前においても経済的価値を有する。[61]こ

---

58)　山本・前掲注38）94頁。

59)　一定以上の財産を有する被相続人にとっては，この方法は節税にもなる。山本・前掲注38）109〜116頁参照。

60)　先行研究として，水野忠恒「生命保険税制の理論的問題（上)」ジュリスト753号（1981年）110頁がある。

61)　藤田友敬「保険金受取人の法的地位（1)」法学協会雑誌109巻5号（1992年）719頁，731〜732頁。

れは，生命保険契約に貯蓄的側面が存在するからである。それでは，生命保険契約の締結によって，相続税法9条との関係で，経済的価値の移転が存在するといえるだろうか。この点について検討する際には，前述の最高裁の二つの判決以前における，保険金受取人の法的地位に関する諸学説が参考になる。[63]

　山下教授は，対価関係に着目する立場から，保険金受取人の指定は，保険契約者から保険金受取人への無償の価値の移転であり，死亡保険金請求権の一種の生前贈与にあたるから，民法903条にいう意味での贈与にあたると解していた。[64]ドイツでも，対価関係を生前処分と理解する学説が多数であるという。[65]

　これに対して，同じく対価関係に着目する藤田教授は，対価関係を原則として死因贈与であるとする。藤田教授は，「むしろ重要なのは，死ぬ瞬間まで贈与者が常に処分を撤回でき，贈与の目的物から利益を享受しうるという点である。保険契約者は常に指定を変更・撤回し，また保険金請求権を譲渡・質入しうるだけでなく，責任準備金の部分については，①解約，②契約者貸付という利用方法が残されており，保険金受取人の権利はこれらの処分に優先される。対価関係の死因処分性は否定しがたいように思われる」と述べている。[66]

　もっとも，「対価関係の死因処分性については，指定の仕方や生命保険契約の種類によって，より詳細に場合を分けて考える必要がある」という。[67]

　なお，対価関係に言及しない学説も，保険金受取人の指定を遺贈ないし死因贈与に準ずる財産の移転とみる見解（大森忠夫等）と一種の生前贈与とみる見解（高木多喜男），そもそも経済的価値の移転を否定する見解等に分かれていた。

　このように，ほとんどすべての学説が経済的価値の移転を肯定しており，また，生前贈与か死因贈与かというタイミングの問題については，藤田教授の見解に現れているように移転の確実性が考慮されていた。

　相続税法9条は，経済的価値の移転の確実性によって課税のタイミングを決めているわけではない。事実上であれ，経済的価値が移転したと評価できるの

---

62)　藤田・前掲注61）722〜729頁。
63)　要領の良い学説の整理として，遺留分減殺請求につき，中村也寸志・最高裁判例解説民事篇平成14年度933頁，938〜941頁，持戻しにつき，同947〜949頁，土谷裕子・最高裁判例解説民事篇平成16年618頁，626〜629頁がある。また，藤田・前掲注54）1061〜1064頁は対価関係が死因贈与か生前贈与かという切り口での分析を行っている。
64)　山下・前掲注54）76〜78頁。
65)　藤田・前掲注54）1062頁。
66)　同上。
67)　藤田・前掲注54）1063頁。

であれば，同条の規定に基づいて贈与税の課税が行われることになりそうである。そうすると，同条によれば，生命保険契約の締結，保険料支払の時点で贈与が存在すると評価すべきことになるのではないだろうか。

ところが，実際には，生命保険契約については相続税法9条による課税は行われていない。保険事故すなわち被相続人死亡のタイミングまで，課税が繰り延べられている。相続税法3条1項1号は，被相続人の死亡によって相続人等が取得した生命保険契約の保険金のうち，被相続人の負担した保険料に対応する部分は，相続または遺贈によって取得したものとみなしている。このため，保険金受取人の得る経済的価値（保険金）は（みなし贈与財産ではなく）みなし相続財産として課税の対象となるのである。課税が繰り延べられることによって租税負担が軽減されるとは限らないのであるが，9条の原則論が生命保険契約については貫徹されていないということは明らかであろう。

5 相続法の規律と死亡退職金

被相続人が特定の者（主として相続人の一人）に対して経済的価値を移転するのに有用であるもう一つの方法が，勤務先から遺族に支払われる死亡退職金である。社会保障関係の特別法に基づいて給付される遺族給付も，機能において死亡退職金と同様であるし，民法上も以下に述べる死亡退職金と同様に扱われている。

死亡退職金とは，公務員については法律に基づき，また私企業の従業員については勤務先の規約に基づき，勤務していた被相続人の死亡の際に，被相続人の遺族に受給権の発生する退職金である。その性質については，功労報償・生活保障・後払賃金といったさまざまな説明がされるが，被相続人の労務との間の対価関係は否定しがたいであろう。にもかかわらず，死亡退職金は，相続財産には含まれず，受給者として指定された者（遺族）の固有の権利となると考えられている。

---

68) ただし，被相続人が勤務先に強い影響力を及ぼしている場面を除けば，生命保険契約と比べて，被相続人自身による操作可能性は低い。

69) 時岡泰・最高裁判所判例解説民事篇昭和55年度361頁，365～366頁（最判昭和55年11月27日民集34巻6号815頁の解説）。

70) 特殊法人（日本貿易振興会）について，最判昭和55年11月27日民集34巻6号815頁，死亡退職金の支給規定の存在しなかった財団法人について，最判昭和62年3月3日家裁月報39巻10号61頁等。

もちろん，特別受益の持戻し（民法903条）の対象になる可能性がないわけではないが，この点を度外視すると，退職金が支給された後に被相続人が死亡する場合と比較すると，相続人間の公平，相続債権者の利益，という二点に大きな違いがある。死亡退職金の受給権者として相続人の一人が指定された場合には，この者は法定相続分の外枠でこの死亡退職金を手にすることができるし，この死亡退職金に対して相続債権者はかかっていくことができないからである。

6　相続税法の規律と死亡退職金

民事信託を利用して委託者から受益者に経済的価値を移転することを考える場合，委託者はその所得課税済みの経済的価値を受益者に移転することが想定されている。つまり，実際に課税が行われるかはともかく，所得税，贈与税（あるいは相続税）の課税物件にそれぞれ一度ずつ含まれることが前提となっている。ところが，民事信託以外の経済的価値移転の手法を見ていくと，このような二度の課税が行われていないという場合が少なくない。

被相続人の労務に基因し彼自身の所得となってしかるべき「給与等，公的年金等及び退職手当等」で，被相続人の死亡後に支給期の到来するものについては，(1) みなし相続財産として相続税の課税対象となる場合には，所得税の課税は実際には行われていない。また，(2) みなし相続財産とならない場合には，一時所得として所得税の課税が行われている[72]。

このように，相続税と所得税のいずれかの課税しか行われない結果，直接の贈与や民事信託の場合と比べて，課税される回数が少なくなっている[73]。このことは必ずしも実際の税額が少なくなっていることを意味するわけではないが，経済的価値の移転に関する様々な法形式の間の課税の中立性という観点からは

---

71)　所得税基本通達9-17 参照。

　　※（相続財産とされる死亡者の給与等，公的年金等及び退職手当等）

　9-17　死亡した者に係る給与等，公的年金等及び退職手当等（法第30条第1項《退職所得》に規定する退職手当等をいう。）で，その死亡後に支給期の到来するもののうち相続税法の規定により相続税の課税価格計算の基礎に算入されるものについては，課税しないものとする。（昭63直所3-3，直法6-2，直資3-2，平元直所3-14，直法6-9，直資3-8改正）

　（注）　上記の給与等，公的年金等及び退職手当等の支給期については，36-9，36-10及び36-14の (1) に定めるところによる。

72)　所得税基本通達34-2 参照。

73)　被相続人が退職金を受け取ってから程なくして死亡した場合には，退職金に対して所得税の課税（退職所得），退職金相当額を含む相続財産に対して相続税の課税が，それぞれ行われるはずである。

問題であろう。なお，最判平成 22 年 7 月 6 日民集 64 巻 5 号 1277 頁は，このような一度きりの課税を生命保険契約についていわば公認したものと考えることができる。

Ⅳ　むすびにかえて

　本稿では，民事信託に対する相続税・贈与税の課税関係を考えるための準備作業として，考えるための視座設定と，比較対象となる他の法形式についての課税関係の検討を行った。前者については，家族内部における経済的価値移転のためのさまざまな法形式の間の中立性を基準とすべきであると主張した。また後者については，生命保険契約や死亡退職金の支給に対して，単なる贈与・相続よりも課税のタイミング・回数の面で有利な（軽い）課税が行われている可能性があることがわかった。

　もっとも，本稿では，課税が行われる際の資産評価（およびその操作可能性）という重要な問題に触れることができなかった。今後，さらに他の法形式についての検討を進めるとともに，資産評価の問題も取り上げていきたい。

（金融取引と課税（2），2012 年）

受益者連続型信託に対する資産移転税の
課税方式に関する一考察

藤 谷 武 史

I　本稿の課題と方法

　本稿は，いわゆる受益者連続型信託に係る資産移転課税（相続税・贈与税）の適切な課税方式について理論的な検討を加えることを目的とするものである。[1]

1　本稿の対象——平成19年度税制改正による受益者連続型信託の課税の特例

　いわゆる後継ぎ遺贈型の受益者連続信託の有効性を確認した平成18年信託法を受けた平成19年度税制改正は，受益者連続型信託の課税の特例（相続税法9条の3）を新設し，その課税関係を明確化した。この特例は，①信託設定時に全ての受益者に課税する方式（いわゆる「網打ち効果」）ではなく，後続受益者が受益権を現実に取得する時点でその都度課税することとし，②各受益者に後続する受益者が存在する場合にも，そこに付された権利制限はないものとみなして，各受益者が信託財産の全体を相続・贈与により取得したかのように課税する，という方法を採用した。

　この課税方式に対しては，課税関係の不明確さ（特に①の課税時期の不透明さ）を解消した点では肯定的に評価されるものの，②の結果，機能的に類似する資

---

1)　本稿の元になった原論文の初出は2011年4月であるが，原論文脱稿（2010年秋）後も，受益者連続型信託の課税関係については多くの重要な論攷が公刊されている。特に，岡村忠生「多様な信託利用のための税制の提言」信託研究奨励金論集第31号（2010年）75頁，渋谷雅弘「受益者連続型信託等について」『信託税制の体系的研究——制度と解釈』日税研論集62号（2011年）199頁への言及を逸することができない。これら論攷の成果を織り込み原論文を抜本的に再構成することも検討したが，受益者連続型信託と機能的に類似する仕組みに対する諸外国の課税方法を類型論的に比較して示唆を得る原論文には2019年時点でもなお一定の意義を見出しうるものと考え，基本的には初出時と同様の構成を維持することとした。

172 第3章 時間を超える利益移転

産承継スキーム（例えば負担付遺贈）に比べて受益者連続型信託を税制上不利に扱っており，受益者連続型信託の健全な利用を阻害している，との否定的な評価が根強い。[2] 他方，通常の相続に対する課税関係とのバランス論，「信託収益に対する所得課税と資産移転課税の平仄が合っていなければならない」とする課税理論[3]，現実の税務執行（受益権の評価の困難性）を考慮すると，直ちに現行法の取扱いを不適当と断ずることにも躊躇を覚えるところである。[4]

実際，受益者連続型信託をめぐっては，旧信託法下でもそれが可能であるとの前提で，改正前の相続税法4条の下での課税関係について検討した先行業績が存在する。[5] 加えて，諸外国における承継的財産管理のための信託や信託類似の制度の課税方式についても，詳細な紹介がなされてきたところである。[6] こうした議論の蓄積があった上で行われた平成19年度改正であったことを考えれば，この問題の解決がそれほど容易ではないことが推測される。確かに，信託を用いた租税回避の懸念が過度に強調されすぎた可能性は否定できないにせよ，それだけが原因ではあるまい。となれば，優れた先行業績の数々にも関わらず，受益者連続型信託の課税をめぐっては，なお理論的に検討すべき問題が残されている，と言うことができよう。

2　問題の所在──他益信託課税理論の再検討の余地

信託という法制度が，基本的に大陸法系に属する日本の民法に適合するのか，という問題は，新信託法制定前から民法学では熱心に議論されてきたが，新信

---

2)　前掲注1）に挙げた岡村論文・渋谷論文のほかにも，例えば，星田寛「福祉型信託，目的信託の代替方法との税制の比較検討」信託232号（2007年），（社）信託協会「平成31年度税制改正に関する要望」（平成30年9月）13〜14頁。また，岡村忠生「不完全移転と課税（序説）」法学論叢164巻1〜6号（2009年）147頁，155頁以下は，受益者連続型信託への課税の「過剰性」を指摘する。

3)　参照，後掲注28）。

4)　参照，後掲注35）。

5)　参照，佐藤英明『信託と課税』（弘文堂，2000年）第Ⅱ部第3章，占部裕典「信託における後継ぎ遺贈の課税関係」総合税制研究9号（2001年）30頁以下，同「裁量信託及び受益者連続型信託の課税関係──イギリス信託課税からの示唆」神戸学院法学25巻2号（1995年）197頁，渡邉幸則「イギリスの信託と我国の課税」イギリス信託・税制研究会編『イギリス信託・税制研究序説』（清文社，1994年），星田寛「受益者連続信託の検討」道垣内弘人ほか編著『信託取引と民法法理』（有斐閣，2003年）261頁以下，岡正晶「いわゆる後継ぎ遺贈型の信託と課税関係」税務事例研究94号（2006年）78頁，香取稔「条件・期限・負担付の遺贈についての相続税課税上の問題──後継ぎ遺贈を中心として」税大論叢28号（1997年）359〜360頁。

6)　参照，トラスト60研究叢書『信託税制研究──海外編』（1997年），前掲注5）『イギリス信託・税制研究序説』。

託法の制定によってもなお完全に解消されたとは言えないようである。この問題は，所得課税における収益の帰属（その前提としての収益を産み出す資産の帰属）判定や，資産移転課税における移転の事実の判定について私法に依拠せざるを得ない租税法にも影を落とさざるを得ないはずである（なお，本書第2章〔拙稿〕も参照）。しかし，日本の租税法は，信託受益権を有する者に信託財産が帰属するとみなすことで（所得税法13条・法人税法12条・相続税法9条の2第6項），受益権の取得時に資産移転課税を行い，信託収益は受益者に課税するという課税方式[8]を原則的に採用した[9]。平成19年度税制改正も基本的にこの考え方を堅持（見方によってはむしろ強化[10]）している。つまり，「みなし」という法技術を用いることで，信託という法形式の「異質性」という問題に正面から向き合うことなく済ませてきた，と言えよう。

　もちろん，このような課税理論の発展形態は，日本における信託の利用実態に即したものであり，それ自体は何ら不合理ではない。すなわち，日本の信託が商事信託を中心に発展してきたことを反映して，伝統的には集団投資の，近時では証券化や倒産隔離のための，ビークルとしての側面が強調されてきたことは，専ら所得課税の文脈における信託の導管性（パス・スルー性）を重視させることとなった。自益信託を問題にする限りでは，受益者を信託財産の所有者とみなして収益を帰属させる課税ルールは，多くの場合，合理的なものであったと言えよう。そして，自益信託であれば資産移転課税は実際上問題にならず，

---

7)　議論の概観を与えるものとして参照，加毛明「民法と他領域（6）信託法」内田貴＝大村敦志編『民法の争点』（有斐閣，2007年）18頁，中田英幸『ドイツ信託法理──日本信託法との比較』（東北大学出版会，2008年）第1章。

8)　佐藤教授が整理した，信託収益の「受益者課税」と資産移転税の「信託設定時課税」という2つの原則である。参照，佐藤英明『信託と課税』（弘文堂，2000年）。ただし，信託設定時課税に関しては，平成19年度改正によって，「信託終了時に誰が受益をするかということは，信託の設定時に決まっており，したがって設定時に将来の信託終了時の受益についても課税をするという」従来の考え方が放棄され，信託の終了時課税（あるいは本稿における後続受益者の受益権取得時）に受贈者から贈与されたものとみなして課税を行うルールに変更されたことに注意を要する。参照，金子宏ほか「信託法制と信託税制の改革」税研133号（2007年）5頁［佐藤英明発言］。

9)　重要な例外としての但書信託や，法人課税信託の存在は無視できないが，「受益者課税」が原則であるとして意識され続けていることは，比較法的にみた日本の信託税制の特質として興味深く指摘される。この点を指摘するものとして例えば参照，占部裕典「信託課税における受益者課税・委託者課税の再検討」総合税制研究2号（1993年）34～35頁。

10)　例えば，川口幸彦「信託法改正と相続税・贈与税の問題」税大論叢57号（2008年）359頁は，平成19年度税制改正による信託税制は，土地信託通達の考え方が拡張されることによって，「信託導管論（信託行為により委託者と受益者の間で財産権が移転するが，その間に存在する受託者は導管（パイプ）に過ぎないとする考え方をいう。）が徹底された形で改正がなされた」との見解を紹介している。

他益信託についても，受託者が専ら信託銀行等に限定されていたという日本に固有の事情により，財産の管理運用を旨とする（単純な）信託の利用が主であった結果として，他益信託の設定によって信託財産自体が受益者に移転されたとみなすことが，さしたる問題を惹起しなかった。実際，例えばイギリスにおいても，受益者の指図の下での単純な財産管理のみを目的とする他益信託である受働信託（bare trust）については，日本と同様の課税方式（収益＝受益者課税・信託設定時＝資産移転課税〔但し，潜在的免税贈与とされる可能性がある〕）がとられている。

つまり，自益信託が中心で，そこにごく単純な他益信託のみが存在するという状況では，租税法上，受益者を信託財産の所有権者と擬制し，信託を導管と見るという，我が国の信託課税理論は破綻しないばかりか，むしろ好都合である[11]。しかし，信託法改正時に強調された信託の特性（柔軟性・不定形性）やそれに対する様々なニーズ[12]を踏まえれば，今後もこのような状況が続くとは考えがたい。

以上のように考えれば，前述した受益者連続型信託の課税の難しさも，実は受益者連続型信託に特有の問題というよりは，他益信託全般の課税理論の問題が反映している，と推測することも可能である。他益信託の仕組みが複雑になれば（受益者連続はその一類型に過ぎない），もはや「受託者が存在しないかのように扱う」課税方式は維持できないかもしれない。

加えて，資産移転課税の場合，近時も議論が喧しい課税方式の問題（遺産税方式か遺産取得税方式か）が関わる。その背後には「なぜ資産の移転を敢えて別の税目として（あるいは，そもそも）課税するのか」をめぐる理念の問題が控えていることはいうまでもない。日本では，私法制度において信託を明示的に認めつつ，遺産取得税方式をベースとしつつも遺産税的要素をも伴う「法定相続分課税方式」という特殊な課税方式をとるが，両者の併存は問題をさらに複

---

11) この点に，比較法的には特異ともいわれる，我が国の信託税制における「導管理論」の強固な影響の理由を見出すことができようか。（なお，「導管性」については様々な定義がありうることに注意を要する。参照，高橋祐介「事業体課税論」岡村忠生編『新しい法人税法』（有斐閣，2007年）64頁以下。

12) 組織形態としての信託の存在意義を組織法的ルールとしての信託法の密度の低さに絡めて説明する示唆に富む業績として参照，森田果「組織法の中の信託——Henry Hansmann & Reinier Kraakman, The Essential Role of Organizational Law をめぐって」米倉明編著『財団法人トラスト 60 創立 20 周年記念　論文撰集』（2007 年，初出 2004 年）。

雑にする。

というのも，遺産税方式を採るイギリス・アメリカにおいては，私法上は当然のことながら，租税法上も，信託財産（受託者）に明示的な地位を認めている。そこでは，所得課税における受託者課税がむしろ原則的な取扱いであり，受益者課税や委託者課税は例外である。逆に，日本の現行の受益者連続型信託の課税方式は，信託財産の帰属の法的擬制により受託者の存在を透明なものと扱う以上当然とも言えるが，信託を明示的な法制度として認めないドイツやフランスの遺産取得税方式の下での，信託類似の法制度に対する課税方式に接近する。しかし，果たしてこれは信託という法形式の特殊性を十分に反映した課税方式と言えるだろうか。[13] あるいは，租税法が信託という法制度を明示的に認識することと，資産移転課税の方式の選択との間には，何らかの緊張関係があると考えるべきなのだろうか。[14]

3 本稿のアプローチ

以上のような問題意識を持ちつつ，本稿は，受益者連続型信託のごく単純なモデルケースを念頭に，いかなる資産移転課税の課税方式が選択肢として可能であるかを類型論的に列挙し，それぞれの得失を検討する，というアプローチを採る。信託収益の課税やキャピタル・ゲイン課税については，基本的には取り上げない。

このようなアプローチを採る理由は，以下の 3 点である。

第 1 に，各国の他益信託・信託類似制度の課税ルールについては優れた先行業績があり，各国別の紹介をなぞることは屋上屋を架すことになる。むしろ先行業績から抽出された課税方式を類型として列挙し，これらを一覧性のある形で比較することに，本稿の検討に固有の貢献が求められる。

第 2 に，類型論によって，各国固有の事情や数多の特別措置を敢えて一旦捨象し，本稿の関心にとって重要な要素，すなわち，各類型における信託の位置づけ（受託者の租税法上の取扱い），資産移転課税の方式（遺産税方式・遺産取得税方式）と課税根拠（遺産の承継・登録税・所得税の補完税など）に着目することができる。このような視角に立つことで，逆説的に，各国の信託税制が置かれて

---

13) このような問題意識を夙に示した先行業績として参照，占部・前掲注 9）論文。
14) 渋谷・前掲注 1）論文 214〜215 頁は，極めて鋭利な分析によって，遺産税方式・遺産取得税方式と比べても，法定相続分課税方式が「信託と極めて相性が悪い」と指摘する。

いるヨリ広い法制度的文脈（特に相続法制や物権法制）の特質が浮かび上がってくることにもなろう。[15]

　第3に，分析対象とする受益者連続型信託は，ごく単純なものを想定する。すなわち，先行受益者と後続受益者のみが存在し，撤回権・変更権は付されておらず（従って委託者が「みなし受益者」ないし「特定委託者」として登場しない），裁量信託ではない，というタイプの信託である。もちろんいくらでも複雑なスキームは考え得るが，受益者連続機能（すなわち，信託設定時に後続受益者はまだ受益権を取得しておらず〔受益権が不確定・あるいは受益者自身が未存在〕，後に信託行為所定の事由によって受益者の交替が生じる）に絞った分析の精度を高めるには，むしろ単純なモデルの方が適しているからである。

II　受益者連続型信託に対する現行の資産移転課税方式

1　受益者連続型信託に対する現在の課税ルール

(1)　「受益者連続型信託」の意義

　現行法の想定する「受益者連続型信託」は，信託法91条が規定するいわゆる後継ぎ遺贈型の受益者連続の信託や同法89条に規定する受益者指定権を有する者の定めのある信託，その他これに類する信託である（相続税法9条の3第1項・令1条の8）。[16]典型的には，次頁の図のような場合において，SがB₁を受益者として財産Aを受託者Tに移転して信託を設定し，さらにB₁の死亡等[17]

---

15)　大陸法の所有権概念と，英米法のestate概念のズレが問題の本質であると思われるが，筆者の現在の能力ではこの点を解明することができない。近い将来の課題としたい。なお，大陸法の観点からみたイギリス法のestate概念に関する興味深い指摘につき参照，山田希「フランス信託法の基本構造」名古屋大学法政論集227号（2008年）606〜607頁〔Barrièreのテーズの紹介〕。

16)　相続税法施行令1条の8は，相続税法における「受益者等」が，信託法の「受益者」（信託法2条6項・7項）の範囲と異なる部分があることから，単に信託法89条・91条の規定を借用するのではなく，独自の定義を置いたものと理解される。すなわち，相続税法9条の3にいう「受益者」は，信託契約によって受益者と指定されたもののうち，「受益者としての権利を現に有する者」に限定される（同2項）反面，法9条の2にいう「受益者等」は，上記の意味での「受益者」に「特定委託者」（同条5項「信託の変更をする権限を現に有し，かつ，当該信託の信託財産の給付を受けることとされている者（受益者を除く。）」を含む。租税法は，租税回避を防ぐ観点から，受益者のみならず信託変更権限と帰属権を併有する者も受益者と同様の立場にあるものとして収益のパススルー課税（所得課税）と信託設定時課税（資産移転課税）を行うこととしているので，信託法の「受益者」の範囲とはズレが生じることになる。

17)　B₁が直ちに受益者としての地位を取得する場合と，Sの死亡時にB₁が受益者となる場合（遺言代用信託）の場合が考えられるが，後述するように法9条の2第1項は「信託の効力が生じた時」と規定しており，B₁が受益権を取得した時点が問題となる。

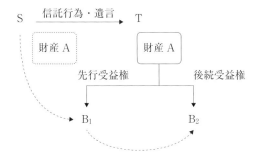

を条件としてB_2が受益権を取得する旨の定めがある,いわゆる後継ぎ遺贈型の信託を想定するものである[18][19]。

もっとも,法令の文言からはB_1の死亡以外の事由によってB_2が受益権を取得するような信託も排除されていないから,「受益者連続型信託」類型は[20],他益信託の効力発生時においては(租税法上)受益者と認識されない者が,その後新たに受益者となるような信託一般を指すものと解される。他方,受益権が複層化された信託であっても,信託設定時にB_1が収益受益権,B_2が元本受益権を取得する定めのある信託は,B_1・B_2ともに「受益者としての権利を現

---

18) B_1の死亡時に信託が終了し,残余財産がB_2に帰属する,というスキームもあり得るが,ここでは一定期間はなお信託が存続し,B_2は信託の単独の受益者(しかし信託財産自体は処分できない)となる場面を考えよう。なお,B_1よりも先にB_2が死亡してしまった場合(あるいはそもそもB_2が出生しなかった場合),B_1の死亡により信託は終了することになる。この場合の残余権者について別途定めておく必要があろう。本稿では「受益者連続機能」に絞って考察を行うために,残余財産帰属者の考察は割愛する。

19) このような信託のニーズに関して参照,新井誠『信託法〔第3版〕』(有斐閣,2008年)87頁以下。また,そもそもなぜ法制度がこのような「ニーズ」を支援すべきかについての有益な示唆につき参照,小出篤「『遺産動機』実現スキームとしての信託」前田庸先生喜寿記念『企業法の変遷』(有斐閣,2009年)155頁。

20) 松田淳ほか『平成19年版改正税法のすべて』(大蔵財務協会,2007年)477頁は「受益者連続型信託とは,いわゆる後継ぎ遺贈型信託のことであり」としており,「受益者連続型信託に関する課税の特例」が後継ぎ遺贈型信託を典型例と見ていることは疑いがない。しかし,信託法91条にいう「後継ぎ遺贈型の受益者連続の信託」の規定は,後継ぎ遺贈は民法上無効とする学説が有力であることに鑑みて,その代替的な機能を果たしうる信託の有効性を確認する趣旨で設けられた規定であって,この規定がなくとも「一般に,信託行為の定めにより受益権を複数の者に連続して帰属させる信託(例えば,一定期間ごとに受益者が変更する信託)が有効であることについては異論がない」と説明されており(参照,寺本昌広『逐条解説 新しい信託法〔補訂版〕』〔商事法務,2008年〕258頁・260頁〔注1〕),後継ぎ遺贈型信託のみが受益者連続型信託ではないし,相続税法の文言も死亡以外の事由による受益者の連続を含みうる趣旨であると解される。同様の指摘につき参照,金子宏ほか「信託法制と信託税制の改革」税研133号(2007年)7頁〔道垣内弘人発言〕。岡村,前掲注2)論文156〜157頁も本稿と同じ理解に立つ。

178　第3章　時間を超える利益移転

に有する者」であるために受益者連続型信託には含まれない。

（2）　資産移転課税①――Sによる信託設定時

　まず，他益信託（※「適正な対価を負担せずに当該信託の受益者等となる者がある」信託）の受益者等となる者（B₁）は，信託の効力が生じた時において，その信託に関する権利をその信託の委託者（S）から贈与（委託者の死亡に基因して信託の効力が生じる場合には遺贈）により取得したものとみなされる（相続税法9条の2第1項）結果，贈与税・相続税の課税を受ける。

　他方，後続受益者B₂は，信託契約によって後続の受益者として指定されているものの，当初の効力発生時には期待権ないし停止条件付の権利に止まっており，「受益者としての権利を現に有する者」（同項括弧書。なお参照，相基通9の2-1）に該当しないので，この時点では贈与税・相続税の課税を受けない。

　この時点でB₁が取得した受益権は，後続受益権の存在に伴う制限が付されたものであるが，これはB₁の受益権の評価においてはないものとみなされる（法9条の3第1項）結果，B₁が信託財産の全部に対する権利を取得したものとみなされ，さらにその権利が対象とする信託財産に属する資産と負債そのもの

21）　「信託の効力が生じた時」の意義は，基本的には信託設定時であると解されている。参照，金子ほか・前掲注20）座談会4～5頁（佐藤英明発言）。もちろん，S自身が第一受益者になるスキームや，遺言代用信託のように設定後しばらくして効力を発生させる場合もあり得るが，その場合にはSの死亡等によってB₁の受益権が開始した時点で，次に見る法9条の2第2項が適用されることになろう。

22）　「受益権」に限定されていないのは，特定委託者（相続税法9条の2第5項）が取得する信託変更権と帰属権も含むためである。なお，所得税法13条2項の「みなし受益者」も同義である。

23）　法第9条の2第1項に規定する「受益者としての権利を現に有する者」に，残余財産受益者（信託法第182条第1項第1号）は含まれるが，帰属権利者（信託法182条第1項第2号）は含まれない，とする。

24）　後続受益権があっても，受益権自体が譲渡できないわけではない（信託法93条1項）が，信託行為に別段の定めがあれば譲渡禁止とすることができる（同2項。ただし，善意の第三者に対抗することができない〔同項但書〕）。あるいは受益者変更権をSやTに留保しておいて，B₁以外に受益権が渡った場合にこの変更権を行使して受益権をB₁に回復させる方法も示唆される（参照，小出・前掲注19）論文165頁）。あるいはこのような手段を講じていない場合でも，B₁の死亡その他所定の事由によって当該受益権が消滅することを考えると，実際に受益権の買い手が付くかは不明であるし，首尾良く譲渡できたとしてもかなりのディスカウントを強いられるかもしれない。

25）　相基通9の3-1（1）。また，B₁・B₂の他に元本受益権を設定時に与えられるB₃が存在した場合，B₃は「受益者としての権利を現に有する者」に該当するが，受益者連続型信託の元本受益権の価額はゼロと評価される（相基通9の3-1）ために，B₃は信託成立時には課税を受けない。その後，信託の終了によってB₃が残余財産を得たときに，B₂から贈与又は遺贈によって取得したものとみなして資産移転課税を受ける（法9条の2第4項）。その場合の課税価額は当然ながら残余財産の評価額となる。

を取得したものとみなして（法9条の2第6項），資産移転課税を受けることになる。

(3) 資産移転課税②——B_2 による受益権取得時

受益者連続型信託であるから，B_1 の死亡その他信託行為所定の事由が生じた時に，B_2 が新たに受益権を取得することになる。この場合，信託法上は信託行為の定めにより B_2 が S から直接に受益権を取得するのであり，B_1 から受益権を譲り受けるという構成にはなっていない[26]。しかし，租税法上は，B_2 は B_1 から贈与または遺贈によって取得したものとみなされ（相続税法9条の2第2項），それに従って資産移転課税を受ける。仮に B_2 の後にさらに受益者が指定されている場合であっても，②における B_1 と同様，この制約は無視され，信託財産の全額について権利を得たものとみなして課税を受けることになる。

2 現行の課税ルールに対する批判と応答

以上で確認したように，受益者連続型信託は，信託の対象となっている財産自体が S→B_1→B_2 と移転されたのと同様の資産移転課税に服する[27]。このような課税方法に対しては，B_1 が課税されすぎではないのか，との批判が直感的に思い浮かぶ。

例えば，信託財産とされた不動産の価値（相続税評価額とは乖離するが，ここでは捨象する）が1億円であったとしよう。この財産が1億円の価値を持つのは，例えば毎年1000万円の収益（帰属所得も含める）のフローを産み出すから，である。いま，B_1 は信託設定後5年で死亡してしまったとする。この場合に，B_1 の受益の程度は，高々5000万円に過ぎない（信託設定時＝みなし贈与課税時の現在価値に直せばさらに小さくなる）が，1億円についての資産移転課税は課されたままである（当然，B_2 は1億円の信託財産に対する受益権を取得しているので，1億円の財産を移転されたものとして課税され，そこで調整は行われない）。

---

26) 参照，寺本・前掲注20）書260頁（「後継ぎ遺贈型の受益者連続の信託において，第2次以降の受益者は，先順位の受益者からその受益権を承継取得するのではなく，委託者から直接に受益権を取得するものと法律構成されることにある。」）。この議論の実益は，B_1 が有していた先行受益権は B_1 の相続財産から除かれ，B_1 の相続人に係る遺留分の算定から除外される（むしろ，S の相続人間での遺留分算定において B_2 が得た権利の価額が問題となる）ことにある。

27) ただし，受益者連続型信託に係る収益受益権を法人が有している場合には，法9条の3による特例（権利の価値に作用する要因としての制約を無視する）は適用されず，原則通り（財産評価基本通達202に従ってそれぞれの受益権を評価することになろう）課税されることになる（同条1項但書）。岡村，前掲注2）論文154頁はこれを「受益権対象型課税」と呼んで，本稿の対象たる「元本全部移転型課税」と区別する。

180　第3章　時間を超える利益移転

　この懸念に対して，立案担当者の解説は，通常の相続税の場合にもこのような問題は生じるが，だからといって税負担の調整は行われない，という説明を加えている。[28]すなわち，現行の課税ルールは，通常の相続に対する課税関係とのバランスを重視する考え方に立っている。

　もっとも，この議論に対しては，「（第一次受益者が）信託にかかる経済的権利を全部取得し得ないにもかかわらず，相続税法9条の3により，第一次受益者に何ら制限のない財産を取得したとみなして課税することはもっとも問題である。どこからその担税力が生じるといえるのか。極端に表現すれば，ないものをあるとみなして課税すると読め，取得者課税として理解しがたい課税関係である。[29]」との厳しい批判がある。（先述した受益者連続の定義により）B₁は信託設定時において単独の受益者であるものの，信託財産それ自体を処分することはできない。B₁の受益権の譲渡は原則として可能であるが，B₁の死亡その他信託行為所定の期限到来ないし条件成就によって消滅するので，その評価額は信託財産それ自体の価値よりも小さい可能性が高い。引用文も示唆するように，日本の資産移転課税は取得した財産その他経済的価値に対する課税（収得税）[30]として理解するのであれば，手にしていない経済的価値に課税されるのはおかしい，という批判にも説得力が生じる。

　この批判の前では，「相続によって引き継いだ通常の財産についても，相続人の生存期間中に使い切らない可能性はある」という立案担当者の反論は，空振りに終わっている。通常の相続財産であれば，相続人はそれを全て換金してしまい費消することも可能である。「使い切ることが可能であったのにそうしなかった」ことが収得税において担税力減少事由として考慮されないのは当然である。「特に制限が付されていない通常の相続財産であったとしても，全部を使い切らずに自分の子に引き継がせるつもりである」という考え方（その場合にも相続財産全額が相続税の対象となる）は，資産家の家産承継や家族企業の事

---

28)　「相続税では，受益者Bが相続した財産の価額に基づき相続税課税が行われており，その後受益者Bが財産をいくら残そうと相続税の負担は変わりません。そこで，この受益者連続型信託についても，他の相続財産と同様の課税とするためには，受益者B，Cが取得する信託の受益権を消滅リスクを加味しない価格で課税する必要があることから，本特例が措置されました。」（『平成19年版　改正税法のすべて』（大蔵財務協会）477頁）

29)　星田寛「いわゆる福祉型信託のすすめ──家族のための信託」新井誠編『新信託法の基礎と運用』（日本評論社，2007年）189頁。

30)　金子宏『租税法〔第23版〕』（弘文堂，2019年）13頁（ただし，財産税として位置づける見解も有力であることも同時に指摘している）。

業承継の場面ではかなりもっともらしいが,「全部使い切ってしまう」という選択肢が初めから与えられていない場面とはやはり同一視できないであろう。そもそも相続人（第一承継者）が本当に「自分の代で財産を使い切ってはならない」と信じ込んでいるのならば,被相続人（処分者）はあえてコストをかけて信託を設定する必要もないはずである。「通常の法定相続では実現できない資産の流れを実現する」点に後継ぎ遺贈型の受益者連続信託の意義を見出す場合にはなおさらであろう。

以上の問題の根源は,論者が指摘するように,B_1 が取得しているのは信託財産そのものではなく受益権（経済的権利としては受益債権）であることを,租税法が無視してしまったことにある。収得税として資産移転課税を位置づけるならば,あくまでも B_1 が取得したものに見合った課税を行うべき（従って,既に述べた受益権の複層化に準じた扱いを行うべき）ということになろう。

しかし,これに対しては以下の3点の反論が考えられる。

第1に,確定期限の付された受益権ならばともかく,不確定期限（B_1 の死亡）や条件（B_1 死亡時に B_2 が生存すること）の付された受益権について,これらの不確実性を全て織り込んだ財産評価は不可能に近い,という議論がある。[31]

第2に,（本稿の想定する単純なモデルでは撤回不能信託であるから）Sは財産を完全に手放しており,B_1 が信託財産全額に対応する権利を得ていないのだとすれば,残余部分は誰が得ているのか,誰にも帰属していない財産を認めてよいのか,という問題がある。

この問題を正面から受け止めた上で（すなわち租税法上,nobody's property を認めてはならない,という立場を共有した上で）応答する方策として,①経済的には B_2 の期待権として存在している,②財産はなおSの手元に止まっている,③法形式どおり受託者Tに移転している,と考える可能性があるが,それぞれに反論があり得る。

まず,①の考え方に対しては,確定的な受益権を得ていない B_2 に対して信託設定時に資産移転課税を行うことが適切か,という批判が可能である。実際,①の下で想定される課税方式とは,改正前の相続税法4条の下での解釈論においてその可能性が,否定的な評価（「網打ち効果」）と共に指摘されていたものである。[32]

---

31) 詳細な検討として参照,佐藤・前掲注5）書 252 頁以下。

32) 参照,占部・前掲注5）（1995 年論文）204 頁。

次に，②の考え方に対しては，B_2 の受益権確定前に S が死亡した場合，S の相続人が自らには受益の可能性がないにもかかわらずこの部分の税負担を負うことになるがこれは不公平である，との批判が可能である。これは批判論が依拠していた収得税の考え方にもそぐわないであろう。

最後に，③の考え方についても，②と同様，経済的には何ら受益しない T に税負担を負わせるのは不当である，との反論が考えられる。ただし，③においては，信託財産それ自体を実質的な納税義務者とみる（法的には受託者を納税義務者とする）方法がありうるかもしれない。[33]

さらに第 3 の反論として，所得課税（信託収益課税）との平仄が問題となりうる。信託設定後に B_1 が信託収益の全額について所得課税を受けるべきことはあまり問題視されていないと考えられるが，[34] それにもかかわらず資産移転課税の側で信託設定時に B_1 に信託財産の全てが帰属していないと扱うことは，「背理」ではないか，との疑問があるためである。[35]

したがって，「受益者連続型信託の資産移転課税は，B_1 の現実の受益の程度

---

33) 現行法でも，受益者が存在しない（しなくなった）信託の場合には，受託者が贈与・遺贈を受けたものとみなして課税を行うこととされている（相続税法 9 条の 4）。この場合，受託者が信託設定時にそもそも存在していない（未出生）者の場合には，受益者となった際に贈与により取得したものとして再度贈与税が課される（法 9 条の 5）が，それ以外の場合（既に存在はしているが確定的な受益権は確定していない受益者）は，（条文の根拠は不明確だがおそらく法 9 条の 5 の反対解釈により）受託者の課税関係をそのまま引き継ぐため，再度の贈与税は課されない（参照，武田昌輔監修『DHC コンメンタール相続税法』〔第一法規，1981 年〕1089 の 4 頁）。この考え方を応用すれば，本文の場合には，後続受益者に帰属する部分についてのみ受託者課税を行うことになろう。この場合には，結局残余部分の評価論となり，第 1 の論点に帰着することになろう。

34) もっとも，岡村・前掲注 1）論文では，さらに進んで，現実分配による受益時まで受益者には所得課税すべきでない（ただし信託段階で代替的に所得課税を行う），という提案が示されている。

　　なお，信託収益の一部が後続受益者のために留保されるべきことが明示的に定められている場合，実質的には「B_1 が現実に享受している」とはいえないが，B_2 は「受益者としての権利を現に有するもの」（所得税法 12 条 1 項括弧書）に該当しないために，所得税法上は信託財産の全てが B_1 に帰属するものとして収益課税を受けることとなる（所得税法 12 条 1 項，5 項および所得令 15 条）。

35) 受益者の具体的な受益額が不確定な信託の課税方法について検討した論文の中で，佐藤英明教授は，「信託設定時に受益者は特定され，その後の信託財産に帰する収益は受益者に帰属するものとして扱うが，贈与税については，受益者が特定されてもなお停止条件付であるため，具体的受益の事実という停止条件の成就があったときに，その限度で贈与税課税がなされる，という考え方」について，「贈与税の租税回避の可能性があるとともに，受益権がみなし贈与の対象とならず，委託者のもとに止まっていると考えられる部分の収益について，受益者に所得課税が行われるという背理が生じる」と指摘する（佐藤英明『信託と課税』〔弘文堂，2000 年〕225 頁）。受益者連続型信託においても，B_2 については受益権自体が不確定であるので，佐藤教授の議論の射程が及ぶものと考えられる。もっとも，佐藤教授は立法論としてもこのような方法があり得ないとまで述べているわけではないように思われる。

に見合わない過大な税負担を課すものである」という批判論に与する本稿としては，上記の諸反論に応えうる課税方法を提示しなければならない。そのために，次節において，日本・アメリカ・イギリス・フランス・ドイツにおける，継伝的な財産承継を目的とする他益信託および他益信託類似制度に対する資産移転課税方式を比較し，課税方式の類型化を行い，その中に平成19年度税制改正による受益者連続型信託の課税方式を位置づける作業を行う。

Ⅲ　受益者連続型信託課税の類型論

1　各制度の概観

　本節では，以下の八つの制度について，その課税方式を概観し，次節における比較検討につなげる。比較の着眼点は，(a)先行受益者 B_1 が負うべき資産移転税の負担（信託財産の全額か，一部か），(b)後行受益者 B_2 に対する資産移転課税のタイミング，および(c)信託収益課税（所得課税）との関係性，に絞られるので，本節の概観作業も専らこれらの点に絞ったものとなる。もちろん，これらの制度にはそれぞれ複雑な特則や例外規定が付着していることはいうまでもないが，[36] 本稿は基本構造を把握することを目的とするので，意図的に簡略化して把握することとする。

　具体的に取り上げるのは，(1) 日本——条件・期限付遺贈による後継ぎ遺贈，(2) 日本——平成19年度税制改正以前の信託，(3) ドイツ——先位・後位相続，(4) ドイツ——役権の設定，(5) フランス——段階的継伝負担付恵与，(6) フランス——用益権の設定，(7) イギリス——信託，(8) アメリカ——信託，の課税方式である。本稿が問題とする他益信託を持たないドイツ・フランスにおいては，受託者を介在させない形で，継伝的な財産承継を可能にする特別の法制度が存在し（(3)・(5)），さらにより一般的な物権の仕組みを用いることで，近似的な機能を実現することもできる（(4)・(6)）。日本においては，後継ぎ遺贈の有効性が争われたために，(1)・(2) ともに現実の取扱いとして明確に存在したわけではないが，課税方式の可能性を探るという趣旨で対象に含める。さらに，イギリス・アメリカについては，本稿が対象とする受益者連続

---

36)　さらに，国内法としては他益信託を認めない国においても，外国の信託による財産をどう扱うかという問題も生じるため，課税関係はさらに複雑化するが，この問題については別稿に譲りたい。

の信託を古くから利用してきたが，資産移転税の課税方式が根本的に異なるため，単純な比較ができないことには注意を要する。

（1）　日本——条件・期限付遺贈による後継ぎ遺贈[37]

　いわゆる「後継ぎ遺贈」を可能にする法律構成は複数考えられるが，主要なものとしては，①負担付遺贈（B_2 に〔例えば不動産の〕所有権を移転すべき債務を B_1 に負担させた【$S \rightarrow B_1$】の遺贈），②期限付遺贈（B_1 の死亡を不確定期限とする【$S \rightarrow B_1$】の終期付遺贈と，B_1 の死亡を不確定期限とする【$S \rightarrow B_2$】への始期付遺贈を同時に行う），③条件付遺贈（B_1 死亡時に所有権が B_1 に存する場合には，その時点において当該所有権が B_2 に移転するとの趣旨の【$S \rightarrow B_2$】の停止条件付遺贈〔及び【$S \rightarrow B_1$】の解除条件付遺贈〕）が考えられる[38]。このような附款付遺贈の有効性や，プランニングとして完全に受益者連続の信託を代替しうるのかという問題もあるが[39]，仮に有効に行われた際の課税関係を想定し，贈与（遺贈）が期限付のものか，それとも条件付のものか，に着目して整理しておこう[40]。

　①**期限付遺贈**　　仮に B_1 に対する終期的遺贈・B_2 に対する始期的遺贈が行われたとの構成が可能であれば，それぞれについて割引現在価値で評価を行い，遺贈の効力発生時に B_1・B_2 に対する課税が行われることになろう[41]。信託収益についても，期限の到来までは B_1 が，到来後は B_2 が，それぞれ信託財産の全体が自らに帰属するものとして所得課税を受けることになる。

　②**条件付遺贈**　　この場合，①とは逆に，条件成就時までは B_2 の権利はないものとして扱われるので[42]，遺贈の効力発生時に B_1 に対して財産の全額につき相続税が課される反面，B_2 に対して遺贈時には相続税は課されない。その後，条件が成就すると，B_2 は停止条件成就時に財産全額を S から遺贈により[43]

---

37)　本項の議論は，香取稔「条件・期限・負担付の遺贈についての相続税課税上の問題——後継ぎ遺贈を中心として」税大論叢 28 号（1997 年）307 頁に依拠している。また，条件付遺贈・贈与をめぐる課税問題について参照，渋谷雅弘「条件付贈与・遺贈」税務事例研究 72 号（2003 年）63 頁。

38)　参照，香取・前掲注 37) 論文，最判昭和 58 年 3 月 18 日判時 1075 号 115 頁，米倉明「信託による後継ぎ遺贈の可能性」ジュリスト 1162 号（1999 年）88 頁。

39)　特に，これらの附款が B_1 に対する債権的な効力しか持たないのではないか，との問題や，遺贈の効力発生時に B_2 が少なくとも懐胎されていなければならない，などの問題がある。

40)　なお，負担付遺贈については，(a) 相続開始時に B_1 に財産全額につき相続税が課され（B_1 の負担は確実なものではないので，相続税法 14 条 1 項により債務控除は認められない），(b) B_2 に対しては設定時には課税が行われず，負担の履行時（B_2 の所有権取得時）に，S から贈与ないし遺贈により取得したものとして相続税が課されるものと考えられる（改正前の相基通 9-11），との指摘がある。香取・前掲注 37) 論文 337～338 頁。

41)　香取・前掲注 37) 論文 336～337 頁。

42)　なお，条件成就時までは遺贈の効力は生じない（民法 985 条 2 項）。

取得したものとして相続税を課される（相基通1の3・1の4共-9）。他方，B_1の財産に対する権利が消滅するために，B_1は自らが相続税について更正の請求（相続税法32条6号・令8条2項3号）を行うことができると考えられる[44]。この場合，収益課税は，停止条件付遺贈の効力が条件成就時から生じること（民985条2項），受遺者は遺贈の履行を請求できる時から果実を取得すること（民992条）から，条件成就時まではB_1，その後はB_2に収益が帰属するものとみて行われるものと解される[45]。

（2）　日本——平成19年度税制改正以前の信託

旧信託法の下でも受益者連続型信託の可能性を探る議論は存在しており，その際の課税上の扱いについては，平成19年度税制改正前の相続税法旧4条（現9条の2）の解釈問題として検討されていた。

先行受益者B_1については，旧4条1項の解釈として，信託設定時に相続税または贈与税が課されることに異論はなかった[46]。他方，B_2については，(ア)信託設定時に受益権は未確定であるがなお不確実性を織り込んだ現在価値で評価して設定時に課税されるとの見解（いわゆる「網打ち効果」）[47]と，(イ)旧4条2項4号を適用して条件成就時に課税されるとの見解[48]が見られたところである。もっ

43）　この場合，B_2が遺贈により取得したとみなされる財産の評価をどうするかという問題がある。直感的には当該財産を取得した時点（条件成就時）の時価ということになりそうであるが，日本の相続税法が「法定相続分課税方式を導入した遺産取得課税」という特殊な仕組みを採用していることに鑑みて，遺贈時を基準時として財産評価を行うべきである，との指摘がある（渋谷雅弘「条件付贈与・遺贈」税務事例研究72号（2003年）79～80頁。また，相基通27-4（注））。

44）　この扱いについて，香取・前掲注37）論文334頁は，B_1の受けた遺贈利益（遺贈財産を条件成就するまで使用収益した利益）が結果的に課税されないことが問題であると指摘する。この論点については後述Ⅳ3を参照のこと。

45）　渋谷・前掲注43）論文80～81頁。

46）　占部・前掲注5）（2001年論文）31頁。

47）　例えば参照，岡正晶「いわゆる後継ぎ遺贈型の信託と課税関係」税務事例研究94号（2006年）78頁。

48）　香取・前掲注37）論文359～360頁。なお，想定している場面が受益者変更の場面であって受益者連続の場面ではないが，佐藤教授による「受益者の変更があった場合には新たな贈与があったものとみなしてC【本稿におけるB_2】に課税するとともに，B【本稿におけるB_1】には過大となった部分の税額を還付しなければならない。この更正処分は職権でも行いうるはずであるが，減額更正処分の除斥期間終了後に受益者の変更があった場合や，課税庁による自発的な減額更正処分が行われない場合の手続としては，この受益者の変更は，信託行為に予め定められ，かつ，A【注：変更権者を留保した委託者】の一方的な行為として行われることから，国税通則法施行令6条1項2号を類推し，「契約が，解除権の行使によって解除された」場合に準じて同法23条2項の更正の請求を認めることが可能だと思われる。なお，私見とは異なり，手続上にこの規定の適用を認めない見解においては，直接，不当利得返還請求を提起する途が考えられるべきであろう。」（佐藤・前掲注5）書235頁）との指摘が興味深い。

186　第3章　時間を超える利益移転

とも，いずれの見解からも，相続税法が受益者連続型信託を想定しておらず，解釈論では不都合な結果を完全に除去できないことは意識されていた。

　関連して他益信託の設定と資産移転税の課税方式の変遷についてもここで触れておこう。[49]（ⅰ）まず，信託についての明示的な規定を初めて導入した大正11年改正は，導管理論の考え方から，信託設定時・受益者課税を原則とし，例外的に，受益者不特定・未存在の場合に受託者課税を採用した。（ⅱ）次に昭和13年改正において，信託設定時課税から現実受益時課税への変更が行われた。[50]（ⅲ）その後，占領下で行われた昭和22年改正で贈与者課税方式が導入されたことに伴って，信託設定時課税が再導入された。贈与者課税であれば，昭和13年改正の動機となった「未だ現実に利益を得ていない受益者に対する課税」の問題はそもそも解消されることに注意が必要である（実際，以下に見るアメリカの課税方式はこの考え方からよく説明できる）。（ⅳ）ところが，シャウプ勧告を受けた昭和25年改正では，遺産取得税体系が採用されたため，信託設定時・受益者課税が原則とされ，現在に至る。この際に，贈与者課税を採用した昭和22年改正によって一旦は解消されていた問題にも再度向き合う必要が生じていたはずであるが，昭和25年改正においては上記の問題意識が置き去られた，との指摘が注目に値する。[51]

　（3）　ドイツ——先位・後位相続[52]

　周知の通り，ドイツ法は信託（Trust）という制度を知らない。[53]しかし，民法典の用意した法制度と予防法学的措置によって，信託の「受益者連続機能」と同様の目的は達成可能である。[54]その一つが，相続法上の先位・後位相続（Vor-und Nacherbschaft）という制度である。[55]

---

49)　参照，川口幸彦「信託法改正と相続税／贈与税の諸問題」税大論叢57号（2008年）303頁以下。

50)　この改正の趣旨は「信託の時に於いては受益者は未だ少しも財産を取得せず，実質的には恰も贈与の予約を受けたると選ぶ所なきものなるを以て其の際直ちに課税することは実情に副はざる……」と説明されていた（川口・前掲注49）論文308頁）。

51)　渡邉幸則「イギリスの信託と我国の課税」イギリス信託・税制研究会編『イギリス信託・税制研究序説』（清文社，1994年）291頁。

52)　法制度について参照，藤原正則「ドイツにおける生前処分と死因処分の傾向」トラスト60研究叢書『高齢社会における信託と遺産承継』（日本評論社・2006年），税制について参照，渋谷雅弘「ドイツにおける相続税・贈与税の現状」『世界における相続税法の現状』日税研論集56巻（2004年）。

53)　ドイツにも「信託」（Treuhand）と呼ばれる法的な仕組みは存在するが，判例と学説を中心とする法制度に止まり，法律上明確に位置づけられた法制度としては存在しない。従って，ドイツにおける「信託」は，英米法の信託のような他人のための財産管理制度としては存在しない。参照，中田英幸『ドイツ信託法理——日本信託法との比較』（東北大学出版会，2008年）80頁以下。

先位・後位相続は，死因処分の一種として行われるが，先位相続人に帰属するのは収益権のみであり，処分権が制限される点が重要である。[56] 一定の事件（先位相続人の死亡）が発生した場合や一定の時間が経過したとき（後位相続人が一定年齢に達したとき）に後位相続が開始し，後位相続人は（先位相続人ではなく）被相続人を相続する。遺贈や次に見る役権の設定の場合，後位相続人は被相続人の死亡時（死因処分時）に少なくとも懐胎されていなければならないが，先位・後位相続の場合，後位相続開始時までに懐胎されていればよい。さらに，30 年を限度に，後位相続人の後位相続人を指定しておくことも可能とされている。[57]

課税上の取扱い[58]　ドイツの先位・後位相続の課税上の扱いは，後位相続の生じる事由が B_1 の死亡かそれ以外かによって区別される。

（ⅰ）後位相続が B_1 の死亡によって開始することとされている場合，相続税法上は，先位相続において先位相続人 B_1 のみが相続人として扱われ，後位相続人 B_2 が指定されていることは考慮されない（［独］相続税法 6 条 1 項）。後位相続人は被相続人 S の相続開始時において期待権を取得するが，その時点で相続税は課されない。後位相続人に相続税が課されるのは，期待権を第三者に譲渡したとき，または後位相続が開始したとき，である。後位相続においては，民法とは異なり，B_2 は B_1 から相続したものとして相続税が課される（［独］相続税法 6 条 2 項）。従ってこの場合，【S→B_1→B_2】のように 2 回相続が行われた場面と同じ課税が行われることになる。

（ⅱ）他方，後位相続が先位相続人の死亡以外の事由によって行われる場合に

---

54)　「要するに，本来は遺産の所有権を構成するはずの，処分権・管理権・収益権を分裂させること，遺産に関する収益権を時間を先後して複数の人間に順次帰属させること（いわば信託的な相続財産の処分），および，以上の措置を相続人ではない第三者に委ねることが可能である。」（藤原・前掲注 52）論文 201 頁）

55)　他にも継続的な遺言執行（Dauervollstreckung）などの制度がある。これは，長期に亘って遺産の管理・処分権を与えられた遺言執行者を任命して，相続財産の収益権と管理・処分権を分裂させる方法である。例えば，子 B が浪費者であるような場合に，孫 C を後位相続人に指定した上で同時に先位相続人 B の相続財産に継続的な遺言執行を命じた上で，B の相続財産，遺贈，遺留分を管理させる。これによって B の債権者は遺言執行者の管理する遺産に対しては執行ができないことになる。（藤原・前掲注 52）論文 229 頁）

56)　これは家産の保存・承継に適したスキームである。もっとも，最近の財産承継では生存配偶者の生活保障にニーズが移ってきており，財産処分の自由が認められるベルリン式遺言と呼ばれる手法が主流になりつつあるとのことである。参照，藤原・前掲注 52）論文 212 頁。

57)　藤原正則「ドイツにおける遺産承継——『信託的』譲渡を中心に」新井誠編『高齢社会とエステイト・プランニング』（日本評論社，2000 年）197 頁。

58)　参照，渋谷・前掲注 52）論文 162 頁以下。

は，先位相続は解除条件付のもの，後位相続は停止条件付のものとみなされる。従って，後位相続人 B_2 は先位相続人 B_1 ではなく被相続人 S を相続したものとされるので，民法上の法律構成に沿った課税となっている。このとき，後位相続の発生時に後位相続人に対して相続税が課されるものの，先位相続人の事実上の利得に対応する金額を控除した額を，後位相続人の税額から控除することが認められている（相続税法 6 条 3 項）[59]。

以上をまとめると，（ i ）の場合には，(a) B_1 が当初の S による死因処分時に財産の全額に対して資産移転税を負担し，さらに (b) 第二次承継が生じた時点で B_2 が B_1 から財産を相続したものとして財産全額につき相続税を負担することになるが，（ ii ）の場合には，(a) は同じであるが，(b) B_2 の財産承継時に B_2 に対して課される資産移転税において，B_1 が「払い過ぎた」税額を調整する仕組みが採られている，ということになる。

(4) ドイツ——役権の設定

先位・後位相続によると，基本的には相続が 2 回生じたものとして相続税が 2 回課されることになる。また，最初の相続において子に対する控除は利用できない。そこで，同じ目的を達成する方法として，配偶者に役権（Niessbrauch）を遺贈して，子を相続人に指定するという手段が紹介されている[60]。

課税上の取扱い　役権による負担は子の相続税の財産評価上考慮されるので，役権の評価額に対する相続税が配偶者に，その評価額を控除した額の相続税が子に，それぞれ課されることになる[61]。

(5) フランス——段階的継伝負担付恵与

フランス法の信託に対する極めて警戒的な態度はよく知られている[62]。それ自体，極めて興味深い問題であるが，本稿の関心からは，ようやく 2007 年 2 月 19 日の法律が[63]，ごく限定的な形で信託を導入したものの[64]，本稿が対象とする

---

59) 渋谷・前掲注 52) 論文 177 頁。条件・期限の扱いは評価法に定められており，停止条件付で取得された経済財は，条件成就時に初めて考慮される反面，解除条件付で取得された経済財は，無条件で取得されたものとして扱われ，条件が成就したときに，申請により，租税の確定が修正される。

60) 藤原・前掲注 57) 論文 211 頁。役権は相続されず，譲渡性もない。当然，役権者は役権の目的物についての処分権も有しない。なお，この方法は B_2 が設定時に未存在の場合には使うことができない。

61) Vgl., Tipke/Lang, Steuerrecht 20 Aufl., S. 494.

62) 参照，横山美夏「財産——一人と財産との関係から見た信託」NBL791 号（2004 年）16 頁，水野紀子「信託法改正要綱試案に対するパブリックコメント」http://www.law.tohoku.ac.jp/~parenoir/shintakuhou-kaisei.html。

他益信託はなおフランス法には存在しない，ということを確認しておけば足りるであろう。

　フランス法は，恵与（libéralité）[65]の手段として信託を用いること自体を禁止する。仏民法典 2013 条は「信託契約は，受益者のための恵与の意図で行われた場合には無効である。この無効は，公の秩序にかかわる（注：絶対的無効）ものである」と規定する[66]。加えて，恵与目的の信託自体が無効とされるにもかかわらず，あえて恵与目的の信託契約の対象となっている物・権利ないしそこからの果実が無償で移転された場合，（日本の相続税・贈与税に対応する）無償移転税（droits de mutation à titre gratuit）が最高税率（60%）で課される[67]。これは実質的には租税による罰則と理解されている[68]。立法者が恵与目的の信託を認めな

---

63)　すなわち，当初の法律では信託の設定を行えるのは法人のみ（※その後，2008 年 8 月 4 日の法律により民法典 2014 条が削除され，個人も信託設定ができるようになった）であり，受託者は与信機関・保険会社（※2009 年 1 月 30 日の法律により弁護士も追加された）に限定されていた。参照，ユーグ・ペリネ＝マルケ（平野裕之・訳）「フランスにおける所有権をめぐる大きな潮流」民商法雑誌 141 巻 4・5 号 1 頁（2010 年），20〜21 頁。

64)　この背後には，フランスと関係が深く同時に競争相手ともなる法域であるケベック（1994 年）・ルクセンブルク（2003 年）・イタリア（2006 年）で信託制度が導入されたことや，英米法系の信託の国際取引における普及などで，グローバル経済下の法制度間の国際競争におけるフランス法の地位低下が懸念されたことがあったとの指摘がある。参照，森脇祥弘「フランス信託法の形成過程」高岡法学 19 巻 1＝2 号（2008 年）97 頁。ただし，担保の手段としての信託に限っては，2007 年以前も判例により認められていた。参照，ピエール・クロック（平野裕之・訳）「資料：フランス民法典への信託の導入」法学研究 81 巻 9 号（2008 年）93 頁。なお，ローマ法由来のフランスの信託（fiducie）と英米法の信託（trust）の違いの一つは，前者が担保目的に用いられるのに対して後者はそうではないこと，にあると指摘されている。この点は受託者と受益者の重複を認める前者と，認めない後者の違いにもかかわる。参照，山田・前掲注 15）論文 599〜600 頁。

65)　恵与とは，贈与と遺贈を包摂する恩恵行為を指す概念である。参照，山口俊夫『概説フランス法（上）』（東京大学出版会，1978 年）492 頁。

66)　条文の和訳は，クロック（平野訳）・前掲注 64）論文 111 頁に依拠した。ラルメ教授は「このような恵与信託（fiducie-libéralité）は，相続法上の公序には反するものではないから，これを禁止するのは，民事秩序と税制上の不信に基づくものである。」（53 頁）と指摘する。参照，クリスティアン・ラルメ（野澤正充・訳）「フランス信託法の制定——2007 年 2 月 19 日の法律」信託 235 号（2008 年）49 頁。

　　興味深いことに，法案段階ではこのような制約はなかったし（参照，金子敬明「フランス信託法の制定について」千葉大学法学論集 22 巻 1 号（2007）173 頁，山田・前掲注 15）論文 604 頁），過去の草案においてもやはり同様であった。例えば 1992 年の立法提案について参照，角紀代恵「フランスにおける信託の動向——信託法制定を中心として」信託法研究 18 号（1994 年）60 頁（ただし遺留分に関する強行規定との調整が行われているために，実際上は恵与よりも財産管理や担保の目的で信託が使われることになるであろうと指摘されている）。

67)　一般歳入法典 792bis 条（http://www.legifrance.gouv.fr/affichCode.do?cidTexte＝LEGITEXT000006069577 から入手可能）。本文の記述の前提となるフランスの相続税・贈与税の全体像については中里実「フランスにおける相続税と贈与税」海外住宅，不動産税制研究会編著『相続，贈与税制再編の新たな潮流』（財団法人日本住宅総合センター，2010 年）に依拠した。

いのみならず，このような手段に訴えてまでそれを抑制しようとした理由としては，①信託が相続や無償譲与に関する法秩序（例えば遺留分）の潜脱に用いられることに対する懸念，②相続法と無能力者についての法改正（後述する2006年改正）が同時に進行していたため，（弊害が多いと判断された）恵与信託ではなく，これを機能的に代替する別の法的技術（死後委任・段階的恵与・残余財産恵与[69]）を利用させることが意図された，という2点が指摘されている[70]。

　したがって，受益者連続機能に対応する社会的ニーズの法的受け皿としては，信託ではなく，本項で見る「段階的継伝負担付恵与」と次項で見る「用益権・虚有権」の制度が検討される必要がある。

　段階的継伝負担付恵与は，伝統的にごく限定された範囲で認められていた信託的継伝処分（substitution fidéicommissaire）という制度が，2006年の民法典改正によって，一般的な適用範囲を持つ制度として改められたものである[71]。この制度は，SがB$_1$に対し，B$_1$はその死亡時に自らの子B$_2$に対してそれを移転させなければならない，という負担を付して行う財産の無償処分のことである[72]。したがってB$_1$（継伝義務者＝第一受遺者）は，対象財産の所有権者となるが，同

---

68)　クロック（平野訳）・前掲注64）論文94〜95頁。

69)　後二者については2006年の相続・恵与法改正によって設けられた。参照，足立公志朗「フランスにおける信託的な贈与・遺贈の現代的展開（1）（2・完）──『段階的継伝負担付恵与』『残存物継伝負担付恵与』と相続法上の公序」民商法雑誌139巻4・5号28頁，6号27頁（2009年）。

70)　クロック（平野訳）・前掲注64）論文95頁。金子・前掲注66）論文173頁。この制限は家族信託のみならず慈善信託の活用も困難にするが，その背後には民間レベルでの利他的な活動の発展に対するフランス法の躊躇がある，との興味深い指摘もある。ラルメ（野澤訳）・前掲注66）論文53頁。もっとも，この修正が法律となった背景には，国民議会の会期が限られていた中での政治的妥協が指摘されており，フランスにおいても必ずしも説得力のある理由とは考えられていないようである（参照，金子・同上172頁）。

71)　改正前の「信託的継伝処分」の下では，継伝義務者Bは処分者Aの子または（A自身に子がいない場合に限り）Aの兄弟姉妹に限定され，継伝指定者CはBの子（しかも，年齢や性別による差別なく，Bの子全員）とされなければならない，との限定が付されていた（改正前の民法典1048条・1049条）のが，2006年の相続法改正によって，許容される受益者（継伝義務者・第二受益者〔second gratifié：かつての継伝指定者〕）の人的範囲の制限が完全に撤廃された。現在では推定相続人であるか否かに関わりなく，法人さえも受益者となることができる。

72)　ただし，保存・移転の義務を負わせられるのは一代限りであり，第二受益者に保存及び移転の義務を負わせることはできない（民法典1053条1項）。なお，第二受益者の権利開始は，原則として第一受益者の死亡時とされており（1050条1項），あくまでも狭義の「後継ぎ遺贈」的な財産処分に限定されていることが窺われる。その背景事情として，伝統的な家族財産管理のニーズに加えて，家族関係の複雑化を反映して財産処分の自由（対象者の範囲）の拡大へのニーズも語られていたが，ここに2007年の信託法改正の動向も絡んでいたことが興味深い。すなわち，長期間の財産管理のための法制度としては，フランス法に馴染みの薄い信託よりも，伝統的に存在してきた信託的継伝処分を用いるべきとの発想の存在である。参照，足立・前掲注69）論文4・5号479頁以下。

時に当該財産の保存義務を負うことになる。[73]

　課税上の取扱い　　課税との関係で重要な意味を持つのが，継伝処分の法律構成である。2006 年改正前の信託的継伝処分に関しては，継伝指定者が①処分者Ｓの承継人とする法律構成と，②継伝義務者の承継人とする法律構成があり，②の立場が有力であった。そこで租税当局も，②の法律構成に従い，（ⅰ）贈与時あるいは遺言者死亡時に，対象財産に付された継伝処分の負担を考慮せずに，継伝義務者のみに無償移転税を課し，（ⅱ）継伝義務者の死亡時に，継伝指定者に無償移転税を賦課する，その際には継伝義務者の死亡時を基準に対象財産の価値を評価し，継伝指定者と継伝義務者との親等に基づく税率で課税がされる，との立場を取っていた。[74]これは信託的継伝処分を【Ｓ→B$_1$；B$_1$→B$_2$】という二段階の恵与とみる法律構成からは自然な結論である。しかし，継伝指定者の支払うべき税額から継伝義務者の支払った税額を控除することが認められなかったことが「二重課税」と評価され，これが信託的継伝処分の利用を妨げている，との否定的な位置づけがなされていたようである。[75]

　この問題について，2006 年法改正は，第二受益者は，自らの権利を恵与の本人［Ｓ］から取得するとみなされる旨の明文規定（[仏]民法典 1051 条）を設けた。この結果，租税法上の扱いも重要な変更を被っている。すなわち，当初

---

73)　継伝義務者Ｂは所有権者であるから，有効に財産を処分することもできる（参照，山口俊夫・概説フランス法(上)541 頁）が，Ｂの死亡により継伝指定者Ｃの権利が開始した時点で，Ｃが完全な所有権を取得し，Ｂによってなされた譲渡や物権設定（による第三取得者等）はＣに対して対抗できない。結果としてＢと取引しようとする者は滅多に現れない，ということになる。

　なお，ここにいう財産の保存義務とは，恵与の対象財産を現物で保存する義務を意味する。2006 年改正に際して，これを「価値の保存」で足りるとする改正案が有力に主張されたが，元老院の審議において「現物の保存」が維持された。その際に重要な理由として挙げられたのが，後述する「第二受益者Ｃが処分者Ａから直接財産を取得するという「擬制」を維持するためには，現物保存の義務を負わせる必要がある」との考え方であった（参照，足立・前掲注 69) 論文 6 号 610～612 頁）。

　この信託的継伝処分はローマ法に起源を有する制度であり，15 世紀以後広く用いられるようになったが，多くの場合，貴族が長子に財産を集中させる目的で用いていた。このような信託的継伝処分についてはフランス革命以前にも様々な理由で問題視されていたが（例えば王権は財産の集中によって特定の一族の力が強まることを警戒した），フランス革命後は原則として禁止され（2006 年改正前の民法典 896 条），上に見た例外的な場面に限って認められてきた，という経緯がある。その理由は，財産を長子に集中させる仕組みは平等の原則と相容れないこと，当事者の状況が複雑となるため紛争の原因となること，財産の自由な流通が阻害され取引の安全を害すること，と説明される。

74)　フランスの無償移転税は，無償移転を行う者と受ける者の親族関係の親疎に応じて税率を異にする仕組みを採っている。詳しくは中里・前掲注 67) 論文を参照。

75)　参照，足立・前掲注 69) 論文 6 号 613 頁。

の恵与が生じる時点（贈与時・遺言者死亡時）で，第一受益者（継伝義務者）に無償移転税が課される（一般租税法典784C条1項）点では改正前と同じであるが，（ⅰ）第一受益者死亡時に第二受益者に課される無償移転税の税率は，第二受益者と処分者との親等を基準に算出され（同条2項），（ⅱ）第一受益者によって支払われた無償移転税が，第二受益者が支払うべき税額から控除される（同条3項）こととされた。処分者からの取得という擬制が民法典によって採用されたことが課税方式に大きく影響している点が，日本の状況との対比において興味深く指摘される。[76]

（6）フランス──用益権の設定

所有権の絶対性を強調するフランス民法典においては，所有権の内容や期間を物権的に制限することは，法律の明示の定めによってのみ認められる。用益権（usufruit）の規定（民法典578条以下）はその一つである。これを用いて，継伝的な財産承継のニーズを一定程度充たすことが可能である。[77]

用益権は，所有権の構成要素である使用権・果実収取権・処分権のうちの前二者を内容とする物権であり，観念的には所有権の分肢（démembrement）[78]として理解されてきた。用益権は同意又は法定の要件によって成立し，用益権者は目的物の使用・収益を行うことができる[79]が，処分を行うことはできず，目的物の本質（substance）を保存する義務を負う（578条・582条）。用益権自体の処分は可能である（595条1項）が，用益権は原則として終身の権利であり，[80]用益

---

76) 2006年改正の当初の法案では，処分者からの取得という擬制の狙いが「二重課税」の解消にあると明言されていた。参照，足立・前掲注69）論文6号614頁。

77) 伝統的な用途は，相続権を持たない（ただし，夫婦共有財産制によって死亡配偶者の相続に先立って生存配偶者への財の移転が行われることに注意を要する）生存配偶者の地位の保障の目的であった。伝統的なフランスの相続法秩序が家産承継を重視してきたことも反映していよう。もっとも，近年では配偶者の相続権の強化の傾向が著しく，完全な所有権を相続する場合には用益権の相続はない。参照，山田美枝子「フランス生存配偶者の相続上の地位」法学研究70巻12号（1998年）510〜512頁。

78) 以下，フランスの用益権に関する訳語は，齋藤哲志「用益権の法的性質──終身制と分肢権性」日仏法学28号（2015年）43頁に従った。

79) これに対応して，用益権者が目的物に係る租税公課を負担する義務を負う（［仏］民法典608条）。

80) 自然人以外に用益権が設定された場合，用益権は30年を上限として存続する（619条）。なお，現在提案されている物権法改正案では，この規律を自然人にも拡張し，自然人についても終身ではなく30年を限度とした期間を約定することを可能にすることが盛り込まれている。この規定の実益は，用益権者が死亡した場合にもその相続人が用益権を享受できるという形で，用益権の安定性を高めることにある。参照，ユーグ・ペリネ＝マルケ（平野裕之・訳）「アンリ・カピタン協会による物権法改正提案」民商法雑誌141巻4・5号25頁（2010年），42〜44頁。

権者の死亡によって消滅する（617条）。用益権が設定されると，本来の所有者には用益権を除いた所有権である虚有権（nue-propriété）が残り，用益権の終了によって本来の所有権に戻る。

課税上の取扱い　以上に見たように，フランス法の用益権／虚有権が，比較的「固い」制度（※信託受益権のような柔軟で多様な権利ではない）であることを反映して，租税法上もかなり画一的なルールによる取扱いを受けている。[81]すなわち，利用権と残存権に分けられた財産については，それぞれの権利を相続ないし贈与により取得する者について，各支分権の評価額（所有権のx%と(100−x)%となるように定められる[82]）を基礎に，被相続人との親等関係に応じた税率を乗じて税額が計算される。

(7)　イギリス――信託

イギリスの相続税法上は，受益者連続の信託を含む「承継的財産処分（settlement）」という概念が，他益信託としばしば互換的に用いられる。[83]受益者連続機能に特化した議論は行われていないが，むしろ他益信託の当然の機能の一部として理解されているように思われる。多様な他益信託類型の発展を背景に，信託の目的とされた財産（settled property）についての複雑な課税ルールが存在するが，その詳細に立ち入ることは本稿の目的ではない。以下ではごく概略のみを確認しておこう。[84]

---

81)　ただし，「継起用益権（usufruit successif）」とよばれる類型について，若干複雑なルールが存在しており，これについては別稿を期したい。

82)　参照，中里・前掲注67）論文172頁。2004年1月1日以降は以下の通りとされている。

利用権者の年齢	所有権の評価額に対する利用権の評価額割合	所有権の評価額に対する虚有権の評価額割合
91歳以上	10%	90%
81歳〜90歳	20%	80%
・・・	・・・	・・・
21歳〜30歳	80%	20%
20歳以下	90%	10%

83)　*See*, Matthew Hutton, Tolley's UK Taxation of Trusts, 19th ed. (2009), 147 [8. 2].

84)　なお，考察の前提となるイギリスの相続税法の概観につき参照，吉村政穂「英国相続税」前掲注67）『相続，贈与税制再編の新たな潮流』所収，高野幸大「イギリスにおける相続税・贈与税の現状」『世界における相続税法の現状』日税研論集56号（2004年）。2006年改正後のイギリス個人信託税制の概観については，拙稿「海外の信託税制(4)イギリス信託税制」信託243号（2010年）28頁を参照のこと。

194　第3章　時間を超える利益移転

　租税法上定義された他益信託類型として特に重要なのが，①収益保有信託
（interest in possession trusts），②累積扶養信託（accumulation and maintenance
trusts），③裁量信託（discretionary trusts）である。このうち②は未成年者（未
存在の子孫を含むことも可能）のために財産を蓄積し，養育費用を払い出すため
の信託であり，③は信託収益の払出しを受託者の裁量に委ねる信託であり，い
ずれも財産承継には重要なツールではあるが，ここでは本稿の対象とする受益
者連続型信託に最も近い①に絞って，設定時と先行受益権の終了時の課税上の
扱いを確認する。

　収益保有信託は，信託収益に対する確定的な利益を有する受益者が存在する
信託である。受益者は租税と費用について支払義務を負うことを除いて，信託
収益に対して排他的な権利を有する（但し同一の信託財産に複数の確定的な利益が
割合的に並存することはありうる）。これらの利益が条件成就や撤回権等によって
事後的に消滅しうる（defeasible）ことは，それが確定権であることと矛盾しな
い。要点は「収益に対して現に権利を有していること」であり，この点で将来
権と区別される。

　課税上の取扱い　　イギリスの相続税は遺産税方式を採用しており，他益信
託への財産の移転を含め，財産の無償移転を対象に相続税が賦課されるのが原
則である。しかし，以下に述べるように，この分野の課税ルールは2006年財
政法によって大きな変容を被った。そこで，2006年財政法による改正前後の
扱いを分けて記述する。

　（ⅰ）2006年3月21日以前に設定された信託──（ア）設定時　　他益信
託を設定するための財産移転は，潜在的免税贈与（potentially exempt transfer：

---

85)　訳語は『イギリス信託・税制研究序説』（前掲注51)）に従った。

86)　従って，①現に確定的な利益を有する受益者がいない（no interests in possession），②扶養・
　　教育・その他受益者の利益のため以外には信託収益は払い出されず蓄積される，③18歳以上25歳
　　までの特定された年齢において確定的な利益（interest in possession）ないし受益権を得ることに
　　なる者が1人以上いること，という特徴によって定義される（IHTA 1984, s. 71 (1)(2)）。

87)　ICTA 1988, s. 686.

88)　これは一方で信託財産全体に対する権利と区別され，他方で将来権（reversionary interests）
　　とも区別される概念である。

89)　See, Hutton, *supra* note 83, at [2. 17-19]〔8. 5〕.

90)　See, John Tiley, Revenue Law（6th ed., Hart Pub., 2008), 1351.

91)　なお，1975年から1986年までは資産移転税（capital transfer tax）が採用されており，生前贈
　　与と死亡時の相続を累積的に富の移転として把握して課税するものであったが，1986年改正によ
　　って死亡時より7年以上遡る生前贈与を課税対象から除いたため，「相続税」と呼ぶべきものにな
　　っている。参照，吉村・前掲注84）論文11頁。

PET）という制度により，現実にはその大半が相続税課税から免れていた。例[92] [93]
外的に，裁量信託の設定・追加の財産拠出の場合のみ，課税移転（chargeable
transfer）として拠出時に課税が行われる仕組みがとられていたにすぎない。[94]
従って，（裁量信託と区別される）収益保有信託の設定時には相続税は課されず，
さらに設定後 7 年以内に設定者が死亡しなければ終局的に相続税課税から免除
される仕組みであった。

　（イ）先行受益権の終了時　　相続税法上は，収益に対する確定的な受益権
を有する者が（収益受益権の価値に対してではなく）当該権利に係る信託財産自体
に対して受益的権利を有する（beneficially entitled）ものとして扱われ，逆に後[95]
続受益者の保有する将来権（reversionary interest）は課税対象ではない。従っ[96]
て，信託財産の価値は先行受益者 B_1 の遺産（IHTA 1984, s. 4）を構成し，B_1 の
受益権の終了ないし処分の時に，改めて相続税の課税が問題となる。課税方法[97]
は，受益権終了の態様に左右される。B_1 の死亡に伴う受益権終了の場合には，
受益者 B_1 が当該信託財産を無償移転したものとみなされ，当該信託財産自体[98]
の価値を B_1 の他の遺産と合算して相続税が課される。他方，B_1 の生存期間中
に受益権が終了する（または無償で処分される）場合，やはり当該受益権に対応

---

92)　IHTA 1984, s. 3A (1). 2006 年改正までは，免税贈与を除く生前贈与のうち，個人に対するも
　　の，収益保有信託・蓄積扶養信託に対するものについて，贈与後 7 年を超えて贈与者が生存した
　　場合には相続税の課税対象から除かれるもの，を意味した。

93)　すなわち，相続税は原則として死亡時の財産移転に対して課される税である，という理解であ
　　る。なお，裁量信託への贈与はこのルールにもかかわらず，直ちに課税対象とされていた（See,
　　Tiley, *supra* note 90, 1257〜1258.）。2006 年以降は，通常の贈与は引き続き PET とされている
　　のに対し，信託設定はほとんどが PET から除外されている。See, Tiley, ibid., 1262.

94)　裁量信託の課税ルールの紹介として参照，占部裕典「裁量信託及び受益者連続型信託の課税関
　　係」神戸学院法学 25 巻 2 号（1995 年）212 頁以下。以下では概略のみ述べる。

　　①まず，裁量信託の設定に伴う財産移転は，PET の要件（※改正前の IHTA 1984, s. 3A (1)(c)）
　　を満たさないので，相続税の対象となる。

　　②さらに，設立から 10 年ごとに，信託財産に含まれる特定財産（relevant property：信託財産
　　のうち，適格収益保有（qualifying interest in possession）が付されていないものを言う。IHTA
　　1984, s. 48）に対して，相続税の課税が行われる（the ten-year charge）。税率は，生前の相続税率
　　に 30% を乗じたものが用いられる。

　　③前回の 10 年周期課税後，次の 10 年が到来するまでに裁量信託（関係財産）から払い出された
　　財産についても，その期間に対応する割合について出口税（exit tax）が賦課される。

95)　See, Tiley, ibid., 1263. これは要するに受益者としての権能で（in a fiduciary capacity）保有す
　　る財産以外の財産，ということである。

96)　相続税法上は，課税除外財産とされる（IHTA 1984, s. 48 (1)）。従って，後続受益権の確定前
　　に B_2 が死亡したとしても，その価値に対して相続税が課されることはない。See, Tiley, ibid, 1365.

97)　IHTA 1984, s. 49 (1).

98)　IHTA 1984, s. 52.

196　第 3 章　時間を超える利益移転

する信託財産を無償移転したものとみなされるが、後続受益者 B_2 も個人である場合、このみなし移転は再び PET として扱われ、場合によっては課税を受けないままとなる[99]。なお、課税を受ける場合には当該信託財産のみが税率算定の基礎とされる[100]。

（ⅱ）2006 年 3 月 22 日以後に設定された信託——（ア）設定時　　2006 年財政法は、PET の定義を変更し、収益保有信託の設定は原則として PET に含まないこととした。従って、収益保有信託の設定時には裁量信託と同様に即時の相続税課税が行われるはずである[101]。ところが 2006 年法は、新たに死亡直後設定信託（immediate post-death interest：IPDI）という概念を設けた。典型的には、遺言によって設定される収益保有信託が IPDI とされ、従来の収益保有信託の設定時と同様の扱い（PET）を受けることとなった[102]。他方、IPDI や障害者のための信託などの限定列挙された信託を除く一般の収益保有信託については、設定時に直ちに相続税が課されることとなった。

（イ）先行受益権の終了時　　収益保有信託の原則的取扱いの変更に伴い、先行受益権の相続税法上の位置づけも変更された。

［A］　IPDI や障害者信託のように、その受益者に「適格収益保有（qualifying interest in possession）」があると認められる収益保有信託については、改正前と同様、収益受益者が当該受益権に係る信託財産自体に受益的権利を有しているとみなして課税が行われる（IHTA 1984, s. 49 (1)）。従って、受益権の終了が B_1 の死亡に伴う場合には相続税が課され、B_1 の生存期間中に受益権が終了（または B_1 の意思による無償処分）した場合には、52 条のみなし移転課税の枠組みに取り込まれた上で、PET の成否が問題となる。先行受益権が B_1 の死亡以外の事由で終了した時に、後続受益者 B_2 の収益受益権が発生する場合や、信託自体が終了して信託財産が帰属権者 R に完全に帰属する場合には、B_1 から個人 B_2 や R への生前贈与があったものとみなされるので、この移転は PET

---

99)　*See*, Tiley, ibid., 1355.

100)　*See*, Tiley, ibid., 1356.　ただし、収益受益権の終了によって信託財産が委託者に戻る場合には、IHTA, s. 52 に関わらず、相続税は課されない（IHTA 1984, s. 53 (3)）。

101)　Tiley, ibid., 1345.

102)　すなわち、IHTA 1984, s. 49A に定義される IPDI は「適格収益保有（qualifying interest in possession）」を構成する（IHTA 1984, s. 59 (1)(a)）とされるが、裁量信託と同様の課税対象となるのは特定財産（relevant property）に係る無償処分であるところ、「適格収益保有」の権利が設定された財産はこの特定財産に該当しないため、結局 IPDI は裁量信託と同様の設定時即時課税には服さない、ということになる。

となる。他方，先行受益権の終了後，信託財産が裁量信託に移行する（すなわちその時点では確定権を有する受益者が存在しない）場合には，このみなし処分はPETとならず直ちに相続税が課されることになる。

[B]　他方，収益保有信託であっても，IPDIや障害者信託など限定的に列挙されたもの以外は，「適格収益保有」がないものとみなされ，初めから裁量信託の課税スキームに服することとなる。[103] 従って，受益権の終了時に52条のみなし移転の課税は適用されず，[104] 信託自身を相続税の納税主体として関係財産からの流出に対する出口税（exit tax）が行われる。[105]

　なお，以上全てに関して，収益受益者が信託財産を所有するものとみなされて課税を受ける場合にも，無償移転に係る相続税債務に関して内国歳入庁に申告を行い納税するのは受託者の義務であることに注意を要する。[106]

　確かに，PETや裁量信託の課税など，イギリス法に特有の課税ルールは，他の類型との単純な比較を妨げる要素ではある。しかし，信託収益に対する所得税と，信託財産（に係る受益権）の移転に対する資産移転税との間で，信託財産の帰属につき平仄を合わせなければならないという発想が必ずしも窺われない点は，遺産税方式であることを差し引いても興味深い特徴として指摘することができよう。[107]

(8)　アメリカ——信託[108]

　アメリカにおいても受益者連続型の信託は広く用いられているが，イギリス同様，受益者連続型信託の課税に特化した議論が行われることはあまりない（ただし，後述する世代跳躍移転税〔Generation Skipping Transfer Tax〕に関する特則がある）。これは，アメリカの資産移転税が遺産税方式であり，無償移転者Sの側に着目した課税が行われることによる。すなわち，贈与や遺産の対象となった財産の評価が問題となる反面，[109] その財産や受益権がどのように分割されているかは基本的に問題とならない。[110]

---

103)　IHTA 1984, s. 58 (1B).
104)　IHTA 1984, s. 52 (2A).
105)　*See*, Tiley, ibid., 1356.
106)　*See*, Hutton, *supra* note 83. [9. 21].
107)　イギリスの信託収益課税と資産移転課税の関係について参照，拙稿・前掲注84）論文37頁。
108)　本稿と同様の問題関心からアメリカにおける課税方式について詳細な検討を加えたものとして，岡村・前掲注2）論文が有益である。

198　第3章　時間を超える利益移転

　設定時の課税　　日本法でも，信託受益権が元本受益権と収益受益権に重層
化されているだけであれば（両者ともに現に受益者としての権利を有するので），専
らその財産評価の問題となる。しかし，受益者連続に固有の問題は，信託設定
時に後続受益者の受益権が未確定（従って受益債権は勿論，受益者としての権利行
使もできない），という点にある。この点，アメリカにおいては，信託設定時に
後続受益者の受益権が未確定であることは，委託者に対する贈与税賦課を妨げ
る要因にはならない，と考えられている。[111]　他方，委託者に留保された信託利益
（例えば収益に対する生涯受益権や復帰権）については，設定時の贈与税の対象か
ら控除される反面，委託者死亡時に課税対象たる遺産に算入される。[112]　そこで，
これらの不確実な将来利益について，利子率や生命表などを用いて現在価値で
評価するための詳細なルールが置かれている。[113]

　先行受益権終了時の課税　　イギリス同様，遺産税方式の下では，B_1 の死
亡に伴って受益権が終了する場合，遺産税の対象となる B_1 の総遺産（gross es-
tate：2033 条）に B_1 の先行受益権の価値が含まれるのか，が問題となりうる。
アメリカでは，イギリスとは異なり，B_1 の先行受益権が B_1 の死亡と共に消滅
する場合には，総遺産に含まれないものとして扱われる。[114][115]

---

109)　信託の設定も贈与に含まれるが，委託者自身に受益権の一部や復帰権が留保されている信託の
　　場合には，信託利益の一部が委託者に留保されていると考え，その評価額を控除する。Grantor
　　Re-tained Interest Trust 一般について参照，松永和美「米国の信託の税制について」信託 238 号
　　（2009 年）64 頁。

110)　渋谷雅弘「資産移転課税（遺産税，相続税，贈与税）と資産評価（5・完）」法学協会雑誌 111
　　巻 6 号（1994 年）781 頁以下。委託者が受益権や帰属権の一部を留保している場合や，受益権を
　　分割して一部をチャリティに寄付する公益先行信託（Charitable Lead Trust）・公益残余信託
　　（Charitable Remain-der Trust）などについては，どの部分が委託者の支配を離れて贈与税の対象
　　となるのか，また所得税上の寄付控除の対象となるのか，ということが問題となる。後者につい
　　ては，公益団体が実際に入手する利益に比して過大な寄付控除を設定者が得るという濫用が見ら
　　れたため，評価の問題が特に重視された。See, F. Ladson Boyle, *Evaluating Split-Interest Valua-*
　　tion, 24 Ga. L. Rev. 1, 3-4 (1989).

　　　ただし，毎年・受贈者毎に認められる暦年控除（per donee annual exclusion）との関係では意
　　味を持ちうる。See, Boris I. Bittker & Lawrence Lokken, Federal Taxation of Income, Estates,
　　and Gifts (3rd ed.)（Warren, Gorham & Lamont, 1999）; ¶ 121. 3. 5; ¶ 124. 1; ¶ 124. 3.　なお，後
　　続受益権（将来の利益）についても現在価値で評価して贈与税が課されるが，毎年・受贈者毎に
　　認められる暦年控除（課税除外 exclusion）は将来利益の贈与については認められない（IRC §
　　2503 (b)）。

111)　Bittker & Lokken *supra*, ¶ 121. 3. 3.

112)　I. R. C. § 2036 (a) (1)；*see also* Bittker & Lokken, ¶ 126. 6. 2.

113)　I. R. C. § 7520; Treas. Reg. § 20. 2031-7; Bittker & Lokken, ¶ ¶ 135. 4. 10, 126. 7. 4.

114)　Bittker & Lokken ¶ 125. 5 [citing May v. Heiner, 281 US 238 (1930)].　岡村・前掲注 2) 論
　　文 166～169 頁に詳しい説明がある。

従って，【B₁→B₂】の経済的利益の移転については，本来，資産移転課税の問題は生じないはずである。しかし，1976 年（但し 1986 年に抜本改正された）以降は，世代跳躍移転税の適用が問題となりうる。これは遺産税が，財産が世代間で承継される毎に 1 回ずつ課されるものとの想定の上で，2 世代以上離れた者の間での贈与（その分遺産税負担を省略できる）に対して特別な税率で課税することによって，課税の均衡を回復しようとするものであるが，信託を通じた財産承継にも適用がある。例えば，2 世代以上離れた者（skip person）のみを受益者とする信託の設定はそれ自体が世代跳躍贈与（direct skip）とされる。受益者連続型信託の場合には，当初は non-skip person（例えば生存配偶者や子）が受益者であれば世代跳躍移転税の対象にならないが，先行受益権の終了によって，全ての受益者が skip person となり，non-skip person に信託財産が帰属する可能性がなくなった時点で，その信託全体が資産移転税の対象となる(taxable termination)[116]。

信託収益の所得課税については先行業績に譲る[117]。受託者を信託収益の計算主体としつつ，受益者への現実の払出時に受託者側で控除することで信託収益に対する二重課税を防ぐという原則的な課税ルールに加えて，信託を用いた所得分割による租税回避に対処するための委託者課税ルールが整備されている。本稿との関係で注目されるのは，信託収益について委託者に課税されるタイプの信託でも，収益受益権の設定時に贈与税が課されることは必ずしも妨げられない，という考え方がとられていることである[118]。むしろ委託者課税の方が特に設けられた課税方法であることを考えれば当然であるが，収益課税を負担する者の変更（S→B）のタイミングと資産移転課税のタイミングの一致が（基本的には一致するものの）必然的なものではない可能性を示唆しており，興味深いと言えよう。

---

115) また，本稿の想定する場面とは異なるが，未確定の受益権（将来権）を有する B₂ が死亡した場合の遺産税賦課において，この将来権は課税対象遺産に含まれる。ただし，その権利が B₂ の死亡と共に消滅するものである場合には，遺産に含まれない（Bittker & Lokken, ¶ 125. 4）。結局，B₁ よりも前に B₂ が死亡した場合の後続受益権が B₂ の相続人に渡るとするか，それとも後続受益権は消滅し，B₁ 死亡と共に信託は終了して別の残余財産帰属者に渡るとされているか，信託行為の定め次第ということになろう。

116) Bittker & Lokken, ¶ ¶ 133. 2. 6, 133. 2. 8, 133. 3. 2.

117) 参照，佐藤・前掲注5）書第Ⅰ部第2章。

118) Bittker & Lokken ¶ 121. 3. 5 [citing Lockard v. CIR, 155 F2d 409 (1st Cir. 1948)；Rev. Rul. 57-315, 1957-2 CB 624]；see also, ¶ 125. 3 [撤回権を留保した（委託者課税）信託上の利益は，委託者の死亡に伴う遺産税の計算上（2033 条），遺産に含まれない].

200　第3章　時間を超える利益移転

2　類型論による比較の試み

以上，各国の受益者連続型信託ないしそれを機能的に代替する法制度について，どのような課税方式がありうるか，について概観してきた。これら諸方式は，①租税法上（私法上の帰属とは必ずしも連動しない形で），財産（全部または一部）の帰属がどのように把握（擬制）されているか，②何らかの形での税額調整は行われるか，の2点に着目することによって，次頁の表のように類型化できるように思われる。

　類型化からは，以下の3点を指摘できるように思われる。

　第1に，前提となる私法上の法律構成の影響は無視できない。その最も顕著な例がフランスの2006年相続法改正に伴う信託的継伝処分（→段階的継伝負担付恵与）の課税方式の変更である。私法における法律構成上，財産全部が【S→B₁】と移転し，条件成就時に改めて財産全部が【S→B₂】と移転するとされるのであれば，課税関係もそれに従うのが素直といえる。類型Ⅱ・Ⅲはこのグループに属する。また，信託設定時にB₁・B₂ともに確定的な権利（現在の利益）を得ると法律構成される場合には，その得た権利・利益の価値を評価して設定時に課税することとし，条件成就時に改めて課税を行わない，という考え方（類型Ⅳ）も，やはり法律構成に従った課税方法ということができよう。

　これに対して，類型Ⅰは，資産移転課税の論理によって，敢えて私法上の法律構成から離れた課税方式を採用したものという印象を受ける。ドイツの先位・後位相続は，民法上は，B₂はあくまでもSの相続人として構成され（民法典2100条），日本の信託法上，受益者連続の信託も同様の発想で整理されている[119]。にもかかわらず租税法上は財産全部が【S→B₁→B₂】と移転したと考えるのは，通常の相続税との公平を重視したため，と理解するより他はないように思われる[120]。しかし，通常の相続税との公平を重視するのであれば，少なくともドイツのように後続の財産移転の条件が先行受益者（先位相続人）の死亡によるものか否かで区別するのが適切ではないだろうか。

　第2に，私法上は，明示的な信託と，信託類似制度との間には，信託財産の法律上の所有者となる受託者の存在の有無において決定的な差異があるのに対

119）　例えば，遺留分の算定における扱いにつき，前掲注26）参照。
120）　この点，「死者からの贈与は観念できない」との指摘がなされるが，これについては後述する。

類型	財産の帰属	税額調整の 有無／方法	具体例 （下線は遺産税方式のもの）
I	財産全部が【S→B$_1$→B$_2$】と順次移転する。	行わない	日本の現行制度，<u>イギリスの収益保有信託課税スキーム</u>，ドイツの先位・後位相続（先位相続人の死亡に係るもの），<u>フランスの信託的継伝処分</u>（2006年改正前）
II	財産全部が設定時に【S→B$_1$】と移転し，条件成就時に再度財産全部が【S→B$_2$】と移転する。	後続受益者の側で行う（先行受益者が支払った税額の控除）	ドイツの先位・後位相続（死亡以外の事由に係るもの）フランスの段階的継伝負担付恵与（2006年以降）
III	財産全部が設定時に【S→B$_1$】と移転し，条件成就時に再度財産全部が【S→B$_2$】と移転する。	先行受益者の側で行う（自らの支払税額につき更正の請求）	日本の条件付遺贈
IV	財産の一部が設定時に【S→B$_1$】と移転。残部も設定時に【S→B$_2$】と移転する。	不要（※B$_1$の権利の終了はB$_2$の課税事由ではない）	フランスの用益権　ドイツの役権 日本の期限付遺贈・旧相続税法4条下の「網打ち効果」？ <u>アメリカの他益信託</u>
V	設定時にIVのルールを適用し，さらに一定の条件成就時にその時点の財産全部について代替的な課税を行う。	不要（※むしろ通常の相続等における課税を近似的に複製しようとする）	<u>アメリカの他益信託のうち，世代跳躍移転税の対象となる場面イギリスの裁量信託課税スキーム</u>（※2006年以降は収益保有信託の多くも対象となる）

して，資産移転課税の文脈では，信託財産（受託者）自体を納税義務者とみる類型Ｖを除けば[121]，受託者の有無は必ずしも課税方式を左右するものではないように見える。この点，収益課税の文脈においては，例えばアメリカやイギリスにおける原則的な課税方式が，受託者課税（※少なくとも受託者が課税所得の計算主体となる）をベースに，実質上の所得者である受益者との間での調整を第二

---

121) なお，本稿の対象外であるが，受益者未特定・不存在の信託についての法人課税信託の考え方もここに含まれよう（相続税法9条の4）。

次的に行うものであって，受託者の存在が課税上も明示的に認識されているように，受託者の有無がしばしば重要な課税方式の差異をもたらしていることとは対照的である。このことは，所得課税上の財産・収益の帰属と，資産移転課税上の財産の帰属を分離して考える可能性を示唆しているとも言えそうである。

　もっとも，以上のような考え方に対しては，日本の相続税・贈与税は所得税の補完税として位置づけられるので，遺産それ自体に対する課税と考える英米よりも一層所得課税との平仄が重視されなければならない，との反論はありうるところである。[122]

　第3に，他益信託課税の前提となる資産移転税の課税方式の差異に注意を要する。これは特に B_2 の受益権が未確定の場合に大きな差異をもたらす。アメリカの他益信託課税は，未確定ないし不確実な条件に係る後続受益権についても現在価値に評価して課税する方式を最も徹底しているが，そもそも贈与者（設定者）課税であるために，評価の不正確性や納税資金の問題は，日本法における程には深刻な問題ではないと推測される。

　この点，同じ類型Ⅳに属するフランス・ドイツの用益権設定は，両国の資産移転税が相続人・受贈者側で課税を行う仕組みを採るために，アメリカとは事情が異なるはずである。もっとも，用益権の場合，B_1 の余命との関係での不確実性は残るものの，制限物権であるために相当程度定型的であり，評価における割り切りもしやすいこと，そして少なくとも S の財産処分時に確定的な権利として成立している（未確定の受益権とは異なる）ことは重要な相違点として指摘できよう。逆に，段階的継伝負担付贈与や先位・後位相続のように B_2 の権利が不確定・未存在の場面について，両国の税制は，B_2 に対しては条件成就時に課税を行いつつ，B_1 が「払いすぎた」税額を B_2 において調整する課税方式（類型Ⅱ）を採用している。

　私法上も明示的に信託を許容し，制限物権よりも柔軟で多様な受益権の設定が可能であると考えられる私法体系の下で，資産移転税について受贈者課税を採用する法域は，以上に比較した中では日本法のみである。そこで，あくまでも信託であることを重視して，アメリカと同様に信託設定時課税を貫徹するか（類型Ⅳ：この場合，信託受益権の評価の問題に正面から対処する必要が生じる），それ

---

122)　佐藤・前掲注5）書262頁。

式も考えうる）。この点を認識しておくことが，次に述べる税額調整の仕組みを考察する上で重要である。

3　条件成就時の課税と税額調整の要否

さて，B_2 についての信託設定時課税を放棄する以上は，条件成就による B_2 の受益権確定時に，（本稿のモデルでは B_2 以後の受益者は予定されていないので）B_2 が信託財産の全額を得たものとみなして課税することになろう。[130] 類型Ⅱ・Ⅲが問題にしていたのも，あくまでも B_1 の税負担の問題である。そして，B_1 の相続人と B_2 が異なる場面を考えれば，類型Ⅲの方がより適切であるということになろう。その場合，還付された税額は B_1 の相続財産に含まれ，B_1 の相続人に承継される。もっとも，相続税が信託財産から払い出されることになっていた場合には，信託財産に対する受益権を有する B_2 の側で還付を受けるべきということになろう。

（1）　B_1 の税負担調整の考え方

ここでの問題は B_1 に対する資産移転課税が過重となっていることであるが，事前に B_1 の収益受益権の価値が算定できる場合には別論（※この場合の問題については 4 で検討する），多くの場合には結局，信託設定時に一旦は全額について B_1 に対して課税しておき，条件成就時において，ex post に判定せざるをえない。問題はその算定方法である。

この点，類型Ⅱ・Ⅲにおいては，B_1 の支払った税額を，条件成就時において税額控除ないし還付するという仕組みがとられていた。これに対しては，B_1 は限定的とは言え信託財産からの利益（収益や使用）を得ていたのだから，条件成就時（B_1 の受益権の終了時）において B_1 が信託設定時に負担した税額の全てを還付するのは行き過ぎである，との指摘がある。[131] この指摘は一見するともっともらしいが，（利子率や税率が一定であるとの想定が成り立つ場面に限られるが）B_1 が払った税額を，金銭の時間的価値を考慮した調整を加えずに名目額

129）　例えば，B_1 の収益受益権は 10 年間で終了し，その時点で生まれている S の孫のうち最も若い者に後続受益権を与えることとする，という信託行為であった場合，S の孫のうち誰が B_2 になるかは未確定であるので受益者連続型信託の定義を充たすが，B_1 の収益受益権の価値は比較的容易に算定可能である。

130）　B_2 の受益権の終了が B_2 の死亡に係るものであり，かつ残余財産帰属者が B_2（の相続人）以外である場合にはやはり B_2 の取得したものは信託財産の全額とは言えない可能性がある。この場合には注 25）で検討した元本受益者と収益受益者の関係に沿って考えることになろう。

131）　香取・前掲注 37）論文 334 頁。

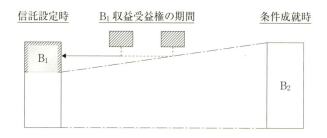

で還付するならば，その還付額を信託設定時点での現在価値に割り引いた金額と，設定時に B_1 が実際に支払った税額との差額（B_1 に実質的に残る税負担）が B_1 の受益権存続期間中の収益の価値に対応する税額であると考えられるから，実は問題ない，との反論が可能である。また，この方法は B_1 の納税額だけがわかっていればよいので，運用も容易である。ただし，いくつもの強い仮定をおいているので，B_1 の税負担調整が過大・過少となる可能性は避けられない。[132]

これに対して，B_1 の税負担調整の厳密さを追求するのであれば，条件成就時には事後的に明らかとなっている B_1 の受益の価値総額を積算評価して精算する，という考え方もありうる。しかし，ここで注意すべきは，1で述べた基本的な考え方からすれば，B_1 が負うべき税負担はあくまでも B_1 自身が受益権を確定的に取得した時点で合理的に期待される価値の額に立脚したものであるはずであるから，B_1 にとっての「期待外れ」があったことが事後的に明らかであったとしても直ちに B_1 の資産移転税負担を調整する理由となるわけではない，ということである。事後的に明らかとなった情報（例えば B_1 の受益権の存続期間）を事後的な受益権の価値評価に反映させるにせよ，用いられるべき割引率（信託収益率）は B_1 の受益権取得時のものと考えるべきであろう。[133] その場合の煩雑さを考えれば，類型Ⅱ・Ⅲの下で採用されている，信託設定時の名目税額を税額控除・還付する仕組みの方が現実的には妥当と言えるかもしれな

---

132) ただしこのようなことが言えるためには，信託財産の収益率（＝ここでの割引率に用いられる利率）が，B_1 が享受する収益受益権と一致していなければならない。また，ここでの議論は B_1 は信託財産以外から設定時課税に対する納税資金を捻出したものとして考えている。

133) 例えば，B_1 は元本 1000 の信託財産から毎年 100 の収益を，不確定な条件成就の時まで享受する受益権を得たとする。この時の利子率は 10% である。ところがその1年後から条件成就時まで，金融危機によって収益が毎年 10（1%）に落ち込んだとする。そして信託設定から 10 年後に条件が成就し，B_1 の受益権が終了したものとする。この場合，B_1 の収益受益権の価値の事後的精算に当たっては，受益権の存続期間が 10 年であったことは使えるが，割引率を 1% とするのは適切ではない，ということである。

い。

(2) B_2 は誰から財産を移転されたと考えるべきか？

この場合，私法上・信託法上は，B_2 はあくまでも S から遺贈・贈与を受けていると考えられており，租税法上も敢えて私法形式から乖離すべき理由はないはずである。従って，相続税の計算についても【S→B_2】の財産移転があった場合と同じく，S と B_2 の人的関係に即して控除や税率を適用するのが筋であろう。

もっとも，この点に関しては，B_2 が信託設定時に未存在であった場合には停止条件付遺贈も不可能であることとのバランス上，「死者からの贈与は観念できない」とする立場からの反論が問題となるが，これは法理論上の問題というよりも，信託を用いることによって，【S→○→B_2】と，中継ぎ1世代を相続税の課税上跳ばすことが可能となることをどう評価するかという租税政策の問題であると考えるべきであろう。

相続税は所得税の補完税と考える立場からは，本来世代跳躍それ自体は特段の問題を惹起しないはずであるが，これを許容すべきでないと考える立場からは，たとえ B_1 が信託の対象となっている財産を S から B_2 に受け渡すための存在に過ぎなかったとしても，中継ぎに法人が用いられた場合に何らの軽減措置もなされないのと同様，B_1 は完全な相続人であるかのように課税を受け，かつ B_2 は S ではなく B_1 から財産を承継したと考えるべき，ということになろう。現行の課税ルールはこのような観点から補強される。[135]

いずれにせよ，資産移転課税の課税根拠（≠課税方式）についての議論が一致を見ていない状況で，信託を用いた財産承継の課税に関する議論を詰め切ることは困難である。かくして本稿の立場からは，先行受益者 B_1 の地位は通常の相続人のそれとは異なるにもかかわらず，[136]通常の相続に対する課税に等しい課税を要求する根拠は何か，と問いかけ，仮に「死者からの贈与」を課税理論

---

134) 信託設定時には未存在の後続受益者を指定する信託行為は，私法の問題としては，あくまでも贈与や遺贈とは異なる。それを贈与や遺贈になぞらえて考えるのは租税法の側の都合に過ぎない。法技術的には，不確定な受益については設定時課税を差し控えつつ（現実受益時課税とする），S 死亡後に B_2 の権利が確定した場合（あるいは権利の全体は不確定ながら，現実の分配が行われた場合）については，「現実の分配を信託からの贈与とし，当該信託が受益者との関係では委託者の属性も有するとみなす——たとえば，委託者が受益者の扶養義務者であれば信託も同様に扱われる——ことで対処しうるものと考えられる。」（佐藤・前掲注5）書 268 頁）とする佐藤教授の指摘がとりわけ有益である。

135) 相続税法9条の5の存在からするに，立法者はこの点をかなり重視しているものと思われる。

208　第3章　時間を超える利益移転

上は容認することができず，あくまでも【S→B₁→B₂】という財産承継があったものとして課税するにせよ，なお B₁ の税負担について①で述べたような調整を施す余地はあるのではないか，ということを指摘した上で，現行制度を擁護する側からの再反論を待つ，ということで，ひとまず満足せざるをえないであろう。

4　収益課税と資産移転課税の平仄？

さて，繰り返し述べてきたように，本稿は信託収益に対する所得課税の問題を直接に論じるものではない。しかし，信託収益が信託財産を有するとみなされる者に帰属するものとして課税するというルールを前提とする以上，資産移転課税上の信託財産の帰属（移転の判定）についてもこれと平仄を合わせるべきではないか，との懸念が浮かぶところである。このことが特に問題になるのが，B₁ の収益受益権の財産評価が可能な場合に，その価額についてのみ信託設定時に B₁ に資産移転課税を行い，B₂ に対する課税は留保する（条件成就時に課税を行う），という課税方式の場面である。仮にこのような課税方式が採られた場合，B₂ に帰属するとされた部分について資産移転課税上は B₁ には移転していないとされるにもかかわらず，所得課税についてはあたかも B₁ が全ての収益の帰属者であるかのように課税されることになるが，これは矛盾ではないのか，という問題である。[137]

まず，所得課税の内部において，資産の所有者と収益帰属者が一致していなければならないことは明らかであろう。[138] 信託収益の算定において，固定資産の減価償却費，その他の資産の償却費，信託財産を譲渡した場合の譲渡所得の取得費等，その所得の基因となる資産を所有している者が所得課税上も用いることができる費用の額を考慮せざるをえないため，所得課税上，資産所有者と資産収益帰属者が一致しないことはそもそも予定されていない。

---

136)　従って，B₁ が実際上は財産を自由に処分できるような場合には，本稿が問題にする「税負担の過重」は存在しないと評価される。後継者が特例の対象財産を譲渡する（但しそれによって猶予の利益を失い，利子税と含めて相続税を納税する義務を負う）選択肢を残している事業承継税制に対して，受益者連続型信託の場合には B₁ が処分できるのは高々自らの受益権（それは信託財産の価値を大きく下回るであろう）に過ぎない。

137)　例えば参照，佐藤・前掲注5）書225頁。

138)　もっともこのことは，信託収益が発生している場合に受益者への帰属を擬制しなければならず，それにともなって信託財産の帰属をも擬制しなければならない，ということを意味しない。信託財産において所得を計算し（受託者を納税義務者とし），受益者には分配された所得について課税を行うことが可能だからである。参照，岡村・前掲注1）論文。

また，収益を産み出す資産を贈与した場合に，収益に対する所得税と，資産の贈与に対する贈与税は，それぞれ独立に問題とされるべきこともいうまでもない。信託を用いた財産承継を行ったから所得税または贈与税が課されなくなる，という事態は，現行制度の枠内で考える限りは許容されえないことも，首肯されよう。[139]

他方，収益課税の計算における資産の帰属と資産移転課税上の資産の帰属が不可分であるかについては，なお検討を要するように思われる。むしろ，以下のように考えると，両者の平仄は必然的な要請ではない。

第1に，アメリカやイギリスの信託税制に見られるように，収益課税の計算上不可欠な信託財産の帰属と収益の帰属の平仄は受託者（実質的には信託財産）レベルで担保しつつ，資産移転課税上は信託財産が受益者に帰属している（正確には，委託者の，将来遺産となるべき財産体〔estate〕を離れた）ものとみなす仕組みは，少なくとも課税理論としてはありうる。

第2に，日本の租税法においても，受益者未確定の場合の信託収益は，たとえその部分が留保されるべきことが信託行為上明らかであったとしてもなお，現に権利を有する受益者に全て帰属するかのように課税されている。ここでは受益者は，アメリカやイギリスの信託収益課税における受託者と同様，収益課税の計算主体としての地位に置かれていると見ることも可能であろう。もちろん資産移転課税上も受益者が資産の所有者であるとみなされているが（相続税法9条の2第6項），仮にこの規定がなかったとしても所得課税上特に不都合が生じるわけではない。[140] もちろん，受益者連続型信託を初めとする複雑な他益信託に対して，導管理論に基づく収益課税の考え方を維持できるのか，むしろ受託者（信託財産）課税を拡張すべきではないか，との議論はありうるところであり，[141] 本稿も基本的にはその方向に賛同するが，受託者課税であれ，先行受益者への肩代わり課税であれ，適正な所得課税を維持しつつ，後続受益者が享受

---

139) 参照，佐藤・前掲注5）書225頁・260頁。

140) これは，資産移転税が課された否かは，B_1 がみなし所有者として収益課税上当該資産に対する S の basis を用いることができるか否かという問題に連動していないからである（ただし，所得税法上，この場合にも信託財産全体について相続ないし贈与があったものとみなして法60条1項が明示的に適用されるようにする規定は必要かもしれない）。

なお，日本の大正11年税制の下で，所得税法上は受益者を原則として所有者とみなしつつ，相続税法上は受益者が信託財産を所有するとの擬制がとられず，受託者が信託財産を所有していると考えられていた。渡邉・前掲注5）論文282頁は「同じ税法でありながら，所得税と相続税とでは理論構成が若干異なっている」と説明している。

141) 参照，佐藤・前掲注5）書260頁。

する部分に対する資産移転課税を条件成就時まで誰に対しても行わない，という方法はこれと矛盾するものではないように思われる。

　もっとも，所得課税と資産移転課税の平仄がなお問題であるとされる場合には，先に述べた方法，すなわち信託設定時に B_1 に対してひとまず信託財産全体についての資産移転課税を行い，条件成就時に事後的に税額を調整するという方法によっても，概ね同じ結果が達成されるため，この方法を採用することも考えられる。その場合には，所得課税と資産移転課税の平仄の問題は生じないこととなる。

5　要　　約

　以上の検討から，本稿は，（信託設定時に後続受益者 B_2 の権利が確定していないという意味での）受益者連続型信託については，（ア）B_1 の受益権の価値評価が可能である場合には，B_1 に対して当該受益権の価値相当額についてのみ資産移転課税を行い，条件成就時に改めて B_2 に対して信託財産全額についての権利を取得したものとして資産移転課税を行う，という課税方式，（イ）B_1 の受益権の価値評価が不可能である場合には，信託設定時に B_1 に対してひとまず信託財産全体についての資産移転課税を行い，条件成就時に B_2 に対して信託財産全額についての資産移転課税を行うとともに，B_1 の支払った税額を事後的に（金銭の時間的価値の調整を行わず，名目額で）控除・還付するという課税方式，を採用すべきことを提案する。[142]

　上記(ア)と(イ)の本質的等価性，および現行法との違いは，次頁の図のように表現できる。

　ここでの要点は，（一定の条件の下で）条件成就時の信託財産の価値のうち，名目額で当初の信託財産(a)＋(b)に相当する額(c)は，信託設定時の(b)の価値に等しい，ということである（※なお，(d)は信託設定時の期待以上の収益が得ら

---

142)　なお，佐藤教授は，「委託者課税信託」の考え方を他益信託の資産移転課税にも応用し，「信託の設定を相続・贈与課税に関しても無視」し，「受益者に対しては，信託の設定時ではなく，現実の受益時に，現実の受益額（または分配された資産の評価額）に応じた課税」を行うべきことを提唱しておられる（佐藤・前掲注5）書263頁）。この背後には「単純な贈与ではなく信託を選択した委託者が，信託財産からの受益の可能性，および，受益内容等を管理・支配する権限を完全に手放してしまうとは考えがたい場面が多い」（同263頁）との認識がある。この考え方は上記(ア)にヨリ近いものと思われ，筆者としても賛同できるものである（なお，委託者死亡後の扱いについて前掲注134）も参照）。ただ，この場合に，B_1 についての課税を全く行わないわけにもいかないため，(イ)のような課税方法をバックアップ的に用意しておく意味はあると考える。

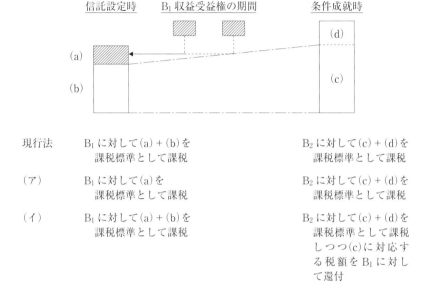

	信託設定時	条件成就時
現行法	B_1に対して(a)+(b)を課税標準として課税	B_2に対して(c)+(d)を課税標準として課税
（ア）	B_1に対して(a)を課税標準として課税	B_2に対して(c)+(d)を課税標準として課税
（イ）	B_1に対して(a)+(b)を課税標準として課税	B_2に対して(c)+(d)を課税標準として課税しつつ(c)に対応する税額をB_1に対して還付

れたことによって当初の信託財産名目額を上回った部分である）。従って，（イ）の方法によっても，結局，信託設定時において課税されたものの本来はB_1に課税されるべきでなかった部分(b)に対する課税は除かれる，ということになる。

V 結　語

　本稿は，平成19年度税制改正で新設された受益者連続型信託に対する課税の特例に対する疑問から出発し，諸外国の税制の比較から抽出された類型論を手がかりに，代替的な課税方式の検討を行った。

　もちろん，積み残した課題は多い。とりわけ，資産移転課税の根拠論についての検討が不十分であるため，結局は他益信託に対する課税の考え方も詰め切れなかった。また，筆者の能力と時間の制約のために，比較の対象とした各国における相続法秩序と密接な関係を有するはずの相続税法の諸制度（配偶者控除等）の考察を欠いたことは，本稿の大きな欠陥と言わざるをえない（例えばB_1が配偶者の場合と子の場合とで課税関係は大きく異なる）。その意味で，本稿は，受益者連続型信託（あるいは他益信託一般）に伴う複雑な問題群のごく一部に光を当てたものに過ぎない。

もっとも，本稿が対象とした問題は，相続法・物権法・租税法が複雑に絡み合った領域であり，その全てを一度に解明することは困難である。そうだとすれば，本稿のように，あえて単純化した類型論的思考によって，問題の所在（の一部）を明らかにする作業にも一定の意味はあるのではないかと考える。今回検討することができなかった問題の解明を今後の課題とすることで，ひとまず本稿を閉じることとしたい。

（金融取引と課税（1），2011 年）

「みなし相続財産」と信託

渕　圭吾

I　は じ め に

アメリカ合衆国において，信託（trusts）は家族内の財産承継のための手段として，富裕層によって広く用いられている。信託が広く用いられる理由の一つは，租税制度にある。アメリカの主要な租税として，所得税（income tax）と遺産税（estate tax）があるが，信託を利用することで，遺産税の負担を一定程度まで回避することが可能なのである。

日本においては，アメリカと比べると，家族内の財産承継の手段としての信託の利用頻度は低い。それは，おそらく，現在のところ，信託よりも税制上有利な手段，例えば，生命保険，株式会社，従業員持株制度，等が利用可能であることに起因する[1]。しかし，日本においても，信託にはそれを使わない場合と比べると節税効果がある。長期的に見れば，日本においても，他の手段が使えなくなった場合に，信託が家族内の財産承継の手段として信託が頻繁に用いられる可能性はある。

一般的に言って，なぜ，租税制度との関係で，信託を用いることは有利なのだろうか。それは，次のような理由による。日本法の概念を使って説明すると，税制のうち，個人に対する課税，すなわち所得税及び相続税は，個人の保有する財産の総体や，そこから生じる一定期間における所得に対して，累進税率での課税を行っている[2]。このため，財産やそこから生じる所得の人的帰属が重要になる[3]。ところが，信託を利用することによって，信託財産を構成する財産の

---

1)　渕圭吾「民事信託をめぐる相続税・贈与税課税のタイミングと『受益者等』の範囲について」学習院大学法学会雑誌 48 巻 1 号（2012 年）37 頁；同「民事信託と相続税・贈与税に関する研究ノート」トラスト 60 研究叢書『金融取引と課税（2）』（2012 年）35 頁（本書第 3 章）。

2)　渕圭吾「所得の構成要素としての純資産増加」金子宏ほか編『租税法と市場』（有斐閣，2014 年）92 頁。

人的帰属が柔軟ないし曖昧になる。もともと委託者が所有していた財産の所有権が受託者に移転し，受託者は受益者のためにその諸権限を行使する。その際，信託契約の内容によっては，委託者が引き続きなんらかの形で，信託財産を構成する個々の財産，あるいはそこから生じる経済的価値の帰趨について，コントロールを及ぼすことが不可能ではないからである。

もっとも，とにかく相続税の負担を軽減したいのであれば，他にもっと優れた手段がある。推定相続人に対する贈与である。確かに，贈与に対しては，相続税の補完税である贈与税が課税される[4]。しかし，そのことを考慮してもなお，比較的少額の贈与を継続的に行うことが相続税の負担を軽減するための極めて有効な手段である。

贈与ほどの節税効果がないにもかかわらず信託が利用されるのは，贈与の場合と異なり，信託を利用すると，委託者が信託財産へのコントロールを維持したまま，相続税の負担を軽減することが可能だからである。富裕層の人々は，確かに，相続税の負担を軽減したいと考えている。しかし，彼らは，同時に，少なくとも生きている間は（場合によっては，死んでからも）自分が築き上げた財産の帰趨を自分でコントロールしたいと考えている。信託を使うことによって，相続税との関係で，また，彼自身の債権者との関係では，財産を手放してしまったということにしつつ，実際には，財産を引き続きコントロールすることができるのである。

以上のような事情は日米で共通であるが，アメリカでは，遺産税との関係で，信託の設定を通じた財産移転を税法上は容認しないこととする規定が存在する[5]。委託者が他益信託を設定したとしても，それにより財産が委託者から離れてしまった，と簡単に認めないのである。むしろ，委託者が信託財産へのコントロールを継続している限りにおいて信託財産は委託者の下にとどまっていると，

---

3) 淵圭吾「所得課税における帰属（tax ownership）をめぐる研究動向」学習院大学法学会雑誌45巻1号（2009年）173頁；同「所得課税における年度帰属の問題」金子宏編『租税法の基本問題』（有斐閣，2007年）200頁。

4) 淵圭吾「贈与税の位置づけ」税研171号（2013年）26頁。

5) 以下，便宜上，私法上の財産の帰属と異なる帰属を税法が擬制している（すなわち，「否認」である）と説明する。ただし，正確に言うと，以下に紹介する様々な信託（さらに，委託者の債権者による執行を免れることを目的とする資産保全信託〔asset protection trust〕と呼ばれる信託も存在する。矢向孝子「Asset Protection Trust」トラスト60研究叢書『外から見た信託法』〔2010年〕35頁参照）については，委託者の望むとおりの法効果が（委託者の債権者との関係で）私法上認められないことが少なくないはずである。こうした場合において，「みなし相続財産」としての税法上の取り扱いは，私法上の法関係に従ったものであって，「否認」ではない。

遺産税との関係では，みなされる。そして，委託者の死亡時に，この信託財産も（日本法の用語を用いて言えば）「みなし相続財産」として，相続税の課税対象となるのである。

「みなし相続財産」とされる要件は内国歳入法典で定められている。正確さを犠牲にして大まかに説明すると次のようになる。まず，2035 条によれば，被相続人（decedent）死亡前 3 年以内に贈与された財産は，遺産（gross estate）に含まれるとみなされる[6]。次に，2036 条によれば，被相続人が収益（income）を受け取る権利または収益を受け取る者を指名する権利を留保しているような移転の対象となった財産も，遺産に含まれるとみなされる。2037 条によれば，信託財産の価値の 5 パーセントを超える価値を有する復帰権的権利（reversionary interest）を被相続人が有している等の一定の条件を満たした場合に，信託財産の全体が遺産に含まれるとみなされる。2038 条によれば，被相続人が設定していた撤回可能信託の信託財産は，遺産に含まれるとみなされる。2039 条 a 項によれば，被相続人がその死亡までは受け取ることができ，それ以降は別の者が受け取ることができるような年金契約にかかる権利も，遺産に含まれるとみなされる。

以上のように，アメリカの内国歳入法典は，信託を利用した家族内の財産承継に対して，信託設定時に贈与税を課すことのみで満足せず，むしろ，「みなし相続財産」に含めることによって遺産税を課そうとしてきた。その理由は，伝統的に，贈与税よりも遺産税の方が精確に被相続人の遺産の価値を把握する租税であったということにある。もっとも，現在ではこれら二つの租税はかなりの程度統合されているから，遺産税の課税にこだわる理由はないのかもしれない。

さて，「みなし相続財産」としての課税との関係では，個々の信託設定によって，信託財産が委託者の下にとどまっているのか，それとも，（委託者以外の）受益者に移転してしまったのか，ということが問題となる。そして，この点に関して，多くの判例が存在する。本稿では，それらを紹介することを通じて，アメリカにおいて信託が家族内での財産承継にどのように使われてきたのか，示してみたい[7]。

---

6)　同様の規定として，相続税法 19 条参照。

7)　以下の判例の紹介にあたっては，Bittker & Lokken, Federal Taxation of Income, Estates and Gifts（Current Through 2014），¶126.3 を参考にした。

II　互酬的信託は自益信託か？

＊　United States v. Estate of Grace, 395 U. S. 316（1969）

　本判決は，遺産税負担回避のために設定されたいわゆる互酬的信託（recipro-cal trust）の信託財産が「みなし相続財産」となる条件を明らかにした，1969年の合衆国最高裁判所の判決である。

　大富豪であるジョセフ・グレース（Joseph P. Grace）[8]は，1908年にジャネット（Janet）と結婚し，婚姻中に，彼の財産の一部を妻ジャネットへと移転していた。[9]

　1931年12月15日，ジョセフは，次のような内容の信託（Joseph Grace trust）を設定した。信託財産は，有価証券及び不動産に対する持分である。受託者はジョセフ，彼の甥，及び第三者である。彼らは，信託財産からの収益（income）を受益者であるジャネットに彼女の生涯にわたって分配することとされており，また，信託財産の元本（principal）を受託者の多数決によってジャネットに分配することができるとされていた。ジャネットは，彼女の死亡時に残余財産を分配する方法について指図する権限を有していた。1931年12月30日，ジョセフが設定したのと全く同じような内容の，ジャネットを委託者，ジョセフを受益者とする信託が，ジャネットによって設定された（Janet Grace trust）。これらの信託の設定は，1932年から施行される予定の新しい贈与税の適用を避けるために行われた。

　ジャネットは1937年に死亡し，Joseph Grace trust は終了した。ジャネットの遺産に関する遺産税の申告において，Janet Grace trust に対して遺産税が課税されるかどうかが問題となったが，別件を含む課税庁との合意により，同信託の55％の価値が遺産に含められるということになった。

　ジョセフは，1950年に死亡した。ジョセフの遺産に関する遺産税の申告において，遺言執行者は，Joseph Grace trust を遺産に含めず，また，Janet Grace trust についてもジョセフは権利取得者指名権（power of appointment）を有しないという理由で遺産に含めなかった。これに対して，内国歳入庁長官

---

8)　W. R. グレース社（W. R. Grace and Company）のオーナー兼社長だった人物である。http://en.wikipedia.org/wiki/Joseph_Peter_Grace,_Sr.

9)　以下の事実関係の説明は，395 U. S. 317-320 に基づく。

は，両信託はいわゆる互酬的信託であるから，Janet Grace trust については遺産に含まれる，として課税処分を行った。遺言執行者は課税処分に従って約36 万ドルに利息を加えた額を納税した後，この額についての還付請求訴訟を請求裁判所に提起した。請求裁判所は，遺言執行者の請求を認容した。

最高裁判所（マーシャル裁判官が法廷意見を執筆）は，原審である請求裁判所の判決を取り消して，課税処分は有効であると判断した。

判決は，「被相続人が生涯権を維持しているような一定の移転済み財産が遺産に含められる（certain transferred property in which a decedent retain[s] a life interest [i]s to be included in his gross income)」と規定していた 1939 年内国歳入法典 811 条 c 項 1 号 B（現在の内国歳入法典 2036 条）の目的が，「実質的に遺言による移転（transfers that are essentially testamentary)」を遺産に含めることにあるという。

この規定については，1940 年の合衆国第二巡回区控訴裁判所による Lehman 判決[10]に由来する「互酬的信託の法理（doctrine of reciprocal trusts)」が存在する。同法理によれば，交差的に設定された二つの他益信託は二つの自益信託と認定され，上記規定によりその信託財産が遺産に含められる。問題は，同法理が適用されるための要件である。Lehman 判決では，二つの信託の設定における因果関係が決定的であるとされていた。本件（Estate of Grace）の原審（多数意見）では，二つの信託の間の対価（consideration）性が要件とされ，本件ではこの要件は満たされていないと判断されていた。これに対して，原審における反対意見は，多数意見が主観的意図（subjective intent）に重きを置きすぎていると批判して，二つの信託に関連性がある（interrelated）ならば当事者の主観的意図にかかわらず上記法理の適用を認めるべきであると論じていた。

判決は，原審の多数意見の考え方が Lehman 判決の文言に忠実であることを認めつつも，原審の反対意見に与する。

「当事者の信託設定にあたっての主観的意図を強調することは，とりわけ彼らが同一の家族の構成員である場合には，連邦遺産税法の正しい適用に対する重大な妨げとなる。」

「[当裁判所の先例で示された] これらの観察は互酬的信託の状況に適用される場合にはとりわけ重みを有する，と我々は考える。第一に，主観的意図の探求

---

10)　Lehman v. Commissioner, 109 F. 2d 99 (1940).

は，とりわけ家族内での移転においては，極めて危険である（perilous）。本件は，当事者の死後に30年以上前の信託設定時に彼らが何を考えていたのか決定することが，事実上，不可能であることを示している。第二に，このような信託のアレンジメントは，本当は租税回避目的で（for tax-avoidance purposes）設定された可能性が高い。また，たとえ遺産税回避の動機が存在しなかったとしても，本件での委託者（the settlor）は，彼の財産を手放すふりをしつつ，真の・客観的意味において経済的利益（economic interest）を維持していた。最後に，通常一つの家族の構成員であるような信託の委託者たちが他の信託との対価的交換（a bargained-for-exchange）として信託を設定したと想定することは，現実的ではない。伝統的な法的意味における約因（consideration）は，このような家族内移転には通常関与しない。」

　「このような理由に基づき，我々は，互酬的信託の法理の適用は，それぞれの信託が他方の対価（a *quid pro quo*）として設定されたという認定に依存しない，と判示する。」「むしろ，我々は，互酬的信託の法理の適用は，［(1)］両信託が関連していること（that the trusts be interrelated），及び，［(2)］このアレンジメントが，お互いにとっての価値の限りで，委託者に，自らを生涯受益者とする信託を設定した場合とほぼ同様の経済的地位を与えること（that the arrangement, to the extent of mutual value, leaves the settlors in approximately the same economic position as they would have been in had they created trusts naming themselves as life beneficiary），という要件のみが必要であると判示する。」「この基準を本件にあてはめると，Janet Grace trust の財産の価値を連邦遺産税法上，被相続人の遺産に含めなくてはならないことは，明白であると考える。二つの信託に関連性があることは争われていない。両信託は条件がほとんど同じであるし，ほとんど同時に設定された。実際，これらは被相続人によって考案され実行された単一の取引（single transaction）の一部であった。信託における移転が，お互いにとっての価値の限りで，各当事者に以前と同じ客観的な経済的地位を与えたことも，明らかである。実際，夫婦間の移転において予想されるように，各当事者の財産に対する実質的な地位は全く変わらなかったようである。移転された諸財産が性質において異なっているということは，応答とは言えない。遺産税との関係では，経済的価値が唯一の意味のある基準だからである。ジョセフ・グレースの遺産は，彼の妻の信託の価値の限りで減少しないままであり，それゆえ，この信託の価値

の分，彼の遺産の価値を増加しなくてはならない。」

Ⅲ　信託設定によって移転する財産の範囲はどこまでか？

* **United States v. O'Malley, 383 U. S. 627（1966）**

　本判決は，「みなし相続財産」として遺産に含められる「財産」の範囲に関する，1966 年の合衆国最高裁判所の判決である。

　1949 年に亡くなった，エドワード・ファブリス（Edward H. Fabrice）は，1936 年と 1937 年に，娘たちと妻を受益者とする合計五つの撤回不能信託（irrevocable trusts）を設定していた。ファブリス自身は，これらの信託の 3 人の受託者のうちの 1 人であった。受託者らは，信託財産から生じた収益を受益者に分配する（pay trust income to the beneficiary）か，収益を分配せずに信託元本に加える（accumulate the income）かについての，裁量を有していた。

　内国歳入庁長官は，1939 年内国歳入法典 811 条 c 項 1 号 B（ⅱ）及び d 項 1 号（それぞれ，現在の 2036 条及び 2038 条に対応する）に基づいて，当初の信託財産（元本）及びその後に留保された収益の両方をファブリスの遺産に含める課税処分を行った。ファブリスの遺言執行者であるオマリー（Charles E. O'Malley）は，租税を支払った上で，支払った税額相当額の還付を求めて出訴した。第一審（連邦地裁）は，当初の信託財産（元本）を遺産に含めることは認めたが，その後に留保された収益は遺産に含めるべきではない，と判断した。控訴審では，後者の点のみが争われ，やはり，遺産に含めるべきではないとの判決が下った。そこで，国が最高裁判所にサーシオレイライを求めたところ，認められた。

　最高裁判所（ホワイト裁判官が法廷意見を執筆）は，信託設定後に留保された収益をも遺産に含めるべきであると判断して，原判決を取り消した。

　判決によれば，本件事案に 1939 年内国歳入法典 811 条 c 項 1 号 B（ⅱ）が適用されるかどうか判断するためには，次の二点について検討しなくてはならない。第一に，「ファブリスが，『財産またはそこからの収益を占有または享受することのできる者を指名する』権限を維持していたか」。第二に，「［課税庁が］遺産に含めようとしている財産，すなわち信託元本のうち留保された収益から成る部分は，ファブリスによる以前の［＝信託設定時の］移転の対象だったのか」。

220 第3章 時間を超える利益移転

　本件では，ファブリスは，他の受託者とともに，指名する権限を確かに有していた（383 U. S. 630-632）。

　それでは，ファブリスは，信託元本に付加された収益を「移転した（transferred）」と言えるのか。原審と異なり，判決は，この点を肯定する。「ファブリスが本件信託を設定した時点において，彼は移転した財産に関する全ての権利を有していたが，その主たる側面は，財産によって生み出される現在及び将来の収益に対する権利（his right to the present and future income produced by that property）であった。信託の設定によって，収益を収益受益者に分配する，または，収益を留保して信託の残余権者にためにとっておく権利を除いて，彼は収益に対するあらゆる権利を失った。例えば，彼は，もはや収益を自分自身に対して分配する，あるいは，収益を受益者以外の者に対して分配することができなくなった。さらに，現在問題となっている元本への付加について言えば，彼の維持した収益を分配または留保する権限を行使して，留保することを選択し，信託財産への付加を行ったのである。それゆえ，信託元本の収益［の組み込み］による増加は，当初の移転及び留保権限の行使により，ファブリス自身に帰することができる。信託設定前，ファブリスは，財産に対する権利と［財産からの］収益に対する権利の全てを有していた。死亡時までに，彼は，元本に付加された留保収益に対する権限と支配の全てを，そこからさらに生じた収益を扱う権限を除いて，手放した。それぞれの留保収益からの信託元本への付加については，ファブリスは，明らかに811条c項1号B(ⅱ)によって要求されている『移転（transfer）』を行っていた。同条の下では，ファブリスが維持していた収益に対する権限が，当初の信託元本を彼の遺産に含めるための要件を十分に満たす。元本に付加された留保収益も同じ権限に服するのだから，同様に遺産に含められる。」

Ⅳ　受益者指名権または収益に関する権利を留保していると言えるか？

* **Unites States v. Byrum, 408 U. S. 125 (1972)**

　本判決は，閉鎖会社3社の株式を信託財産として撤回不能信託を設定した委託者がこれらの株式に関する共益権を留保していた場合において，委託者の死亡時の遺産税の課税に際して，1976年改正前の内国歳入法典2036条a項に基

づいて信託財産たる株式の価値が遺産に含められるかどうかという問題に関する，1972 年の合衆国最高裁判所の判決である。

被相続人バイラム（Milliken C. Byrum）は 1958 年に，委託者として，閉鎖会社 3 社の株式を信託財産とする撤回不能信託（irrevocable trust）を設定した。受益者は彼の子供たちであり，信託財産からの収益を彼らの学費等に充てることが予定されていた。また，受託者は，委託者・受益者とは独立の関係にある銀行（Huntington National Bank）であり，信託財産の管理につき広汎な権限を有していた。もっとも，一定の権限は委託者に留保されていた。具体的には，(1)信託財産である非上場株式に係る議決権の行使，(2)信託財産の売却または移転を承認しない権限，(3)投資及び再投資を承認する権限，及び(4)受託者の変更権，である（408 U. S. 126-127）。

バイラムが亡くなった 1964 年時点で，彼は，直接の株式保有と上記信託を通じた株式保有を通じて，3 社の普通株式を 71 パーセント以上保有していた。

バイラムの死後，その遺言執行者（Marian A. Byrum）は，上記信託の信託財産たる株式を遺産に含めずに遺産税の申告を行ったが，内国歳入庁長官は，これらの株式も内国歳入法典 2036 条 a 項に従って遺産に含められるべきであるとの考えに基づいて課税処分を行った。遺言執行者は，課税処分に従って租税を納付した後，この租税相当額の還付を求めて連邦地裁に出訴した。連邦地裁も，また，控訴審も，遺言執行者の主張を認めた。

最高裁判所（パウエル裁判官が法廷意見を執筆）もまた，遺言執行者の主張を認めた（ただし，ホワイト裁判官の反対意見があり，これに，ブレナン裁判官とブラックマン裁判官が同調している）。

国側の主張は，第一に，バイラムが受益者指名権を維持しているので内国歳入法典 2036 条 a 項 2 号に基づいて信託財産たる株式が遺産に含められる，ということである。また，そうでないとしても，第二に，バイラムは株式に関するコントロールを保つことにより，内国歳入法典 2036 条 a 項 1 号に言う「財産の享受（the … enjoyment of … the property）」を維持しているので，信託財産たる株式が遺産に含められる，と言う。

第一の主張に対して，判決は，次のように言う。「最初に我々が認めるべきは，当裁判所が，委託者が信託財産を管理する権限を維持していることのみをもって（solely because the settlor retained the power to manage trust assets），信託財産が委託者の遺産に含められるべきであると判示したことはな

い，ということである。むしろ，当裁判所の Reinecke v. Northern Trust Co. 判決以来，委託者が広い管理権限（broad power of management）を維持していることは必ずしも生前信託（*inter vivos trust*）を連邦遺産税に服させるわけではない，ということが認識されてきた。」本件で，委託者の維持していた権限は，類似の事案で信託財産を遺産に含めないとされたような先例における権限と同一である。

　また，内国歳入法典 2036 条 a 項 2 号は，受益者を指名する「権利（right）」と言っているが，「権利」とは，確認可能な権限であって法的に執行可能な権限（an ascertainable and legally enforceable power）のことを言う。本件においてバイラムの有していた権限は，支配株主としての地位を利用して会社役員に影響を与え信託への配当を行わせるというものであって，同条項にいう「権利」とは言えない。信託からの収益の分配に関する権限は，あくまで受託者（銀行）が有していた。

　国側は，バイラムが「権利」と同視できるような事実上の地位（*de facto* position）を有していたと主張する。しかし，認定事実によると，バイラムが「権利」と同視できるほどの支配権を有していたとまでは言えない。

　こうして，第一の主張は退けられる。また，第二の主張についても，バイラムが議決権をコントロールしていることは移転された財産の享受とは言えないとして，退けられた。

V　若干の考察

　アメリカ法は，一定の要件を満たす信託財産を「みなし相続財産」として，遺産税の課税対象に含めている。この結果，贈与税より精確に設計されている遺産税の適用範囲がその分広がることになる。委託者＝被相続人が信託設定時点において信託財産が実質的に受益者に移転してしまったと認識し，この認識に基づいて贈与税の納税を行っていたとしても，委託者の死亡時に，改めて（すなわち，事後的に），信託財産が実質的に委託者のもとにとどまっていたのかそれとも受益者に移転してしまっていたのか，法的評価が行われるのである。

　これに対して，日本法では，事情が異なる。相続税法 19 条の適用される場

---

11)　Reinecke v. Northern Trust Co., 278 U. S. 339 (1929).

合（相続開始前3年以内に贈与があった場合）を除くと，相続税と贈与税の適用は二者択一であり，「信託の効力が生じた時」（相続税法9条の2第1項）が委託者の死亡時と同時であれば相続税，それ以前であれば贈与税の適用があるということになる。そして，委託者の死亡前に「信託の効力が生じた」と言えるならば，その時点で受益者等は「当該信託に関する権利」の贈与を受けたものとして贈与税の納税義務を負う。

既に発表した論文で指摘したように，[12]日本法の文脈でも，贈与税よりも精確に設計されている相続税を通じて納税義務を確定させることが望ましく，[13]そのためには，委託者について相続が開始するまで，信託財産を構成する資産が委託者に帰属するとみなして課税関係を考えるべきである。しかし，上記論文ではそのような課税ルールの具体的な仕組みについて述べていなかった。実は，本稿で紹介したアメリカ法のように，一定の要件を満たす信託財産を「みなし相続財産」とすれば，贈与税の出番を限定しつつ，相続税の課税を通じた適正な富の再分配が可能となると考えられる。もちろん，本稿で紹介したアメリカ最高裁判例が明らかにしたように，「みなし相続財産」となるかどうかについて争いの余地があることは確かであるが。

＊　本稿は，2014年11月17日に学習院大学法学部の「特殊講義・信託法」（山下純司教授ほかによるオムニバス講義）において話した内容に基づいている。

（金融取引と課税（4），2016年）

---

12)　渕・前掲注1)（学習院大学法学会雑誌），48〜51頁。
13)　現行の贈与税の意義と問題点については，渕・前掲注4)参照。

所得税と相続税の調整——アメリカ生命保険源泉徴収税の外国税額控除と債務控除（BFH Ⅱ R 51/14）

浅 妻 章 如

Ⅰ 序

いわゆる長崎年金払い生命保険金二重課税事件・最三小判平成 22 年 7 月 6 日民集 64 巻 5 号 1277 頁（以下，最判平成 22 年 7 月 6 日と呼ぶ）は，所得税法 9 条 1 項 16 号（当時 15 号）の解釈として，相続税の課税対象となった生命保険年金受給権に関し，毎年受ける年金について，運用益部分を除き所得税を課してはならない，と判断した。

この判決が出た当時，相続税・所得税の二重課税を許さないとする判断の射程がどこまで広がるか話題となった。最判平成 22 年 7 月 6 日の論理そのものは広い射程を有しうる。他方，その後の判例・裁判例は，追随していないように見受けられる。その後の判例・裁判例は，所得税法 60 条 1 項の租税属性の

---

1) 佐藤英明ら「『最高裁判決研究会』報告書〜『生保年金』最高裁判決の射程及び関連する論点について〜」平成 22 年 10 月 22 日　http://www.cao.go.jp/zei-cho/history/2009-012/gijiroku/zeicho/2010/_icsFiles/afieldfile/2010/11/24/22zen8kai6.pdf, http://www.cao.go.jp/zei-cho/history/2009-2012/gijiroku/zeicho/2010/22zen8kai.html 参照。

2) 岡村忠生ほか『租税法』（有斐閣アルマ，2017 年）96 頁〔岡村忠生執筆部分〕は「土地から得られる収益の将来収益の現在価値が相続税の対象とされているのであれば，相続人がその収益を得た時点で，その収益に所得税を課すことはできない。」と論じる。学部生向けと思われる教科書でここまでの難問を提起する姿勢に執筆陣の本気（学部生が理解できるかはともかく）を見て取ることができる。

3) 不動産について，東京地判平成 25 年 6 月 20 日平成 24（行ウ）243 号　http://www.courts.go.jp/app/hanrei_jp/detail5? id=83868・東京高判平成 25 年 11 月 21 日平成 25（行コ）268 号 http://www.courts.go.jp/app/hanrei_jp/detail5? id=84386, 東京地判平成 25 年 7 月 26 日平成 24（行ウ）354 号・東京高判平成 26 年 3 月 27 日平成 25（行コ）320 号, 配当について，大阪地判平成 27 年 4 月 14 日平成 24（行ウ）292 号　http://www.courts.go.jp/app/hanrei_jp/detail5? id=85288・大阪高判平成 28 年 1 月 12 日平成 27（行コ）85 号　http://www.courts.go.jp/app/hanrei_jp/detail5? id=86085, 債券について国税不服審判所平成 24 年 12 月 3 日裁決　http://www.kfs.go.jp/service/JP/89/03/index.html 参照。

引継の発想を所得税法 60 条 1 項の適用範囲に限定せず重視しているようである。[4]

　最判平成 22 年 7 月 6 日自体の結論は出てしまっているので蒸し返しても詮無きことであるが，射程及び立法論は課題であり続ける。その後の判例・裁判例の流れを正当とする考え方について，私なりに数理的に整理した。[5] 簡略化すれば，[6] 税率を t と表記するとき，最判平成 22 年 7 月 6 日は（1−t−0）型と表現できる。他方，現行租税法令（所得税法・相続税法含め）のベースラインは（1−t）（1−t）型であり，所得税法 60 条 1 項については（1−t−t）型である。[7] また，国際租税法の用語法に倣えば，最判平成 22 年 7 月 6 日の（1−t−0）型は国外所得免税方式と同様であり，（1−t）（1−t）型は外国税額所得控除方式と同様である。

　以上は所得税と相続税の調整に関する抽象的な整理にとどまっている。具体例を見ることも重要な材料となると期待できる。そうした問題意識から BFH

---

[4]　所得税法 9 条 1 項 16 号の非課税所得の考え方が優先するか，所得税法 60 条 1 項の租税属性引継の考え方が優先するか，という択一的な枠組みのみならず，所得税法 9 条 1 項 16 号・所得税法 60 条 1 項の重畳適用ということも，考えられないではない。最判平成 22 年 7 月 6 日判決の後に出された政令改正・通達改正は，運用益部分の全てを課税所得として扱うのではなく，運用益部分のうち所得税法 60 条 1 項の考え方を応用して被相続人が支払った額に対応する部分を課税所得から控除することを認めている。平成 22 年政令第 214 号の解説「相続等に係る生命保険契約等に基づく年金に係る雑所得の計算について（情報）」（平成 22 年 10 月 29 日）http://www.nta.go.jp/shiraberu/zeihokaishaku/joho-zeikaishaku/shotoku/shinkoku/101029/index.htm 参照，課個 2-27「相続等に係る生命保険契約等に基づく年金に係る雑所得の金額の計算書（様式）の制定について（法令解釈通達）」（平成 22 年 10 月 20 日）http://www.nta.go.jp/shiraberu/zeiho-kaishaku/tsutatsu/kobetsu/shotoku/shinkoku/101020/01.htm 参照。

　私は年金払い生命保険金二重課税事件につき，所得税法 9 条 1 項 16 号・所得税法 60 条 1 項の重畳適用は誤りであると考えている。浅妻章如「生命保険年金二重課税事件」法学教室 362 号（2010 年）45 頁参照。古田孝夫「時の判例」ジュリスト 1423 号（2011 年）100～104 頁，古田孝夫・法曹時報 65 巻 6 号 19～47 頁（2013）も，所得税法 9 条 1 項 16 号・所得税法 60 条 1 項の重畳適用は誤りである（所得税法 60 条 1 項の考え方は排される）という前提で書かれている。

[5]　浅妻章如「最判平 22・7・6 と最大決平 25・9・4 後の相続税（廃止）と所得税」金子宏監修『現代租税法講座 第 2 巻 家族・社会』（日本評論社，2017 年）119 頁……課税の公平の観点から数理的に見て最判平成 22 年 7 月 6 日の射程は狭められるという予測。

[6]　最判平成 22 年 7 月 6 日に関し，本稿は所得税も相続税も「所得」（純資産増加）に対する課税の税目・ラベルの違いにすぎない，という理解（最判平成 22 年 7 月 6 日と同様の理解。最判平成 22 年 7 月 6 日が包括的所得概念を前提としているのに対し本稿が包括的所得概念への敵視に動機づけられているという点は別論として）を前提としている。これに対し，所得税と相続税は別物であり相続・贈与は「所得」ではないとする William Vickrey の議論を紹介する渕圭吾「相続税と所得税の関係──所得税法 9 条 1 項 16 号の意義をめぐって」ジュリスト 1410 号（2010 年）12～18 頁は，重要である。本稿は，Vickrey・渕のような考え方を棄却できるという前提で書かれているのではなく，Vickrey・渕のような考え方をどう消化・吸収すればよいか未だ整理がつかないという混沌の中で書かれているにすぎない。

226   第3章　時間を超える利益移転

ⅡR 51/14 を紹介することが本稿の目的である。最判平成 22 年 7 月 6 日は誰の「所得」（所得税法 9 条 1 項柱書。純資産増加を指すと考えて大過なかろう）かに着目する姿勢に基づくが，後述するように，ドイツの事例はこの姿勢の危うさを示す一例として挙げてよいと思われる。

　本稿では人名に職名・敬称を付さない。本稿では「 」『 』を引用のために用い，【 】を区切りの明確化のために用い，［ ］を引用文中における浅妻による補足のために用いる。

Ⅱ　事案紹介（ⅡR 51/14 を中心に）

　アメリカの保険会社からドイツの相続人に対して支払われた生命保険金につきアメリカで源泉徴収税が課された場合に，ドイツ連邦租税裁判所は，[8] 相続税に関する外国税額控除の主張を斥ける一方で，債務控除の主張だけは認容した，という事案である。直感的に腑に落ちやすい結論であると読者は考えるであろうと予想される。私も直感的に腑に落ちやすい結論であると考える。腑に落ちやすい事案は紹介に値しないという考え方もありうる。しかし，原審は，外国[9] 税額控除も債務控除も認めていなかった，という特色もある。

---

7)　父が賃金を稼ぎ子が相続する場合，父の稼得時に所得税が課され，相続時にも相続税が課される。父が不動産を購入し，死ぬ前に売却し譲渡益を実現させた場合，父に所得税が課され，相続時に相続税が課される。(1−t)(1−t) 型と表記できる。父が死んだ後で子が不動産を売却して譲渡益を実現させた場合，相続時に相続税が課されるほかに，子は売却時に父から引き継いだ取得費を前提として所得税も課される（含み益部分について租税特別措置法 39 条の救済の要件を満たしていなければ (1−t)(1−t) 型というより (1−t−t) 型であるけれども）。最判平成 22 年 7 月 6 日は，運用益部分の所得課税を是認することを前提としているが，運用益部分を無視すると，【子が父から取得費を引き継いだ譲渡益に課される所得税】に相当する所得税について非課税を認めたため，(1−t−0) 型と表記できる。
　最判平成 22 年 7 月 6 日に沿った (1−t−0) 型の事例として 2 つ挙げると，1 つは逆ハーフタックスプラン事件・最判平成 24 年 1 月 13 日民集 66 巻 1 号 1 頁である。原審の評釈である岩﨑政明「納税者と法人とが保険料を負担した養老保険に係る一時所得の計算」ジュリスト 1407 号（2010年）173〜175 頁の論ずるとおり会社負担保険金部分に対する給与所得課税が筋であろう。しかし最判平成 24 年 1 月 13 日は納税者ごとの所得計算という発想を重視（別の者が支払った額の費用としての性格を引き継ぐことを軽視）した（最判平成 24 年 1 月 16 日判時 2149 号 58 頁参照）。
　もう 1 つは，時効取得した不動産に関する一時所得・譲渡益の調整に関する東京地判平成 4 年 3 月 10 日訟月 39 巻 1 号 139 頁（所得税法 38 条の取得費の文言解釈としてはかなり無理があると思われるが，時効取得時の時価を以て取得費とする。静岡地判平成 8 年 7 月 18 日行集 47 巻 7＝8 号632 頁参照）が挙げられる。
8)　Bundesfinanzhof Urteil vom 15. 6. 2016（ⅡR 51/14）http://juris.bundesfinanzhof.de/cgi-bin/rechtsprechung/druckvorschau.py? Gericht＝bfh&Art＝en&nr＝33775 判決文から引用する際，【BFH の第 2 段落】のような表記をする。

1　事実の概要

2008 年 5 月 4 日にアメリカ居住者（被相続人）が死亡した。相続人はドイツ居住者（原告）であった。被相続人はアメリカ法人たる生命保険会社と契約していたので，相続人たるドイツ居住者は，生命保険（Lebensversicherung „Thrift Savings Plan“）証書受益者として保険金の一括金（Versicherungssumme）払いを受けた。この際，アメリカで 10% の源泉徴収税（$462,724.36，€ 299.342,87 に対する $46,272.44，€ 29.934,29 のアメリカ源泉徴収税）が課せられていた。被相続人の未課税所得（unversteuerten Einnahmen/Einkünften）が保険金（Versicherungssumme）に含まれていることが，アメリカにおける課税の理由であった。[12]

ドイツ課税庁は，賦課課税方式たるドイツ相続税に関する 2010 年 6 月 14 日の税額決定において，アメリカ源泉徴収所得税の外国税額控除も債務控除も認めない前提で相続税額を計算した。2012 年 3 月 14 日の異議決定においても納税者側の主張は斥けられた。[13]

2　争　　点

ドイツ相続税においてアメリカ源泉徴収税額の外国税額控除（ドイツ相続税法 21 条及び独米相続税条約による）を主張できるか，が争点となった。予備的に，債務控除（ドイツ相続税法 10 条）を主張できるか，も争われた。[14]

---

9)　ラインラント＝プファルツ州租税裁判所　Finanzgericht Rheinland-Pfalz Urteil vom 13.11.2013 (2K1477/12) ECLI: DE: FGRLP: 2013: 1113, EFG 2014, 2057-2059　http://www.landesrecht.rlp. de/jportal/portal/t/7qe/page/bsrlpprod.psml?　pid＝Dokumentanzeige&showdoccase=1&doc. id=STRE201470824&doc.part=L　原審の判決文から引用する際，【FG の第 28 段落】のような表記をする。

10)　Lebensversicherung は生命保険と訳されるであろうが，被相続人が生きていて退職したら被相続人が受け取ることになっていた，と説明されているので，退職後の生活費のための貯蓄と思われる。積立型生命保険と掛捨型生命保険とで，議論が変わる可能性もある。本件は積立型の性格が強いと見受けられる。

11)　BFH の第 3 段落によると，相続税の課税対象たる相続財産の価額は € 299.342,87 とされている。生命保険金の他に目ぼしい相続財産は無かったようである。外国に移住した親からの相続財産はお金だけ，というのは珍しくないかもしれない。もしも，約 46 万ドル，約 30 万ユーロ，約 5000 万円程の相続でしかないとすると，平成 26 年改正以前の日本では基礎控除（相続税法 16 条：5000 万円＋相続人数×1000 万円）内に収まる可能性もある。ドイツの相続税の人的控除が € 5200 であり，また，原審（FG・注 9)）では，アメリカ源泉徴収所得税およびドイツ相続税の合計の租税負担割合が約 40% だから相続税法の最高税率 50% に照らし違憲の疑義が出るほどの過重課税（Übermaßbesteuerung）ではないという課税庁側の主張も載っているのだが，たかだか 5000 万円程の相続財産で 4 割（ドイツ相続税が約 3 割）も課税されるというのは，なかなか重い負担である。

12)　BFH の第 2 段落。

228　第3章　時間を超える利益移転

3　原審の判断　　請求棄却

前述の通り，原審は外国税額控除も債務控除も認めなかった。

特に重要と思われるのが FG の第 28 段落である。

「証拠によれば，『Federal income tax withheld』（［アメリカ］源泉徴収連邦所得税）は，保険金の支払いに伴い徴収されるものである。しかしこの点に関して，原告［ドイツ居住者たる相続人］自身の課税要件は被相続人［アメリカ居住者］により実現されたものではない。これは，カナダの『capital gains tax』（キャピタルゲイン税）に関する BFH の事例と，区別される点である，なぜならば，［カナダのキャピタルゲイン税に関する］みなし譲渡（fiktive Veräußerung）は被相続人の死亡の直前に起きたものとして扱われているからである。」

4　連邦租税裁判所の判断　　請求一部認容

前述の通り，連邦租税裁判所は，アメリカ源泉徴収税に関し，ドイツ相続税法 21 条の外国税額控除は認めなかったものの，ドイツ相続税法 10 条の債務控除は認められる，と判断した。

---

13)　BFH の第 2 段落は，被相続人の未課税所得から保険料（Prämienzahlungen）が支払われていたという話と，被相続人が生前の資本所得について（Laufzeit erzielte KapitaleinKünfte）所得課税を受けていないという話を挙げている。両方をひっくるめて，保険金支払い時に 10% の比例税率での源泉徴収税（所得税）を課すというのは，所得税のタイミングの問題として考えると（支払保険料が被相続人の課税所得から控除されてなかった場合を仮想した場合の適用税率と比較すると），もしもいわゆる EET 型（拠出時非課税，運用時非課税，受領時課税）ということであるならば，あまりに軽すぎる所得課税なのではないかという疑問が湧く。10% 源泉徴収税は前取りにすぎず，アメリカ居住者が保険金受領者である場合に通常所得税率での課税（源泉徴収税額の所得税額控除付き）が予定されているのか，判決文から判然としなかった。他方，BFH の第 22～23 段落によれば既発生利子（Zinsertäge erzielt haben）が被相続人の手元で課税されてないことに焦点を当てているようにも読めるところ，既発生利子に対する所得税を保険金支払い時に 10% 比例税率で（しかも保険金全額の 10% として）源泉徴収として課すという趣旨であれば，もしもいわゆる TET 型（拠出時課税，運用益非課税，受領時課税）ならば，10% は軽すぎるわけではないと思われる。

14)　FG の第 10 段階によれば，Finanzverwaltung は，債務控除は認めよ，との意見であった。Finanzverwaltung（租税行政庁）は，Finanzamt（税務署）より上級で，州レベルの機関であると思われるが（https://www.steuerberaten.de/tag/finanzamt/ を参照した。他，飯田淳一「ドイツの税務行政」税大ジャーナル 13 号（2010 年）171 頁以下，176 頁，を参照した），Finanzamt より上級と思しき機関が債務控除を認めよという意見であっても，債務控除の可否が裁判で争点になるというのは意外である。

15)　注 18) 参照。但し，本稿 II 5 で見る通り，争点はドイツ相続税法 21 条の外国税額控除の是非であったと見るべきであろう。

BFH の第 8 段落後段「確かに，源泉徴収税が［ドイツ］相続税法 21 条または独米相続税条約によって内国相続税額から税額控除されることはない，とした FG の結論は正しい。しかし FG の見方と異なり，源泉徴収税は遺産債務として控除されねばならない。」

第 9 段落「本件源泉徴収税は［ドイツ］相続税法 21 条に照らし外国税額控除適格を有さない。」

第 10 段落「［ドイツ］相続税法 21 条により，外国財産に対し外国が課す税は，もし当該外国財産がドイツ相続税の課税対象となるものであるならば，ドイツ相続税として扱われる。外国租税が税額控除されうるのは，ドイツ相続税額に相当する税である場合だけである。この点に関し，遺産の価値が相続財産に対する税という意味において記録されねばならない，つまり，個々の相続人の富の増加として記録されねばならない。」[16]

第 13 段落「本件『Federal Income Tax Withheld』は相続事象であるか権利者の富の増加であるか否かに関係なく，保険金の支払いを通じて発動するものである。本件『Federal Income Tax Withheld』の課税は個々の相続人の遺産や富の増加に対してなされるものではなく，保険金に対してなされるものである。もしも『Thrift Savings Plan』による保険利益の支払が生命保険証書保有者の生存時になされたならば，その［生存］者は租税債務者として『Federal Income Tax Withheld』を支払わねばならなかったであろう。」

このように論じて，先ずドイツ相続税法上の外国税額控除適格がないことを論じた。更に第 15 段落で独米相続税条約に照らした外国税額控除適格がないことを論じた。

次に第 16 段落から，アメリカ源泉徴収税についてドイツ相続税法 10 条の債務控除適格があるという議論が始まる。

第 18 段落「［ドイツ］相続税法 3 条の場合，［ドイツ］相続税法 12 条により決められる財産合計の額は，［ドイツ］相続税法による課税がなされる限り，［ドイツ］相続税法 10 条 3 項から 9 項までにおいて控除される債務と同じである（［ドイツ］相続税法 10 条 1 項第 2 文）。［ドイツ］相続税法 10 条 5 項 1 号の債務控除は，［ドイツ］民法典（Bürgerlichen Gesetzbuches（BGB））1967 条 2 項に

---

16) ここで注 18) のカナダのキャピタルゲイン税に関する BFH ⅡR 13/92 が引用される。

照らし被相続人に生じた債務（Schulden vom Erblasser herrühren）であることを，前提条件としている。『生じる』（„herrühren"）という概念が，相続の時までに債務が完全に有効ではなかったということを意味していることは明らかである（引用略）。［ドイツ］民法典1967条2項にいう相続債務は，もしも債務の発生の追加的必要条件が満たされる前に被相続人が死んでいなかったならば，相続人である者に生じる債務である（引用略）。」

　第19段落「被相続人について生じた債務は，相続人以外の者が購入者である場合の債務者の債務についても［ドイツ］相続税法10条5項1号の問題となりうる。［ドイツ］相続税法10条1項第2文に従い，［ドイツ］相続税法3条の取得に係る債務の控除に限定されるものではない。［ドイツ］相続税法3条1項4号により相続人以外の者による取得の場合に，［ドイツ］相続税法10条5項1号にいう被相続人の債務として減じられない，という当法廷の判断は，維持されない。」[17]

　第20段落「被相続人が死んだ場合に，被相続人が生命保険の保険金の単独受益者として第三者を指定していた場合，［ドイツ］相続税法3条1項4号の構成要件は被相続人の死亡に伴い満たされる。保険金は額面額で算定されねばならない。保険金支払い時に被保険者のみ課税収益が保険金に含まれているという理由で源泉徴収税が課せられていた場合には，［ドイツ］相続税法10条1項第2文及び5項1号に従い保険金の計算において源泉徴収税は控除される。被相続人の租税債務が被相続人の死の後に生じたのか前に生じたのかという違いは控除に違いをもたらさない（引用略）。本件における源泉徴収税は，被相続

---

17)　BFH-Beschluss vom 17. Mai 2000（Ⅱ B 72/99）BFH/NV 2001, 39　https://www.jurion.de/urteile/bfh/2000-05-17/ii-b-72_99/
　　（浅妻による事案簡略紹介開始）被相続人が1982年10月に死亡し，子が相続した。原告たる妻は被相続人と1981年に離婚していた。被相続人は1966年に生命保険契約を締結し，1975年に原告が受益者に指定されていた。1983年に保険者は300 162, 10ドイツマルクを原告に支払った。被告たる税務署は原告に99 420ドイツマルクの相続税を課した。原告は，婚姻継続時に原告が被相続人に多大な金銭的貢献をしていたことを主張した。被相続人の死亡時，生命保険契約による受益を控除しても，原告は被相続人に対し95 837, 90ドイツマルクの残余請求権を有していた。
　　FGは，原告の請求を棄却した。生命保険契約による受益は相続税の対象となる取得であり，原告の被相続人に対する請求権でもって減額されない，とした。相続人が債務に法的に拘束される。原告はそうした債務を負わないからドイツ相続税法10条5項1号を援用できない。BFHは，手続き上の瑕疵に関する原告の主張を斥けた。（浅妻による事案簡略紹介終わり）
　　本稿の課題とは関係ないが，原告たる妻にとっては何とも酷な事案であるように見受けられる。なお，外国は関係していないようであり，ドイツ相続税法21条の外国税額控除は参照条文に挙げられていない。

人の課税について生じたものであり，被相続人に生じた債務（Erblasser herrührenden Schulden）に属する。」

5　別件：カナダとドイツ・BFH ⅡR 13/92[18]

1986 年に被相続人たる父が死亡し原告らが相続した。相続財産の中にはドイツ資産とカナダ資産が存在した。カナダの遺産の承継に際し，キャピタルゲイン税[19]（みなし譲渡課税：日本の所得税法 59 条 1 項が限定承認に係る相続であるか否かを問わず適用されると考えればよい）として 112.073,32 カナダドル（153.058,53 ドイツマルク）が課せられた。原告は，カナダの税について，ドイツ相続税法 21 条の外国税額控除を主張した。被告・税務署（Finanzamt）は，カナダの税が相続税に相当するものとされるのは，原告の持分に対する賦課であるものに限られるとして，外国税額控除の主張を斥けた。なおドイツ・カナダ租税条約（1981 年 7 月 17 日）は相続・贈与について規定していない。

FG（Finanzgericht）は原告の請求を認容した。FG によれば，体系的に，キャピタルゲイン税は相続税というよりは所得税であるが，租税行政庁（Finanzverwaltung）の見解と異なり，それにもかかわらずカナダのキャピタルゲイン税は相続税に対応するものである，とした。遺産の移転に課せられる外国の租税はドイツ相続税に対応するものである，とした。

BFH（Bundesfinanzhof）は外国税額控除を認めなかった。BFH によれば，死を契機に財産が移転する際の外国税であるというだけでドイツ相続税法 21 条の税額控除を認めることは早計である。例えばアメリカ連邦遺産税がドイツ相続税に対応するものであるとされている理由は，資産の移転ではなく，誰が納税者であるかにかかわらず遺産に対する課税であることにある。遺産価値に対する税という要件は，カナダのキャピタルゲイン税には当てはまらない。カナダの税は，ドイツ相続税法 10 条 1 項第 2 文にいう債務であり，10 条 5 項 1 号にいう被相続人に生じた債務（vom Erblasser herrührende Schulden i. S. des § 10 Abs. 5 Nr. 1 ErbStG 1974）として扱われる。

---

18)　Bundesfinanzhof Urteil vom 26.4.1995（ⅡR 13/92）BStBL. 1995 Ⅱ S. 540　http://www.bfh. simonsmoll.de/bfh_1995/XX950540.HTM

19)　カナダの 1972 年の相続税廃止とキャピタルゲイン税については吉村政穂「カナダにおける相続時課税」海外住宅・不動産税制研究会編著『相続贈与税制再編の新たな潮流──イギリス，アメリカ，カナダ，フランス，スイス，カナダ，オーストラリア，日本』（日本住宅総合センター，2010 年）231 頁以下，234 頁参照。

232 第3章 時間を超える利益移転

6 別件：フランスとドイツ・Bechtel（C-20/16）[20]

所得税と相続税の調整の問題ではないものの，外国税額控除・債務控除に関連し課税範囲をめぐる興味深い事例がある。本節と7節の事例は，Ⅲ以下の考察に直接には関わらないが，この機会を借りて紹介したい。

Wolfram Bechtel 氏と Marie-Laure Bechtel 氏はドイツ居住者である。夫はドイツで公務員として勤務していた。妻はフランス国籍でありフランス公務員としてフランスで勤務していた。独仏租税条約により妻の所得はドイツで非課税であるが，ドイツにおける累進税率の算定に当たりフランスの所得も考慮されることになっていた（いわゆる exemption with progression：累進留保国外所得免税）[21]。

フランスで社会保障負担（年金拠出および健康保険費）が支払われているにもかかわらず，それを控除しない賃金収入が累進税率算定に当たり考慮されてよいかが争われた。欧州司法裁判所は，控除しないことが，労働者の移動の自由に違反すると判断した。

7 別件：中国とニュージーランド・[2017] NZHC 969[22]

ニュージーランド居住者たる Lin は British Virgin Islands 法人の 30% を保

---

20) Wolfram Bechtel and Marie-Laure Bechtel v Finanzamt Offenburg（C-20/16）http://curia. europa.eu/juris/liste.jsf? num = C-20/16 Judgment ECLI: EU: C: 2017: 488（2017 June 22）．解説として J. P. Finet, German Treatment of French Social Security Contributions Violates EU Law, CJEU Finds, 2017 WTD 120-5; 86 Tax Notes International 1164（2017 June 26）; Tom O'Shea, Cross-Border Health Insurance and Pension Contributions Deductible in Germany, Says CJEU, 2017 WTD 164-14; 87 Tax Notes International 597（2017 August7）参照。

21) 判決文第 10 段落：§32b（„Progressionsvorbehalt"）（"Maintenance of progressivity"）EStG 2002.

22) Lin v. Commissioner of Inland Revenue（[2017] NZHC 969）（High Court of New Zealand, 2017 May 12）https://forms.justice.govt.nz/search/Documents/pdf/jdo/48/alfresco/service/api/ node/content/workspace/SpacesStore/47970e01-e7d8-4cb6-a407-f40d4ce077c9/47970e01-e7d8-4cb6-a407-f40d4ce077c9.pdf; also reported in 2017 WTD 100-20. 解説として Alexander Lewis, New Zealand Resident Entitled to Credit for CFC Tax Deemed Paid in China, 2017 WTD 100-4; 86 Tax Notes International 780（2017 May 29）参照。本稿の課題とあまり関係がないが，外国税額控除に関し興味深いので，この機会を借りて紹介する。

　なお，脱稿後，同じ納税者に関する同様の問題について逆の結論を出した Commissioner of Inland Revenue v. Patty Tzu Chou Lin（[2018] NZCA 38）（New Zealand Court of Appeal, 2018 March 8）https://forms.justice.govt.nz/search/Documents/pdf/jdo/3b/alfresco/service/api/ node/content/workspace/SpacesStore/ae028be3-23bc-462a-a35f-9e82eedcb0f5/ae028be3-23bc-462a-a35f-9e82eedcb0f5.pdf; also reported in 2018 WTD 62-30（解説として William Hoke, No Credit Due for Spared Tax under DTA, New Zealand Court Rules, 2018 WTD 62-2; 90 Tax Notes International 272（2018 April 2））に触れた。別の機会に詳しく紹介したい。

有し，BVI 法人は CFC たる中国法人を保有していた。中国法人の所得のうち
Lin に割り当てられる部分（ただし Lin は実際には全く受領してない）につきニュ
ージーランド課税庁が CFC 税制を適用し，Lin に所得税を課し，中国法人が
中国で払った税の外税控除を適用した。Lin は更に，中国法人が優遇措置によ
って支払ったとみなされる税についてもみなし外国税額控除（tax sparing）が
適用されると主張した。ニュージーランド CFC 税制では 2009 年（係争年度の
後）に active/passive income の区別が導入されていた。中国は CFC を法人扱
いしニュージーランド CFC 税制は当該 CFC（中国法人）を透明（transparent/
partnership）扱いしていた。源泉地国・居住地国間で法人扱い・組合扱いの違
いがある場合，居住地国は源泉地国で課された税について credit（外国税額控
除）を認めよと OECD モデル租税条約 23 条のコメンタリー第 69.1 段落は述べ
ている。課税庁は，中国・ニュージーランド租税条約 23 条 3 項によるとニュ
ージーランド居住者が支払うべき税だけが外国税額控除の対象であり Lin は中
国で払ってない，と主張したが，裁判所は，払ったとみなされる（deemed to
have been paid）税も含まれるとして，課税庁の主張を斥けた。

8 課題の整理

　所得税と相続税の調整を如何にすべきか，という問題が先ず III 以下で検討さ
れるべきである。この調整の問題は，更に 2 つのレベルに整理される。租税条
約等，国際的な文脈における調整（III）と，国際的な制約が無いとした場合の
調整（IV）である。V で，生命保険を他の投資より優遇すべきか，という問題
についても考察する。

III　国際的な文脈における所得税・相続税の調整

1　カナダのキャピタルゲイン税への対応

　事案紹介でも出てきたが，カナダのキャピタルゲイン税について，日本やド
イツのように相続税を維持している国はどう扱うべきかという問題は，悩まし
い。
　ドイツの判例が示す通り，カナダのキャピタルゲイン税は被相続人の所得に

---

23)　Controlled Foreign Corporation/Company：被支配外国法人

ついての課税であり，相続税に関しては税額控除適格が認められず，債務控除適格は認められる，というのは，直感的に腑に落ちやすい。税額控除適格が認められない点につき，カナダのキャピタルゲイン税が増加益部分に対する課税である一方，ドイツ相続税は資産価値全体に対する課税であるという違い，及び，被相続人の所得に対する課税と相続人の純資産増加に対する相続税の課税との違い，として理解できる。

尤も，日本の最判平成 22 年 7 月 6 日の視点からすると，こうした論理にどれだけ説得されるか，危ういところが皆無ではない。このことは，逆に，最判平成 22 年 7 月 6 日の論理の危うさに繋がる途を拓く可能性を持つともいえる。以下，論ずる。

2　最判平成 22 年 7 月 6 日は税額控除よりも強烈である

最判平成 22 年 7 月 6 日は，相続税が相続人の所得に対する税であり，生命保険年金に対する所得税も相続人の所得に対する税であり，両税が重なってはならないとした。これは税額控除よりも更に強烈（納税者に有利）な論理である。どのように強烈な論理であるかについては，数値例を考えると分かりやすい。

例えば，計算の便宜のため，年金 100 が相続人に支払われ，相続税の課税時においては原価としてその 6 割である 60 が相続税の課税対象に算入されていたとしよう。つまり 60 が元本部分であり 100−60＝40 が運用益部分である。また，所得税率は 35% であり相続税率は 25% であるとしよう。この場合，相続税額が 60×25%＝15 となり，税額控除を考える前の所得税額は 100×35%[24)]＝35 であり，税額控除を施した後の所得税額は 35−15＝20 である。

最判平成 22 年 7 月 6 日の論理によれば，所得税の課税対象に算入される額は 100−60＝40 であるから，所得税額は 40×35%＝14 である。前段落と比べ 6 税収が減る。60 の部分について，所得税率 35% と相続税率 25% との差が，課せられないからである。

最判平成 22 年 7 月 6 日の論理は，原々審・長崎地判平成 18 年 11 月 7 日との比較において 40 の運用益部分に対する所得税の課税の余地を残している，ということが学部・ロースクール等の教育では強調される。それは間違いでは

---

24)　最判平成 22 年 7 月 6 日の実際の事案では相続税額 0 円であったが，計算の便宜のため，その点は無視する。

ないが，60 の部分について所得税の課税の余地を税額控除すらも認めない形で排斥している，という点で，最判平成 22 年 7 月 6 日の論理は強烈である。所得税と相続税について税額控除で調整するという制度が無いので想像しにくいが，この意味で最判平成 22 年 7 月 6 日の論理は税額控除よりも強烈である。

最判平成 22 年 7 月 6 日の論理によれば，$60(1-25\%) + (100-60)(1-35\%)$ である。もしも税額控除で調整されるならば，$100(1-0.6 \times 25\% - (35\% - 0.6 \times 25\%)) = 100(1-35\%)$ である。税額控除の場合の式を変形すると $60(1-25\% - (35\% - 25\%)) + (100-60)(1-35\%)$ である。最判平成 22 年 7 月 6 日の論理でも税額控除でも【$+(100-60)(1-35\%)$】の部分は共通するので，共通する部分を無視すると，最判平成 22 年 7 月 6 日の論理と税額控除との違いは，【$60(1-25\%)$】と【$60(1-25\% - (35\% - 25\%))$】との違いであると整理される。所得税率を personal income tax の t_p とし相続税率を windfall tax の t_w とするとき，最判平成 22 年 7 月 6 日の論理は $(1-t_w-0)$ の国外所得免税型 (exemption method) と同様であり，$(1-t_w-(t_p-t_w))$ の外国税額控除型 (cred-it method) よりも課税を排斥している，と私は注 5) で抽象的に整理した。

3　最判平成 22 年 7 月 6 日の着眼点：誰の所得か

最判平成 22 年 7 月 6 日が国外所得免税型を採用したのは，相続人の「所得」(純資産増加) に対する相続税と所得税の税目間の調整という発想がある。相続税の課税対象となる所得に所得税を課さず，(最高裁は事案との関係で論じる必要がなかったので論じていないが) 所得税の課税対象となる所得に相続税を課さない，という相互に排他的な調整の発想である。この発想の鍵は【相続人の所得に対する】の部分である。

最判平成 22 年 7 月 6 日の事案を少し変えると，被相続人が馬券を購入し，馬券が当たって被相続人が一時所得[27]の課税を受けるが，被相続人はあまりの嬉しさにショック死してしまい，相続人が相続する，という場面が考えられる。この場合，相続人は当然に被相続人の一時所得の課税の後の残りの額について課税を受ける。被相続人の一時所得に関する所得税債務は所得税法 13 条・14

---

25)　源泉地国税率を source tax の t_s とし居住地国税率を residence tax の t_r とするとき，国外所得免税は $(1-t_s-0)$ と表記できる。

26)　注 25) の表記を前提とすると $(1-t_s-(t_r-t_s))$ と表記できる。

27)　考察の便宜のため，雑所得の基因たる業務性が認められるかという最三小判平成 27 年 3 月 10 日刑集 69 巻 2 号 434 頁等の論点は無視する。

条に照らして当然に債務控除の対象となる。所得税率を t_p とし相続税率を t_w とするとき，$(1-t_p)(1-t_w)$ である。債務控除は，国際租税法の用語でいえば外国税額所得控除型（deduction method）である[28]。これは，カナダのキャピタルゲイン税に対するドイツ相続税法の債務控除の適用と同様である。

　最判平成22年7月6日は，誰の「所得」（純資産増加）かに着目するからこそ，被相続人が馬券で当たってショック死したというような仮想設例との比較を考えないようにしている。私は，最判平成22年7月6日の論理について，「納税者ごとの純資産増加に着目する姿勢は，様々な私法上の法律構成（技巧的な租税回避に限らない）に対する整合的な税制の設計を困難ならしめる。（中略）立法論としては原始取得と承継取得との違いの重視はおかしい。（中略）納税者ごとの純資産増加に着目する姿勢は，私法上の法律構成次第でたなぼた課税の負担を実質的に消すことを可能にする途を拓く[29]。」という批判の可能性を提示した。残念ながら，この執筆当時，カナダのキャピタルゲイン税に関するドイツ相続税の事例[30]や，アメリカの源泉徴収所得税に関するドイツ相続税の事例[31]について調査不足であった。

4　アメリカ源泉徴収所得税に関する FG と BFH，そして最判平成22年7月6日の論理

　カナダのキャピタルゲイン税に関して，ドイツ相続税法の債務控除を認めるに当たり，被相続人の債務であったことが決定的に重要であるのか。アメリカの源泉徴収税に関する FG の第28段落は，正にこの点が決定的に重要であると捉え，カナダのキャピタルゲイン税の事案とアメリカ源泉徴収税の事案は区別される，と論じた。このことは，奇異にも感じられるが，理由としてありえないという程のものではない。更に，最判平成22年7月6日の論理は，誰の「所得」（純資産増加）であるかを重視しているから，最判平成22年7月6日の論理と FG・注9）判決の着眼点は，親和性がある，ということもできる。

　しかし，アメリカの源泉徴収税に関し，せめてドイツ相続税法の債務控除は認めてあげるべきであるというのが人情（法学で使う単語としては不穏当かもしれ

28）　注25）の表記を前提とすると $(1-t_s)(1-t_r)$ と表記できる。
29）　浅妻・前掲注5）128頁。
30）　注18）。
31）　原審たる FG・注9）は2013年の判決であった。

ないけれども）であろうし，直感的な判断として私もそう感じるし，だからこそBFH・注8）判決の判断に対する違和感は小さい。

但し，BFH・注8）判決は税額控除を認めていない。

【最判平成22年7月6日の論理と原審FG・注9）判決の着眼点は，親和性がある】と述べたけれども，FGの結論はBFHの結論よりも納税者に酷であり，BFHの結論は税額控除が認められる場合よりも納税者に酷であり，税額控除が認められた場合というのが仮にあったとしても最判平成22年7月6日の論理より酷である。誰の「所得」（純資産増加）かに着眼する姿勢は，【BFHの結論や税額控除が認められる場合】と比べ，納税者に酷な結論（FG・注9）判決）に結びつくこともあるし，納税者に有利な結論（最判平成22年7月6日）に結びつくこともある。このように整理すると，誰の「所得」（純資産増加）であるかに着眼する姿勢は危うい，という拙論が，補強されるといえるのではなかろうか。勿論，最判平成22年7月6日の論理を以てしても，外国で所得税が課された「所得」（純資産増加）について日本の相続税を非課税とする条文は見出せないであろうから，BFH・注8）判決と同様の事案が仮に日本で生じたとして日本の裁判所が $(1-t_p-0)$ の国外所得免税型を採るとは考えにくい。このため，【BFHの結論や税額控除が認められる場合】より最判平成22年7月6日の論理の方が納税者に甘いというのは，牽強付会である，とも論難されうる。強調すべきは，納税者に酷か甘いかよりも，【誰の「所得」（純資産増加）であるかに着目する姿勢】の使い勝手の良さ・悪さである。

まして，国際的な局面では，カナダのキャピタルゲイン税やアメリカの源泉徴収所得税のように，誰の「所得」（純資産増加）かが観念されて誰に対して納税義務が課されているかということが分かりやすい事例ばかりではないかもしれない。そうすると，誰の「所得」（純資産増加）かに着目する姿勢の危うさは，一層増すとはいえまいか。最判平成22年7月6日自体は結論が出ている話であるので蒸し返しても仕方がないことであるが，射程を考える上で，及び立法論を考える上で，誰の「所得」（純資産増加）かという着眼点の妥当性の強度は問われ続ける。[32]

32）　本稿は，誰の所得であるかに着眼する姿勢の妥当性を疑う姿勢が強いけれども，判例・裁判例を通じて，誰の所得であるかに着眼する姿勢が見受けられる事例は最判平成22年7月6日に限られるものではない。本稿注7）参照。従って，誰の所得であるかに着眼する姿勢の妥当性が無いと論ずることはとても難しく，【妥当性の強度】という表現をするべきであろうと考えた。

238　第3章　時間を超える利益移転

アメリカの源泉徴収所得税について，債務控除適格を認めない FG の判断を
ひっくり返した BFH の結論は，直感的に腑に落ちやすいため，日本であまり
議論を呼び起こさないであろうと予想される。しかし，最判平成 22 年 7 月 6
日の論理の当否を測定する際に，FG と BFH との比較は，興味深い材料を提
供してくれたように思われる（ドイツ人からすれば，知ったことではないであろう
けれども）。

5　税目・課税対象の異同

　BFH が税額控除を否定したという結論についても，生命保険の利子相当の
未課税所得を念頭に置く所得税の前取りとしての源泉徴収税と，遺産に対する
相続税（遺産税という名目であるかどうかは不問とするとして）とは異なる，とい
う点は，直感的に腑に落ちやすいであろう。単に税目が所得税と相続税とで違
うというにとどまらず，経済実質的に課税対象の違いを認定しているといえる。
　しかし，税目の異同と税額控除の可否は，今後も難問を提起していくだろう
と思われる。
　英国の民営化インフラ企業に対する特別な課税が，投資家たるアメリカ法人
についてアメリカで外国税額控除の適用を受けることができるか，が争われた
PPL 事件[33]について，紹介したことがある。[34][35] Tax Court，控訴審，最高裁と，判
断が二転三転し，最高水準の難問を提起した事件であったといっても過言でな
かろう。英国の税が，アメリカから見て外国税額控除適格のある所得に対する
税であるか，外国税額控除適格のない資産価値に対する税であるのか，どちら
の判断もありうる事件であった。アメリカ連邦最高裁判所の結論は，英国の課
税の式の中に profit（利得）が含まれていることに着目して，外国税額控除適

---

33)　*PPL Corp. & Subsidiaries v. Commissioner*, 135 T. C. 304 (2010); reversed by 665 F. 3d 60
　　(3d Cir. 2011); reversed by 133 S. Ct. 1897 (May 20, 2013).

34)　浅妻章如「PPL Corp. & Subsidiaries v. Commissioner, 133 S. Ct. 1897 (2013)——英国棚ぼた
　　税（Windfall Tax）が利益に対する課税であるためアメリカの外国税額控除の対象となるとした事
　　例」アメリカ法 2014-1 号（2014 年）202〜205 頁。

35)　外国税額控除に関し，Bret Wells, The Foreign Tax Credit War. 2016 BYU Law Review 1895
　　(2016) 参照。アメリカの IRC（Internal Revenue Code：内国歳入法典）901 条に関し外国税額控
　　除を認めない個別規定が設けられているけれども，「principled approach」（原理にのっとったア
　　プローチ。いわゆる rule vs. standard の文脈では standard 志向といえようか）を採用すべき，と
　　論じる。PPL 事件・注 33），Indopco 事件・注 36）に絡み興味深いが，所得税と相続税の調整と
　　いう本稿の課題と，外国税額控除制度の課題とで散漫になってしまうため，外国税額控除制度の
　　あり方については別の機会に扱いたい。

格を認めるという結論であった。私見は，英国の税は資産価値に対する税に近いのではないか，というものであったが，もはや結論が出てしまったものについて蒸し返しても仕方がない（まして私はアメリカ人ではない）。我々が考えるべきは，今後も似たような難しい問題が現れるであろうということである。

アメリカ源泉徴収所得税に関する BFH の判断も，PPL 事件の判断も，外国税額控除の可否という結論に関しては正反対であるものの，課税対象の経済的実質に着目しようとしているという点で共通している。

しかし，課税対象の経済的実質に着目しようとする姿勢がどの程度貫徹されるか，まだまだ未知数な部分が大きい。

この点，アメリカの DBCFT（destination based cash flow tax：仕向地主義キャッシュフロー法人税）の議論は刺激的であった（結局近い将来における立法はなさそうであるけれども）。キャッシュフロー法人税（R ベース）は資本の time value of money（金銭の時間的価値）部分への課税を経済実質的に除去しようとするものであり，課税ベースが VAT（value added tax：付加価値税）と類似している，という議論は，成り立ちえないではない。DBCFT が VAT に経済実質的に近いのであれば，所得税・法人税に関する二国間租税条約の適用に関し，外国税額控除の対象とならないということになるのであろうか。

この点，現実に課されている法人税の文脈において，何らかの投資（とりわけ研究開発投資）を促進するため投資額の即時控除を認める（或いはそれに近いような結果をもたらす税額控除制度を用意する）[36]ということは，珍しい話ではない。投資額の即時控除が time value of money 部分への課税を除去する制度であり，課税ベースが VAT に類似しているならば，現行法人税の中でも，外国税額控除の対象とならない部分が出てくるであろうか。しかし，かような話は寡聞にして聞かない。この場合，【課税対象の経済的実質に着目しようとする姿勢】よりも，法人税という税目すなわちラベルに着目した運用が現実には横行しているであろうと推測される。ならば，DBCFT になったとしても，所得税・法

---

36) *Indopco v. Commissioner*, 503 US 79 (1992) という事例がある。友好的合併に際しての弁護士費用や投資銀行への支出は費用控除（deduction）できず，資本化（capitalize）しなければならないとした事例である。Indopco 事件を引用しつつ，William R. Simpson and John L. Crain, A Call for Congress to Reconsider the Current Federal Income Tax Treatment of Software-Related Expenditure, Taxes, September 2000, p. 24 は，software 関連への支出（当時いわゆる Y2K 問題があった）は即時に控除できるとすべきか，資本化しなくてはならないのか，という問題について，即時に控除できるのが望ましい旨を論じている。

人税に関する二国間租税条約の適用に関し，外国税額控除適格は，研究開発促進等の投資額即時控除つきの法人税と同様に，認められ続ける，ということが考えられないではない。

他方で，外国税額控除適格から話が逸れるが，DBCFT は VAT と同様に GATT/WTO の下で輸出補助金扱いを受けないということになるのか，という論点もある。ここでも，課税対象の経済的実質に着目するのか，税目に着目するのか，という論点が湧きかねない。

6 再びカナダのキャピタルゲイン税やアメリカ源泉徴収税に戻って

課税対象の経済的実質としての課税ベースが重要であるとも，税目が重要であるともいえない，となる時，さて，カナダのキャピタルゲイン税やアメリカの源泉徴収税が，ドイツ（恐らく日本でも）相続税に関し税額控除の対象とならないという議論は，どこまでの説得力を有するのであろうか。

カナダやアメリカの税は所得税であり，遺産価値に対する相続税とは課税ベースが異なるという議論は，繰り返しになるが腑に落ちやすい。しかし，アメリカで相続財産の取得費（basis）が時価に step up するという仕組みは，所得税率を t_p とし相続税率（アメリカでは遺産税という名前であるけれども）を t_w とするとき，$(1-t_w-0)$ の国外所得免税型と表現できる。これは最判平成22年7月6日と同様であり，【相互に排他的な調整】の発想である。

更に，カナダで相続税が廃止されたからといって，相続時の租税負担が日本やドイツと比べて軽くなるとは限らない。

所得税と相続税とは税目が違うにとどまらず経済実質的としての課税ベースも異なる，という論理の通用力は，少なくとも最判平成22年7月6日には及ばなかったところである。BFH の結論（カナダのキャピタルゲイン税にしてもアメリカ源泉徴収税にしても）は腑に落ちるものの，どこまで通用するか未知数の部分があるといえよう。また，逆に【だからやはり最判平成22年7月6日の論理はおかしいのだ】という方向に話が行く可能性もある。

Ⅳ 国際的な制約を無視した文脈での所得税・相続税の調整

Ⅲでは，カナダのキャピタルゲイン税にせよアメリカ源泉徴収税にせよ所得税であるという理解がしやすい事案がある一方で，英国の民営化インフラ企業

に対する特別税やアメリカの DBCFT 提案のように理解が容易でない事案も
ありうる時の，国際的な所得税・相続税の調整の難しさを考察した。

Ⅳでは，税の性質が理解しやすいという前提で，考察をする。

前述の通り，所得税と相続税は，税目が異なるにとどまらず，経済実質的に
見て課税対象も異なる，という共通了解がある。しかし，この共通了解は，却
って問題を面倒にすることもある。

被相続人が生前に所得税を納税し，それが誤納で過納であったという理由で
還付金請求訴訟を提起したものの，被相続人は死亡してしまい，相続人が訴訟
を継続して，勝訴し，還付金を得た，という事案があった。この還付金が，相[37]
続人の一時所得に当たるのか，遡及効のため被相続人の誤納所得税の取り戻し
として扱われ被相続人からの相続財産に算入されるのか，が争われた。最高裁
の結論は，遡及効重視の相続財産算入というものであり，納税者側が敗訴した。
もっとも，相続税が課される家計は少ないので，世間一般の納税者にとっては
最高裁の結論は福音であるかもしれない。

この事案では，カナダのキャピタルゲイン税と異なり，所得税と相続税の課
税ベースの違いということは出てこない。還付金全額が課税対象に算入される
ことは変わりがなく，所得税か相続税かが違うだけである。

最判平成 22 年 7 月 6 日が【相互に排他的な調整】という発想で（1−t_w−0）
の国外所得免税型を支持した背景には，税目の違いはともかく「所得」（純資
産増加）であるという考え方があった。この考え方を突き詰めると，相続税法
を廃止して，所得税法の中で相続財産についても「所得」（純資産増加）として
扱う（現行所得税法に当てはめれば一時所得ということになるであろう）ことが，立
法論としては考えられる。そうであったならば，還付金が一時所得なのか相続
財産算入なのかという無駄な争いは無くせる。

しかし，恐らくかような立法論は実現可能性が乏しい。相続財産を一時所得
として扱うとすると，一時所得が半分しか課税されないという現行法を前提と
しても，中流家計の相続にとって相続時の租税負担が激増してしまう。仮に相
続税法を廃止するならば，民意は，相続財産について一時所得とも異なる別の
所得分類（現在の一時所得より更に課税が軽くなる所得分類）を作れと要求するで
あろう。相続による純資産増加は所得であるという包括的所得概念の発想は，

37）　上野事件・最判平成 22 年 10 月 15 日民集 64 巻 7 号 1764 頁。

242 第3章 時間を超える利益移転

恐らく民意には受け容れられないと予想される[38]。仮に相続税法を廃止したとしても，所得税・相続税の調整として現在議論されている問題は，なくなりそうにないと予想される。

なぜ所得税・相続税の調整として現在議論されている問題は相続税法を廃止してもなくならないのか。それは包括的所得概念の定義式【所得＝消費＋純資産増加】の中の【純資産増加】が二重課税の根源であるからである[39]。二重課税を許容する体系は，必然的に，課税してもよい二重計上とそうでないものとの線引きを要請する。

では包括的所得概念を廃せば，所得税・相続税の調整として現在議論されている問題はなくなるのであろうか。正にこうした発想から，かつて私は二重計上を排そうとする発想に魅力を感じた[40]。しかし，所得税・相続税の調整の問題は包括的所得概念を廃してもなくならない，という絶望を今は抱いている。

遺産の中でもとりわけ対価的遺産動機（介護等の対価として被相続人が相続人に財産を遺そうとする）については，所得税・相続税の調整問題に関し，相続税が二重課税であるといった議論に馴染まない[41]。例えば，甲が賃金 100 を稼ぎ，所得税を納め，残りの額で家事手伝いたる乙を雇う場合，乙も所得税を納める。所得税率を t_p とするとき，甲が乙に払う額は $100(1-t_p)$ であり，乙の所得税額は $100(1-t_p)t_p$ であり，乙の消費可能額は $100(1-t_p)(1-t_p)$ である。税率が 35% ならば，乙の消費可能額は 65 ではなく 42.25 である。この計算式を見ると，甲・乙の関係は，外国税額所得控除型の二重課税の関係である。しかし，甲は乙の役務を消費しているのであり，$100(1-t_p)(1-t_p)$ という計算式を以て甲・乙の関係は二重課税であると評されることは殆ど無い。

次に，丙が賃金 100 を稼ぎ，所得税を納め，推定相続人たる丁に家事の面倒を見てもらい，丙の税引後賃金 $100(1-t_p)$ を丁に遺そうとする場面を想起する。丁が相続税の課税を受けるならば $100(1-t_p)(1-t_w)$ となる。所得税率 t_p と相続税率 t_w の違いを無視してよいならば，丁が乙と同様に課税されること

---

38) 一租税法学として私が包括的所得概念を忌避する価値判断を有しているから，かようなことを書くのであろう，と言われるかもしれない。しかし，本文中のここの一文は，私の価値判断ではなく，予想である。

39) 注38）で述べたことと反対に，本文中のここの一文は，一租税法学として私が包括的所得概念を忌避する価値判断を有していることの反映である。

40) William D. Andrews, A Consumption-type or Cash Flow Personal Income Tax, 87 Harvard Law Review 1113 (1974).

41) 浅妻・前掲注5) 135頁。

になる。これは，家事を外部の人に頼むか推定相続人に頼むかという選択に関し課税の中立性が保たれている例であるといえる。一般に，甲・乙の関係は二重課税であると評されない傾向があるのに対し，丙・丁の関係は二重課税であると評される傾向がある。しかし，二重課税という評価の有無は，対価的遺産動機に基づく遺産に当てはめると奇異である。対価的遺産動機に基づかない遺産については，甲・乙間の関係と丙・丁間の関係の中立性の要請は引っ込む。けれども，【丁が丙の面倒を見て遺産を貰うならば乙と同様に課税されるべきであり，丁が丙の面倒を見てないのに遺産を貰うならば乙と同様に課税されるべきという要請は引っ込む】という話を聞かされて納得できる国民が何割いるであろうか。あまりいないであろうと予想される。前述の絶望は，消費支出と消費でない移転との区別の難しさ（理念上の難しさも執行上の難しさもある）に関する絶望と，区別できるとした場合の予想される民意からの拒否反応という絶望である。

　このように国際的な制約を無視した文脈でも所得税・相続税の調整が難問であり続けるであろうことを予想してしまうと，Ⅲで論じた国際的な文脈での所得税・相続税の調整の難しさについては，更に絶望的になってしまうところである。私なりの一租税法学徒としての価値判断に基づいた整理は既に注5）で書いたが，悩みの吐露を残しておくことも，学徒としての一つの誠意であろうと思われる。

V　生命保険等の優遇と人際的（interpersonal）公平基準

　欧州各国の年金制度等を見ると，公的年金制度の財政悪化と，私的年金拡充への期待が窺われる。

　多くの国で，年金課税は，TEE 型（taxable, exemption, exemption：拠出時課税，運用時非課税，受領時非課税）か EET 型（拠出時非課税，運用時非課税，受領時課税）を目指している。包括的所得概念の理想に照らせば，TTE（拠出時課税，

42）　私は，所得税法の配偶者控除よりも重要な問題であるかもしれないと考えている。相続税法の配偶者控除よりは重要性が落ちるかもしれないけれども。

43）　事業費用としての支出と消費支出との区別に焦点を当てているわけではないし，投資としての支出と消費支出との区別に焦点を当てているわけでもない，ということに留意されたい。

44）　浅妻章如「諸外国の年金制度（3）ドイツにおける年金制度」信託 264 号（2015 年）61 頁，藤谷武史「フランスの年金制度」信託 265 号（2016 年）208 頁等参照。

運用時課税，受領時非課税）であるべきであり，銀行預金等はこの例に挙げられるかもしれない。

生命保険等，拠出者と受領者が違う場合，TTE 型でなく TTT 型（拠出時課税，運用時課税，受領時も課税）となるかも問題となる。最判平成 22 年 7 月 6 日は，運用益に対する所得税の課税も，受領時の受領者に対する相続税の課税も要請しているので，TTT 型を前提としていると理解するのが素直である。尤も，被相続人が生命保険料控除を受けていたならば ETT 型である。運用益課税は（相続人に対してはすることになっているが）被相続人生存時にはなされてなかったかもしれないとすれば EET に近いかもしれない。また，事案としては相続税の課税対象に含まれていたものの相続税額は 0 円であったから事実上EEE とも評しうる。

最判平成 22 年 7 月 6 日は相続人段階の運用益課税を暗に支持している。しかし，230 万円×10 年分＝2300 万円という名目額合計に対し，相続時の真の現在価値は，年金払いに代えて一括払いを選んだ場合の受取可能額 2059 万8800 円であったというべきである。相続税法上の評価額たる 1380 万円と名目額合計 2300 万円との差額 920 万円が運用益ということになっているけれども，920 万円のうち 679 万 8800 円（＝2059 万 8800 − 1380 万）の部分は相続時の「所得」（純資産増加）に対する課税漏れを補うという経済的実質がある。最判平成22 年 7 月 6 日が TTT 型であると整理するとしても，920 万円のうち 679 万8800 円の部分は真ん中の T（運用時課税）ではなく最後の T（受領時課税）に相当する。

運用益，すなわち資本所得に課税すべきかについて，標準的な最適課税論は非課税を推奨する[45]（ex ante の賃金受領時課税としての TEE 型，または ex post の消費時課税としての EET 型）。但し，資本所得のうち非課税とすべき部分は time value of money（金銭の時間的価値）の部分であって，bet（博打）の部分に関しては非課税という理屈も課税という理屈も立ちうる。bet 非課税の場合，事前（ex ante）の段階で租税負担が決まる。bet 課税の場合（かつ bet で負けた部分についてマイナスの課税もするという理想的な課税の場合），事後（ex post）の段階で

---

45) Joseph Bankman & David A. Weisbach, The Superiority of an Ideal Consumption Tax Over an Ideal Income Tax, 58 Stanford Law Review 1413 (2006) の紹介として藤谷武史「所得税の理論的根拠の再検討」金子宏編『租税法の基本問題』（有斐閣，2007 年）272 頁が重要であるが，藤谷論文自体は運用益非課税推奨論に与してないことに留意。

租税負担が決まる。効率性（efficiency）の観点からは ex ante・ex post のどちらが望ましいかの結論を出しにくいと思われるが，分配の是正に関する公平（equity）の観点からは ex post の課税が支持を受けやすいと思われる。

資本所得非課税推奨論に対する批判はある[46]。公共経済学者の中でも，資本所得非課税推奨の最適課税論を出発点としつつも，現実への処方箋としては資本所得等に課税せよと論ずる有力な論者がいる[47]。

しかし，包括的所得概念の復権の見込みは少なくとも今後暫くは無いと考えられる。「資本の正常収益に対する課税の是非については，経済学者の間においても議論の分かれているところである。しかし，このことは，労働所得と資本所得を合計した包括的な所得に課税を行う伝統的な総合所得税に対する支持があることを意味しない。」「伝統的な租税法学の基礎理論では，（包括的）所得が担税力の指標としては最も優れているとされることが多いが，上述のように，現在の租税理論では労働所得と資本所得を同一の税率で課税することは，最適ではないことが知られている[48]」と整理されている。

現在の租税法学・公共経済学における焦点は，包括的所得概念（つまり総合

---

46) David Gamage, How Should Governments Promote Distributive Justice?: A Framework for Analyzing the Optimal Choice of Tax Instruments, 68 Tax Law Review 1-87 (2014); David Gamage, The Case for Levying (All of) Labor Income, Consumption, Capital Income, and Wealth, 68 Tax Law Review 355-441 (2015) の紹介として浅妻章如「信託等を通じた資本所得課税・資産移転課税において納税者・課税当局間の紛争の種・程度を和らげる試み」信託研究奨励金論集 36 号（2015 年）149 頁参照。他，Zachary D. Liscow, Note, Reducing Inequality on the Cheap: When Legal Rule Design Should Incorporate Equity as Well as Efficiency, 127 Yale L. J. 2478 (2014) 等参照。

47) Peter Diamond & Emmanuel Saez, The Case for a Progressive Tax: From Basic Research to Policy Recommendations, 25 J. Econ. Persp. 165 (2011) 参照。運用益非課税推奨論の理論的支柱と位置付けられる Anthony B. Atkinson & Joseph E. Stiglitz, The Structure of Indirect Taxation and Economic Efficiency, 1 Journal of Public Economics 97 (April 1972) について，Atkinson 及び Stiglitz ら自身は運用益非課税推奨論者ではない，という事実は重要である。Joseph E. Stiglitz, Pareto Efficient Taxation and Expenditures: Pre- and Re-distribution (NBER Working Paper No. 23892 http://www.nber.org/papers/w23892) は，Atkinson-Stiglitz (1976) モデルを以て資本への 0 課税を望ましいとするのは「misreading」であるという。Anthony B. Atkinson, INEQUALITY: WHAT CAN BE DONE? (Harvard University Press, 2015) も参照。尤も，公共経済学者の中で運用益課税推奨者が多数派であるのか，分からない。経済学者に尋ねたところ，【確かに Saez, Atkinson, Stiglitz のような運用益課税推奨者が目立ってはいるけれども，内心は Atkinson-Stiglitz (1976) モデルをベースとして運用益非課税推奨論を支持している者の数も少なくないかもしれない】という旨の返答であった。運用益課税推奨論・運用益非課税推奨論どちらが目立つか，どちらが学問上優勢であるか，分かりやすくないというべきかもしれない。

48) 国枝繁樹「租税法と公共経済学」金子宏監修（渋谷雅弘ほか編集担当）『現代租税法講座 第 1 巻 理論・歴史』（日本評論社，2017 年）237 頁以下，246 頁，254〜255 頁。

所得課税）の是非ではなく資本所得に低税率で課税することの是非である。【租税法学・公共経済学における】と書くと机上の論争にすぎないように見えてしまうかもしれないが，多くの国の現実の租税制度においても，北欧のように二元的所得税（dual income tax）を明示的に名乗るか否かを問わず，資本所得は労働所得と別扱いで累進税率課税に服さず軽課で済ませられる傾向にある。「所得税法は，資産所得重課＝勤労所得軽課の考え方をとっている[49]」と述べられることがあるが，日本に限らず多くの国の課税の実態に即してないように思われる[50]。公的年金・私的年金や生命保険等は，包括的所得概念に照らして優遇されているが，TEE または EET を（前述の通り私見はどちらかというと EET 支持である）ベースラインとして[51]，富裕層に関し重課すべきか[52]，という方向に議論の枠組みを変えるべきではなかろうか。富裕層に関する特別な考慮の是非を別論とすると[53]，恐らく中流以下の階層にとって利子所得・配当所得[54]・株式譲渡益よりも年金（公的・私的含め）・生命保険等[55]と住宅の方が量的に重要な投資（人的資本投資を除くと）[56]であろう。

　低税率でも資本所得に課税すべきであるという議論が優勢になったとして，年金や生命保険等に関し TEE 型や EET 型は支持されるであろうか。TEE 型も EET 型も，標準的な理解では資本所得非課税の範疇に属する。

　この点，長戸貴之が勉強会で紹介した[57] Kleinbard の議論は興味深い[58]。Kleinbard は 2007 年に BEIT（business enterprise income tax）を提唱したが[59]，2017 年

---

49)　金子宏『租税法〔第 21 版〕』（弘文堂，2017 年）208 頁。なお同頁で「勤労所得の把握率は一般に資産所得および資産勤労結合所得よりも高いため，実際には資産所得軽課＝勤労所得重課の結果となりがちである」と述べられている。

50)　日本所得税法の給与所得控除が勤労所得軽課の証左なのかもしれないが，金子宏自身は給与所得控除の人的控除化を支持している筈であるから（金子宏『租税法理論の形成と解明 上巻』〔有斐閣，2010 年〕580 頁），「勤労性所得が最も担税力が小さい」（金子・前掲注 49）208 頁）は金子宏自身の説と反りが合わないように思われる。

51)　EITC（earned income tax credit：勤労所得税額控除）等，ベースラインよりも低所得階層を優遇する仕組みを排斥しようという趣旨ではない。

52)　金子宏「所得税制改革の方向――いわゆる『抜本的税制改革』の意義と限界」金子宏編『所得課税の研究』（有斐閣，1991 年）1 頁以下，32 頁における累進的純資産税（富裕税）提案等は，後述の Kleinbard Dual BEIT 提案・注 58）等と親和性が高いと思われる。

53)　私見は基本的に資本所得非課税推奨論に魅力を感じているので非に傾いているが，今は私見を措くとして。

54)　中小企業所有者については包括的所得概念の問題ではなく勤労所得（金子・前掲注 49））の用語法では資産勤労結合所得）課税の問題であろう。

55)　例えば住宅の相続に関しては建前上 $(1-t_p)(1-t_w)$ 型（所得税課税後の所得で住宅を取得し，相続時にも課税が及ぶ）であるが事実上 $(1-t_p-0)$ 型（相続税非課税）の適用範囲が広い。

に Dual BEIT を提唱している。Kleinbard は，投資額についてみなし収益率（とりあえず年 4% を想定している）で資本所得が生じるという前提で税を課し再分配を強化することを主張している。けれども，IRA（individual retirement account：個人退職貯蓄口座）・Roth-IRA に関する資本所得非課税の恩恵は残すべきとする。一般論として資本所得に課税するとしつつ，上限付きで IRA・Roth-IRA の税制上の恩恵を残すことで中流家計への課税を緩和し，中流家計と上流家計との税制上の累進を達成しよう（貧困層については資本所得課税や IRA・Roth-IRA とは別筋の救貧策を想定していると推測される）としている。資本所得課税における累進の設計として参考に値する。

　尤も，被相続人から相続人に年金や生命保険の金員が移転する際には，資本所得課税の是非と異なる論点が控えている。資本所得課税の是非は，時をまたいだ二重課税の是非の問題である一方，相続・贈与に関しては，人をまたいだ二重課税の是非の問題がある。資本所得課税の是非が時際的（intertemporal：異時点間）な問題であるのに対し，最判平成 22 年 7 月 6 日や BFH ⅡR 51/14 等の相続・贈与に関しては人際的（interpersonal）な問題が残っている。Intertemporal な問題について資本所得課税の是非（あるいは Kleinbard のような累進

---

56)　上西小百合の tweet が興味深かったので引用する。

　　(1) https://twitter.com/uenishi_sayuri/status/810810834758733825　私は給付型奨学金については大反対です。幸せの前提がお金持ちだと言うのもどうかと思いますが，仮にそうだとしても大学行けばなんとかなるなんて甘い。稼ぐなら中学から働いたって稼げます。本当に勉強したいなら社会に出てからだってできます。親の見栄で無理やり学校に行かされる事がないように。(2) https://twitter.com/uenishi_sayuri/status/810839056623931393　そうですよ。神戸女学院ですから。馬鹿な人です。（引用終わり）

　　私の業界エゴ（大学勤務者として）と発信者属性を無視すると，高等教育が学生の人的資源を高めているか統計的には確かめられていない（能力ある人が大学進学しているだけ）という議論もあるらしい。このため，軽視しがたい見解ではある。教育の収益率は年 7% とも言われるが，大卒者が高給職の椅子取りゲームに興じているだけであるとすると，年 7% というのが真に教育に由来する収益率なのかという問題もありうる。話が散漫になるので深入りは避ける。

57)　2017 年 7 月 6 日本証券業協会客員研究員会合における長戸貴之「資本所得（及び資本）に対する課税に係る理論と実務の動向」（未公刊）報告。原稿化が望まれる。

58)　Edward D. Kleinbard, Capital Taxation in an Age of Inequality, 90 Southern California Law Review 593-682 (2017); Edward D. Kleinbard, The Right Tax at the Right Time, 21 Florida Tax Review 208-388 (2017)（https://ssrn.com/abstract=2878949 を参照した）。

59)　Edward D. Kleinbard, Designing an Income Tax on Capital, in Henry J. Aaron, Leonard E. Burman & C. Eugene Steuerle, ed., Taxing Capital Income 165-205 (The Urban Institute Press: Washington DC, 2007); Edward D. Kleinbard, Rehabilitating the Business Income Tax (June 2007)（http://www.hamiltonproject.org/papers/rehabilitating_the_business_income_tax1/）。Kleinbard 本人としては Dual BEIT が BEIT の改良版であるというつもりであろうけれども，私には BEIT の方が分かりやすい良い提案であるように思われる。

の設計）に関する議論の決着がついても，interpersonal な問題の決着の見通しはつかない。そして，Ⅲで見たように，interpersonal な問題として，外部の人に家事を頼む場合と推定相続人等に家事を頼む場合との中立性という問題は，今後結婚できない人の割合が増え続けるであろうことが予想される中で，深刻な問題とならざるをえないように思われる。

intertemporal な問題に関し，公的年金制度の財政悪化と，私的年金拡充への期待（自助努力の慫慂）という現在の多くの国で見られる傾向は，Kleinbard の議論を援用することで正当化の余地がある。念のためながら，反論の余地がないというつもりではない。ただ，intertemporal な問題について議論はかなり蓄積しているといえる。

他方で，interpersonal な問題に関しても相続・贈与につき租税負担を軽くすることが自助努力の慫慂という視点から正当化されるか，まだ議論が充分に蓄積していないように思われる。寄附に関する議論や利他性に関する議論[60]を足掛かりとして，interpersonal な問題に関しても自助努力の慫慂を善しと論ずる余地はあるかもしれない[61]。しかし，利他は，【あの人は救いたい，あの人は救おうと思わない】という閉じた関係であり，救われる人・救われない人の帰責性と関わりがなく，fairness（公正）の観点から見て弱点があるようにも思われる。fariness に関する感覚も utility（効用）の一部であるから social welfare（社会厚生）の観点に吸収される，という考え方[62]もありうるが，反駁の準備はできないもののそこまで割り切る心の準備もできていない。

---

60) 藤谷武史「非営利公益団体課税の機能的分析（1〜4・完）——政策税制の租税法学的考察」国家学会雑誌 117 巻 11・12 号 1021 頁，118 巻 1・2 号 1 頁，3・4 号 220 頁，5・6 号 487 頁（2004-2005 年）。

61) 浅妻章如「利他と機会平等と格差是正的税財政政策——愛の反対は無関心ではなく憎悪」論究ジュリスト 21 号（2017 年）167 頁で，高給職が椅子取りゲームである場合，仕事が上手な人より扶養者になる人をそのポストにつけた方が効率的であるというモデルを論じた。「すべての女性が輝く社会づくり」（http://www.kantei.go.jp/jp/headline/josei_link.html）を掲げる日本政府の方針には沿わないという懸念はあるかもしれない。家族主義税制が家計内第二労働者（second earner。典型的には兼業主婦）の賃労働を抑圧しているとの分析として Alastair Thomas & Pierce O'Reilly, The Impact of Tax and Benefit Systems on the Workforce Participation Incentives of Women（OECD Taxation Working Papers No. 29, 14 December 2016）http://dx.doi.org/10.1787/d950acfc-cn 参照。

62) Louis Kaplow & Steven Shavell, Fairness Versus Welfare, 114 Harvard Law Review 961（2001）.

VI　ま　と　め

　最判平成 22 年 7 月 6 日の論理は誰の「所得」（純資産増加）かに着目するものであった。アメリカで源泉徴収された生命保険金にかかる所得税につき，ドイツ居住の相続人が受け取る際にドイツ相続税法 21 条の外国税額控除または 10 条の債務控除が認められるかに関し，誰の「所得」（純資産増加）かに着目する姿勢から債務控除否定の結論が一旦は出かけたが，最上級審は債務控除を認容した。最判平成 22 年 7 月 6 日の誰の「所得」（純資産増加）かに着目する姿勢と，ドイツの BFH の判断との相性の悪さを，Ⅲで考察した。

　所得税と相続税の調整の問題は，包括的所得概念のもたらす二重課税のうち，時際的（intertemporal）な問題よりも人際的（interpersonal）な問題に焦点が当たる。政府財政（年金財政等）の疲弊から自助努力に期待する動きが日本を含め多くの国で見られるところ，残念ながら国際的な制約を無視できる文脈でも interpersonal な調整問題は理念の問題としても執行の問題としても難しい（Ⅳ～Ⅴ）。国内・国際問わず，所得税と相続税の調整の問題について共通了解の醸成は難しいという悲観的な見通しになる。

（金融取引と課税（5），2018 年）

世代間資産移転のための「公的基金」と信託的ガバナンスに関する研究ノート
── 地方財政法と杉並区減税自治体構想を題材に

神山弘行

I　はじめに

　トラスト60の本研究会は，「信託と税制」の関係を考えるに際して，いわゆる狭義の信託課税だけでなく，信託と税制の関係で問題となる「資産の移転」（とりわけ資産の無償移転）という事象を基本軸として，租税制度および財政制度に関する一連の研究を行ってきた。具体的には本研究会の参加者によって，信託課税については受益者連続型信託やアメリカの信託税制といった狭義の信託課税に関する研究だけでなく，相続税や贈与税に関してヨーロッパにおける税制の歴史的淵源に遡る研究や，米国の議論を参考にしつつ経済学の視点を織り込む研究などが行われてきた。

　本稿は，資産移転の中でも「公共部門（public sector）を通じた異世代間の資産移転」を検討の対象とするものである。本稿の特色は，資産の（無償）移転への課税という観点ではなく，課税により集められた資金を有効活用するために，どのような「財政上のガバナンス」が適切なのかという観点から検討を加える点にある。本稿は，将来世代の利益保護という観点から公的基金のガバナンス構造および運用方法を検討することを通じて，公共部門（政府）の金融活動を分析するものである。その意味で本稿は，租税法および財政法といった国家の金融活動の観点から公法学の再構築を進めるための準備作業である。[2]

---

1)　なお，中央政府や地方政府に代表される公共部門（public sector）ではなく，非営利公益団体を通じた資産移転の問題については，藤谷武史「非営利公益団体課税の機能的分析（1）〜（4・完）」国家学会雑誌117巻11・12号1021頁，118巻1・2号1頁，118巻3・4号220頁，5・6号487頁（2004〜2005年）参照。

公共部門を通じて世代間での資産移転を行おうとする場合，現在の財政メカニズムには次の二つの欠点が存在する。第1は，財政上の余剰が生じた場合に，当該財政余剰を現在世代の利益のために利用することができ，逆に財政上の欠損が生じた場合には（法制度上の制限は存在するものの）国債・地方債という形で負担を押しつけることが可能であるという点である。第2は，現在世代が将来世代のために資産を残したとしても，中間世代が自己の利益のために当該資産を過度に利用し（現在世代が本来望んでいた）将来世代による便益享受を損ねる可能性があり，そのような中間世代の行為を抑止しづらい点である。

　このように，財政民主主義は，同一世代内や重複世代間の利益調整には役に立つかもしれないものの，現在世代と将来世代の利害対立を調整する場面では機能不全に陥る可能性がある。そこで，本稿は，後者の問題（中間世代による搾取）を解決する法的解決策として，「公益信託」に関する一連の法理を参考にしつつ検討を加えるものである。[3] なお，前者の問題についての検討は，別の機会に譲りたい。そこで，以下では中間世代による搾取の問題に絞って議論を進める。

　信託には私的信託と公益信託があるとされる。私的信託とは，一定の受益者に対して経済的な利益を与える目的で設定される信託である。それに対して，公益信託（charitable trusts）や公共信託（public trusts）[4] とは私人が公益目的を明らかにした上で，不特定多数の受益者のために設定する信託である。[5] 信託法の母法である英米法の視点からは，「公」とは本質的には「官」たる政府が設定するものではなく，「私」の活動領域から発生するものととらえられた

---

2)　租税法と財政法の統合的な検討を試みるものとして，例えば，藤谷武史「財政活動の実体法的把握のための覚書（1）」国家学会雑誌 119 巻 3・4 号（2006 年）がある。

3)　公益信託以外にも，公益財団法人や公益社団法人などの財産管理の法的枠組みが存在するが，本稿で検討の対象としている「公的基金」は，その性質から，独立して法人としての権利能力を付与することになじまない。そのため，公益財団法人や公益社団法人のガバナンスは一定程度参考になると思われるものの，本稿では報告者の時間的・能力的制約から直接的な検討の対象とはしていない。この点については，必要に応じて，今後検討したい。

4)　英米法において，公益信託（charitable trusts）と公共信託（public trusts）は同義で用いられている。田中英夫『英米法辞典』（東京大学出版会，1991 年）参照。

5)　公益活動を行うに際して，法的構成として法人形式と信託形式を選択できる。日本においては，「公益信託ニ関スル法律」が公益信託に関する規定を置いている。公益信託については，田中実『公益法人と公益信託』（勁草書房，1980 年），同『公益信託の現代的展開』（勁草書房，1985 年），同『公益信託の理論と実務（トラスト 60 研究叢書）』（有斐閣，1991 年），公益法人協会編『公益信託制度の抜本的改革に関する研究プロジェクト（トラスト 60 研究叢書）』（公益法人協会，2003 年）参照。

　私人による公益目的の活動と課税の関係に関しては，藤谷・前掲注 1）が詳しい。

のである。[6]

　しかしながら，同一世代内で分散不可能なリスク（例：market risk）に関して，「私」の領域である市場や家計は，リスクの分散や分配に関して必ずしも上手く機能しない可能性がある。[7]そこで，世代間のリスク分散や分配に関しては，「官」たる政府が市場を補完することが期待される。このような観点から，本稿は，政府などの公的主体（public bodies）が，世代間の所得再分配や，世代間でのリスク分散やリスク共有を目的に，基金を設立することを念頭に，その法的課題と経済的課題について検討を行う。

　本稿の構成は次の通りである。まずⅡにおいて，財政健全化を果たした地方公共団体の将来像として興味深い杉並区の減税自治体構想を紹介した上で，地方自治法や地方財政法と杉並区減税自治体構想の関係について若干の検討を行う。Ⅲでは，信託におけるガバナンス構造を参考にしつつ，公的基金のガバナンスとその問題点について検討を加える。その上で，Ⅳにおいて，財政規律の観点から財政ルールと財政運営主体のガバナンスの関係について若干の考察を加える。

　なお，用語法として，私人が公益目的で設定する公益信託（charitable trusts）や公共信託（public trusts）という法的概念と区別する意味で，「公的信託」という呼び方を用いたい。

Ⅱ　杉並区減税自治体構想と「基金」の活用

　杉並区は，歳入の歳出に対する超過部分を，当該年度の減税にまわすのではなく，長期的な財政健全化および恒久的な減税を可能にするべく，基金への積み立てを検討している。これは，全国でも初の試みであり，財政健全化を達成した自治体の将来像として興味深い。

　そこで本節Ⅱでは，地方自治体における財産管理の法的枠組みを確認した上

---

6)　藤倉皓一郎「アメリカ法における私と公——公共信託の理論」学術の動向 137 号（2007 年）25 頁。

7)　詳細に関しては，拙稿「租税法における年度帰属の理論と法的構造（1）～（5・完）」法学協会雑誌 128 巻 10 号，12 号 129 巻 1～3 号（2011～2012 年）参照。親の世代が，不況を経験し多大な借金を負った場合，その子供は相続放棄してしまうことができるため，（それを貸手が織り込むことで不十分なレベルの貸し付けしか行われないことになり）リスクの十分な分散が行われなくなる。

で（Ⅱ1），公表資料に基づいて杉並区の減税自治体構想を概観し（Ⅱ2），同構想に関する法的問題について検討を加える（Ⅱ3）。なお，公共部門を通じて行われる世代間資産移転についての「適切なガバナンス構造」というより普遍的な問題については，経済学的な視点も織り交ぜながら，本節での検討を踏まえて，次節（Ⅲ）において検討する。

1　地方自治法における財産管理の概要

(1)　地方自治法上の財産分類と信託

減税自治体構想について検討するための準備作業として，まず現行の地方自治法における財産管理の体系を概観する。

地方自治法は，「財産」を(ⅰ)公有財産，(ⅱ)物品，(ⅲ)債権，ならびに(ⅳ)基金に分類し（同法237条1項），それぞれの類型に応じた管理規定を設けている。なお，歳入歳出に属する現金（歳計現金）については，地方公共団体が所有するものであっても，上記財産の範囲からは除外され，出納保管に関する規定によって管理が規律されている（地自法170条2項1号，235条，235条の4第1項など）[8]。

公有財産は，さらに行政財産と普通財産に分類される（地自法238条3項）。「行政財産」とは，普通地方公共団体において公用又は公共用に供し，又は供することと決定した財産であり[9]，「普通財産」とは行政財産以外の一切の公有財産と定義されている（地自法238条4項）。普通財産は，直接に行政目的を達成するために供用される財産ではなく，その管理処分から生じた収益をもって地方公共団体の財源にあてることを主な目的とする財産とされる[10]。

原則として，地方公共団体の財産は信託することができない（地自法237条3項）。例外的に，普通財産たる土地（およびその土地の定着物）や国債等の有価証券については，当該地方公共団体を受益者として，一定の条件下で信託することが認められている（地自法238条の5第2項，第3項）[11]。なお，信託に付すこと

---

8)　松本英昭『新版逐条地方自治法〔第4次改訂版〕』（学陽書房，2007年）869頁。

9)　行政財産は，「公用」に供する財産（公用財産）と「公共の用」に供する財産（公共用財産）から構成される。「公用」に供する財産は，庁舎，議事堂，試験場などのように地方公共団体がその事務・事業を執行するため直接使用する種類の公有財産である。これに対し，「公共の用」に供する財産とは，道路，病院，学校，公園など住民の一般的共同利用に供することを本来の目的とする種類の公有財産とされる。松本・前掲注8）876〜877頁。

10)　成田頼明ほか編『注釈地方自治法〔全訂〕第2巻』（第一法規，1985年）4933頁〔以下，成田ほか編〕。

254 第3章 時間を超える利益移転

【図表1】地方自治法における財産分類

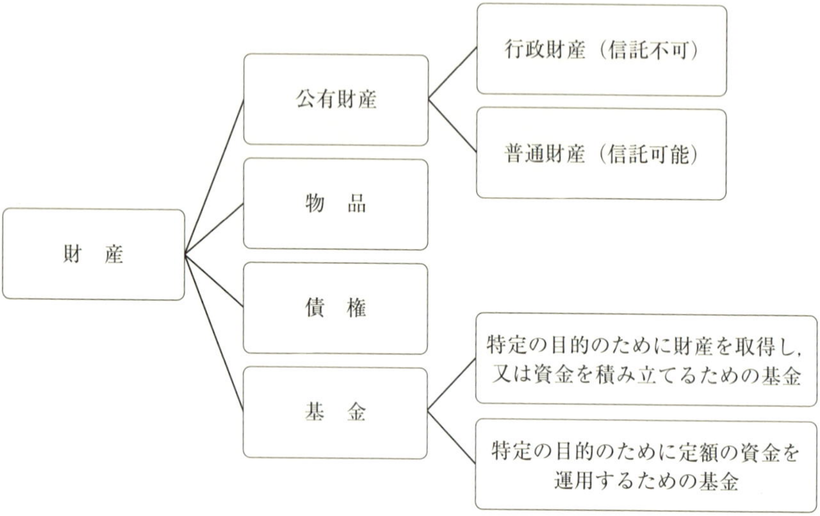

財産
- 公有財産
  - 行政財産（信託不可）
  - 普通財産（信託可能）
- 物品
- 債権
- 基金
  - 特定の目的のために財産を取得し，又は資金を積み立てるための基金
  - 特定の目的のために定額の資金を運用するための基金

のできるのは普通財産のみであり，行政財産については信託することができない旨が明記されている（地自法 238 条の 4 第 1 項）。

(2) 基金に関する規定

本稿では，上記のうち「基金」に関する規定が関係するところ，その概要を紹介する。基金については，地方自治法 241 条が規定している。これは，以前の市制・町村制の下では，財産収入を中心とした財政運営を行うべきという考えから，基本財産の維持が義務づけられていたものの，戦後の地方自治法の制定とともに租税収入が歳入の中心となり，基本財産の維持も任意とされるようになり，さらに昭和 38 年の地方自治法改正により旧来の基本財産や積立金穀の制度は，基金制度として整備されたという歴史的沿革がある。[12]

地方自治法 241 条に定められる基金には 2 種類存在する。第 1 の類型は，「特定の目的のために財産を取得し，又は資金を積み立てるための基金」であり，特定財源を確保するために設けられる基金である。[13]特定の事業に充てるた

---

11) 公有地信託制度については，稲垣寛「普通財産と公有地信託制度」小笠原春夫 = 河野正一編著『最新地方自治法講座 8 巻 財務 (2)』（ぎょうせい，2003 年）253 頁が詳しい。
12) 松本・前掲注 8) 923 頁。
13) 同上。

めの財産の維持（学校建設資金を調達するために維持する山林）や，特定目的の資金を積み立てる場合（地方債償還のために現金等を積み立てる場合）が該当する[14]。この類型の基金においては，当該設置目的のためには，収益のみならず元本も処分し使用することが可能とされる（地方自治法241条3項）。

第2の類型は，特定の目的のために「定額の資金を運用するための基金」である。これは，財源調達の目的で設置されるものではなく，特定の事務または事業を運営するために一定額の原資金を分離して運用するための基金であって，原資金は消費せずに運用により投下された資金は再び基金に編入されることになると解されている[15]。そして，法律によりこの類型の基金の設置を義務づけている例として，本稿II3で検討する地方財政法4条の3に定める財政調整積立金がある[16]。

なお，基金に属する資産（現金等を含む）を信託の目的とすることができるかという問題がある。先述のように，普通財産については一定の要件の下で信託することができるものの，行政財産については明文で禁止されている。これに対して，基金に属する資産等については，明文の規定が存在していないため，解釈によらざるを得ない。この点，碓井光明教授は次のように述べて，信託可能という解釈をされている[17]。

　　……基金に属する財産について信託を可能とする明文規定が存在しないので，信託の目的とすることができないという解釈もありえよう。しかし，特定目的で維持する財産の中には，信託方式にすることが最も妥当とされる場合も多いものと思われる。昭和61年の法改正前においても，基金に属する財産については，信託が可能であるという解釈論もありえたと思われる。特定目的で保有する財産であるという意味においては，行政財産に似ているのであるが，基金設置条例自体において信託方式とする旨を明示し，その目的に従って信託することは，基金の目的そのものに合致するものである。設置条例に定めるのであるから，手続的にも問題がない。そこで私（注：碓井）は，法238条の4第1項および238条の5第2項の信託に関する規定は，いずれも「公有財産」に関する規律であって，基金に属する財産に

---

14)　成田ほか編・前掲注10) 5152～5153頁，松本・前掲注8) 932頁。
15)　成田ほか編・前掲注10) 5153頁。
16)　同上。
17)　成田ほか編・前掲注10) 5181～5182頁。

256　第3章　時間を超える利益移転

つき，基金設置時に信託方式とする場合には，直接の関係がないという形式解釈と，右の実質的根拠とにより，信託可能説をとっておきたい。

地方自治法237条3項は「普通地方公共団体の財産は，238条の5第2項の規定の適用がある場合で議会の議決によるとき又は同条第3項の規定の適用がある場合でなければ，これを信託してはならない」と定めている。先述のように，「財産」の分類において，「公有財産」と「基金」は区別されており，地自法237条3項は，「財産」について①同法238条の5第2項の適用がありかつ議会の議決がある場合と，②同条3項の適用がある場合には「財産」を信託することを認めていることから，基金において信託形式を採用する余地はあると考えられる。

本稿Ⅲで後述するように，機能面から考えても，中間世代による搾取から将来世代の利益を保護する観点から，信託形式は基金の管理運用にとって望ましい方式の一つといえる。そのため，信託形式という選択肢が認められるのであれば，その意義は大きいといえよう。

2　杉並区減税自治体構想の概要

2009年1月に公表された杉並区減税自治体構想研究会の報告書は，区の予算の約1割を毎年積み立て，1.5%の複利で運用すれば，10年後（2018年）に10%の特別区民税の減税，20年後（2028年）に15%の特別区民税の減税が可能であるとしている。[18][19][20]

やや長くなるものの，減税自治体構想の意義を述べている点を中心に引用する（杉並区報告書2〜3頁）。

　　　杉並区の「減税自治体構想」は，『毎年一定額の財源を積み立てて，財政のダムをつくり，必要に応じてその果実を活かしつつ，将来はその利子で区民税の減税を

---

18)　「杉並区減税自治体構想研究会報告書」（2009年1月）〔以下，杉並区報告書とよぶ〕，available at, http://www2.city.suginami.tokyo.jp/library/file/H21genzeijichitai_houkokusho.pdf

19)　報告書は，「杉並区は，平成11年度以降，徹底した行財政改革の取組みにより，行政サービスの維持・向上を図りつつ，予算の1割以上を基金の積立と区債の償還に充てており，これを維持することで，積立金を継続的に生み出すことができる」と述べていることから，シュミレーションにおいても，区予算の1割前後を積立てることを想定しているものと読み取ることができる。杉並区報告書18頁。

20)　杉並区報告書21頁。

実現する』というものである。

　この「減税自治体構想」の第一の意義は，これまでのような単年度主義の「使い切り予算」への挑戦であり，抵抗である。…（中略）…税収に余裕があるからと言って，再び税収に合わせた支出の拡大に向かってはバブル期の繰り返しになる。国や地方自治体の財政運営において，赤字が発生するときには「量入制出」（入るを量りて出るを制す）が主張されるが，これまでの自治体運営では，税や交付税を含めて歳入に合わせて支出を拡大するという意味で「量入規出」が繰り返されてきた。

　…（中略）…効率的な行政運営のもとに必要な水準の福祉を確保しながら，必要以上の財源は現時点での支出に回さない選択を行おうとするのが「減税自治体構想」の基本である。

　「では必要な支出以上の財源をどのように活用するか」が次の課題となる。「量入制出」の原則に従えば，現時点での減税が求められる。これについて，「減税自治体構想」では，将来の減税に備えた積み立ての実現を検討した。

　単年度の減税では，ややもすると「可能であれば」の範囲にとどまってしまうのに対して，将来の減税に備えて毎年一定額を積み立てていくという財政運営は，財政規律の持続的な確保につながる。同時に，「財政のダム」を築くことで強固な財政基盤が確立し，中長期的に安定的な財政運営が可能になる。将来世代での減税は，現世代から将来世代への「低負担での社会福祉の実現」という贈り物である。

　「減税自治体構想」の第二の意義は，自治体の政策に関する世代を超えた意思決定の実現である。一般に，地方の行政サービスの中で世代を通じた意思決定がなされるのは受益が年度を超えて発生する施設整備に関することがらである。施設整備については，その施設からの受益が長期間に渡るため，建設時の納税者だけではなく，将来世代にも債務の利払いと償還という形で負担を求めることが正当化される。

　このような施設整備に関する意思決定を行うのは，建設時の世代であって，将来世代は前世代の決定にしたがって負担をしていくことになる。基本的な都市生活にとって必要不可欠な社会資本整備に関しては，建設時に意思決定をしたとしても同じ結果になるが，一定の社会資本整備が完了し，多様な施設設備を追求する段階になれば，基金を活用することで意思決定を将来世代に委ねることができる。

　また，地方自治体の施設整備とその後の更新のための投資は，地方債の発行によって行われるのが一般的である。このうち少なくとも現在の世代が利用したことによって生じる減耗分の更新のための費用については，次世代にそのための資金を残すことも考慮すべきである。

そして第三の意義は，減税を目指して積み立てる資金の弾力的な運営によって災害等のリスクにも備えることができることである。積立金が一定程度の規模に達すれば…（中略）…住民に被害が及ぶ災害時の対応など政策オプションの拡大につなげることができる。

　従来の財政運営では，歳出超過の場合には歳出を削減し，歳入超過の場合には減税等を行うというのが原則とされてきた。しかし，現実には歳入超過の場合には，減税（歳入削減）よりも歳出増加という形で公共部門の拡大が行われてきたという点に留意が必要である。

3　減税基金に関する法的問題

　次に，減税基金との関係で問題となる法律上の問題について若干の考察を加える。減税基金の設置・運用については，地方財政法4条（とりわけ同法4条の3第2項）との関係で問題が生じうる。

　地方財政法4条の3は，地方自治体における財政の年度間調整（積立金）に関する規定を置いている。本条第2項は，積立金から生ずる収入は，すべて積立金に繰り入れなければならない旨を定めている。もし，減税基金が同条の定める積立金に該当するのであれば，積立金からの収益を住民税の減税による減収の補填に利用することはできなくなる恐れがある。また，減税基金が本条の積立金に該当すれば，積立金の処分について定めた地方財政法4条の4が適用され，文言上，積立金の元本を減税のために用いることはできなくなる可能性が生じる。そこで，地方財政法4条の歴史的沿革とその法的構造について若干の考察を加えたい。

(1)　地方財政法4条の歴史的沿革

　第2次世界大戦後，日本国憲法および地方自治法が制定されたものの，財政面での地方自治の確立がなされていなかった点を打開すべく，昭和23年に地方税法の改正とともに地方財政法が制定された。

　地方財政法は，国庫（国の財政）と地方財政との関係を規律する根本原則を定立し，国と地方の費用の負担区分を明確化するとともに，各地方団体の財政運営の健全化を確保するための基準も定立した[21]。地方公共団体の財政運営に関

---

21)　藤田健夫『地方財政法解説』（法律文化社，1948年）38〜39頁。

する規定としては，（制定時の）３条から８条および附則33条がこれに当たるとされる[22]。地方財政法制定時は，現行の４条のみが存在していた。

地方財政法４条の３の導入は，昭和29年に遡る[23]。この規定の導入趣旨として，石原信雄『地方財政法逐条解説　第４版』は次のように述べている[24]。

　　　二　本条の設けられた経緯は，昭和29年に地方公共団体の財源保証の制度である従来の地方財政平衡交付金制度が地方交付税制度に切り替えられたことに発する。地方交付税は，その総額が国税５税……にリンクされ，自動的に定められる関係から，その財源保証機能は……地方財政平衡交付金の場合と異なり，むしろ長期的性格を有するものである。…（中略）…しかし，制定当初の本条は，地方交付税と基準財政収入額との合計額が，基準財政需要額を超える場合についてのみ，その一部を積み立て，又は地方債の償還財源に充てる等翌年度以降における財政の健全な運営に資するための措置を講ずることとしていたので，実際上この規定が働く場合として考えられるのは，補正予算により地方交付税の総額が著しく増加した場合において，基準財政需要額の再算定を行うことなく，当該増加した地方交付税を，特別交付税として増額配分した場合であって，実際には年度間の財政調整のための規定としての実効にとぼしかった。

---

22)　同上44頁。
23)　昭和29年に「４条の３」の前身規定が導入され，後に昭和32年に現在の「４条の２」が制定されている。
24)　石原信雄『地方財政法逐条解説　〔第４版〕』34頁（ぎょうせい，1994年）。
　　上記・石原の前身である佐々木喜久治『地方財政法逐条解説』（帝国地方行政学会，1963年）は，昭和35年の地方財政法の改正について次のように述べている。
　「地方財政法は，地方財政の運営自体の健全性を確保するため，単年度ごとの予算の編成，執行その他の財政運営の態度について様々の規定を設けているが，長期的な健全性を確保するための規律については，制定当初は僅かに余剰金の処分についてその二分の一を地方債の償還財源にあてるべき旨を定めるに止まり，きわめて不十分なまま放置されていた。昭和29年になった，地方財政平衡交付金制度が地方交付税制度となり，財源保障の機能が長期的な観点から行われるようになったことに伴い，地方税の交付額と基準財政収入額との合算額が基準財政需要額を著しくこえるばあいにおいては，その一部を積立てる等長期的な視野に立った財政運営を行うべきことが規定されたが，この規定も地方交付税制度の実施に対応するものであって，長期的な財政の健全性の確保それ自体を目的とした十分な制度ということはできなかったように思う。この長期にわたる財政の健全性を確保するための制度の立案は，昭和29年以降地方財政の極度の窮乏の時期を迎えて地方財政の再建のための制度の確立の蔭にかくれて見送られることとなった。そして，地方財政が漸く窮乏のどん底から立直り好転のきざしが見えて来た昭和35年に至って，地方財政法が改正せられ，年度間の財政調整制度として，<u>積立金の設置を地方税，地方交付税等の一般財源が著しく増加した場合又は決算上剰余金が生じた場合に義務づける</u>とともに，積立金の取りくずしについても制限を設ける等の規定が新設されたのである。」（下線筆者）

260　第3章　時間を超える利益移転

　三　そこで昭和35年度においてこれを改正して……，前年度に対する一般財源の増加額が義務的経費に係る一般財源額の増加額を著しく超えた場合を追加し，その超える額の使用については，（ア）災害のため生じた経費又は災害のため生じた減収を埋めるための財源，（イ）歳入欠陥の補填財源，（ウ）緊急に実施を要する大規模な建設事業の経費その他必要やむを得ない理由により生じた経費の財源に充てる場合のほか，（エ）積み立て，（オ）長期にわたる財源の育成のためにする財産の取得等のための経費の財源に充て，（カ）又は地方債の繰上償還の財源に充てることにより長期にわたり安定した財政運営を確保しようとしたものである。

　また，地方財政法4条の2は，同法2条の精神を補完する形で，昭和32年に導入され，長期的視野における地方公共団体の財政運営に関する基本原則を定めていると理解されている。[25]　本条は，地方財政の運用において，単年度における財政均衡（プライマリー・バランス）の達成だけを目的とするのではなく，長期的な財政の健全性も配慮に入れる必要があることを要求していると解される。[26]

　このような制定の沿革から，地方財政法4条の3は，基本的には一般財源が著しく増加した場合や，決算上余剰が生じた場合に，無駄に当該年度に費消するのではなく，長期的な財政の健全性確保のために，積立てることを義務づけたと理解できる。

（2）　地方財政法4条の法的構造

　上記の歴史的沿革をふまえて，地方財政法4条の法的構造について若干の検討を加える。

　地方財政法4条1項は「地方公共団体の経費は，その目的を達成するための<u>必要且つ最小の限度</u>をこえて，これを支出してはならない」（下線部筆者）と定めている。これは，地方自治法2条14項における「最小経費における最大効果の原則」を予算執行の側面から表現したものであると理解されている。[27]　地方財政法「4条の2」および「4条の3」は，上述の制定の沿革より，地方財政の長期的な安定化のために導入された規定であると理解できる。

　地方財政法「4条」，「4条の2」および「4条の3」の関係は次のように理解

---

25)　石原・前掲注24)　29〜30頁。
26)　同上。
27)　石原・前掲注24)　30頁。

することができよう。ある年度において歳入超過（財政余剰）が生じた場合に，予算・決算単年度主義の下，財政均衡の観点から当該年度において超過部分を全て使用する（もしくは減税する）ことが求められる。しかし，財政の効率的な運営の観点からは，不必要な歳出増加をすることは望ましくない。そこで，単年度の財政均衡という形式的な目標よりも，長期的視点から見た財政の効率的運用を重視させることで「4条1項」に具現化されている「最小経費における最大効果の原則」の実効性を確保するために，「4条の2」および「4条の3」が存在すると理解できる。

このことは，地方財政法の条文構造上，「4条の2」および「4条の3」が別条としてではなく，4条の枝番として規定されていることからも読み取ることができるかもしれない。そして，「4条の3」の各項の規定を解釈する際には，その前提とされている4条1項の趣旨を常に意識する必要がある。

(3) 地方財政法4条の3における「積立金」の意義

地方財政法4条の3における「積立金」につき，石原信雄『地方財政法逐条解説〔第4版〕』は次のように解説を加えている。[28]

本条の「積立金」については，地方自治法第241条の基金の規定が適用されるものであり，その設置については，同条の規定に基づき条例による必要がある。この積立金には年度間の財源調整のために積み立てられている財政調整基金といったものが含まれる。地方自治法上の基金については，基金から生ずる収益について特別の定めがなく，条例に委ねられているわけであるが，本条の積立金から生ずる収入は，本条第2項の規定により，すべて積立金に繰り入れなければならない

また，碓井光明教授は，基金について次のように述べている。[29]

地方自治法241条1項は，「特定の目的のために財産を維持し，資金を積み立て，又は定額の資金を運用するための基金を設けることができる」としている。公民館の維持運営のための基金設置について，社会教育法23条が確認的に規定し，また，地方財政法4条の3は，財政調整積立金について規定している。

---

28) 石原・前掲注24) 37頁。
29) 碓井光明『自治体財政・財務法』（学陽書房，1988年）316頁。

262 　第3章　時間を超える利益移転

　さらに地方財政法4条の4（積立金の処分）と地方自治法241条（基金）の関係について，上記の石原『地方財政法逐条解説〔第4版〕』は，次のように述べている。[30]

　　本条（注：地方財政法4条の4）は，地方自治法第241条第1項に規定する特定の目的のために資金を積み立てた基金の当該「特定の目的」を定めたものといえるのであって，同法同条第3項（注：地方自治法第241条第3項）の特別規定と考えるべきものである。（注および下線部筆者）

　上記の見解に従えば，同条の積立金の設置については，基金に関する地方自治法241条の規定が適用されるものの，その逆は必然ではないということになる。言い換えれば，地方自治法241条の規定による基金の全てが，地方財政法4条の3における積立金に該当するわけではない。これは，憲法92条の規定を受けて，地方自治の本旨を定める法律として地方自治法が定められていることと関係する（地方自治法1条参照）。そして，地方財政法4条の3および4条の4は，地方自治法241条の特別規定として存在していると解されよう。
　また先述の歴史的沿革からして，地方財政法4条の3における「積立金」は，予想外の歳入超過が生じた場合に，単年度主義の下で財政均衡を達成すべく，当該超過分を無駄に支出するのではなく，地方財政法4条（および地方自治法2条14項）の定める「最小経費における最大効果の原則」を実現すべく，長期的な財政運営の観点から積み立てることで効率的な余剰金（超過金）の活用を義務づけているものと解される。
　そのため，地方財政法4条の3が直接のターゲットとする余剰金とは，予想外の歳入超過による余剰という一時的余剰もしくは臨時的余剰だと解される。言い換えれば，これらの余剰は「事後（ex post）の観点」から捉えられたものであり，地方財政法4条の3による統制を受けていると理解できる。
　これに対して，長期的な財政運営の観点から，財政運営の効率化や費用削減により生ずる余剰金は，恒常的余剰であり，特定の政策の目的のために積立てられる場合には，同法4条の趣旨を没却するものではなく，その趣旨を促進するものであることから，4条の3の「積立金」として直接的な適用を受ける必

---

30)　石原・前掲注24) 39頁。

要はないと考えることも可能であろう。言い換えれば，財政運営の効率化により見込まれる恒常的な余剰は「事前（ex ante）の観点」から制御されるべき余剰ということになろう。

　したがって，減税基金が「将来の減税の財源確保」という特定の目的を持って地方自治法 241 条及び条例を根拠に積み立てが行われる以上，臨時的余剰の年度間調整による資金の有効活用とは性格を異にするといえるかもしれない。

III　公的基金のガバナンス

1　公益信託・公共信託の統制メカニズム──信託管理人

　公益信託は，いったん出捐された信託財産が委託者のもとに復帰することがなく，信託期間中にも委託者の実際的支配が及ばないことから，典型的かつ究極的な「他益信託」だと言われる[31]。

　新井（2008）によると，公益信託は次の 3 つの特質を備えているとされる。第 1 は「永久拘束禁止則（rule against perpetuities）」の排除であり，第 2 は「可及的近似原則（cy-pres doctrine）」の適用であり，第 3 は信託管理人の活用である。

　第 1 と第 2 の特徴は，主として公益信託が私的信託とはことなり半永久的に存続することに関連する法理である。本稿の問題関心との関係で参考になるのは，第 3 の信託管理人の活用である。不特定多数を受益者とする公益信託においては，旧信託法 8 条（公益信託ニ関スル法律 8 条，新信託法 123～130 条）所定の信託管理人を選任することが望ましいと一般に言われている[32]。

　信託管理人とは，「信託において，受益者が不特定であるか，まだ存在しない場合に，受益者のために自己の名をもって信託に関する裁判上又は裁判外の行為をする権限をもつ者。信託行為で指定されている場合のほか，裁判所又は主務官庁によって選任される」と一般的に説明される[33]。

　この信託管理人の信託法理上の位置づけについては，従来あまり議論がなされてこなかった。その原因の一つは，信託管理人の制度は比較法的にもユニー

---

31)　新井誠『信託法〔第 3 版〕』（有斐閣，2008 年）412 頁。なお，公益信託の歴史的淵源については，田中實編『公益信託の理論と実務』（有斐閣，1991 年）5～26 頁参照。

32)　同上 414 頁。

33)　『法律用語辞典〔第 2 版〕』（有斐閣，2005 年）781 頁。

【図表2】公益信託（公共信託）と「基金」のアナロジー

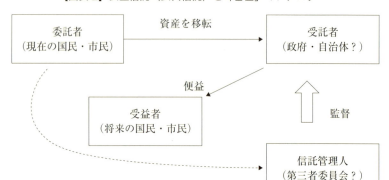

クな制度だという点にあるのかもしれない[34]。そのため，比較法研究の手法を主軸とする方法論を採用する場合には，分析の手がかりを外国法に求めることが困難なため，十分な分析がなされていないのかもしれない[35]。

信託による財産管理制度の特質として，所有と利用の分離が二つの段階で生じうると指摘されることがある[36]。第1は，名義は受託者に移転するものの，利益享受は受益者が行うという点で，所有と利用が分離するというものである。第2は，利益享受の段階での権限の分化であり，受益権レベルでの自益権（経済的利益を享受する権利）と共益権（自益権擁護のための監督的権限）である。そして，公益信託においては，そもそも受益者が不特定多数であることから，自益権を擁護するために共益権を任意に行使しうる立場にないことから，信託管

---

34) 新井・前掲注31) 415頁。
35) Edwards&Stockwell (2004) によれば，イギリスにおいて，公益信託の管理運用については，次の四つの主体が登場する。
　　第1の主体は受託者（Trustee）であり，通常の管理運用（administration）を行う。
　　第2の主体はAttorney-Generalであり，受益者のために受託者や第三者に対して訴訟を提起する権限を有している。
　　第3の主体はCharity Commissionersである。Charity Commissionersは信託財産の直接的な管理運営は行わないものの，受託者に対して監督・助言を行う（受託者は当該助言に従う限り，原則として信認義務違反にならないとされる）。さらにCharity Commissionersは，受託者が濫用的な活動を行っている場合に，信託財産を保護することができる。また，Charity Commissionersは公益信託の受託者の解任権を有している（Charities Act 1993 Sec. 18 (4)）。
　　第4の主体は，Official Custodian for Charitiesである。先のCharity Commissionersと裁判所は，信託財産保全のために，受託者からCustodianに信託財産を移転することができるとされている。
　　RICHARD EDWARDS & NIGEL STOCKWELL, TRUSTS AND EQUITY, 189-233 (6th ed. Pearson/longman 2004).
36) 新井・前掲注31) 415頁。

人が必要であると唱えられる。[37]

　そこで，「基金」の管理運用について，公益信託のガバナンスメカニズムを参考にすると，次のように考えられよう。すなわち，現在の国民（市民）を委託者，将来の国民（市民）を受益者とすると，政府（地方自治体）は受託者であると捉えることが可能かもしれない。そのように捉えた場合，受益者たる将来の国民（市民）の利益のために，政府（地方自治体）〔中間世代により選出される議会や首長〕を監督する主体として，信託管理人的な役割を担う第三者委員会などの存在が必要ということになる。そこで，公的基金の管理・運用について，このような信託的統制を採用していないことから，様々な問題が浮かび上がってくる。この点については，次のⅢ2で検討する。

2　公的基金の管理・運用の課題

(1)　中間世代による搾取・散財

　複数世代間での富の移転を企図する公的基金を管理・運営するためには，次の点が問題になる。現在世代（G1）が，まだ存在しない将来世代（G3）のために基金を設立し積み立てを行ったとする。[38]しかし，中間世代（G2）が存在する場合に，現在世代（G1）は中間世代（G2）と将来世代（G3）の双方のために基金を積み立てたのにもかかわらず，中間世代が本来であれば将来世代に帰属することが期待された便益を，自己の利益のために利用してしまう問題が考えられる。[39]

　これは，中間世代（ドラ息子）が，先祖代々の資産を遊興によって散財してしまう構造に似ている。[40]この点，信託等の法形式（ドラ息子には果実の部分だけを与える方式）を用いることで，ある程度，散財を防ぐことが可能となろう。

---

37)　同上。

38)　現在世代（G1）と将来世代（G3）の生存期間は重複しないものと想定している。

39)　中間世代が十分に利他的で，将来世代のことも考慮に入れて意思決定を行う場合も想定されうるものの，制度設計においては，性悪説的な観点から考察を進めておく必要があろう。

　　また，仮に中間世代が十分に利他的であっても，新古典派経済学が前提とする「合理的な個人」ではなく，限定合理性（bounded rationality）に直面するような個人である場合には，主観的には将来世代のことを考慮したつもりでも，客観的には将来世代に対する影響を十分に考慮しきれていない可能性も否定できない。

　　その意味では，負債政策に関するリカードの中立命題および，それを複数世代間に拡張したバローの中立命題も，合理的な個人の存在を前提としており，個人が限定合理的な場合には必ずしも成立しないといえよう。

40)　例えば，時間選好に関して hyperbolic discount rate を採用することが人間の本能的行動であるとするならば，どの世代も「ドラ息子」になる可能性を秘めている。

266　第3章　時間を超える利益移転

　杉並区のように公的基金を積み立てる場合には，有権者行動との関係でより複雑な問題を惹起することになる。すなわち，現在世代がある目的のために歳出を削減して，削減分を基金として積み立てたところ，中間世代の代になって，基金がある程度の額に達したとする。その場合，有権者（中間世代）の視点からすると，高額な基金の存在は「（地方）政府が浮いた金をため込んでいる」と映ることになる。有権者からは，福祉事業や教育事業など，歳出の増大の圧力が増すことになる。そして，選挙という政治過程において「基金」（果実だけでなく元本部分も）を取り崩して，その時点での有権者（中間世代）に恩恵を及ぼすべきだと主張する候補が出現することになる。有権者が一定程度，利己的であれば，そのような候補が当選することになる。このような有権者の行動は，基金の積み立てとその目的が非効率な場合には正当な行動であるものの，将来世代のために本来は取り崩すべきではない基金まで中間世代が過度に取り崩してしまう恐れが存在することを意味する。

　このような結果を防ぐために，基金の積み立てを開始する段階で，基金の使途を明確に限定し，さらに管理権限（共益権）を首長や議会の手からある程度隔離する必要が出てくる。そこで，先述の信託管理人のような存在を基金の管理者として指定することで，中間世代から独立して基金の取り崩しを判断する機関を設けることが考えられる。

　例えば，杉並区の構想では，基金の使途目的を原則として「恒久減税の財源確保」のためとしつつも，例外的に大規模災害時への対応などその時の政策判断で積立金を取り崩す「政策オプション」も考慮に入れている[41]。そして，どのような基準で災害時に基金を取り崩すのか等について，事前にルールを定めておくべきと指摘している[42]。

　この点，信託的ガバナンスの長所を追究するのであれば，事前のルール設定だけでなく，（首長や議員よりも中間世代の自己利益追求行動に対してより中立でいられる）有識者などにより構成される第三者委員会によって当該ルールの適用を判断するガバナンス構造を導入することも考えられよう。しかし，第三者委員会の任命権が，「各世代の」首長や議会にあるのであれば，それは株式会社における委員会設置会社の各委員会同様[43]，上手く機能しない可能性は残る――すなわち，ある代理人（agent）を監視するために，本人（principal）が第三者を

---

41)　杉並区報告書 26 頁。

42)　同上。

選出・任命する際に，その候補者の実質的指名や推薦を代理人側が行えるのであれば，代理人に有利な第三者が選出される可能性が高まるため，第三者による監視も必ずしも上手く機能しない可能性がある。

他方，第三者委員会を単なる「諮問機関」と構成すれば，公益信託における信託管理人とは異なり，受託者である首長や議会に対して，法的な権限は何も持ち合わせないため，中間世代の利己的な行動を抑制するために，上手く機能するかどうかはより不透明となる。

(2) 「元本」と「果実」の峻別の必要性——基金の永続的存続

積み立てられた基金を恒久的に運用し，基金による便益を近い将来世代から遠い将来世代にまで広く及ぼすためには，基金の永続的な運用が必要となる。そこで，本節では，杉並区の減税自治体構想を題材として，基金の永続的な存続のために注意すべき点について，若干の考察を加えたい。

① インフレ・リスク　杉並区の減税自治体構想は，現在の税収の一部を基金にプールして，将来的にその基金からの運用益でもって，減税を行うための財源としようという構想である。減税を短期間の施策ではなく，恒常的な施策とするためには，物価変動（インフレーション）との関係を考える必要が出てくる。

平成21年1月に発表された杉並区減税自治体構想研究会の報告書（以下，「同報告書」とよぶ）は，次のように述べている。[44]

> 「過去20年間の長期国債の利回りは，一時的に逆転現象が起こったことはあるが，基本的に消費者物価（インフレ率）を上回っており，このことから，長期国債の利回りは中長期的に見れば，インフレリスクを吸収できるといえる。」[45]

ここで，注意が必要なのは，同報告書の図4において，インフレ率と国債利

---

43) 例えば，株式会社においてガバナンス強化のために，社外取締役などを導入すべきという議論が存在する。しかしながら，当該社外取締役の「選任」もしくは「推薦」をモニタリング対象となる社内取締役が行えるのであれば，自己に有利な判断を下してくれる第三者を社外取締役として選任もしくは推薦することになる。そのようなプロセスで選任された社外取締役は，自らを再任してもらうために，社内取締役に対して厳しい監視をしないインセンティブ構造に直面する。言い換えれば，株主の利益よりも，（株主にバレない程度で）社内取締役の利益を優先することを抑止できない恐れを払拭できないのである。

44) http://www2.city.suginami.tokyo.jp/library/file/H21genzeijichitai_houkokusyo.pdf

45) 杉並区報告書13頁。

回りとの関係を示す図があるところ，同一年度における「消費者物価」と「10年国債の利回り」を単純比較するだけでは，不十分という点である。

なぜならば，同報告書の資産において用いられている 1.5% という金利や，図 4 の 10 年国債における利回りは，インフレ率を含む「名目値」である。そして，基金の実質的価値（物価変動による増減を含まない価値）が毀損しないことを論ずるのであれば，①期待インフレ率と②現実に実現したインフレ率を区別した上で，議論を組み立てる必要があると考える。

② 基本的な理解　年度 1 における名目金利（無リスク金利）を n_1, 年初における年度 1 の期待インフレ率を i_{e1}, 実質金利を r_1 とすると，一般的に次の関係式が成立する（なお，議論の単純化のために，金利の期間構造の存在は捨象する）。

$$1 + n_1 = (1 + i_{e1})(1 + r_1)$$

ここで，年度 1 初めに元本 P の満期 2 年の利付国債を購入するとする。[46] 年度 1 初め（年度 1 の 1 月 1 日）の期待インフレ率（expected inflation rate）は i_{e1}, そして年度 1（年度 1 の 12 月 31 日に判明）の実際のインフレ率（actual inflation rate）を i_{a1} とすると，市場は効率的であっても，全ての未来を予測できない以上，両者の間に乖離は生じうる。すなわち，「$i_{e1} - i_{a1}$」だけ実質的には資産が目減りすることになる。[47]

③ 簡単な数値例　2009 年末に 1 年物の利付国債（利率 1.505%）を 100 億円購入したとする。2009 年末における今後 1 年間の期待インフレ率が年 0.5% で，実質金利が年 1.0% だとする。今，2010 年初めに経済環境の変化が生じ，2010 年の実際のインフレ率は年 2% であったと想定する。

このような場合，物価連動国債（実質金利 1.0%）〔日本の物価連動国債は，元本調整型〕[48] を 100 億円購入していた場合と比較すると，キャッシュ・フローは図

---

46) 議論の簡略化のために，国債の利率は無リスク金利であると想定する。

47) もちろん，期待インフレ率（ex ante）と実際のインフレ率（ex post）が乖離するリスクが存在する以上，当該リスクに対するリスクプレミアムが上乗せされるのであれば，その分だけ両者の乖離による損失（ex post）は小さくなる。

48) 物価連動国債には，インフレ相当額を元本償還時にまとめて支払う Capital Indexed Bond (CIB), 元本部分に対するインフレ相当額を毎年度支払う Interest Indexed Bonds, 元本部分と実質金利の双方に対してインフレ相当額を毎年度支払う Current Payment Bond (CPB), ゼロクーポン型の Indexed Zero-Coupon Bond (IZCB) などのバリエーションが存在する。*See*, e. g., JOHN BRYNJOLSSON & FRANK J. FABOZZI ED., HANDBOOK OF INFLATION INDEXED BONDS (1999 Frank J. Fabozzi Assoiciates); MARK DEACON, ANDREW DERRY & DARIUSH MIRFENDERESKI, INFLATION-INDEXED SECURITIES: BONDS SWAPS, AND OTHER DERIVATIVES (Second ed. 2004 John Wilet & Sons, Ltd).

【図表 3】 名目国債と物価連動国債の比較

	1 年国債（利率 1.505％）			物価連動国債（利率 1％）		
	元本	利子	総受取額	元本	利子	総受取額
2009 年末	− 100			− 100		
2010 年末	100	1.505	101.505	102	1.02	103.02

表 3。

　利付国債の場合，2010 年末に元本 100 億円と，利子 1.505 億円の合計 101.505 億円を受け取ることになる。それに対して，物価連動国債の場合，元本部分がインフレ率に連動して増加するため，現実のインフレ率が 2％ であった場合，2010 年末に元本は 102 億円となり，利子は 1.02 億円となるため，合計で 103.02 億円受け取ることになる。インフレ予測が外れた結果，1.515 億円 (＝103.02 億円−101.505 億円）の損失が発生している。

　上記の簡単な数値例からも分かるように，期待インフレ率よりも現実のインフレ率が高い場合，（賭けに負けたのと同じで）ある種の経済的損失を被ることになる。

　上記数値例では，1 年国債であったところ，10 年国債や 30 年国債などの長期国債で運用するのであれば，発行当初の（満期日までの）期待インフレ率（ex ante）と，現実のインフレ率（ex post）の乖離が存在する場合，看過できない差異を生み出す恐れがある。

　言い換えれば，Historical Data の表などを読み取るに際しても，「年度 n の名目金利」（ex ante）と，「年度 n のインフレ率」（ex post）を比較するだけでなく，10 年物国債での運用を考えるのであれば，「年度 n の名目金利」（ex ante）と「年度 n〜年度 n＋10」（ex post）までの現実のインフレ率を比較する必要があると思われる。

　④　永続的な減税資金としての基金　　仮に，住民税の減税を短期間の政策ではなく，永久的に続く減税として志向するのであれば，基金からの運用収益（国債で運用するのであれば受取利子）の全てを減税の原資にすることには注意が必要と考えられる。

　すなわち，基金を用いて永続的な減税を行うのであれば，「元本」からもたらされる「果実」にのみ手をつけるべきであり，「元本」本体に手をつけてし

まうと，いつの日か元本の枯渇をもたらすことになる。

そして，「元本」の価値の維持を考える際には，実質価値と名目価値を区別する必要がある。実質価値とは，インフレの影響を捨象した金銭価値であり，名目価値とはインフレの影響をそのまま反映した金銭価値のことである（現実の金銭価値の大半は，名目で表示されている）。

元本の実質的価値（インフレによる名目的な金銭価値の変化を捨象した価値）を維持する必要があるところ，受取利子のうち，インフレ率相当の部分は基金本体に充当し，「受取金利−インフレ相当額」の分だけ減税資金として活用することが可能となる。

例えば，利付国債の表面利率が年 1.5%（実質金利 1%，期待インフレ率 0.5%）で，現実のインフレ率も予想通り 0.5% であったとする。100 億円の利付国債を購入した場合，毎年 1.5 億円の利子収入をもたらしてくれるものの，0.5 億円分はインフレへの対価であり，基金に充当する必要があり，実際に当該年度の減税の原資として利用可能なのは 1 億円部分だけである。

さらに，期待インフレ率と現実のインフレ率が乖離する場合において，次のような帰結をもたらす。上記③の数値例においては，（ⅰ）物価連動国債を 100 億円購入していた場合は，元本はインフレ率に応じて増加するため 102 億円となり，受取利子は 1.02 億円となる。この場合，元本部分の実質的価値は維持されているので，受取利子 1.02 億円全額を減税の資金として活用することができる。

それに対して，（ⅱ）通常の利付国債の場合，インフレによって基金の実質的価値が目減りしているため，2 億円の補充を行う必要があり，受取利子 1.505 億円だけでは不足してしまうため，当該受取利子に加えて 0.495 億円分，基金に積み増しを行う必要が出てくる。

Ⅳ　予算単年度主義と財政規律の関係

現行の予算制度や決算制度が単年度主義を採用しているのは，単年度という判断枠組みを採用することで議会に毎年度，財政活動をチェックさせ，それをもって財政民主主義の実効性を確保しようとしていると考えられる[49]。

中里実教授が「議会は，かつての課税に関するその都度の承認という伝統的権限を，毎年度の予算の議決というかたちにおいても維持し続けた（その結果，

議会は，法律を通じて，行政権をコントロールするようになる）。現在の日本においても，租税法律主義の下に永久税制度が採用されている一方で，予算は毎年度国会の承認を受ける。この二重性こそが，財政について考える際の何よりの基本である」と述べられているように，税財政制度を考える上で，予算制度について現行制度が単年度主義を原則としていることは尊重しなければならない。

これに対して，政府や地方自治体が恒久的な減税を行うために基金を積み立てて，それを後に活用することは，予算単年度主義や決算単年度主義との関係でどのような問題を惹起するのであろうか。この点について検討を加えるためには，財政民主主義の歴史的沿革やその法的機能について，より深く考察をする必要がある。この点は，本稿では扱いきれないため，別稿を期したい。

予算単年度主義とその背後に存在する財政民主主義には，財政規律（fiscal discipline）を強化する機能があると考えられる。では，基金による単年度主義の枠を超えた施策は，財政規律を緩めることにつながるのであろうか。本稿ではこの点に絞って，若干の考察を加えたい。

減税自治体構想においては，毎年度，予算の約1割に相当する額を区債の減少と基金の積み立てに回してきた実績から，区債をゼロにした後に，予算の約1割に相当する金額を積み立てるシミュレーションがなされている。このように，行政サービスの効率化（行政サービスの取捨選択と職員の削減）を行うことで，基金の拠出を賄う場合には，目標が達成できるように歳出削減のインセンティブが働くことで，財政規律は上手く保たれるのではないだろうか。すなわち，「基金積み立て目標」が存在することで，黒字部分を過度な行政サービスや行政内部の非効率的な資源配分に回すことが抑止され，財政規律に資すると考えられる。

このような財政目標と財政規律の関係について，興味深い一例として EU 加

49）　なお，「議会による毎年度の承認」を要求することと，「複数年度に及ぶ財政計画」を導入することは両立可能であるとする有力な見解がある。碓井光明「複数年予算・複数年度予算の許容性」自治研究 79 巻 3 号（2003 年）3～4 頁，同「複数年度予算をめぐる論点整理と展望」日本財政法学会編『複数年度予算制と憲法』（敬文堂，2006 年）84 頁参照。

50）　中里実「暫定税率と財政規律――租税特別措置の期限延長」ジュリスト 1363 号（2008 年）26 頁。

51）　財政民主主義は，現在世代が将来世代を犠牲に自己利益を優先すれば，支出を拡大し多額の負債を押しつける危険性をはらむ。そこで，各種の法制度は，地方公共団体の支出や起債について一定の制約を課している。その意味で，財政規律と緊張関係に立つ局面もあると考えられる。

盟希望国の行動をあげることができよう。EU 加盟に際して欧州各国のとった行動を分析した結果，財政規律（fiscal discipline）を機能させるためには，法的な財政ルール（fiscal rules）よりも，政策決定主体たる組織（budget institutions）のあり方を変更する方がより有効であると唱えられることがある。[52]

EU 加盟のための財政ルール（財政赤字の GDP 比 3% や，政府債務残高の GDP 比 60%）[53]は，加盟までは強力なルールとして機能する。しかし，一旦 EU に加盟してしまえば，違反しても直ちに除名とならないことから，このような財政ルールの実効性は乏しいものとなってしまう。これは，厳しい財政規律を最も強硬に主張したドイツが EU において 2 番目の違反国となったことからも推測される（2003 年に ECONFIN〔財務大臣会合〕によってドイツは「違反国」と認定された）。

EU の教訓から，財政ルールは，それを有権者が財政規律の優先度を高くしている限りにおいて政府の行動に影響を与えるとすれば，財政ルールによる財政規律維持機能を高めるためには，有権者にとって可視的かつ重要な形で罰則を備える必要があろう。[54]

その意味では，首長および議会は，将来の財政予測と基金積立計画（例えば，毎年度予算の 1 割を基金に積み立てるという目標）を市民に提示した上で，市民が当該目標の達成を監視しつつ，当該目標を達成できなかった場合のペナルティ（もしくはインセンティブ）を何らかの形で事前に定めておくのも計画達成のためには有用かもしれない。しかし，現在世代が，中間世代および将来世代の代表者として選出される各世代の首長や議会まで拘束する形でペナルティ（もしくはインセンティブ）を課すことができるかどうかについては，さらなる検討が必要である。

---

52) *See, e. g.* Jürgen von Hagen, "*Fiscal Rules and Fiscal Performance in the European Union and Japan*", 24 MONETARY & ECON. STUD. 25, 25–60 (2006); Jürgen von Hagen, "*European Experience with Fiscal Rules and Institutions*" 103, 116–126, *in* FISCAL CHALLENGES: AN INTERDISCIPLINARY AP-PROACH TO BUDGET POLICY (Elizabeth Garrett & Elizabeth A. Graddy & Howell E. Jackson ed, Cambridge University Press 2008).

　　また，財政目標ではなく，法的な財政ルールによる規律づけについて検討するものとして，藤谷武史「財政赤字と国債管理——財政規律の観点から」ジュリスト 1363 号（2008 年）2 頁参照。

53) 　現実には，後者の基準（債務残高の GDP 比 60%）は違反国が多かったため，あまり重視はされず，前者の基準（財政赤字の対 GDP 比 3%）が専ら重視され，EMU 加盟条件とされたため相当の強制力（considerable power）を有したとされる。*See,* Hagen (2008), *supra* note 52.

54) 　この点は，財務総合政策研究所における勉強会で，古澤知之氏の指摘から示唆を得た。記して感謝申し上げる。

V 結びに代えて

本稿では，杉並区の減税自治体構想を題材として，公的基金を利用した世代間の資産移転に関する法的問題とガバナンスの問題について，公益信託・公共信託を参考にしつつ，今後の検討のための導入的考察を行った。本稿における検討は初歩的なものであり，幾つかの基本的問題の導出はできたものの，問題の解決策について十分な考察を行えなかった。この点については，今後考察を深めていきたい。その際には，以下の点に留意しながら進めていく必要があろう。

基金のガバナンスの構築においては，中間世代による搾取をどのように防ぐかという点が最大の問題となる。基金の使用目的を厳格に定めることで，流用は防ぐことができるかもしれないものの，基金を長期間にわたり積み立てていくためには，一定の財政規律を維持しなければならない。選挙を媒介とすることで，財政規律の根幹は，有権者の認識にかかっているといっても過言ではない。そこで，世代間の移転のために基金を実効性のあるものとするためには，アクターである有権者の認識と行動様式に関してさらなる考察が必要となる。[55]財政ルールによる統制のみでは不十分と考えられることから，今後，財政運営主体のガバナンスについても考察を進めていく重要性が高いと思われる。

（金融取引と課税（1），2011 年）

〔付 記〕

杉並区は，平成 22 年に「杉並区減税基金条例（平成 22 年杉並区条例第 4 号）」を制定し，杉並区減税基金を設立した。平成 22 年度予算において 10 億円の積み立て及び運用がなされた。

しかし，杉並区は「区政を取り巻く社会経済環境の大きな変化」を理由に，平成 24 年 3 月 31 日付けで同条例を廃止した。パブリックコメントの手続において，杉並区は廃止の理由として(1)3 月 11 日東日本大震災の教訓（まちの耐震化・不燃化の推進，堅固な救援所・医療機関等の整備やオープンスペースの確保等）および，(2)リーマンショック以降の世界的な景気の低迷と厳しい財政状況をあげている。杉並区減税基金条例は，極めて興味深い試みであったが，中間世代による搾取よりも先に，現在世

---

55) 有権者の投票行動を勘案した上で，中間世代による搾取を防ぐための基金制度の構築には，行政学，政治経済学および公共選択（public choice）の分野の知見が大いに役立つと思われる。

274　第3章　時間を超える利益移転

代が短期間で制度を廃止するという結末を迎えることとなった。

第4章　国境を越える信託

英国における法人該当性判断をめぐる動揺
―― Anson 事件最高裁判決

吉 村 政 穂

I　は じ め に

　平成 27 年 7 月 17 日，長らく争われ，解決が待たれていたデラウェア州法を準拠法とする LPS（Limited Liability Partnership）の法人該当性について，ようやく最高裁による判断が示された（最高裁平成 27 年 7 月 17 日判決〔平成 25 年（行ヒ）第 166 号〕民集 69 巻 5 号 1253 頁）。同 LPS に関しては，下級審段階では，（「我が国の租税法上の法人も，その準拠法によって法人とする（法人格を付与する）旨を規定されたものをいうと解すべき」と言及しつつ）「外国の法令に準拠して組成された事業体が我が国の租税法上の法人に該当するか否かについては，より実質的な観点から，当該事業体を当該外国法の法令が規定する内容を踏まえて我が国の法人と同様に<u>損益の帰属すべき主体</u>（……）として設立が認められたものといえるかどうかを検証する必要があ〔る〕」（下線筆者）という判断基準が示す系統（名古屋地判平成 23 年 12 月 14 日税資 261 号（順号 11833）・名古屋高判平成 25 年 1 月 24 日）と，「権利義務の帰属主体」を判断基準とする系統（東京高判平成 25 年 3 月 13 日訟月 60 巻 1 号 165 頁および大阪高判平成 25 年 4 月 25 日税資 263 号（順号 12208））とで判断が分かれていたのである。

　最高裁は，「ある組織体が権利義務の帰属主体とされることが法人の最も本質的な属性であ〔る〕」と判示し，損益の帰属主体という基準ではなく，権利義務の帰属主体性を中心に法人該当性を判断することを明らかにした。[1] 今後，こうした選択を行った最高裁判決に関する議論が深められていくものと思われる[2]。

---

1)　もっとも，その基準を導く論理は下級審と大きく異なっている。さしあたり吉村政穂・判批・税務弘報 63 巻 12 号（2015 年）100 頁参照。

278 第4章 国境を越える信託

　本稿は，同判決の論理を直接分析の対象にするものではなく，同時期にイギリスで下された，奇しくもアメリカの事業体（デラウェア州法を準拠法とするLLC）の法人該当性に関する最高裁判決の内容を紹介することを意図している[3]。同判決の下級審では，権利義務の帰属主体性から離れて，損益の帰属主体を観念することの妥当性が争われ，各審級の判断は分かれた。当該最高裁判決に対する評価も定まっていない状況であるが，こうした議論を紹介することには意味があると考えた。

II　Anson 事件

1　事案の概要

　本件では，1997-98 年度から 2003-04 年度の各課税年度における Anson 氏の税額算定上，下記米国税が外国税額控除の対象となるか否かが争われた。

【図表1】 Anson 事件・数値例

	米国		英国
	45 ↑		↑ 22
100	→	55　→	33

　Anson 氏は，英国居住者であり，かつ通常の居住者（ordinary resident）であるが[4]，ノン・ドミサイルとして申告を行っていた。米国租税法上は非居住者として扱われている。同氏がデラウェア州法準拠 LLC（Limited Liability Company）を通じて稼得した利益額について，当該 LLC が米国租税法上パス・スルーの取扱いを受けるため，米国においては構成員である Anson 氏に対して租税が直接課されていた。また，Anson 氏はノン・ドミサイルであるものの，当該 LLC を通じた利益額のすべてを英国に送金していたため，その全額が英国において課税対象とされていた。そのため，当該利益額に対する米国税につ

---

2)　例えば，岡村忠生・判批・ジュリスト 1486 号（2015 年）10 頁。

3)　Anson v HMRC, [2015] UKSC 44 (1 Jul 2015).

4)　George Anson 氏は，Boston を拠点とする PE 投資ファンド Harbour Vest Partners に勤務していた。

いて，英米租税条約による二重課税救済条項の適用を主張し，外国税額控除の対象となることを求めた。

仮に当該米国税が外国税額控除の対象として認められない場合には，（外国税額控除を通じた二重課税調整がなく）当該 LLC を通じた利益については米国および英国の課税を重畳して負担することになり，税引後利回りは大きく低下する（図表1参照）。

争いを生じた原因となったのは，Memec 事件（その概要は参考として掲げた。後出 287 頁）に基づく既存の法人該当性判断[5]に従った場合，当該 LLC は英国税法上の法人に該当し[6]，結果として，（パス・スルー課税によって Anson 氏が負担している）当該米国税の納付主体が当該 LLC として認識される点にあった。

2　下級審の判断
簡易裁判所（First-tier Tribunal）段階[7]

審判所は，LLC の柔軟性を指摘し，「我々が関心を有するのは，この特定のデラウェア LLC（SPLLC）の利益に関して救済条項が適用されるか否かという点にあることをまず強調しておく」と述べる。その上で，「問題は，英国税が『同一の利益または所得を参照して計算された』ものであるか，それとも配当相当のものに対する課税が行われたのかという点にある。本件 LLC が透明か不透明かを問うことは，同じ問いかけを行う方法たり得るかもしれないが，

---

5)　英国歳入関税庁は，次のような要素を総合的に考慮して判断することを明らかにしている。*See*, HMRC's International Manual at INTM 180010.
- a.　当該外国事業体が持分を有する者とは区別された法的実在（legal existence）を有しているか？
- b.　当該事業体が，株式資本（share capital）またはそれに準ずるものを発行し，これと同様の機能を果たしているか？
- c.　当該事業体単独または持分を有する者と共同で営む事業が，当該事業体と分離され，区別されるかどうか？
- d.　当該事業体に持分を有する者が，利益の発生とともに分配を受ける権利を有するか，または，分配を受ける利益の額が，当該利益の発生した事業年度の終了後に当該事業体またはその構成員による利益分配の決定に依存するものか？
- e.　当該事業の遂行にあたって負担した債務について責任を負うのは誰か？　当該事業体か，または持分を有する者か？
- f.　当該事業の用に供する資産が，実質的に当該事業体に帰属するか，それとも持分を有する者に帰属するか？
  上掲要素のうち，c および d に特に注意が払われることが明記されている。また，設立準拠法となった外国商事法および内部構造を参照し，外国租税法上の性質決定は考慮されない。
6)　HMPC's International Manual at INTM 180030.
7)　Mr Swift v HMRC［2010］UKFTT 88（TC）.

280   第4章　国境を越える信託

我々は，条約の文言を適用することが望ましいと考えている」と判示した。つまり，二重課税救済条項の適用の前提として，当該 LLC が透明であることが要求されているわけではないとの理解を示したものと考えられる。

上級裁判所段階[8]

　上級裁判所においては，このように条約の解釈問題と位置付けた簡易裁判所の判断枠組が明確に斥けられた。

> 「資産に対する所有持分（proprietary interest）なくして，LLC によって稼得された利益に対する所有があると言うことはできないように思われる。なぜならば，当該『利益』は，資産として保有されるであろうもの以外の何かであることはないからだ。」（利益に対する権利〔entitlement〕，資産に対する所有権は存在し得るかもしれないが，当該利益は所有の対象になるわけではない。）

> 「米国において課税されたものは，租税法上は（選択によって）構成員に帰属させられるとしても，法的にも，実際にも，また実質的にも，LLC の利益であった。構成員は，当該会社の利益に相当する現金等価物と見ることができるだけの現金に対する権利を有するが，彼らが受け取るものは同一のものというわけではない。」（あくまで契約上の権利である。）「LLC はすべてを所有し，利益に対応する金額を構成員に対して払い出し，そして（このために）その利益を保持することはできない。しかし，当該利益は LLC のものなのであ〔る〕」。

控訴院段階[9]

　控訴院段階では，「ある者が，双方の法域にて同一の利益または所得に対して課税がなされたか否かを判定するにあたっては，双方の法域における当該利益または所得の源泉（source）が同一であるか否かが重要なテストとなる。」とした上で，過去の Memec 事件においては，英国法人の所得源泉を特定することが問題として重視された結果，匿名組合が「透明」か否か——匿名組合契約にしたがって英国法人に分配された配当について，直接当該英国法人に支払われたのと同等に扱うことができるか——が争われたという理解を示す。

> 「納税者が一定の契約上の取決めに基づいて事業体の利益を享受することとなった

---

8)　HMRC v Anson [2011] UKUT 318 (TCC).

9)　Anson v HMRC [2013] EWCA Civ 63.

場合，当該納税者は，その他の源泉から得た利益に対する権利を確保する仕組みではなく，当該契約が実際に当該利益の源泉であることを示さなくてはならない。これは一般的に，当該利益に対する財産的権利（proprietary right）を示さなくてはならない。」

「事業体の構成員が，利益が生じた時点から当該利益への権利を有することを示すためには，その者は当該利益の価値に対応する資産への持分（interest）を有することを示す必要がある。これは，必然的に所有持分（proprietary interest）となるだろう。」

その上で，LLC の利益が構成員には帰属しないとの原審の判断は維持されると判示した。これに対して，後述の通り，本質的な問題（米国の課税と同一の所得を参照して課された英国税か？）から乖離して検討をしているという批判が最高裁判所により加えられている。

3　最高裁判決

最高裁判所は，Memec 事件を「本件は 23 条（2）（b）に基づく救済の請求に関するものではない」と位置付けた上で，23 条（2）（a）の通常の意味にしたがえば，①英国における課税および②アメリカにおける課税を検証し，③「それぞれの局面における利益または所得を比較し，それらが同一であるかを決定することが必要である」として論点を整理する。

「第 1 に，当該 LLC 構成員の権利は，LLC 法およびこれに付随した LLC 合意によって生じる点に留意することが重要である。第 2 に，その合意は LLC と構成員との間の契約ではない。LLC はその当事者ではなく，合意に定められた項目および LLC 法の規定に基づき，それによってもたらされるものである。……簡易裁判所の結論によれば，……デラウェア法の下では，当該構成員は LLC の営む事業によって生み出された利益の取り分を，その発生と同時に自動的に取得する（entitled）のである。その後の分配に先行し，およびそれから独立している。」

上級裁判所の見解に対しては，「概念上，利益と資産は異なる」という簡易裁判所の認定を引いて，これを批判している。また，この点は，事実認定の問題ではないとした点にも批判を加えている。その上で，次のように結論付けた。

「そうすると，Anson 氏が，（何らかの意味で）LLC にいったん帰属（vested）した利益の移転を受けるのではなく，彼に配賦される利益の持分に関する権利を得る（entitled）のだとすれば，彼のアメリカにおける『所得発生』は，当該利益のうち彼の持分であったことになる。そして，当該所得は，英国に送金された範囲で英国法に基づく課税に服することになる。……Anson 氏の英国での納税義務は，そのためアメリカにおいて課されたのと同一の所得を参照して算定されたものである。したがって，23 条（2）（a）による救済が与えられる。」

4 評 価

上の通り，最高裁判所においては，複数要素の総合考慮ではなく，利益に対する権利に焦点を絞った判断枠組が示されたように見える。そのため，本件最高裁判決の射程をめぐって混乱を生じることとなった。

直接は二重課税救済（課税対象所得の同一性）に関する判断ではあったものの，LLC に関する実務上の取扱い（不透明〔opaque〕扱い）が変更される可能性が示されたという受け止めも見られた。仮に法人該当性の判断枠組が変更されるとすれば（米国 LLC が外国会社ではなく透明扱いされることとなれば），例えば，（英国）法人出資者にとっては，米国 LLC を通じた事業について，分配時課税および配当免税の恩恵を失う懸念を生じさせることになる。また，英国に対するインバウンド投資にあたって米国 LLC を用いている場合には，租税上の考慮がスキームの再検討を要請するかもしれない。

これに対して，Anson 事件最高裁判決については，問題状況に応じたアプローチの違いという見方も存在する。すなわち，Memec 事件はパートナーシップ相当性の判定であったのに対して，Anson 事件最高裁判決では，「同一の所得」であるか否かが問われ，LLC 法および LLC 合意（設立文書）を精査した上での結論が示された。

特に内国歳入庁は，次のような見解を示し[10]，最高裁判決が事例判決にすぎず，かつ二重課税救済条項に関する判断であることを重視した理解を公にしている。そのため，実務上の取扱いが変更され，大きな混乱を招く事態は避けられたものの，最高裁判決はいわゆるハイブリッド事業体の多面的な性格に改めて光を

---

10) HMRC, Revenue and Customs Brief 15 (2015); HMRC response to the Supreme Court decision in George Anson v HMRC (2015) UKSC 44 (25 Sep. 2015).

当てるものになったといえよう。

　「慎重に検討した結果，当該判決は当該事件で認定された事実に特有のものである
　と結論した。このため，グループ構成の中で米国 LLC が会社として扱われてきてい
　る場合には内国歳入庁は当該米国 LLC を会社として扱い続けるし，米国 LLC 自
　体が事業を営んでいると扱われてきたならば，内国歳入庁は当該米国 LLC が事業
　を営んでいるという扱いを続けるものとする。
　　また，米国 LLC が株式資本を発行しているものとして扱うべきか否かにつき，
　現行のアプローチを継続することを提案している。二重課税救済を請求し，Anson
　事件判決に依拠する個人については，事例ごとに考慮するものとする。」

Ⅲ　結　　語

　冒頭に掲げた通り，日本の最高裁判決は，次のように述べて，権利義務の帰
属主体性を重視することを明らかにしていた。

　「外国法に基づいて設立された組織体が所得税法 2 条 1 項 7 号等に定める外国法人
　に該当するか否かを判断するに当たっては，まず，より客観的かつ一義的な判定が
　可能である後者の観点として，①当該組織体に係る設立根拠法令の規定の文言や法
　制の仕組みから，当該組織体が当該外国の法令において日本法上の法人に相当する
　法的地位を付与されていること又は付与されていないことが疑義のない程度に明白
　であるか否かを検討することとなり，これができない場合には，次に，当該組織体
　の属性に係る前者の観点として，②当該組織体が権利義務の帰属主体であると認め
　られるか否かを検討して判断すべきものであり，具体的には，当該組織体の設立根
　拠法令の規定の内容や趣旨等から，当該組織体が自ら法律行為の当事者となること
　ができ，かつ，その法律効果が当該組織体に帰属すると認められるか否かという点
　を検討することとなるものと解される。」

　さらに，デラウェア州法について，「同法は，リミテッド・パートナーシッ
プにその名義で法律行為をする権利又は権限を付与するとともに，リミテッ
ド・パートナーシップ名義でされた法律行為の効果がリミテッド・パートナー

シップ自身に帰属することを前提とするものと解され〔る〕」という理解を示し，「州 LPS 法の定め等に鑑みると，本件各 LPS は，自ら法律行為の当事者となることができ，かつ，その法律効果が本件各 LPS に帰属するものということができるから，権利義務の帰属主体であると認められる」と評価した。

これは，本稿で紹介した Anson 事件最高裁判決が，構成員の権利に注目して結論を導いたことと対照的である。このような違いが生じた要因は，日本の最高裁判決が，「複数の者が出資をすることにより構成された組織体が事業を行う場合」には，その事業により生じた利益または損失の帰属は，「別異に解すべき特段の事情がない限り」，当該組織体がわが国の租税法上の法人に該当するか否かに左右されるという理解をとった点に求めることができよう。このような理解が日本法の理解として正しいのか，また（仮にその理解が正しいとして）日英の裁判所の態度の違いについて，さらに検討を深めていきたい。

（金融取引と課税（4），2016 年）

〔補　論〕

日本の最高裁が示した判断基準は，当然ながら，海外の事業体を通じた投資に対して広く影響を及ぼすことになった。一般論として，法人該当性の判定にあたって考慮される要素が多い，全体的な（overall）アプローチの下では，争われている事業体の実質に立ち入り，具体的妥当性を持った結論を導く可能性が高まるものの，予測可能性の低下を招くことが指摘されていた[11]。これに対して，最高裁が採用した「法人」概念は，少数の要素によって定義され，納税者に明確性ないし法的安定性を提供する一方で，その適用によって導かれる結果の硬直性が問題となることが予想された。

さらに，デラウェア州法に基づくリミテッド・パートナーシップを法人と扱う旨の判断は，日本国内での課税のみならず，国外における課税にも波及するものであった。すなわち，日米租税条約におけるハイブリッド事業体に関する規定との相互作用によって，租税条約に基づく特典の付与をも左右するのである。

日米租税条約 4 条 6 項は次のように定めている。すなわち，アメリカにおいて取得される所得であって，日本の居住者がアメリカにおいて組織された団体を通じて取得されたものについて，日本の租税法上，当該団体の所得として取り扱われる場合には，当該所得に日米租税条約の特典は与えられないことになる。

「6　この条約の適用上，

……（略）……

---

11)　Michael Lang and Claus Staringer, IFA General Report, 'Qualification of Taxable Entities and Treaty Protection', 99b Cahiers de Droit Fiscal International（2014），p. 35.

（e）　一方の締約国において取得される所得であって，

（ⅰ）　当該一方の締約国において組織された団体を通じて取得され，かつ，

（ⅱ）　他方の締約国の租税に関する法令に基づき当該団体の所得として取り扱われるものに対しては，この条約の特典は与えられない。」

　例えば年金基金や投資信託が，アメリカに設立したリミテッド・パートナーシップを利用して投資を行う場合，そのリミテッド・パートナーシップが日本の租税法上どのように性格付けられるかによって，アメリカ国内における課税（条約特典の享受）にも大きな差異をもたらすのである。具体的には，その投資から得られる配当や利子といった所得に対する（アメリカ国内での）源泉課税について，日米租税条約による軽減または免除が認められず，アメリカ国内法の規定による税率が適用される可能性が生じる。

　この点については，早くも 2015 年 12 月 3 日に国税庁・金融庁・財務省の間でデラウェア州 LPS の取扱に関する覚書が交されたとも伝えられている。[12] その伝えるところによれば，日本の年金基金または投資信託がデラウェア州リミテッド・パートナーシップを用いてアメリカに投資している場合，国税庁は，そのパートナーシップとしての課税上の取扱いを否認しない旨を表明したようである。争われた事案と異なり，租税負担を軽減するという悪質な事実が認められず，日米租税条約の特典が付与されるべきと判断したという。

　国税庁は，2017 年 2 月 9 日，「日本居住パートナーによってアメリカのリミテッド・パートナーシップを通じて取得された所得に関する日本法上の課税取扱い」と題する見解を自らのホームページ上に英文で公表した。それは，平成 27 年最判によって，アメリカのリミテッド・パートナーシップが課税上透明なものと扱われる否かについて懸念が生じていることに対して，納税者の「明確性（clarity）」を求める声に応えるものと位置付けられていた。

　この文書は，すでに税制改正によって対策が講じられていることに鑑みて，国税庁はもはや「税務上の透明な事業体」取扱いを否認することはしないとの見解を表明するものであった。そのことにより，日米（原文では "U. S.-Japan"）租税条約の適用上，アメリカのリミテッド・パートナーシップを通じて所得を取得する日本居住者であって，当該条約のその他の要件を充足するものについては，当該条約の特典が付与されるであろうことが表明されていた。

　日本で見られたこうした実務上の混乱は，個々の局面に応じた個別的解決ではなく，法人該当性という，いわば入口の議論によって事案解決が図られざるを得なかったことに起因する。[13] 二重課税排除という個別局面への解決（事例判断）として位置付けることができた Anson 事件最高裁判決と比べて，実務への影響を適切な範囲に限定す

---

12)　Mayer Brown LLP, Asia Tax Bulletin, Winter 2015/16, p. 22. <www. mayerbrownjsm. com>

13)　本田光宏「英国 Anson 事件最高裁判決について」税大ジャーナル 26 号（2016 年）54 頁。

るには長い時間を要することになった。ただ，その混乱を大きくした（そして今後の柔軟な解決を縛る）要因として，限られた考慮要素によって法人該当性を判断するアプローチが選択されたことを無視することはできない。

（参　考）　Memec plc v. IRC, [1998] STC 754（CA）

Memec 事件では，ドイツ匿名組合を通じて得た所得の課税上の取扱いが争われた。英国法人（有限責任会社）Memec は，ドイツ居住者である有限会社（GmbH）の全持分を直接・間接的に有していた。当該有限会社は，同じくドイツ居住者である2つの事業子会社の100％持株会社であった。

当該事業子会社は営業税（地方税）および法人税（連邦税）を納付し，税引後利益から当該有限会社に対して配当を支払う。この際，当該事業子会社は源泉徴収納付義務を負うが，当該有限会社段階において当該法人税等の負担はインピュテーション調整を受けるとともに，当該源泉税は税額控除を受ける。さらに当該有限会社から Memec への配当支払にあたって源泉税を納付することが義務付けられる。

1985年，Memec は，（裁判所の認定によれば）上記税負担の軽減を主たる目的として，自らを匿名組合出資，当該有限会社を営業者とする匿名組合契約を締結し（対象は上記事業子会社の株式保有業であり，実質的に当該有限会社の全事業に相当すると認定されている），当該契約に基づく出資に対して当該匿名組合契約に係る年間利益の87.84％の支払を受ける権利を得た。ドイツ法上，当該有限会社は事業資産の所有権を保持し，当該事業資産から生じた所得は発生時に当該有限会社の所有に帰する。これに対して，Memec は匿名組合出資者であり，当該資産に対する持分を有していない。また，ドイツ法上，匿名組合には法人格は認められていない。

当該匿名組合出資契約に基づく分配金の額は，当該有限会社の各事業年度末に確定し，当該有限会社の社員が計算書類を確定することによって分配可能となるものとされた。当該分配金は当該有限会社の事業に係る課税所得から控除され，当該有限会社段階における税負担を軽減することができた。しかしながら，従来は英国税の範囲内で外国税額控除が認められていたところ，この当該有限会社段階での課税が回避された結果として，当該事業子会社が納付した営業税について十分な救済を受けることができなくなる可能性が生じた。外国税を納付した外国会社（overseas company）から受領した配当については間接税額控除の対象とされていた（1988年法801条）が，当該匿名組合は会社ではなく，当該事業子会社によって負担された営業税については，①当該事業子会社によって支払われた配当が Memec に直接支払われたと認識されるか，または②Memec が受領した当該匿名組合契約の分配金が当該有限会社による配当と認識されない限りは，英国税に対する税額控除の対象にならないと考えられた。

内国歳入庁（および特別委員）は，上記匿名組合出資について受領した所得について，当該匿名組合出資契約に基づく権利について生じたものであって，当該事業会社の配当

288　第4章　国境を越える信託

支払を受けるものではなく，当該事業子会社が納付した営業税について，国内法または英独条約に基づく税額控除を受けることはできないと判断した。

　ここでは，当該匿名組合の透明性に関して，高等法院がどのような判断枠組を示したのかについてのみ取り上げる。

　「本件において判断を示すべきは，イングランド法またはスコットランド法におけるパートナーシップが透明と扱われる性質を検討し，その上で，当該匿名組合が法人税法上同様に取り扱われるべきか否かを決定するために，それらの性質が当該匿名組合によってどの程度共有されているか，またはいないのかを検証しなければならない。」

　「イングランド法パートナーシップ（リミテッド・パートナーシップ含む）が透明に扱われる理由は難しくなく，当該パートナーが（彼ら自身または代理人たる他のパートナーを通じて）共同して（in common）事業を営み，当該事業を所有し，かつ当該パートナーシップ資産および利益に対する受益持分を有している。当該パートナーとパートナーシップ利益との間にパートナーシップが法的主体（legal entity）として介在するので，スコットランド法パートナーシップが透明扱いされる理由はやや明白でないかもしれないが，実質的には（in substance）当該利益に対する当該パートナーの地位はイングランド法パートナーシップと同様であると認識することができる。その利益は共同して事業を営む当該パートナーによって稼得され，同様に共有され，当該事業および資産に対する直接の所有は否定されるものの，間接的には認められ，パートナーの債権者が差し押さえることのできる，それらに対する間接持分を有している。

　匿名組合は，独立した法的主体ではないという点でイングランド法パートナーシップと類似しているものの，イングランド法およびスコットランド法パートナーシップとは多くの面でことなっている。裁判官は，当該事業子会社の持分またはそれらの持分について生じる配当につき，当該有限責任会社〔Memec〕はコモンローまたは衡平法上の所有者（proprietary right）を欠くことを決定的な要素と考えた。……」

　この引用部分からわかるように，裁判所は，英国内における透明扱いされる類似事業体が透明扱いされる根拠を探究し，透明扱いされる事業体が有する性質を具えているか否かを検討することによって，課税上透明に扱うことができるかどうかを決定するアプ

ローチを採用している。つまり，高等法院は，ドイツ匿名組合がイングランド法上「パートナーシップ」に該当するか否かは考慮せず，国内税法において課税上透明に扱われている事業体と同じように，匿名組合が課税上透明に扱われるべきか否かを判断したのである。

4号所得の空洞化

増 井 良 啓

は じ め に

　4号所得とは，国債・地方債・債券の利子を中核とする国内源泉所得の一類型である[補注1]。所得税法161条4号（2019年4月1日現在は所得税法161条1項8号）に規定があるところから，4号所得と呼ばれている。非居住者や外国法人が支払を受ける利子がこの4号所得に該当すると，支払者が源泉徴収を行う。これが，所得税法のたてまえである。

　ところが現実には，租税特別措置法に種々の非課税措置が設けられ，このたてまえには徐々に例外が生じてきた[1]。しかも平成22年度税制改正では，非課税措置の対象が振替社債の利子と償還差益にまで拡大されたうえ，いくつかの非課税措置について適用期限が撤廃された。事ここに至っては，4号所得に対する源泉地国課税のたてまえは，その中核部分についてほとんど空洞化したといっても過言ではない。

　そこで本稿では，4号所得に対する非課税措置の展開を簡単に概観し，課税の空洞化の先にある課題を展望する。本稿で参照した法令の基準時は2011年4月1日であり，平成23年度税制改正は執筆時点で国会未通過のため叙述に反映していない[補注2]。

［補注1］　平成26年度税制改正で帰属主義への移行を立法化したことに伴い，所得税法161条に列挙されていた国内源泉所得の号数が繰り下がり，従来161条4号で規定されていた内容が161条1項8号で規定されるようになった。そのため「4号所得」という呼称自体は現在では古くなっている。しかしそのことは，本稿が示す「ポートフォリオ利子に対する源泉地課税の縮減」という議論の本筋には影響しない。歴史的経緯の重要性に鑑み，本書への所収に際しては，題名を含め「4号所得」という呼称を維持する。

1)　増井良啓「取引環境の電子化と資本所得の課税」金子宏編著『二訂版 所得税の理論と課題』（2001年，税務経理協会）275頁，283～284頁。

I　4号所得に対する源泉地国課税

　日本国は，①居住者・内国法人に対する全世界所得課税と，②非居住者・外国法人に対する国内源泉所得課税を，併用している。①が居住地管轄に基づく課税であり，②が源泉地管轄に基づく課税である。4号所得に対する課税は，②の系列に属するものであり，しかも，特定の金融資産から生ずる利子を対象にしているという特性がある。このことの意味を敷衍しよう。

　源泉地管轄に基づく課税は，実物資産から生ずる所得については，理解しやすい。たとえば，日本国内に所在する不動産を貸し付けることの対価や，この不動産を譲渡して得られる譲渡益などは，日本と領域的なつながりが強い。ゆえに，非居住者や外国法人がこのような所得を稼得する場合，日本国が源泉地国として課税するのである。

　これに対し，金融資産から生ずる所得については，領域との結びつきを観念することがやや難しくなる。たとえば，会社の発行する社債は，金融資産の典型例である。社債が価値をもつのは，その社債を保有することによってもたらされる将来キャッシュフローを予測できるからであり，要するに，資金の借り手である会社がきちんと元利を返済してくれるだろうという期待にもとづいている。ということは，社債の価値は，究極的には，発行体である会社で働く人や工場など，人的資産と物的実物資産がもたらす付加価値に由来していることになる。

　ここで，人や工場の物理的所在地は容易に特定できる。しかし，会社や社債がどこにあるかは，人為的なルールを設けることによってはじめて特定できる。この点につき，日本法は，国内に本店を有する株式会社を内国法人としたうえで（所税2条1項6号），内国法人の発行する債券の利子を4号所得として国内源泉所得としている（所税161条4号イ〔2019年4月1日現在の161条1項8号イ〕）。つまり，内国法人にあたるかどうか，そして，内国法人の発行する社債である

［補注2］　平成23年度税制改正は，参議院で与野党の議席数が逆転する「ねじれ国会」の下で年度内に成立せず，しかも2011年3月11日に東日本大震災が発生する中で，改正事項の一部を切り離して2011年6月22日に成立した。本稿における引用条文は，原則として，原論文執筆当時の2011年4月1日のものによる。ただし参照の便宜のため，必要に応じて，対応する規定の2019年4月1日時点の条文番号等を補った。なお，過去の税制改正について述べた部分について租税特別措置法を引用している箇所では，その当時の条文を引用していることに留意されたい。

かどうか，といったテストを経てはじめて，日本の国内源泉所得として課税を行うのである。なお，4号所得に該当するためには，さらに，所得税法23条1項に規定する利子等であることを要するから，公社債の利子のうち，分離利息振替国債にかかるものが4号所得からは除かれる（所税161条4号柱書〔2019年4月1日現在の161条1項8号柱書〕，23条1項括弧書き）。

この例から，金融資産から生ずる所得に対して源泉地国課税を行うために，いくつかハードルがあることが直感的にわかるであろう。土地や工場のような実物資産と異なり，金融資産は抽象度の高い観念的存在であり，物理的な所在を観念することが難しい。仮に権利を表章するペーパーを動産としてとらえ，その所在地を基準に領域との結びつきを決めることにしたとしても，ペーパーはペーパーにすぎないから，権利内容の実質に関係なくその地理的所在を操作することは，納税者にとってきわめて容易である。しかも，ペーパーレス化がすすめば，そのような所在地すらも消滅してしまい，残るのはコンピュータ上の電子的記録のみになってしまう。

Ⅱ　4号所得に対する源泉地国課税の空洞化

1　非課税措置の増殖

かねてより，4号所得に対する源泉地国課税については，公社債の利子を中心として，種々の非課税措置が設けられてきた。

すなわち，現行所得税法（原論文執筆当時）の下で，4号所得は，次のように定義されている（図表1）。

【図表1】4号所得の定義[補注3]

| 所得税法161条　この編において「国内源泉所得」とは，次に掲げるものをいう。 |
| 四　第23条第1項（利子所得）に規定する利子等のうち次に掲げるもの |
| 　イ　日本国の国債若しくは地方債又は内国法人の発行する債券の利子 |
| 　ロ　外国法人の発行する債券の利子のうち当該外国法人が国内において行う事業 |
| 　　に帰せられるものその他の政令で定めるもの |

［補注3］　引用した定義は，2019年4月1日現在の所得税法161条1項8号に引き継がれており，本稿が主要な対象とするイの部分に変更はない。これに対し，ロの「当該外国法人が国内において行う事業に帰せられるもの」という部分が，平成26年度税制改正による帰属主義への移行に伴い「当該外国法人の恒久的施設を通じて行う事業に係るもの」と変更されている。

ハ　国内にある営業所，事務所その他これらに準ずるもの（以下この編において
「営業所」という。）に預け入れられた預貯金の利子
ニ　国内にある営業所に信託された合同運用信託，公社債投資信託又は公募公社
債等運用投資信託の収益の分配

このうち，イに掲げるのが公社債の利子に関係する部分であり，4号所得の
中核部分である。この部分について，非課税措置が増殖してきたのである。

以下では，非課税措置の歴史的展開を，3つの措置にそくして整理してみよ
う。なお，ここでは利子にかかる源泉所得税にのみ着目することとし，償還差
益の課税や法人税との関係についてはのちにⅢでまとめて言及する。

2　民間国外債の利子を非課税にする

(1)　内国法人の発行する外貨債

最も初期から例外的な措置が講ぜられたのが，内国法人の発行する外貨債に
ついてであった。昭和37年（1962年）のことである。

この年の税制改正で，国内源泉所得に関する現行規定の原型が立法化された。
現在の（原論文執筆当時）4号所得のイの部分に対応する規定は，「国債，地方
債又はこの法律の施行地に本店若しくは主たる事務所を有する法人の発行する
債券の利子（所税1条3項2号）」であり，日本国内に本店を有する法人の発
行する債券の利子が国内源泉所得とされていた。つまり，発行体が内国法人で
あるか否かを基準として国内源泉所得の範囲を定めていたのであり，この基準
は現行法（原論文執筆当時）と同じである（2019年4月1日現在も同じ）。言い換
えれば，発行体が内国法人でありさえすれば，外貨建てであるか円建てである
かを問わず，また，起債市場が外国であるか日本であるかを問わず，その債券
の利子は国内源泉所得とされた。

しかしこうなると，内国法人の発行する外貨債を，非居住者や外国法人が買
ってくれないおそれがある。そこで，外貨債の円滑な発行と消化に資するため，
租税特別措置法によって，非居住者または外国法人が支払を受ける利子につい
て，税率を20％から10％に軽減する措置が講ぜられた（税特措7条の2）。当
初この措置は3年間の時限措置であったところ，のちに適用期限が延長された。

昭和40年の所得税法全文改正により，4号所得に関する規定がほぼ現在の
形をとるようになる。源泉徴収に関する規定も大幅に整備された。

294　第4章　国境を越える信託

(2)　外貨債の利子に関する非課税措置の導入・廃止・再導入

　その後，昭和43年（1968年）の税制改正で，租税特別措置法による上述の税率軽減措置は，非課税措置へと改組された（税特措7条の2）。そのねらいは，国際収支の安定のため，民間外貨債の発行を促進することにあった。この非課税措置は，適用期限が限られていた。また，最終償還日までの期間が3年以上であるものに非課税措置の適用対象を限定していた。

　日本の外貨事情の好転に伴い，昭和47年（1972年）の改正で，非課税措置をやめて税率軽減措置に戻した（税特措7条の2）。適用期限を区切り，昭和47年4月1日から昭和49年3月31日までの間に発行した外貨債に対象を限定していた。また，その発行日から最終償還日までの期間が5年以上であるもののみに適用があった。当時のこのような規定振りからは，4号所得に対する源泉徴収を本則としつつ，あくまで例外的な特則として，税率軽減措置を設ける，という立法の態度がうかがわれる。

　ところが，昭和49年（1974年）には，石油ショックを受けて外貨事情が急変し，非課税措置が再導入された（税特措7条の2）。この規定は適用期限を区切っていたところ，その後何度も適用期限が延長され，昭和59年改正により昭和61年3月31日発行分までとされるまで続いた。

　こうして，いつ発行されたかに応じて，税率軽減措置の対象になる外貨債と，非課税措置の対象になる外貨債が，市場で混在するという可能性があったことになる。

(3)　民間国外債の利子の非課税

　昭和59年（1984年），内国法人にとって，円建て外債の公募発行が認められた。そして，金融資本市場の自由化を検討する日米円ドル委員会の検討に基づき，昭和60年（1985年）の改正で，円建て債も非課税の対象に含めることとした。また，国外で発行する債券（利子の支払が国外で行われるものに限る）を対象とすることとした。これが，民間国外債の利子の非課税措置である（税特措6条）。この改正を一覧にしたのが，図表2である。

【図表2】外貨債非課税から民間国外債非課税へ

旧法	新法
外貨債であれば国内発行も含む外貨債・円建て債を問わない	国外で発行する債券（利子の支払が国外で行われるものに限る）のみ

この措置には適用期限が付されていたところ，その後相次いで適用期限が延長され，平成 9 年の改正により平成 10 年 3 月 31 日まで発行分とされるまで続いた。

（4） 外為法自由化への対応

平成 10 年（1998 年）4 月から，新外為法の下で，居住者や内国法人が国外に証券口座を自由に開設し，その口座を通じて債券や株式などに投資できるようになった。その当時に「金融ビッグ・バン」あるいは「金融システム改革」と呼ばれた改革の一環である。この状況の下で，居住者や内国法人が，非居住者や外国法人であるふりをして，国外で民間国外債の利子を受け取り，非課税措置を濫用することが懸念された。そこで，租税特別措置法の仕組みを次のように改め，本人確認制度を設けた[2]。

一方で，居住者または内国法人が民間国外債の利子の支払を受ける場合，発行体が 15% の税率で所得税の源泉徴収を行う（税特措 6 条 1 項から 3 項）。

他方で，非居住者または外国法人が民間国外債の利子の支払を受ける場合，非居住者または外国法人であることにつき原則として本人確認を行ったうえで，非課税措置を適用する（税特措 6 条 4 項以下）。

この本人確認制度の導入にあわせて，適用対象となる民間国外債の償還期限の限定を廃止した。ただし，適用期限は限定されていた。この適用期限を撤廃したのが，平成 22 年（2010 年）の改正である。立案担当者は，その趣旨につき，「既に制度として定着したものと考えられること等を踏まえ，適用期限が撤廃（恒久化）されました」と述べている[3]。

このようにして，内国法人が国外で発行する債券の利子は，その支払が国外でされるものである場合，恒久的措置として，源泉徴収を免れることになる。非居住者・外国法人が支払を受ける民間国外債の利子については，源泉所得税を非課税とすることがすでに「制度として定着した」ものと考えられているのである。

3　東京オフショア市場の開設に対応する

昭和 61 年（1986 年）に，外為法の改正により，国内市場から遮断された東

---

2)　加藤治彦 = 谷口和繁「国境を越える資金移動の自由化に対応した税法上の 2 制度の導入について」水野忠恒編著『二訂版 国際課税の理論と課題』（税務経理協会，2005 年）317 頁，333 頁。

3)　『平成 22 年版改正税法のすべて』（大蔵財務協会，2010 年）528 頁。

296　第 4 章　国境を越える信託

京オフショア市場が創設された。東京市場を国際金融センターとして発展させるための措置である。このとき，金融面のみならず，税制面でも措置を講ずることになった。すなわち，特別金融取引勘定（オフショア勘定）が受け入れる預金・借入金の利子について，源泉所得税を非課税とした（税特措 7 条）。その後，外為法の改正に対応するなど数次にわたる改正を経て，現行法（原論文執筆当時）に至っている（2019 年 4 月 1 日現在も同じ）。

　当初は適用期限を区切っていたところ，それは累次延長されてきた。そして，平成 20 年（2008 年）の改正により，期限を付さないこととされた。その趣旨について，立案担当者は次のように述べている[4]。

「本措置については，従来，変化の速い金融取引に係るものであり運用状況等を踏まえた適時の見直しが必要である等の見地から，期限（2 年）を付してきました。しかし，今般，本措置の期限のあり方につき，措置が切れた場合の影響，措置の運用状況，諸外国の状況等を精査し総合的に検討したところ，期限を付さないこととされました。」

　こうして結局のところ，この非課税措置も恒久化したのである。

4　振替国債・振替地方債・振替社債の利子を非課税とする

(1)　一括登録国債の利子の非課税

　平成 11 年（1999 年），非居住者・外国法人が支払を受ける一括登録国債の利子につき，所得税を課さない旨の規定が設けられた（税特措 5 条の 2）。

　その趣旨は「円の国際化」にあった。円の国際化とは，海外における円貨の保有と利用を推進し，円を国際的に流通させることである。1980 年代の金融自由化の流れの中で課題として指摘され，3 でみた東京オフショア市場の開設時にも議論されていた。1990 年代後半には，アジア通貨危機においてドルへの過剰依存に反省が高まり，欧州におけるユーロ導入が迫っていた。この中で，円の国際化が改めて脚光を浴びた。そこで，円の国際化の観点から，日本の短期金融市場の厚みを増し，海外投資家が日本国債に投資しやすくするため，税制上の措置として，非課税規定を設けることにしたのである。

　一括登録国債とは，一定の要件を満たす非居住者・外国法人が，受寄金融機関等（たとえば日銀）に対しその受寄金融機関等の国内にある営業所または事

---

4)　『平成 20 年版改正税法のすべて』（大蔵財務協会，2008 年）524 頁。

務所を通じて混蔵寄託をしている国債で，銘柄ごとに一括して登録がされているもののことをいう。この一括登録国債の利子が，本人確認の手続をふむことによって，非課税とされたわけである。こうして，日本国債を買った海外投資家は4号所得として源泉徴収の対象となる事態を免れることになるから，それだけ利回りが良くなり，国債消化に資することになる。

(2)　振替国債の利子の非課税への改組

平成14年（2002年）には，証券決済制度が整備され，社債や国債について，券面を必要としない新たな振替制度が設けられた（社債株式等振替法）。いわゆるペーパーレス化である。決済期間が短縮され，多層構造の振替決済がつくられた。従来の一括登録国債は，振替国債に移行した。

これに対応して，これまでの一括登録国債の利子の課税の特例が，振替国債の利子の課税の特例に改組された（税特措5条の2）。すなわち，特定振替機関等（たとえば日銀）から開設を受けている口座において，その特定振替機関等の営業所等を通じて振替記載等（振替口座簿への記載や記録のこと）を受けている振替国債の利子を，一定の要件の下に非課税とした。同様にして，適格外国仲介業者（たとえばニューヨークに本店のある外国口座管理機関で日本橋税務署長の承認を受けたもの）から開設を受けている口座において，その適格外国仲介業者の特定国外営業所等を通じて振替記載等を受けている振替国債の利子も，一定の要件の下に非課税とした。非課税措置を利用するための一定の要件の中心が，本人確認手続を満たすことである。

(3)　振替地方債の利子を非課税対象に追加

平成19年（2007年）には，振替地方債の利子についても，振替国債の利子と同様の手続の下で，非課税とされた（税特措5条の2）。

こうして現在（原論文執筆当時），振替国債と振替地方債については，本人確認手続をふむことによって，利子の支払を受ける非居住者・外国法人は所得税の源泉徴収を免れることができる（税特措5条の2第1項，2019年4月1日現在も同じ）。外国投資信託の受託者である非居住者・外国法人が，当該外国投資信託の信託財産につき支払を受ける振替国債・振替地方債の利子についても，当該外国投資信託が法定の適格要件を満たす場合につき，非課税措置が適用される（税特措5条の2第2項）。

所得税を課さない旨の規定は，国内に恒久的施設を有する非居住者が支払を受ける振替国債・振替地方債の利子で，その者の国内において事業において行

う事業に帰せられるものについては，適用しない（税特措5条の2第3項〔帰属主義への移行に伴う改正を経て2019年4月1日現在の第5項に引き継がれている〕）。源泉徴収はせずに（第3項第2文），所得税の申告納税を行う。同様にして，国内に恒久的施設を有する外国法人が支払を受ける振替国債・振替地方債の利子について，法人税を課さない旨の規定は，適用しない（税特措67条の17第9項〔原論文執筆当時の規定。平成26年度改正による帰属主義への移行に伴い，振替国債・振替地方債の利子は，恒久的施設に帰属しないものはそもそも法人税の課税対象とされなくなったため，非課税の特例の対象から除外された〕）。

　この振替国債・振替地方債の利子の非課税措置には，適用期限が区切られていない。所定の本人確認手続をとることを前提として，恒久的措置として仕組まれているのである。

　(4)　振替社債の利子の非課税措置

　平成22年（2010年）の改正で，振替社債の利子について，非課税措置が講ぜられた（税特措5条の3）。

　所得税の源泉徴収を免除するための手続は振替国債についてのそれと基本的に同様であり，非課税適用申告書の提出，所有期間明細書の提出，本人確認，非課税区分口座の設定，適格外国仲介業者の承認などについて規定がある。

　社債が国債と異なる点のひとつが，発行者が民間の主体であって，それ自体として法人税の納税義務を負う点である。そして，社債の発行者の課税所得の計算上，利子の支払は損金に算入され，課税ベースを減少させる。そのため，発行者の法人税を減少させつつ，同時に，源泉徴収も免れてしまうことが警戒された。対策として，利益連動債の利子（税特措5条の3第4項1号，税特措令3条の2第8項）や，振替社債の発行者の特殊関係者が支払を受ける利子（税特措5条の3第2項）は，非課税措置の対象外とされた。

　いまのところこの非課税措置は時限的措置であり，平成25年3月31日までに発行された振替社債の利子を適用対象としている（その後，平成25年度税制改正で適用期限が撤廃され，恒久的措置とされた。ただし，振替特定目的信託受益権のうち社債的受益権の剰余金の配当については平成28年3月31日までに発行されたものに限るとされた）。

Ⅲ　今後の展望

1　現行法（原論文執筆当時）の姿

以上，振替国債と振替地方債の利子（税特措5条の2），振替社債の利子（税特措5条の3），民間国外債の利子（税特措6条）について，非課税措置が講ぜられてきたことをみた。こうして，非居住者・外国法人が支払を受ける4号所得に対する源泉徴収は，その中核部分が空洞化している。すなわち，4号所得のうち「イ　日本国の国債若しくは地方債又は内国法人の発行する債券の利子」は，たてまえ上は国内源泉所得として源泉所得税の対象とされているにもかかわらず，租税特別措置法により，かなりの部分が所得税を課されないこととされているのである（2019年4月1日現在の所得税法161条1項8号イについて同じ）。

公社債のリターンとして利子とならんで重要なのが，償還差益や発行差金である。利子だけが非課税であって，償還差益や発行差金について何らの措置も講じないのでは，アンバランスが生じてしまう。そこで，償還差益や発行差金についても，利子に対する非課税措置と平仄をとるように，所得税と法人税が非課税とされている（税特措41条の13，67条の17）。このように，非課税措置の対象は，単に4号所得にとどまらず，1号所得のうち「国内にある資産の運用又は保有により生ずる所得」（所税161条1号，法税138条1号〔2019年4月1日時点の所税161条1項2号，法税138条1項2号〕）にも及んでいる。源泉地国課税の一環として申告納税の対象となる場合についても，非課税措置が及んでいるのである。

このことをまとめたのが，図表3である。

【図表3】現行非課税措置の一覧

5条の2　振替国債・振替地方債の利子 5条の3　振替社債の利子 6条　民間国外債の利子 7条　東京オフショア市場の預金利子	41条の13　償還差益・発行差金（所得税の申告納税） 67条の17　利子・償還差益・発行差金（法人税の申告納税）

2　非課税措置の恒久化

これらの措置は，振替社債の利子についての非課税措置を除き（原論文執筆

300　第4章　国境を越える信託

後平成25年度税制改正で適用期限が撤廃された），恒久化されている。そのいくつかはすでに長年にわたって定着し，その存在が国際金融市場の動きに織り込まれている。その意味で，形式的には租税特別措置法に設けられている特則とはいえ，もはや4号所得に関する基本的な課税ルールの一部を成しているというべきであろう。

そして，今後とも，この状況が覆ることはあまり予想できない。その理由は3つある。

第1は，法的統制の弱さである。論者によっては，上述の非課税措置がすべて租税特別措置法に定められていることから，租税特別措置の整理の一環として廃止や縮小の対象とされるのではないか，と考える向きがあるかもしれない。たしかに，平成22年度改正は租税特別措置透明化法を導入し，特別措置の整理に向けた一歩を踏み出した。しかし，この仕組みの下で適用額明細書の提出が義務付けられているのは，法人税に関する減収措置であり，具体的には租税特別租税措置法第3章の規定である。よって，図表3に示した5条の2から7条にかけての源泉所得税に関する非課税規定は，財務大臣が実態調査の必要があると認めるときに，調査するにすぎない。

第2は，経済的状況である。金融市場の自由化とグローバル化に直面する中で，源泉地国課税の範囲を縮小する動きは，1980年代以降，顕著な国際的潮流となっている。すなわち，1984年に米国がポートフォリオ利子を非課税にして以降，主要経済国がこれに追随せざるを得なくなった。足の速い金融所得に対する源泉地国課税は，もともと困難をかかえているのである。

第3は，理論の動向である。租税支出（tax expenditure）に関する研究自体が，源泉地国課税のルールのあり方に斬り込むことをしないのが通例である。1985年に出版されたサリー教授らの著名な書物は，次のように指摘している。[5] いわく，「外国人の課税を律するルールは租税支出分析の影響を受けにくい。この分野では，租税立法者は規範的な争点に関する決定に基づき技術的ルールを案出する作業に従事しているのではない。そうではなく，租税立法者は，個別事案に対するアド・ホックな解答を実施するためにルールを供給しているのである。これらの雑多なルールは租税支出でもなければ租税ペナルティーでもない。」

このような法的・経済的・理論的状況からすると，非課税措置は少なくとも

5) Stanley S. Surrey and Paul R. McDaniel, Tax Expenditures 166-167 (Harvard University Press, 1985).

当分の間は存続すると考えるのが自然であろう。[補注4]

3　源泉徴収義務者の義務と責任

このように，源泉地国課税を排除するルールが定着する中で，実務上の問題関心は，本人確認のための手続をどのように簡素かつ確実なものにするか，という方面に向けられていく。この見地から，今後この分野でますます重要になるであろう点は，非課税措置を適用するに際しての手続的負担をどう処理するかである。とりわけ，階層化の進む国際証券投資について，「情報のあるところ」から「情報を必要とするところ」へと，いかにして円滑に情報を伝達すべきかという問題が肝要である。[6]

おりしも，米国のオバマ政権下では，一国のみで国外金融機関に対して顧客の情報提供を求める立法がなされている。[7]日本でも，源泉徴収に関する権限と責任を支払者に集中するための税制を整備することを視野に入れて，総合的に得失を研究することが求められよう。[8]

4　4号所得以外のポートフォリオ投資のリターン

本稿は，4号所得に対する源泉地国課税の空洞化を明らかにした。他のポートフォリオ投資のリターンとの比較は，次の課題である。

（金融取引と課税（2），2012 年）

〔補論〕

この論文では，ポートフォリオ利子に関する源泉地国課税の縮減傾向を「4号所得の空洞化」と名付けて具体的に指摘した。その後，Ⅲ3で記した源泉徴収義務者の義務と責任の問題が，重要性を増すことになった。

たとえば，金融機関に要求される実質的支配者の本人確認は，マネロン対策との関

〔補注4〕　平成 25 年度改正で振替社債の利子非課税が恒久的措置とされたことは，原論文執筆時のこの見通しが正しかったことの例証になる。さらにいえば，「恒久的措置」といえども国会はこれを立法で覆す権限を有しているところ，本文で述べた理由により，少なくとも当分の間はそのような可能性は低いとみることができる。

6)　宮崎裕子「クロス・ボーダー投資と源泉徴収制度のあり方に関する一考察」金子宏編『租税法の発展』（有斐閣，2010 年）657 頁。

7)　田中良「全世界所得課税確保のための海外金融資産・所得の把握方法——米国の適格仲介人（QI）制度・FATCA の展開」金融研究 30 巻 4 号（2011 年）313 頁。

8)　増井良啓「租税条約実施特例法上の届出書の法的性質」税務事例研究 114 号（2010 年）56 頁，78 頁。

302 第4章 国境を越える信託

係で必須の業務となったのみならず，税制との関係でも必要とされるようになった。すなわち，米国の一方的措置として導入されたFATCAが契機となって，金融口座情報を共通報告基準（CRS）に従って租税条約に基づき各国の課税当局間で自動的に情報交換する多国間枠組みができ，日本でもこれに対応して国内法が整備された。この点については，増井良啓「非居住者に係る金融口座情報の自動的交換—CRSが意味するもの」論究ジュリスト14号（2015年）218頁。

　さらに，租税条約の特典として利子の源泉地国免税が定められている場合について，源泉徴収義務者にはその適用の可否をめぐって判断に迷う場合が増えることが見込まれる。というのも，BEPS防止措置実施条約の発効に伴い，主要目的テスト（PPT）の適用があれば租税条約上の免税措置の適用が否定されることになったからである。PPTと源泉徴収制度の相性の悪さについては，宮崎裕子「国際租税法における要件事実論」伊藤滋夫ほか『租税訴訟における要件事実論』（青林書院，2016年）426頁。

支店外国税額控除の設計

増 井 良 啓

I　は じ め に

　本稿で検討するのは，外国法人の日本支店に対して外国税額控除を与えるための制度設計の指針である。すなわち，「支店」に適用のある「外国税額控除」をどう設計するか，を論ずる。

　念頭においている状況は，図表 1 のような国際的企業活動である。たとえば，R 国に居住地のある R 社（＝日本の法人税法上の「外国法人」）が，日本国内に支店を置いて事業活動を行っている。R 社がこの日本支店を通じて，S 国の居住者である者に対する金銭の貸付け，投資その他これに準ずる行為を行い，これらの行為により生ずる所得が当該支店において行う事業に帰せられる。具体的には，支店勘定で金銭の貸付けを行って利子を稼得する場合や，支店で記帳し管理する株式につき配当の支払を受ける場合などである。いずれの場合についても，これらの国外投融資所得は，日本支店の営む事業に実質的に関連しているものとする。

　図表 1 の状況において，現行法人税法（2013 年当時）は，R 社の日本支店に外国税額控除を与えない。外国税額控除の適用範囲を内国法人に限定しており（法人税法 69 条），外国法人に対してはこれを準用しないのである。[1]

　それでは，このような現行法を改め，外国法人の日本支店に対して外国税額控除を与える制度を立法論として構想する場合には，どのような考え方によるべきであろうか。これが本稿の検討課題である。

　本稿で検討するのは，日本国内法の立法の基礎となるべき政策論である。筆

---

1)　増井良啓「二国間租税条約における恒久的施設無差別の規定と国内租税法令における外国税額控除の人的適用範囲——OECD の 2007 年 5 月 3 日 public discussion draft をめぐって」ソフトロー研究 11 号（2008 年）101 頁，110 頁。

304　第4章　国境を越える信託

【図表1】念頭においている状況

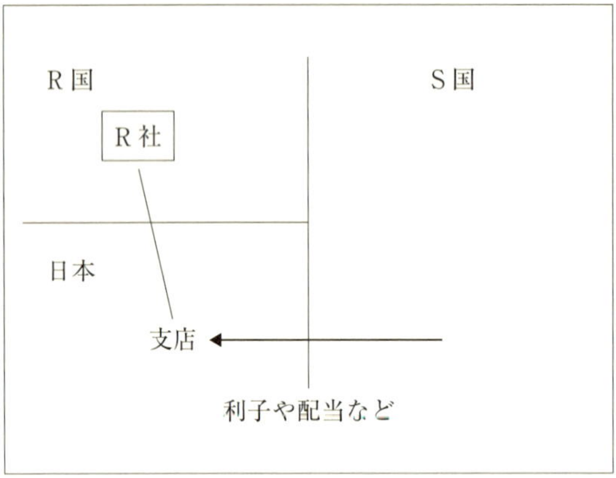

```
 R国                          S国

      R社

 日本

      支店          ←

           利子や配当など
```

者は数年前に，本稿と同様の状況を念頭において二国間租税条約の無差別条項の解釈適用を論じ，その中で，外国法人の恒久的施設について外国税額控除を与える措置を国内法上設けるべきであると指摘した[2]。その後，いわゆる「帰属主義への移行」が税制改正のアジェンダとなり[3]，外国税額控除の設計を論ずることの意義が大きくなってきた。そこで，先の条約の研究に引き続いて，国内法の改正の方向を探ることとする。本稿は支店について論ずるが，ここで述べる考え方の大筋は恒久的施設一般に及ぶ。逆にいえば，政策論といっても，本稿は金融機関の支店特有の問題をデータを踏まえて実証的に検証するようなアプローチを採るのではなく，課税管轄権の調整をめぐる考え方の筋道を大まかに示すにとどまる。

　以下，現行法人税法上の課税ルールを示した上で（Ⅱ），米独の議論を簡単に調べたあと（Ⅲ），制度設計の指針となるべき基本的な考え方を述べる（Ⅳ）。

　＊　（初出時の補記）本稿は，2013年5月末に脱稿した。その後，2014年3月の校正時までに，帰属主義への移行に関する検討が進み，支店外国税額控除は平成26年度税制改正で立法化されることになった。すなわち，2013年10月25日税制調査会国際課税ディスカッション・グループ（DG）において財務省主税局参事官「国際課税原則の総合主義（全所得主義）から帰属主義への見直し」が提出され，同年

---

2)　増井・前掲注1）117頁。
3)　自由民主党・公明党『平成25年度税制改正大綱』検討事項11。

12月2日に税制調査会総会において国際課税DGからの報告がなされた。その内容は平成26年度税制改正大綱に盛り込まれた。この改正のひとつの項目として，法人税法144条の2が新設された。新法の評価については，別の機会に論じたい。

II　現行法人税法上の課税ルール

1　課税ルールの例示

現行法人税法（2013年当時）の取扱いがどうなっているかを，先の図表1の例を念頭において略述しておこう。

まず，R社の日本支店に帰せられる国外投融資所得は，原則として1号所得の「国内において行う事業から生ずる所得」となる（法人税法施行令176条5項本文）。

ただし，S国（＝利子や配当など国外投融資所得の源泉地国）で外国法人税が課された旨の書面を確定申告書に添付した場合には，1号所得にあたらない（同項但書）。1号所得にあたらないということは，支店所在地国である日本が課税を控えるということを意味する。その結果，国外投融資所得の源泉地国であるS国の課税との間での重複課税が避けられる。

なお，1号所得非該当とするこの取扱いは，当該投融資の行為が行われた外国に，R社の本店または主たる事務所が所在する場合には，適用されない（同項但書第1括弧書き）。したがって，図表1の例と異なり，R社の日本支店に帰せられる利子や配当がR国に本店のある別の会社から支払われるような場合については，当該利子や配当は原則に戻って1号所得に該当する。

2　論点の析出

現行法のこの解決については，少なくとも3つの論点がある。それらは，論理的なレベルを異にしており，相互に区別しておくことが適切である。

第1の論点は，S国・日本国・R国の間の課税管轄権をどう調整すべきかである。S国と日本国との2国間関係をみると，現行法の解決は，支店所在地国としての日本国が課税を控え，利子や配当の源泉地国としてのS国が優先的に課税するものである。このやり方は，所得源泉からの距離が相対的に遠い国が二重課税排除措置を講ずる責務を負う，というロジックによって説明できそうである。[4]ところが，R社の居住地国であるR国に視野を広げると，3国間関

306　第4章　国境を越える信託

係が問題になる。R国がその内国法人の全世界所得に課税し外国税額控除を与える国である場合，支店所在地国としての日本が課税を控えることにより，その分だけR国での外国税額控除の対象額が減る。ここからは，源泉地国との間の国際的二重課税の調整は，すべてR国の責務とすべきであるという見解も成り立つ。そうなると，S国源泉税はR国で外国税額控除の対象とすれば足りるのであって，日本国が課税を控える必要はないということにもなりかねない。後述するように本稿はこの見解に賛成できないのであるが，この見解が意味をもつ場面があることは否定できず，基本的な考え方を明確にしておく必要が大きい。

　第2の論点は，支店所在地国たる日本が二重課税を排除するとして，外国税額控除と国外所得免除とのうちいずれの方式を採用すべきかである。国際的二重課税排除の方法として，内国法人には外国税額控除を与えるのに，外国法人の支店には1号所得非該当といういわば国外所得免除のような扱いをしている。この扱いは1号所得の範囲に関する理解の変遷に関わり，少なくとも歴史的には理由があったかもしれないが，「支店に帰属する所得をすべて日本法人税の対象とする」という考え方を貫徹するならば，現在においては十分な基礎を欠いているように思われる。このような観点から，本稿は，米独の例にならい，外国税額控除方式に切り替えるべきであると考える。そうすることで，外資の対日直接投資における法人形態と支店形態の扱いをより中立的なものにすることができよう。

　第3の論点は，外国税額控除方式を採用するとした場合，どのような制度設計を行うべきかである。たとえば，先に例示したように，現行法は，支店に帰せられる利子や配当がR社の本店所在地国に源泉を有する場合には，但書の適用範囲から明示的に除外し，当該利子・配当を1号所得に含める。この方針を延長して考えれば，外国税額控除の設計にあたっても，このような場合には外国税額控除の適用対象から外すことが自然かもしれない。しかし，この扱いは必ずしも自明のことではなく，米国では立法過程において外国税額控除の対象範囲に修正がなされている。この点につき日本の国内法でどのような立法政策を採用すべきかは，明示的に検討しておく必要があろう。他にも，控除限度額の算定方式など，具体的に問題になる点は多い。

---

4)　渕圭吾「恒久的施設と帰属所得主義に関する動向」ジュリスト1447号（2012年）27頁，32頁。Ⅲ3で後述するアメリカ法律協会の報告書も同様の議論をしている。

III　米独の議論

1　米国の1966年改正

　米国の連邦所得税では，1966年以来，非居住外国人と外国法人が米国内で事業を営む場合について，外国税額控除を与えている。

　その根拠規定が内国歳入法典906条であり，1966年の外国投資者課税法（FITA, Foreign Investors Tax Act）によって導入された。FITA以前，米国は，外国企業が国内で行う事業を通じて稼得したものであるか否かを問わず，その企業の国内源泉所得をすべて総合課税の対象としていた（全所得主義）。これに対し，FITAにより，外国企業が国内で行う事業と実質的に関連する所得が総合課税の対象とされた[5]。この改正に伴って，外国税額控除の規定が整備されたのである。

　内国歳入法典906条は，外国企業の稼得する米国内事業と実質的に関連する所得を米国における総合課税の対象とすることを前提として，外国税額控除を与える。直接外国税額控除だけでなく，間接外国税額控除も対象とする。対象外国税は，所得に課されるすべての所得税・戦時利得税・超過利得税である。

　外国税額控除を与える趣旨について，上院歳入委員会の報告書は，次のように述べている[6]。いわく，「実質的に関連する国外源泉所得というコンセプトを採用する主な理由は，合衆国が『タックス・ヘイブン』として利用されることを防止することにある。このことに鑑みると，源泉地国または居住地国が所得に課税する範囲で二重課税をもたらすかもしれないやり方で合衆国が課税管轄権を行使することはすべきでないというのが，当委員会の意見である。したがって，当委員会の結論としては，合衆国が『タックス・ヘイブン』として利用されることを防止するという政策は，実質的に関連する国外源泉所得に関して課されるすべての外国所得税につき外国税額控除を与えることによって，くじかれることはない。」

　どの国が課す外国税を外国税額控除の対象にするかについては，規定の立法過程において上院修正があった。導入当時の論文によると[7]，下院法案では，外

---

5)　谷口勢津夫「外国企業課税に関する帰属所得主義と全所得主義（2）」税法学390号（1983年）1頁。

6)　S. Rep. No. 1707, 89th Cong., 2d Sess. 44 (1966).

308　第4章　国境を越える信託

国税額控除の対象は，自国内に所得源泉があるとみて源泉地ベースで課税する
国の課す租税のみであった。上院歳入委員会がその規定を修正し，適用対象を
拡大した。[8]上院を通過し，下院と上院の協議を経て制定された規定では，外国
企業の居住地国が課す税であっても，米国のソース・ルールからみて国外源泉
所得にあたる限り，住所や設立地などによるつながりなしに課されるものであ
れば，外国税額控除の対象とされることとされている。[9]その後，内国歳入法典
906条は，(b)項の5号以下が追加されたり削除されたりした以外は，規定の
内容に変化はない。[10]

　内国歳入法典906条の現行規定（2013年当時）は，図表2に引用したとおり
である。

【図表2】内国歳入法典906条の規定

---

26 USC§906-Nonresident alien individuals and foreign corporations
(a) Allowance of credit
　　A nonresident alien individual or a foreign corporation engaged in trade or
　　business within the United States during the taxable year shall be allowed a
　　credit under section 901 for the amount of any income, war profits, and excess
　　profits taxes paid or accrued during the taxable year (or deemed, under section
　　902, paid or accrued during the taxable year) to any foreign country or posses-
　　sion of the United States with respect to income effectively connected with the
　　conduct of a trade or business within the United States.
(b) Special rules
(1) For purposes of subsection (a) and for purposes of determining the deductions
　　allowable under sections 873 (a) and 882 (c), in determining the amount of any
　　tax paid or accrued to any foreign country or possession there shall not be tak-
　　en into account any amount of tax to the extent the tax so paid or accrued is
　　imposed with respect to income from sources within the United States which
　　would not be taxed by such foreign country or possession but for the fact
　　that—
　　(A) in the case of a nonresident alien individual, such individual is a citizen or

---

7)　Stanford G. Ross, United States Taxation of Aliens and Foreign Corporations: The Foreign In-
　　vestors Tax Act of 1966 and Related Developments, 22 Tax Law Review 277, 343 (1967).
8)　S. Rep. No. 1707, 89th Cong., 2d Sess. 44-45 (1966).
9)　Legislative History of H. R. 13013, 89th Congress FOREIGN INVESTORS TAX ACT OF 1966,
　　Public Law 89-809, at pages 32-33 (1967). 制定された規定は，上院財政委員会の述べていたとこ
　　ろよりもやや制限的である。906条の立法史について，Elisabeth Owens, Foreign Tax Credit
　　Granted to Foreigners, 45 Taxes 463 (1967).
10)　CCH, Internal Revenue Code, Vol. 2—Income, Estate, Gift, Employment and Excise Taxes
　　§861—End, As of November 1, 2011 の906条注記による。

resident of such foreign country or possession, or

(B) in the case of a foreign corporation, such corporation was created or organized under the law of such foreign country or possession or is domiciled for tax purposes in such country or possession.

(2) For purposes of subsection (a), in applying section 904 the taxpayer's taxable income shall be treated as consisting only of the taxable income effectively connected with the taxpayer's conduct of a trade or business within the United States.

(3) The credit allowed pursuant to subsection (a) shall not be allowed against any tax imposed by section 871 (a) (relating to income of nonresident alien individual not connected with United States business) or 881 (relating to income of foreign corporations not connected with United States business).

(4) For purposes of sections 902 (a) and 78, a foreign corporation choosing the benefits of this subpart which receives dividends shall, with respect to such dividends, be treated as a domestic corporation.

(5) For purposes of section 902, any income, war profits, and excess profits taxes paid or accrued (or deemed paid or accrued) to any foreign country or possession of the United States with respect to income effectively connected with the conduct of a trade or business within the United States shall not be taken into account, and any accumulated profits attributable to such income shall not be taken into account.

(6) No credit shall be allowed under this section against the tax imposed by section 884.

この条文はふたつの項から成る。(a) 項が外国税額控除に関する 901 条と 902 条の規定を準用し,(b) 項が特則を定めている。

(b) 項のうち,(1) の特則はやや読みにくいが,1966 年創設時の上院修正を法文の形で反映している。[11] (1) の特則の中で,873 条 (a) 項と 882 条 (c) 項に言及している部分は,外国税の損金算入を否定する趣旨である。[12] (b) 項の (3) は,30% の比例税率で分離課税されるタイプの米国内事業非関連の所得について,この外国税額控除が適用されないことを定めている。

2 ドイツの 1980 年改正

ドイツの所得税法・法人税法は,1980 年以来,制限納税義務者が国内で事

---

11) Bittker and Lokken, Federal Income Taxation of Income, Estates and Gifts, Second edition, Vol. 3, Chapter 69, 131 (1999).

12) Ross, *supra* note 7, 344 note 276 は,これを「不可解な規定である」と評している。

310 第4章 国境を越える信託

業を営む場合に，外国税額控除を与えている。

根拠条文は，法人税の対象となる会社については法人税法26条であり，所得税法50条3項を準用している。所得税法50条3項の法文を，図表3に引用する。

【図表3】 所得税法50条の規定

EStG § 50
(3) § 34 c Absatz 1 bis 3 ist bei Einkünften aus Land-und Forstwirtschaft, Gewerbebetrieb oder selbständiger Arbeit, für die im Inland ein Betrieb unterhalten wird, entsprechend anzuwenden, soweit darin nicht Einkünfte aus einem ausländischen Staat enthalten sind, mit denen der beschränkt Steuerpflichtige dort in einem der unbeschränkten Steuerpflicht ähnlichen Umfang zu einer Steuer vom Einkommen herangezogen wird.

この規定は，所得税法34c条1項から3項までの外国税額控除の規定を，制限納税義務者が国内において事業から稼得する所得について準用する。ただし，soweit 以下の節で適用範囲を限定しており，制限納税義務者が当該外国で無制限納税義務に服する場合はこの外国税額控除の適用はない。[13]

3　アメリカ法律協会の報告書

(1)　国際課税に関する包括的な検討

米国では，1986年に，アメリカ法律協会（American Law Institute, ALI）が国際課税に関する包括的な検討を行った。[14] その中で，外国企業の米国内事業に実質的に関連する所得に関する外国税額控除についても，基本的な政策を検討して，規定の改善案を提案している。

外国税額控除に関する ALI のこの提案自体は実際の税制改正にはつながっていない。しかし，基本的な租税政策のあり方を論じたものとして，参考になる。

---

13)　Gosch, in Kirchhof, EStG, 11. Aufl., § 50 Rn. 28 (2012).

14)　American Law Institute, Federal Income Tax Project, International Aspects of United States Income Taxation, Proposals on United States Taxation of Foreign Persons and of the Foreign Income of United States Persons (1986).

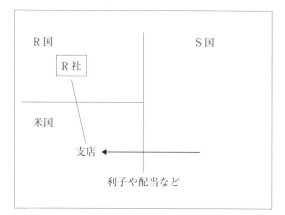

【図表4】念頭においている状況

(2) 状況の例示

先に図表1として例示した状況を，外国企業が米国内で事業を行う場合に読み替えたうえで（図表4），ALIの議論の骨子をみてみよう。

(3) 3カ国の課税管轄権の調整

ALIの検討の出発点として重要な点は，支店所在地国の行使する課税管轄権の性格づけである。この点について，ALI報告書は，R社が米国に支店を置いて事業活動を行う場合，この支店事業に実質的に関連する所得に対する米国の課税は，源泉地ベースの課税の一種（a type of source-based claim）であると性格づけている[15]。これに対し，学説上は，居住地管轄に準ずる課税管轄権（quasi-domiciliary jurisdiction）の行使ととらえる見方もある[16]。ALI報告書はこの見方を退けている。その理由としては，外国法人の支店は米国法によって設立された法人と同じ方法で課税する必要がないこと，および，この見方が居住地と源泉地という二分法に基づく伝統的な見解から離れることをあげている。

支店所在地国としての米国が源泉地管轄を行使しているのだとすると，R社の居住地国であるR国との関係では，米国が優先的に課税権を行使すべきことになる[17]。なぜなら，一般に承認された国際的慣行によると，居住地国と源泉地国の間で生ずる国際的二重課税を排除する義務は居住地国にあるとされてい

---

15) ALI, *supra* note 14, 126.
16) ALI, *supra* note 14, 77.
17) ALI, *supra* note 14, 126.

312 第4章 国境を越える信託

るからである。そしてこのことから，R国においてR社が居住地を基礎とし[18]て納税する場合，その外国税額について支店所在地国としての米国が二重課税排除のための救済を与えることはない。

米国の支店課税が源泉地ベースの課税であるとすると，米国とS国はともに源泉地管轄を行使しており，図表4では源泉に基づく課税権が重複していることになる。競合する源泉地管轄については，必ずしも明確に優先劣後関係を示す国際ルールがあるわけではない。しかし，ALI報告書は，個別的な源泉を有するS国と比較して，支店所在地国たる米国のほうが，より居住地国に類似しており，それゆえに二重課税を排除する責務を負うのが適切であると論ずる[19]。しかも，これと同じ考え方は，1980年のドイツの税制改正においてもとられていたという[20]。

以上のように支店所在地で外国税額控除を与えることに対する唯一の選択肢は，S国と米国の競合する源泉地ベース課税に関する救済を，R国に委ねるやり方である。すべての国が一括限度主義による外国税額控除を採用していたとすれば，このやり方が満足な解決であるかもしれない。しかし現実には，多くの国の外国税額控除はより制限的であるし，国外所得免除方式を採用する国も多い。したがって，源泉地管轄の競合を調整するための何らかの仕組みが必要である，というのがALI報告書の見解である[21]。

このような考慮に基づき，ALI報告書は，米国の「支店外国税額控除（branch foreign tax credit）」において，所得の個別項目の源泉に基づいて課される外国税は米国税に優先すべきであるが，当該外国納税者の居住地国に納付する外国税は米国税に優先すべきではない，という提案を行っている[22]。

(4) 外国企業の本国に由来する所得の扱い

このことをより詳しくみてみよう。図表5は，支店事業に実質的に関連する利子や配当が，R社の居住地国であるR国に源泉を有する場合である。

図表5の場合について，ALI報告書は，R国の課す租税につき米国は外国税

---

18) ほとんど自明のことであるためか，ALIはこの点について典拠をあげていないが，OECDモデル租税条約や国連モデル租税条約の構造からも明らかである。実定条約としても，3000本を超える世界各国間の二国間租税条約のネットワークは，この考え方にのっとってつくられている。

19) ALI, *supra* note 14, 127.

20) ALI, *supra* note 14, 127, footnote 230.

21) ALI, *supra* note 14, 127.

22) ALI, *supra* note 14, 127.

【図表5】R国に源泉のある所得の扱い

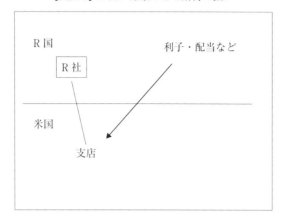

額控除を与えるべきではないし，また，外国税額控除の限度額の算定においてもこの場合の利子や配当は米国に源泉のあるものとして扱うべきであると論ずる[23]。しかしながら，これはあくまで原則である。ALI報告書は次の場合について例外を認めるのが適切であるとしている[24]。すなわち，R国が国外所得免除方式を採用する国であって，米国支店（＝R国からみた国外支店）を外国の納税義務者として取り扱っている場合である。この場合のR国は，所得の個別的源泉に基づいて課税管轄権を行使しているのであって，居住地管轄を行使しているのではないから，米国がR国税について外国税額控除を認めるのが首尾一貫している。ただし，納税者が通常の居住地ベースの課税のみに服し，個別に決定される源泉地ベースの課税に服さない場合には，外国税額控除を与えるべきではないとされる[25]。

要するに，ALI報告書の考え方によると，図表5の場合の取扱いは次のようになる。

＊原則→R国税は米国の支店外国税額控除の対象外。
＊例外→R国が国外所得免除方式を採用している場合，R国の源泉税を米国の支店外国税額控除の対象とする。ただし，R国の居住地管轄に基づく租税は対象外。

---

23) ALI, *supra* note 14, 131.
24) ALI, *supra* note 14, 131.
25) ALI, *supra* note 14, 131.

314   第4章　国境を越える信託

(5)　控除限度額の設計

ALI 報告書は，支店外国税額控除の設計にあたり，理論的には，所得類型ごとの平準化を行わない個別項目ベースでもかまわないし，限度超過額や余裕額の繰越を行わなくてもかまわないと述べている[26]。しかし，既存ルールのほうが納税者と課税庁にとってなじみがあるという理由により，居住者・内国法人に対して適用される 901 条の外国税額控除規定をなぞった形の規定を設けることが望ましいと結論した[27]。

この方針の下で，控除限度額については，費用控除額を按分方式で割り付ける次の算式を提案している[28]。

(国外源泉の実質的関連所得 − 按分された控除) ÷ (全ての実質的関連所得 − 控除) ×
(実質的関連所得に対する米国税)

たとえば，ドイツの銀行Ｘが，米国内に支店を有しているとしよう。とくに図示しないが，図表4のＲ国がドイツであり，Ｓ国がカナダであるとイメージすればよい。米国支店がカナダ法人に融資を行い，この融資から 100 の粗所得を受け取るが，カナダで 15% の源泉税に服している。この支店はまた，個別のソース・ルールの下で米国源泉とされる実質的関連所得を 100 有している。この支店には 100 の費用がある。この場合，議論を簡単にするために米国の税率が 50% であると仮定すれば，外国税額控除の控除限度額は次の計算により 25 となるから，15 のカナダ源泉税の全額を税額控除できることになる[29]。

$$(100 - 50) ÷ (200 - 100) × 50 = 25$$

同じ例で，支店の費用が 175 あったとすれば，控除限度額は次の計算により 6.25 になるから，カナダ源泉税のうち 6.25 のみを税額控除できることになる。費用が多くなる分だけ，ネット・ベースで計算する米国税が減り，それによって，ネットのカナダ源泉所得に対応する米国税をカナダ源泉税が超過してしまうのである[30]。

---

26)　ALI, *supra* note 14, 128, footnote 232.

27)　ALI, *supra* note 14, 128.

28)　ALI, *supra* note 14, 130.

29)　ALI, *supra* note 14, 132, Example 1.

30)　ALI, *supra* note 14, 133, Example 2.

$$(100-87.5) \div (200-175) \times 12.5 = 6.25$$

逆に，たとえばケイマン諸島からのグロス所得のように源泉税のかからない所得がある場合には，支店の費用は一括で按分されて平準化されるから，控除限度額が増加することになる。[31]

Ⅳ　基本的な考え方

それでは，日本法において，外国法人の日本支店に対して外国税額控除を与える制度を立法論として構想する場合には，どのような考え方によるべきであろうか。

日本法のあり方を考える場合には，国内法上は1号所得の「事業」から生ずる所得の範囲をどう区切るかが前提問題となるし，租税条約上も事業所得条項として2010年OECDモデル租税条約の新7条タイプのものを採用するかに関係する。支店外国税額控除の設計はこれらの点と不可分の問題であり，独立に論ずることは実際には難しい。しかしここでは，冒頭に示した3つの論点について，基本的な方向感を述べておこう。

第1に，3国間の課税管轄権をどう調整すべきかについては，原則として，支店所在地である日本国において二重課税排除措置を講ずることが望ましいと考える。国外投融資所得の源泉を有するS国よりも，支店所在地国としての日本国のほうが二重課税排除の措置を講ずることが適切である。R国が国外支店に帰属する損益を課税の対象外としている場合には，支店所在地国による救済の必要はより大きい。例外として二重課税排除措置の対象外とすべきは，R国が居住地管轄に基づいてR社に対して課す法人所得税などにとどめるべきであろう。

もしこれによって日本の税収が不当に減少するようであれば，すぐあとで述べる控除限度額の設計により措置することができる。また，S国の源泉税のうち控除対象となる税額を，①R国とS国の租税条約によってS国が課すことが許容されている限度額と，②日本国とS国の租税条約によってS国が課すことが許容されている限度額のうち，いずれか小さいほうに限定することも，

---

31)　ALI, *supra* note 14, 133, Example 3.

検討に値する。

第2に，支店所在地国たる日本が二重課税を排除するとして，国際的二重課税排除の方式としては，原則として，外国税額控除方式を採用すべきであろう。内国法人の国外所得については外国税額控除を与えているのであるから，その扱いと揃えるのがわかりやすい。米国では1966年に，ドイツでは1980年に，そのような方式を採用している。

これに対し，日本支店が第三国に居住地のある完全子会社の株式を管理し記帳しているような場合に，外国子会社配当益金不算入制度に相当する制度を設けるかどうかは，配当の形による国内支店への資金還流のニーズなどを勘案して決すれば足りる。この二重課税排除の方式について，外国法人の日本支店を，全くすべての点において内国法人と同様に取り扱う義務は，本店所在地国と日本国の間の租税条約の無差別条項の命ずるところではなく，支店の扱いについて合理的な範囲では一定の修正の余地が残されているものと解される[32]。

第3に，外国税額控除方式を採用する場合，原則として，外国法人の居住地国が課す租税は，支店外国税額控除の対象外とすべきである。ただし例外的に，当該居住地国が国外所得免除方式を採用しており，日本支店をあたかも国外子会社のように扱っている場合には，日本支店に対して支払う利子や配当に対する源泉税に限って支店外国税額控除の対象とすべきである。この点については，相手国の税制に応じて日本の国内法上の課税ルールを変えるよりも，国内法では一律に外国税額控除の対象外としておいて，救済のあり方を条約交渉に委ねるべきであるという見解もありえよう。この点に関する具体的解決策を租税条約に盛り込むことはもちろん差し支えないが，その場合には条約の定めを国内法上実施するための受皿を設けておくことが肝要である。

外国税額控除の控除限度額の設計は，現行法人税法69条1項，法人税法施行令142条，法人税基本通達16-3-12以下との連続性を重視する観点から，一括限度方式により，できるだけ簡便な方式からはじめることが望ましい。そのうえで，上の第1点について述べた税収上の懸念が大きいようであれば，制限措置を講ずることができよう。

（金融取引と課税（3），2014年）

---

32)　増井・前掲注1）115頁。

〔補　論〕

Ⅰの末尾に記した財務省主税局参事官「国際課税原則の総合主義（全所得主義）から帰属主義への見直し」（2013 年 10 月）は，制度改正の基本的な考え方を示す文書である。本論文の扱った問題については，「Ⅱ．外国税額控除に係る論点」という項目の中で，次のように述べている。やや長くなるが，以下に引用しておく。

「●外国法人の PE に対する外国税額控除の供与等

基本的な考え方

外国法人の PE 帰属所得について我が国で課税を行う場合には，外国法人の PE が本店所在地国以外の第三国で稼得した所得について，当該外国と我が国から二重課税を受けるため，我が国の PE に対して外国税額控除を供与するための制度を新たに設けることとしてはどうか。

基本的な仕組み

内国法人との取扱いの公平・整合性の観点から，一括限度額方式，繰越控除等の基本的な仕組みは，内国法人における外国税額控除と同様とすることとしてはどうか。

控除限度額の計算の基礎となる「国外所得」の範囲

外国法人の PE に係る外国税額控除の控除限度額の算定の基礎となる国外所得の範囲を特定するため，外国法人の課税範囲を決定するソースルールとは別に，在日 PE 帰属所得のうち国外所得とされるものを定義することとしてはどうか。

この場合，外国法人の在日 PE に帰属する各種所得について，PE 帰属所得以外の所得（例：利子，配当等）のソースルールで源泉地の判定をした場合に，国外で生じたものと認められる所得を，外国法人の在日 PE に係る外国税額控除における「国外所得」と整理することとしてはどうか。

➢ **在日 PE に対する外国税額控除の対象となる外国法人税**

外国法人の本店が第三国で課された外国法人税を在日 PE に配賦した場合

在日 PE が第三国から PE 帰属所得を直接受ける場合に第三国で源泉地国課税されることと実質的に同じである限りにおいて，我が国による在日 PE に対する外国税額控除の対象とするのが適当ではないか。

在日 PE が本店所在地国で課された外国法人税

本店所在地国が全世界所得課税の場合，在日 PE が本店所在地国で得る利子・配当等の投資所得について，本店所在地国で課された源泉税は法人税の前取りに過ぎ

ず，本店所在地国において税額控除等で対応していることから，我が国において外国税額控除を供与する必要はない。他方，本店所在地国が国外所得免除の場合，PE帰属所得は本店の法人税申告所得に含まれないため，PE帰属所得に課された源泉税について税額控除等は行われておらず，我が国で外国税額控除を供与しない場合は二重課税が放置されることとなる。

　したがって，在日PEが本店所在地国で課された源泉税については，我が国において外国税額控除を供与しないことを原則とし，本店所在地国において源泉税が税額控除等で調整されない場合に限り，例外的に外国税額控除を供与することとしてはどうか。

外国法人の本店が本店所在地国において当該法人全体の全世界所得を対象に課された外国法人税

　外国法人の本店が本店所在地国において当該法人全体の全世界所得を対象に課された外国法人税のうち，在日PEに対応する部分が在日PEに配賦された場合であっても，本店所在地国による全世界所得課税とPE所在地国によるPE帰属所得課税との間で二重課税が生じる場合には，租税条約により，本店所在地国が外国税額控除を供与すべきこととされていることから，我が国はPE所在地国として外国税額控除を供与しないこととしてはどうか。

　また，上記外国法人税が在日PEに配賦された場合であっても，現行制度（法令188①九）と同様，損金算入を認めないこととしてはどうか。

租税条約の限度税率

　在日PEが第三国から得る所得について第三国で課された外国税に関し，在日PEにおいて外国税額控除の対象とする金額は，内国法人が当該第三国から得た所得に対して供与される外国税額控除とのイコールフッティングの観点から，実際に課された外国税のうち我が国（PE所在地国）と第三国（源泉地国）との間の租税条約に定める限度税率によって計算される金額を限度とすることとしてはどうか（モデル条約24条コメンタリー・パラ69，70）。

　（注）　我が国（PE所在地国）と源泉地国間の租税条約に定める限度税率を超える部分については，上記のとおり外国税額控除の対象から除外するとしても，高率負担外国税額を外国税額控除の対象から除外する場合と同様，所得金額の計算においては損金算入することとしてはどうか。」

UCITS Ⅳに対応した英国税制の動向

吉 村 政 穂

Ⅰ　は じ め に[1]

　1985 年に制定された UCITS 指令（いわゆる UCITS Ⅰ）[2]は，欧州における投資ファンドの単一市場を創設するため，譲渡可能証券への集合投資事業に関する各国の規制を調和することを目的としていた[3]。投資家保護の調和と同時に，いずれかの構成国において認可された投資ファンド商品について，他の EU 構成国における販売を認めることがその眼目とされた（UCITS 'product passport'）。この結果として，上場株式等の譲渡可能証券に対する投資へのアクセスを容易なものとし，そのポートフォリオの多様性を実現することが期待されたのである。

　しかしながら，その後，金融市場の発展を受け，同指令の適用対象を拡張すべく数次の改正が行われたものの，クロスボーダーの投資ファンドが市場に占める割合は相対的に低いままであった[4]。その理由の一つとして，各構成国における国内販売窓口となるのはそれぞれの国における金融機関であり，自らの組成する投資ファンドを積極的に販売する傾向が指摘された[5]。また，各国の税制上の相違のほか，国境を越えた投資ファンドの合併・管理の手法，または運用

---

1)　UCITS 指令に関する基本的な概念については，野村亜紀子「海外の投資信託・投資法人制度」金融庁金融研究センター・ディスカッションペーパー DP 2011-8（2011）17 頁以下参照。

2)　Council Directive of 20 December 1985 on the coordination of laws, regulations and administrative provisions relating to undertakings for collective investment in transferable securities （UCITS）（85/611/EEC）.

3)　*Id.*

4)　European Commission, Green Paper on the enhancement of the EU Framework for Investment Funds, COM（2005）314, at 2〔Hereinafter cited as "Green Paper"〕and Commission staff working paper. Annex to the Green Paper on the enhancement of the EU framework for investment funds（COM（2005）314 final）, at 7〔Hereinafter cited as "Background Paper"〕.

5)　Background Paper, *supra* note 4, at 8.

320 第 4 章 国境を越える信託

ルールの差異に対応したコスト増といった障壁が挙げられている[6]。加えて，これらの制度的要因とともに，各国の文化等を背景に，それぞれの国民が望む商品特性が異なるために，EU 市場全体に共通して通用する（"one size fits all"）商品を組成することが困難であることが強調された[7]。

欧州委員会は，これらの障壁によって投資ファンドの流通は限定的なものとなり，各国の投資家が依然として分断され，かつ国内投資バイアスを有する結果，投資ファンドは最適規模を実現できずに，単一市場の恩恵を十分に享受することができていないと分析した[8]。この分析を踏まえ，欧州連合の投資ファンドがより効率的かつダイナミックなものとなるように促すため，21 世紀の金融市場に適応した法的枠組の導入が必要と判断された。

その際，法制度およびその運用上の問題点として，各国での届出手続（notification procedure）が区々であり，ひいては届出手続の煩雑さを招いていること，および構成国ごとに UCITS 該当性に係る（解釈）判断が異なることが指摘されたが，同時に，投資ファンドの流通に重大な影響を与える（各国）金融機関の存在にも関心が寄せられた。例えば，資産管理会社（Asset management firm）について，各構成国の規制が十分に調和されていないことが問題視された。

資産管理会社は UCITS の組成・運用にあたり重要な役割を担い，設立地たる構成国によって認可を受けることが求められるところ，当該資産管理会社が設立地以外の構成国において UCITS を組成・運用することには制度上の障害があった。すなわち，資産管理会社が，その設立地以外の国において契約形態の UCITS を組成しようとしても，当該 UCITS は，従来の指令によって資産管理会社が登記簿上の本店（registered office）を有する国に所在するものとみなされるため，その組成地において UCITS を運用することはできなかった。また，（他の構成国において UCITS を組成・運用する可能性を有していた）会社型の UCITS についても，従来の指令はその実現に向けた具体的規定を欠く状態にあった。さらに，UCITS の監督権限は，当該 UCITS に認可を与えた構成国の当局が保有するとされる一方で，資産管理会社の監督は当該資産管理会社に認可を与えた構成国の権限とされるものの，両者の調和を図る規定は存在して

---

6) *Id.* at 9.

7) *Id.*

8) *Id.*

いなかった。[9)]

そこで，資産管理会社のクロスボーダーな活動が認められ，他の構成国において UCITS を組成し，または運用する権限が付与されることは，投資ファンドが規模の経済を実現するために必要な措置と考えられた[10)]（前述の通り，従来は支店設立時に当該支店所在国による規制等に従う必要があった）。

これらの問題点を改善するため，UCITS IV 指令では，次のような項目が盛り込まれた。

① 管理会社パスポート制度（Management Company Passport, MCP）の導入[11)]
② 国境を越えた UCITS 統合手法となるマスター・フィーダー創設の承認[12)]
③ 国境を越えた UCITS 合併の承認[13)]
④ 簡易目論見書に代わる主要投資家情報（Key investor information, KII）文書の導入[14)]
⑤ 国境を越えた売出しに関する規制当局間の新たな通知手続（notification procedure）の導入[15)]
⑥ 各国監督当局間の協力手続の改善[16)]

そして，これらは必ずしも税制上の障壁を取り除くことを目的として明示するものではないが，UCITS に対する規制等が調和される中で，投資ファンドの設立・再編に関する税制上の障壁が大きく注目されるものと予想されていた。[17)]例えば，USITS に対応した国内法整備と税制との関係については，具体的に次のような影響のあることが指摘される。[18)]

第一に，国境を越えた UCITS の合併（上掲③）が構成国の国内法制上認められたとしても，その合併にあたって租税法上の取扱いが障壁となり得る。すなわち，合併を契機として，ファンド段階または投資家段階での課税が生じる

---

9) *Id.* at 16.
10) Green Paper, *supra* note 4, at 5.
11) Directive 2009/65/EC of the European Parliament and of the Council of 13 July 2009 on the coordination of laws, regulations and administrative provisions relating to undertakings for collective investment in transferable securities (UCITS), para. 12.
12) *Id.* para. 51.
13) *Id.* para. 27.
14) *Id.* para. 59.
15) *Id.* para. 62.
16) *Id.* para. 68.
17) *See,* e. g., Jolene Quinn, The Management Company Passport. A New Era of Cross Border UCITS, [2011] COLR.
18) KPMG, Analysis of the Tax Implications of UCITS IV (2010).

場合には，その意思決定には大きな影響を与えることになる。

　第二に，UCITS 管理会社へのパスポート制度導入によって，租税法上の居住地判定と相まって，各国の税制上の違いが大きく影響する可能性を有している。UCITS IV では，構成国の一つを設立地として資産管理会社が設立された場合には，当該資産管理会社は，他の構成国において組成された UCITS に対して全面的にポートフォリオ運用サービスなどを提供することが認められることとされた。例えば，アイルランドで設立され，かつアイルランド当局によって認可された管理会社が，ドイツにおいて投資ファンドを組成・運用し，ドイツ当局の認可を受けることが容易となった。

　これは，資産管理会社の所在地によってファンドの居住地を判定する法制（管理支配基準）を採っている国においては，居住者・非居住者の課税上の取扱いの相違によってファンド運用に係る課税上の効率性を損なう可能性を意味している。例えば，従来居住者として扱われてきたファンドがその地位を喪失した結果，人的非課税の適格性を失い，またはポートフォリオ所得に対して相対的に重い税負担を課されるおそれが生じる。

　また，各構成国の税制上の違いが投資ファンドの競争性に影響を与え，管理会社の成功をも左右することとなる。各国税制の有利，不利を利用するために，支店形態での進出が好まれることになるとも指摘される。例えば，イタリアは，毎年度その持分について生じた増加益を課税標準として，投資家のために税額を納付する義務を内国ファンドに課しているが，これなどはイタリアの投資ファンド業界の競争力を削ぐ制度として挙げられる。

　第三に，国境を越えた USITS 統合の手法としてマスター・フィーダー創設が認められた後には，マスター・フィーダー間の取引に対する課税（とりわけ源泉徴収）が阻害要因としてクローズアップされることが指摘されている。下図で示すように，複数国に所在する UCITS の統合後にマスター・ファンドから国外のフィーダー・ファンドに支払われる分配金が源泉税の対象となれば，（その後一定の手続を経た後に当該源泉税が還付されるとしても）その統合の実を十分に享受することはできない。このような事態を回避するためには，国外フィーダー・ファンドに対する源泉税が課されない構成国にマスター・ファンドを組成することが考えられる。

---

19)　Directive 2009/65/EC, art. 6.

20)　Quinn, *supra* note 17, at 12.

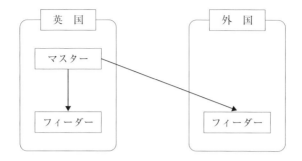

　英国は,これらの税制上の障害によって生じる影響を重く受け止めた国の一つである。UCITS Ⅳは 2011 年 7 月が国内法整備の最終期限とされているが,英国財務省は,その後に税制改正の指針を公表・整備することとし,集団投資に用いる新たな契約型スキームの検討を行った。[21]

　そこで,Ⅱにおいて従来の認可投資ファンドに対する課税の概要を説明した上で,新たな契約型スキームに関する検討の具体的内容について紹介する。Ⅲでは,英国の経験を踏まえ,簡単な考察を行う。

Ⅱ 英国における Tax Transparent Funds の導入

1 従来の認可投資ファンド (Authorised Investment Funds, AIFs) 課税の枠組み[22]

(1) ファンド段階での課税

　集団投資スキームには,金融サービス市場法 (Financial Services and Markets Act 2000 (FSMA 2000)) に従って,金融サービス機構 (Financial Services Authority, FSA) による認可,規制を受けるものがある。無認可スキームについては受託者および投資家が所得税を課されるものもあるが,UCITS ファンドを含む認可投資ファンドは,基本的に法人として課税を受けることとされている。[23]

　つまり,課税上は,ユニット・トラスト (AUTs) または会社 (OEICs) のいずれの法形式を採用していても,投資事業を行う (内国) 法人として,法人税

---

21) HM Treasury, Consultation on Contractual Schemes for Collective Investment (January 2012). [Hereinafter cited as "Treasury Consultation."]
22) 以下の記述にあたっては,Stephen Newcombe et al, Tolley's Taxation of Collective Investment (2nd ed., Aug. 2008, LexisNexis) [Hereinafter cited as "TTCI."] を参考とした。

が課税される。アンブレラ・ファンドの下に設定された（各）サブファンドは，課税上はそれぞれ独立した AIF として扱われることになる。そのため，それぞれ個別の所得について課税される。ただし，税率については，所得税における基本税率 20% に相当する税率が適用され，通常の法人税率は適用されない。これは，投資家がファンドの投資所得を直接稼得した場合と均衡を図るために設けられた措置である。

さらに，これらの投資法人については，FSA の認可に伴い，The Authorised Investment Funds（Tax）Regulations 2006（SI 2006/964）によって定められた課税等の特例が認められている。その代表的なものは，キャピタル・ゲインの非課税である。

投資事業を行う法人として扱われる AIFs の課税標準は，一般的な分類所得税の下で算定される所得額から支払利子および運営管理費用を控除した額とされている。また，他の法人におけると同様，AIFs が受け取る英国源泉の配当所得は，課税の対象から除外されている。

AIF は，配当分配（dividend distributions）または利子分配（interest distributions）として分配可能な額として分配勘定（distribution accounts）に計上されている総額について，これを分配期日に持分権者に按分分配したものとみなされる。すなわち，持分権者のために累積再投資を行った部分であっても，課税上は持分権者に対する分配額として扱われることになる。

---

23) すべての認可投資ファンドは，認可ユニット・トラスト（AUTs）またはオープン・エンド投資会社（OEICs）のいずれであっても，FSA によって定義された以下の三つの類型に分けられている。なお，REIT は異なる規律を受けるため，本稿の議論の対象からは除く。

　① UCITS funds：UCITS 指令に適合する AIFs であり，構成国内で販売できる。

　② Non-UCITs Retail Funds（いわゆる NURS funds）：AIFs のうち，UCITS スキームではないが適格投資スキーム（Qualified Investor Schemes）としても扱われないもの。投資能力は UCITS スキームに比して制限されていない。

　③ 適格投資スキーム（Qualified Investor Schemes, QIS）：AIFs のうち，UCITS ファンドおよび NURS と比して広い投資・借入能力を有するものであり，販売は適格投資家に限定されている。

24) ICTA 88/S 468 and 88/S 130.

25) ICTA 88/S 468 (1 A) and 468A (1).

26) TTCI, *supra* note 22, at 33.

27) 同 regulation は，Section 17 (3) of the Finance (No. 2) Act 2005 による授権によって制定されたものである。

28) *See* TCGA 92/S 100 and the exception to TCGA 92/S 99 (1)（both as modified by SI 2006/964 Regulation 100）.

29) ICTA 88/S 75.

30) SI 2006/964 Regulations 18 and 22.

分配勘定に記載された額については，エクイティ・ファンドまたはボンド・ファンドという AIF の分類に応じて，次のいずれかの分配として区分される[31]。AIFs は，課税上ボンド・ファンドまたはエクイティ・ファンドのいずれかに分類されることが予定されている。この区分は分配期間ごとに判定され[32]，ファンドの分配金に係る課税上の扱いに影響を与える。

○　配当分配　　配当分配は，エクイティ・ファンドまたはボンド・ファンドによる分配である。これは，課税上は配当として扱われるため，AIF の所得計算上控除が認められない[33]。

○　利子分配　　利子分配は，ボンド・ファンドによる分配である。ボンド・ファンドとは，あるファンドが当該分配期間にわたって適格投資要件（qualifying investments test）を満たす場合における当該ファンドを意味する（適格投資要件を満たさないファンドはエクイティ・ファンドと判定される）。

適格投資要件を満たす場合，すなわちボンド・ファンドに該当する場合には，その利子分配の全額について，当期利子（利子分配）として扱うことができる[34]。AIFs によって支払われた利子分配は債権債務関係に基づく利払いとして処理される[35]。そのため，利子分配の額は，当該（ボンド・）ファンドの課税所得から控除されることとなる。ただし，原則として，分配時に所得税の基本税率（20%）に従った源泉徴収が行われる（一定の投資家について例外が設けられている[36]）。

なお，適格投資要件として，分配期間のすべてにわたって，適格投資[37]（の市場価値）がすべての投資（未投資の金銭は除外される）に対して占める割合が60%を超過することが求められる（そのため，適格投資要件は60% テストとも呼ばれる[38]）。また，適格投資からは，オフショア・ファンドまたは非認可ユニット・トラストのユニットは除外されている。

(2)　（個人）投資家段階の課税

AIFs およびその投資家に対する課税の理念は，集合投資スキームに投資する場合とファンド財産を直接保有している場合との均衡を図ることにある。課

---

31)　SI 2006/964 Regulation 17.
32)　会計期間とは異なることに注意。
33)　SI 2006/964 Regulation 22.
34)　SI 2006/964 Regulation 18.
35)　SI 2006/964 Regulation 13.
36)　ICTA 88/S 349 (2).

326 第4章 国境を越える信託

税上の結果として，一方が有利にも不利にもならない状態を実現することが目指されている[39]。ただし，制度が過度に複雑になることを回避するため，ファンド段階における所得分類の完全な伝達は断念されている[40]。

ここでは，簡略化のため，個人（英国居住者）が投資家としてユニットを保有している場合の課税上の扱いについてのみ説明する。

個人（および所得税の納税義務者たる他の投資家）は，AIFs からの分配について所得税を支払う。すなわち，認可ユニット・トラスト（AUTs）およびオープン・エンド投資会社（OEICs）への投資家は，利子分配または配当分配につき，貯蓄または投資所得（ITTOIA 05 第4節）として課税がなされる[41]。前述の通り，エクイティ・ファンドおよびボンド・ファンドは配当分配として分配金を支払うことができるのに対して，ボンド・ファンドは利子分配としてのみ分配金を支払うことができる[42]。

○　利子分配　　他の形態の利子とともに課税がなされる。AIF 段階で源泉徴収された（基本税率20% に基づく）源泉税については，税額控除が認められる。

○　配当分配　　他の配当とともに課税がなされる。すなわち，分配額の10% の税額控除が認められている。

AIF 段階の分配がみなしによって決定されていたように，仮に累積再投資に向けられた分配金があったとして，分配可能な分配勘定を基準として，按分により持分権者それぞれの分配金の額が決せられる[43]。

---

37) 適格投資の対象として，次の資産が掲げられている。Paragraph 8 Schedule 10 Finance Act 1996 (as amended by SI 2006/981).
 a 利子を生じる金銭
 b 証券
 c 建築組合（building society）の持分
 d ユニットトラスト・スキームもしくはオフショア・ファンド，またはオープン・エンド投資会社の適格持分
 e a ないし d に掲げる資産および通貨の一つまたは複数を対象資産とするデリバティブ契約
 f 利率または信用，および通貨の一つまたは複数を対象資産とする差金決済取引
 g 上掲 e または f に該当しないデリバティブ契約であって，当該デリバティブ契約と a ないし d に掲げる資産との間にヘッジ関係が存在するもの
 h 代替的金融取引（alternative finance arrangements）
38) SI 2006/964 Regulations 19 to 21.
39) TTCI, *supra* note 22, at 481.
40) *Id.* at 482.
41) ITTOIA 05/S 386 and ITTOIA 05/S 389.
42) TTCI, *supra* note 22, at 481.

2 新たなスキーム創設の背景

英国では，UCITS Ⅳ指令によってファンド業界および投資家に大きな影響のあることが認識され，資産運用の世界的な拠点となっている地位を確保し，かつ英国経済が UCITS Ⅳ指令によって整備される環境を十分に活用することが政策目標として掲げられるに至った。[44]

その第一は，UCITS Ⅳによって認められるマスター・フィーダー方式のファンドが広がることに対応する措置として，課税上透明（transparent）なファンドを認める税制改正の検討である（当初，2012 年の導入を目指して検討が進められた）。また，同時に，ファンド段階における源泉徴収の免除も検討の俎上に載せられた。

第二は，英国の資産管理会社を利用する外国 UCITS に対して課税上不利な効果をもたらさないことである。従来の枠組みを前提とすると，UCITS 所在地の認定等で問題が生じることになる。ただ，本稿では，第一の論点に限定して，その後の改正等の動きを見ていく。

第一の局面については，現行法を前提とした場合，英国外に設立されるマスター・ファンドが課税上透明であるか，または報告対象オフショア・ファンドに該当しなくては，マスター・ファンドの持分を譲渡した時にフィーダー・ファンド段階で法人課税に服することとなる。こうした要因から，マスター・フィーダー方式の実現に向けて課税上透明な事業体を創設することが必要であることを述べ，（UCITS の組成に利用される）「契約型スキーム」をカバーする税制上の仕組みを導入することが提案された。[45]

そして，この改正によってもたらされる利益として，資産運用の拠点としての英国の競争性を維持ないし増大させることが期待されている。[46] その背景として，2009 年 12 月時点で，ヨーロッパで運用される総資産（約 12 兆ユーロ）のうち，実に 30% 超（3 兆 7830 億ユーロ）が英国を拠点として運用されていることを指摘した上で，英国の認可投資ファンド（AIFs）の仕組みを利用する投資ファンドが，ヨーロッパで運用されるファンド（8 兆ユーロ）のおおよそ 10% にとどまることが，問題意識として強調されている。[47]

---

43) ITTOIA 05/S 373 and ITTOIA 05/S 376.

44) HM Treasury and FSA, Transposition of UCITS Ⅳ : consultation document, Ch. 9 (December 2010).

45) Treasury Consultation, *supra* note 21, at 5.

46) *Id*. at 6.

328 第4章 国境を越える信託

　もっとも，ここで考慮すべきは，投資ファンドを組成するにあたって選択される設立地（domicile）とその管理・運用地とが必ずしも一致している必要はないという点である。いずれかの EU 構成国において認可を受けさえすれば，その投資ファンドが EU 市場全体に流通することを可能とするのが UCITS 指令の眼目である以上，むしろ（UCITS 指令のさらなる拡充によって）ファンド組成に際しての準拠法や認可取得地の選択は，英国の管理会社の活動水準に影響を与えないとも考えられるからである[48]。仮に，金融センターとしての英国の魅力が租税以外の要因，例えば地理的要因や既存の人的資源・ネットワークによって支えられるものだとした場合，英国以外の国において組成された投資ファンドであったとしても，その生み出す付加価値の主たる源泉である管理・運用機能は英国内に留まることが予想され，UCITS 指令の拡充に対応して税制改正を行う必要性は限定的だとの反論も考えられる。

　しかしながら，これは非常にナイーブな見方であろう。新興国を中心とした経済・投資環境の変化のみならず，情報通信技術の発展に伴い，英国の金融センターとしての優位性は低下しつつある。加えて，投資ファンドの市場価値が，投資家に最終的に分配される（税引後の）金額を基礎として定まる以上，投資家のホーム・バイアスが低下するとともに，投資ファンドが服する課税システムがより決定的な役割を果たすことが予想される[49]。

　なお，英国は投資ファンドの居住地決定に際しては，かつて「中心的な管理支配（Central Management and Control）」を基準として採用し，資産の管理・運用機能（資産管理会社）が英国内に存在する場合には，たとえ英国以外を設立地とする投資ファンドであったとしても，課税上は英国所在のファンドとして扱われる可能性があった。ところが，UCITS Ⅳの一内容として UCITS 資産管理会社のパスポート（相互承認）が導入された。そのため，英国の資産管理会社が（外国 UCITS に）関与することによって英国所在のファンドと認定

---

47)　*Id.* at 5. IMA Annual Survey 2010-1011, at 84. また，英国を設立地とする投資ファンドの数がほぼ横ばいなのに対して，（ヨーロッパ域内における他の有力な金融センターである）アイルランドおよびルクセンブルクを設立地とするファンドが増加傾向にあることも，この問題意識を強化する背景事情として指摘することができよう。IMA Annual Survey 2010-1011, at 85. なお，これらの国においては，すでに課税上透明な契約型スキームが存在している。Aron Joy, U. K. Publishes New Draft Tax Transparent Funds Regulations, 67 Tax Notes Int'l 534（Aug. 6, 2012）.

48)　例えば，英国以外の国を設立地とするファンドのうち英国で運用されるものは，前年比で 20%増加し，6170 億ポンドに達することが指摘されている。IMA Annual Survey 2010-1011, at 82.

49)　*See*, e. g., KPMG and IMA, Taxation and the Competitiveness of UK Funds（October 2006）.

され，予期せぬ課税を受ける可能性を排除することを目的として，2011年改正により，UCITS IV指令所定の認可を受けた集団投資スキームについて，かかる管理支配基準によって居住地を認定することはないものとされた。[50]

　従って，英国の視点からは，投資ファンドの課税上の地位については，その組成（認可）がいずれの国でなされたかが決定的な意義を有することになるとともに，税制上は，投資ファンドに適した課税上の仕組みが存在するかという点が，自らが設立地として選択されるか否かに決定的な影響を与えることを意味する。その上で，英国財務省が強調するのが，「ファンドの設立地と管理活動その他の補助的な機能の場所との間にある強い関連性」[51]である[52]。他国では選択可能なメニューに存在している法的仕組みを提供し，英国が設立地として選択されることが，英国の資産運用業界のみならず，その関連産業の雇用等にも望ましい影響があると予測されている。

　また従来，一般的にはいったん組成したファンドの本拠地を移転することはほとんど起こらないとされてきたが[53]，UCITS IVによって投資ファンド間の国境を越えた合併が容易となることによって，この状況も変化することが考えられる。抽象的には，税制も考慮した上で最適な拠点選択を達成することが，より容易になし得る状況が生まれる。こうした危機感を背景に，新たな契約型スキームの提案がなされた。

3　Tax Transparent Funds の検討

　2012年1月に公表された諮問書において[54]，課税上の透明性を実現するために検討された契約型スキームは，共有スキームとパートナーシップ・スキームの2種類であった[55]。前者において，スキームの参加者は，実質的に資産を共有者（tenants in common）として所有することになり，当該スキームがこれらの参加者から独立した法的主体として認められることはない。マネージャーは，

---

50)　TIOPA 10/S 363 A.

51)　KPMG and IMA, The Value to the UK Economy of UK-Domiciled Authorised Investment Funds, at 4 (30 November 2007). その一方で，投資運用，販売，および広告活動については，ファンド設立地の選択からはあまり影響を受けないことが指摘されている。

52)　Treasury Consultation, *supra* note 21, at 6. 具体的には，証券代行，資産評価・報告，会計業務，証券保管振替，監査，法務といった業務が挙げられている。

53)　KPMG and IMA, *supra* note 51, at 20.

54)　HM Treasury, Consultation on Contractual Schemes for Collective Investment (Jan. 2012).

55)　*Id*. at 9.

330 第4章 国境を越える信託

直接彼らのために資産を取得，管理，処分することとなり，受任者（depositary）の権原は保管受託者（custodian）として性格付けられることになると説明される[56]。

これに対して，後者のスキームは，Limited Partnerships 法の下でのリミテッド・パートナーシップ（の修正）として組成される[57]。

改正は，課税上透明な法主体である契約型スキームを導入することを目的としているため，同スキームに該当する場合には，投資家が直接当該スキームの財産を保有しているかのように扱われ，それに応じた課税を受ける[58]。ただし，キャピタル・ゲイン課税との関係においては，共有スキームの場合に投資家がファンド財産を直接所有していると把握して課税を行うのでは，ファンド段階における資産の譲渡に関する（自らの持分に応じた）情報を投資家が取得し，キャピタル・ゲイン税の算定・納税を行う負担が追加的に発生してしまう[59]。そのため，諮問書は，共有スキームにあっても，ファンド財産（の持分）ではなく，スキームに対する持分を譲渡したことに対するキャピタル・ゲインとして構成する必要があることを指摘していた点には留意が必要である[60]。

一方で，仮にファンドの投資において（英国外の）源泉税の負担があった場合に，投資家の居住地法または租税条約に従って当該源泉税について救済措置を主張することができる[61]。また，投資家に非課税主体（例えば年金基金，慈善団体）が含まれる場合にも，非透明なスキームを利用する場合と比べて，課税上の障害は軽減されると予想される[62]。契約型スキームの導入は，これらの投資家に向けたファンドを組成・販売するにあたって，有利な選択肢を提供することになる。

これら二つの契約型スキームは，各スキームに関する私法上の論点（有限責任の範囲など）に起因して，regulation の確定は 2013 年にずれ込むこととなった[63][64]。また，課税上の問題として，HMRC は，透明性を追求することによって，

---

56)　*Id.*

57)　*Id.* at 16.

58)　*Id.* at 19. また，スキーム自体が法人税，所得税，または譲渡収益税の納税義務者となることはない。

59)　Joy, *supra* note 47.

60)　HM Treasury, *supra* note 54, at 19.

61)　*Id.* at 20.

62)　*Id.*

63)　The Collective Investment in Transferable Securities（Contractual Scheme）Regulations 2013.

投資家が自らの納税義務の申告納付のために必要な情報をファンド・マネージャーから十分に取得できない場合が生じるのではないかと危惧をしていたとされる。UCITS は公衆への販売を目的としているものの，（マスター・ファンドとしての利用が想定される）課税上透明なスキームが直接一般の投資家を対象として組成されることは適当でないと考え，とりわけ共有スキームについて，（非透明スキームをフィーダー・ファンドとする）マスター・ファンドとしての利用に制限する方向を検討していた。[66]

　ここからは，透明性の追求が投資家の把握すべき情報を増大させ，一般の納税者には不利な一面があることを見て取ることができる。[67]

Ⅲ　結　　び

　本稿で紹介したように，UCITS Ⅳ移行を契機として契約型スキームの導入を検討した動きは，英国における従来の認可投資ファンド課税の枠組みを大きく変えるものであったことがわかる。簡素であると同時に非透明な課税（法人課税スキーム）に限定されていた従来の枠組みは，（対象投資家が限定されているものの）選択可能な新たな契約型スキームと併存することによって，大きく利便性を向上させたと評価できよう。その原動力となったのは，英国のファンド運営産業の競争力を維持・向上させるという明確な目標であった。UCITS に係る統一市場の創設という特殊な要因は存するものの，かかる明確な戦略に基づく税制改正のあり方は，わが国にとっても一つのモデルたり得ると考える。

　なお，課税上透明な契約型スキームの導入は，あくまでファンド管理地としての英国の魅力を維持するための一方策であり，その競争性を高めるための法改正はこれにとどまるものではない。税制，規制およびマーケティングの各領域において戦略的な観点からの見直しを継続していくことが表明されている。[68]本稿で紹介した契約型スキームの導入のほか，さらなる課題として次の三つの

---

64)　Aron Joy, U. K. Delays Introduction of Tax-Transparent Fund Regime, 70 Tax Notes Int'l 212 （Apr. 15, 2013）.

65)　Aron Joy, U. K. Tax-Transparent Fund Regime to Go Live on April 1, 69 Tax Notes Int'l 995 （Mar. 18, 2013）.

66)　*Id.*

67)　最終的には，ユニットを発行し得る対象を，プロ投資家，大規模投資家またはすでに同様のスキームに係る持分を保有している投資家に限ることによって懸念が解消された。*Id.*

68)　HM Treasury, The UK Investment Management Strategy （Mar. 2013）.

332 第4章 国境を越える信託

方向が提示されている。今後の英国税制を研究する参考として，ここに掲げて
おく。

① 英国外の非 UCITS ファンドを英国内で管理運営する場合に，課税上のフ
ァンド所在地に影響を与えない点を明確化すること。

　前述の通り，英国外の UCITS ファンドについては，たとえ英国内に管
理運営機能が移転したとしても，課税上の英国所在ファンドとしてみなさ
れるリスクを排除している。この取り扱いを，非 UCITS ファンドについ
ても拡張しようという提案である。[70]

② 英国設立のボンド・ファンドについて，英国外の居住者に販売された場合
にも利子分配を可能とすること。

　現在，ボンド・ファンドは，利子分配について基本税率に基づく源泉徴
収が義務付けられている（投資家段階における税額控除を通じて調整される）
のに対して，非居住者に対して販売される場合には，源泉徴収が不要とさ
れている。しかしながら，ファンドが英国居住者のみならず非居住者に対
しても販売されている場合には，マネージャーは，両者を区分する必要が
生じ，追加的な事務負担によって競争上の不利益を生じることになる。

　そこで，脱税の可能性を考慮しつつも，かかる事務負担を除いて，非居
住者への販売を後押しすることを目指すとしている。[71]

③ 一定の取引が事業または投資活動を構成するか否かについて，ファンド・
マネージャーにより大きな確実性を与えること。

　英国外で設立されたファンドは，たとえ英国内で管理運営が行われてい
たとしても，英国内で事業を遂行していない場合には，英国の課税権に服
することはない。しかしながら，仮に英国内で事業を遂行している場合に
は，当該事業に帰属する所得については，英国の課税権が及ぶことになる。
そこで，（ファンドの投資活動の一環としてなされた場合には）事業を遂行した
と判定されない活動をホワイト・リストとして公表しているが，これをよ
り明確化し，継続的にアップデートしていくことが謳われている。[72]

---

69)　*Id.* at 11.
70)　特に念頭に置かれているのは，AIFM 指令（Directive 2011/61/EU of the European Parlia-
　　ment and of the Council of 8 June 2011）の下に規律されるファンドである。*Id.* at 11.
71)　*Id.* at 12.
72)　*Id.*

〔謝　辞〕

本研究は，文部科学省科学研究費補助金（若手研究（B）2073001500）の助成を得た
ものである。

（金融取引と課税（3），2014 年）

〔補　論〕

　提案されていた課税上透明なファンドは，「認可契約スキーム（Authorised Contractual Schemes)」として 2013 年 7 月に導入されている。

　その後，UCITS 指令は 2014 年に改正されるが，課税の大枠には影響を与えていない。現下の課題は英国の EU 離脱（いわゆる Brexit）後の取扱いである。EU のパスポート制度を利用できなくなる英国ファンドは，自動的に UCITS ファンドに該当しないことになる。今後の動向が注視される。

信託課税研究の道標
Milestones in Trust Taxation Research

2019 年 12 月 15 日　初版第 1 刷発行

編 著 者	中 里 　 　 実
	渕 　 　 圭 吾
	吉 村 政 穂
著 　 者	増 井 良 啓
	浅 妻 章 如
	藤 谷 武 史
	神 山 弘 行
発 行 者	江 草 貞 治

郵便番号 101-0051
東京都千代田区神田神保町 2 -17

発 行 所　　株式会社　有 斐 閣

電話　(03) 3264-1314〔編集〕
　　　(03) 3265-6811〔営業〕
http://www.yuhikaku.co.jp/

印刷・大日本法令印刷株式会社／製本・牧製本印刷株式会社
©2019, M. Nakazato, K. Fuchi, M. Yoshimura, Y. Masui,
A. Asatsuma, T. Fujitani, H. Kohyama. Printed in Japan
落丁・乱丁本はお取替えいたします。

★定価はカバーに表示してあります。

ISBN 978-4-641-22770-5

JCOPY　本書の無断複写(コピー)は、著作権法上での例外を除き、禁じられています。複写される場合は、そのつど事前に(一社)出版者著作権管理機構(電話03-5244-5088, FAX03-5244-5089, e-mail:info@jcopy.or.jp)の許諾を得てください。